Klaus-Rüdiger Mai

Martin Luther – Prophet der Freiheit

Klaus-Rüdiger Mai

Martin Luther – Prophet der Freiheit

Romanbiografie

KREUZ

MIX
Papier aus verantwortungsvollen Quellen
FSC® C083411

© KREUZ VERLAG
in der Verlag Herder GmbH, Freiburg im Breisgau 2014
Alle Rechte vorbehalten
www.kreuz-verlag.de

Satz: de·te·pe, Aalen
Herstellung: CPI books GmbH, Leck

Printed in Germany

ISBN 978-3-451-61226-8

Inhalt

I. Das Ächzen der Welt   9

1. »Ehe Sonne und Licht, Mond und Sterne finster werden«   11
2. Duell mit dem Teufel   28
3. … uns ist ein Kind geboren   55
4. Auf eigenen Füßen und schwankendem Boden   66
5. Keine Schule fürs Leben   80
6. Eine Schule fürs Leben   107
7. Die Buntheit der Welt   125
8. Der Welt ersterben   158
9. Kreuzgang vor Gottes Gericht   178

II. Spelunke der Heiligkeit   201

10. Die Wege der Heiligen   203
11. In der Gewalt des Richters   225
12. Sklave der Philosophie   250
13. Mitten im Ordenskrieg   279
14. Und wenn das neue Jerusalem voller Teufel wäre   294
15. Doktor der Heiligen Schrift   317

III. Die Entdeckung der Freiheit 341

16. Der Antiphilosoph 343
17. Der Mythos vom Turmerlebnis 357
18. Der Weg in die Freiheit 381
19. Triumph der Gewissensfreiheit 394
20. Das Duell 411
21. Magdalene 424

Nachbemerkung 429

Anmerkungen 433

Verzeichnis der benutzten Literatur 440

»Oder Martinus ist verdolmetschet: der da reizt,
oder der herausfordert, oder der regieret.
Denn durch das Verdienst seiner Heiligkeit reizte er
den Teufel zum Neid …«

Von Sanct Martinus dem Bischofe, enthalten in der Legenda Aurea,
das ist Das Leben der Heiligen erzählt von Jacobus de Voragine

I.
Das Ächzen der Welt

»… gleich wie man auf Deutsch sagt: der Dünkel macht den Tanz gut. Diese meinen, dieweil sie regieren, und eine höhere Person sind, so müssen sie auch klug sein; und ein solcher Narr im Rat hindert die anderen, dass sie mit keinem Schaden fortkommen können, denn er will in Teufels Namen klug sein mit Gewalt, und ist doch ein Narr.«

Martin Luther, Predigt vom 15. Februar 1546

Accipe, cape, rape
sunt tria verba Papae.

Sprichwort

1. »Ehe Sonne und Licht, Mond und Sterne finster werden«

Im Januar 1546 reiste Martin Luther in Begleitung seines Famulus Johannes Aurifaber, seines Dieners Ambrosius Rudtfeld und seiner drei Söhne, des neunzehnjährigen Johannes, des fünfzehnjährigen Martin und des dreizehnjährigen Paul, nach Eisleben. Der Zufall wollte es, dass er vor zweiundsechzig Jahren in dieser Stadt geboren worden war. In der Nähe von Halle erwartete ihn jedoch der Teufel mit einem veritablen Hochwasser. Der Verderber hatte den Ort für die Fluten gut gewählt und setzte auf die Ungeduld des Reformators. Da auch die Mulde hinter ihm anschwoll, war Luther der Rückweg versperrt, und er saß in Halle zwischen Saale und Mulde fest. Die erzwungene Wartezeit nutzte er, um in der Marktkirche zu predigen und mit den Hallenser Freunden angenehme Gespräche zu führen. Der hallesche Superintendent Justus Jonas, bei dem die kleine Reisegesellschaft Quartier genommen hatte, traktierte ihn mit gutem Torgauer Bier, Rheinwein und reichlichem Essen. Seiner Frau berichtete er unterdessen brieflich in spöttischem Ton, dass eine große Wiedertäuferin mit Wasserwogen und Eisschollen ihn an der Saale erwartet und ihm die Weiterreise verwehrt habe. Der Teufel aber sei ihm gram und wohne und harre seiner im Wasser. Zwei lange Tage hielt Luthers Geduld, dann entschied er allen wohlmeinenden Gegenstimmen zum Trotz, am kommenden Tag über den eigentlich sanftmütigen, diesmal aber reißenden Fluss zu setzen. Justus Jonas schloss sich Luthers kleiner Reisegesellschaft an. Dessen Frau Magdalena hatte versucht, in Anbetracht der Gefahr ihrem Mann den törichten Plan, bei diesem Wetter nach Eisleben zu gehen, auszureden, sei es, weil sie nicht mit einem großen Haushalt plötzlich als Witwe im religiös unruhigen Halle dastehen wollte, sei es, weil sie Luther immer noch verübelte, dass er damals gegen ihre rasche Heirat nach dem Tod von Jonas' erster Frau votiert hatte. Aber sie konnte sich letztlich doch nicht gegen den Willen ihres Mannes durchsetzen. Im Gegenteil, wenn sich der Doktor Luther in Gefahr begab, da wollte Justus Jonas nicht abseitsstehen.

Der Kahn, den sie im eisigen Wind bestiegen, wirkte zwar keineswegs vertrauenerweckend, aber ein anderer Fährmann hatte sich nicht gefunden, und auch dieser nur, nachdem man die Entlohnung erhöht und mit Gottes Wohlwollen gelockt hatte.

Von wilden Wellen gestoßen und gepeitscht, schwankte das Boot auf den Fluten. Dort, wo die Planken aneinanderstießen, drang Wasser ein und sammelte sich am Boden des Kahns. Der Fährmann mühte sich fluchend, den Eisschollen auszuweichen. »Im Himmel mögen sich die gelehrten Herren wohl auskennen, auf dem Wasser aber sind sie große Toren!«, hörte ihn Luther wettern. Ein grimmiges Grinsen breitete sich unter funkelnden Augen auf dem Gesicht des Reformators aus. »Lieber Doktor Jonas, wäre das dem Teufel nicht ein fein Wohlgefallen, wenn ich, Doktor Martinus, mit drei Söhnen und Euch in dem Wasser ersöffe?«

»Der Herr wird uns nicht verlassen!«

Wilde Lust trieb ihn auf einmal dazu, den Satan, mit dem er sich in einem Duell glaubte, durch Hohn zu provozieren. »Ach, der alte, schäbige Teufel will mich hindern, Frieden zu stiften, denn er liebt Zwietracht und Streit. Das tut mir der Teufel allweg, wenn ich etwas Größeres vorhabe und ausrichten soll. Soll er doch seine nasse Schnauze erheben, Christus ist mein Retter!« Sein Blick wanderte zu seinen Söhnen, die auf dem Boden des Bootes kauerten und in deren Augen Panik aufblitzte. Ihm kam die Szene ins Gedächtnis, als die Jünger im Boot sich auf dem stürmischen See Genezareth ängstigten und Jesus über das Wasser zu ihnen kam und ihnen Mut zusprach. Wer den Glauben verlor, ging unter, wer aber glaubte, wandelte über das Wasser wie Petrus. »Fürchtet euch nicht, betet und lasst Gott sorgen!«, sprach er seinen Kindern allerdings recht barsch Mut zu, denn er wollte seine Söhne nicht verzärteln. Auch sein Ältester, Johannes, der nicht weniger blass um die Nase war als seine Brüder, stimmte in ihr Vaterunser ein.

Als Martin Luther etwas später, auf seinen Diener Ambrosius Rudtfeld gestützt, das gegenüberliegende Ufer betrat und es genoss, wieder festen Boden unter den Füßen zu spüren, wusste er, dass Gott ihm den Weg nach Eisleben ebnete, um die verfeindeten Grafen von Mansfeld zu versöhnen. War er nicht SEIN Werkzeug? Freilich, ein altes, ein schartiges, ein rostiges Werkzeug, abgearbeitet an der bösen Welt, die allem Guten feind war. Luther stieg in einen offenen Planwagen, der bereits auf ihn und die kleine Reisegesellschaft gewartet hatte. Die Planen klirrten in eisiger Luft. Die Natur war erstarrt, Bäume ohne Laub, Stöcke, die man sinnlos in den Boden getrieben hatte. Kaum zu glauben, dass aus dem toten Holz jemals wieder Blätter sprießen würden. Der Teufel schritt mit großen Schritten aus und verbreitete eine so große Kälte über die Welt, dass es den Seelen ganz frostig und bang wurde.

Luther hasste das Reisen, im Winter allzumal, aber die Vorstellung, sein geliebtes Mansfelder Land in Zwietracht zugrunde gehen zu sehen, setzte ihm doch zu hart zu, als dass er davor die Augen hätte verschließen können. Außerdem wollte er zumindest versuchen, seinem Bruder Jakob, seinem Schwager Paul Mackenrodt und den anderen Hüttenunternehmern zu helfen, die durch die Wirtschaftspolitik der Mansfelder Grafen in schlimme Bedrängnis gerieten. Es ging um nichts Geringeres als um die Existenz der Hüttenunternehmer, um das wirtschaftliche Überleben von Familien, in denen er, sein Bruder, seine Schwäger, die Freunde aus Kindertagen aufgewachsen, um das Gewerbe, in dem sie alle – außer ihm natürlich – noch tätig waren. Aber es ging nicht nur um den Broterwerb dieser guten Leute, die ihm herzlich nahestanden, sondern auch um seine Heimat, denn für ihn stand fest: Wenn die Grafen die Hüttenunternehmer ruinierten, so zerstörten sie auch die wirtschaftliche Kraft der Grafschaft. Auf einer Wirtschaftspolitik, deren Stimulus die blanke Gier und das Streben nach Profit bildeten, ruhte kein Segen. Luther sah, dass hier Matthäi am Letzten und der Teufel am Siegen war. Wollte Gott, dass ihm genügend Zeit und Kraft dafür blieb, ihm Paroli zu bieten. Das trieb ihn trotz Krankheit, Müdigkeit und Schwäche im Winter über Land.

An der Grenze zur Grafschaft Mansfeld bei Kelmen[1] erwarteten Luther einhundertdreizehn Reiter in Harnisch und mit Spießen bewaffnet, um ihm ehrenvolles Geleit nach Eisleben zu geben. Die stattliche Anzahl der Reisigen freute Luther indes nur wenig, zeigte sie ihm doch nur, wie notwendig sein Versöhnungswerk war, denn keiner der zerstrittenen Mansfelder Grafen, nicht Albrecht, nicht Gebhard, nicht Philipp und auch nicht Hans Georg, ließ es sich nehmen, dem Reformator eine eigene Ehrengarde entgegenzuschicken. Die Ehrung geriet zur Demonstration der Zwietracht. Aber dafür konnten ja die Leute auf den Pferden nichts. »Gott segne euch!«, rief Luther und erntete ein Amen aus einhundertunddreizehn Kehlen. Die Eskorte nahm in Doppelreihe hinter dem Planwagen Aufstellung. Und weiter gings. Stattlich würde er in Eisleben Einzug halten. Es hätte allerdings für seinen Geschmack des Pomps nicht bedurft.

In Rißdorf[2] dann, kurz vor Eisleben, hieß er den Fuhrmann anhalten, schon weil er erbärmlich fror und sich durch die Bewegung aufzuwärmen gedachte. Er schritt kräftig aus, schaute zur kleinen Kirche hinüber, auf die Häuser rechts und links der Straße und entdeckte schließlich vier Juden, die in ein Gespräch vertieft waren, vor einer Synagoge selbstbewusster Größe. Die Hände der Juden flatterten vor ihnen im Wind, als führten sie ihren eigenen Diskurs. Plötzlich hielten sie inne. Ihre gestreckte Haltung verriet Staunen. Ein hagerer Jude mit Bart und Schläfenlocken wie von nachgedunkeltem Silber zeigte mit langem Arm und feingliedrigem Finger zur Straße.

Natürlich zog Luther die Aufmerksamkeit auf sich. Einen Mann, der, von anderen gefolgt, vor einem Planwagen und vielen Reitern einherging, hatten sie in diesem Dorf noch nicht gesehen. Und doch schien es Luther, dass er ihre Aufmerksamkeit auch dann erregt hätte, wenn er allein durch den Ort gelaufen wäre. Die neugierigen, aber abweisenden Blicke der Juden kreuzten sich mit seinen. Unbehagen stieg in ihm auf, ohne dass er dafür den Grund hätte angeben können. Ihr Anblick kam ihm obszön vor, geistlich obszön. Er riss sich von den Juden los und beschleunigte seinen Schritt. Eigentlich, dachte er, dürfte es sie hier nicht geben.

Jetzt, da er das Dorf hinter sich ließ, schweifte sein Blick ausgelassen über den Weinberg, der vom Weg aus anstieg, und endete beim Willerbach, dem er nur zu folgen brauchte, um nach Eisleben und zu dem Hause, in dem er geboren worden war, zu gelangen. Aber die Erholung hielt nur kurz an, denn nach wenigen Schritten geriet er bereits heftig in Schweiß und ließ sich wieder von Rudtfeld und Aurifaber auf das Fuhrwerk helfen. Während er sich setzte, stieg Schwindel in ihm auf. Das Hemd klebte an seiner Haut. Später erfuhr er, dass man diesen Ort die *kalte Stelle* nannte, eine Klimaschneise quer zur Straße über die Hügel hinweg, in der es kühler und windiger zuging als vor und hinter ihr. An den Pflanzen konnte man im Übrigen recht präzise die Grenzen der Schneise bestimmen.

Im Planwagen zog es, und der eisige Ostwind, der von hinten kam, griff sofort seinen Herzmuskel an. Ihm war, als quetschten zwei Hände seinen Kopf und als wären Brust und rechter Oberarm zwischen die Spannbacken einer Hobelbank gepresst, die ein satanischer Tischler anzog. Er rang hart nach Atem und entdeckte einen knochigen Teufel, der mit glühenden Augen von vorn in das Gefährt gaffte und mit seinem hohlwangigen Gesicht Thomas Müntzer verblüffend ähnelte. Nicht nur an der Physiognomie, sondern an dem besonderen Hass in dessen Augen erkannte er ihn. Er wollte noch losbrüllen: Fort mit dir, verfluchter Rottengeist, doch da verlor er schon das Bewusstsein.

Jonas schickte zwei Reiter los, die Luthers Gastgeber, den Stadtschreiber Johannes Albrecht, über den gefährlichen Zustand des Reformators informieren und ihn bitten sollten, alle Vorkehrungen zu treffen, um ihn ins Leben zurückzuholen, während Aurifaber den Fuhrmann zur Eile antrieb. Vier Reiter, zwei unmittelbar vor dem Planwagen, zwei eine Viertelmeile voraus, um den Weg für das Fuhrwerk freizuräumen, übernahmen die Führung. Die Söhne sorgten sich um den Vater, wenngleich sie seine Ohnmachtsanfälle inzwischen kannten.

Seit acht Jahren sprach Luther immer wieder über seine Müdigkeit, seine Ausgelaugtheit, seinen baldigen Tod, den er zuweilen herbeiwünschte, denn die Verstocktheit der Menschen trieb ihn regelmäßig in die sanften, aber erdrückenden Arme der Melancholie. Seine Mühe erschien ihm nutzlos, und in besonders dunklen Momenten argwöhnte er, nicht den Glauben, sondern den Unglauben in der Welt vermehrt zu haben. Alles, was er je gewollt hatte, so befürchtete er dann, hatte sich in sein Gegenteil verkehrt. Er wollte die Menschen frei für den Glauben machen, doch inzwischen dachte er manchmal, dass er sie stattdessen nur vom Glauben befreit hatte. Hatte er ihnen wirklich die Freiheit gebracht oder nur ihre Fesseln durchschnitten? Wie einem Bären, der mit oder ohne Fesseln doch ein Bär blieb? Da er immer mit ganzem Einsatz gekämpft hatte und ihm keine Fehler unterlaufen waren, verstand er nicht, wieso die Ernte so dürftig ausfiel. Im Grunde beherrschte ihn das Gefühl, gescheitert zu sein, obwohl er doch alles richtig gemacht hatte.

Ächzend und schaukelnd holperte das Fuhrwerk über den frostharten Weg und erreichte kurz darauf das Geisttor.

Rauch aus vielen Kaminen hing schwarzgrau über der Stadt und trübte den Himmel über Eisleben ein. Der Qualm, der die Luft sättigte, legte sich auf die Lungen und kitzelte derb die Bronchien. Vorbei an seinem Geburtshaus und vorbei an weiteren Fachwerkhäusern, die zur Straße hin gebeugt, groß und trutzig oder hinfällig und schmal standen, jagte der Planwagen über die Lange Gasse zur Altstadt und hielt erst auf dem Markt, vor dem stattlichen Wohnhaus des Stadtschreibers Johannes Albrecht, das er von seinem Schwiegervater, dem Bergrat und Unternehmer Dr. Philipp Drachstedt, mit dem auch Luther entfernt verwandt war, bekommen hatte. Mehr oder weniger verschwägert waren die Hüttenunternehmer im Mansfeldischen allerdings alle untereinander.

Luthers Ohnmacht hielt an, und seine Begleiter beteten ein Vaterunser nach dem anderen für ihn.

Johannes Albrecht, von den Reitern benachrichtigt, stand schon vor der Tür. Hinter ihm im Haus herrschte rege Geschäftigkeit. Seine Frau wies die Mägde und den Hausburschen an, die Zimmer zu heizen, das Bett zu richten und Wasser und Tücher zu erwärmen. Alles musste jetzt sehr schnell gehen.

Justus Jonas, Aurifaber, Rudtfeld und Johannes Luther trugen den schweren Leib des Reformators, ihnen folgten Paul und Martin. »Hier entlang, ihr guten Herrn«, rief Albrecht, dessen Gesicht der Schrecken noch länger machte, und zeigte ihnen den Weg durch die Diele, über die Treppe in die kleine Stube, in der sie Luther auf ein Ruhebett legten. An die Stube schloss sich Luthers Schlafgemach an. Im Haus roch es nach Wärme, die von den brennenden Holzscheiten im Küchenofen und in den Kaminen herrührte.

Doch die Angst um Luther ließ kein Wohlgefühl aufkommen. Albrechts Frau stürmte mit den Mägden die Kammer. Sie öffneten resolut Luthers Gewand und rieben Gesicht und Leib mit warmen Tüchern. Nach einer Weile kehrte zartes Rosa in die bleichen, hängenden Wangen zurück. Er hob die schweren Augenlider und sah etwas befremdet umher. Dann, vollends zu Bewusstsein gekommen, schimpfte er: »Die Juden warns, die Juden von Rißdorf. Sie haben einen Zauber gegen mich gesandt. Ich sags euch, die Juden warns.« Luther richtete sich auf, setzte sich auf die Kante und ließ die Füße vom Bett baumeln. »Ach, es gibt zu viele Juden hier, hier in Eisleben und dort in Rißdorf, so viele, dass sie es schon wagen, unserem Herrn Christus eine lange Nase zu drehen! Wollte Gott, dass die Gräfin sie nicht schützte!« Feuer schoss jetzt aus seinen tief liegenden Augen, und die Wangen hatten eine dunkelrote Farbe angenommen. Er nahm sich fest vor, mit den Grafen über die Juden zu sprechen, auch wenn sie bei der Witwe des Grafen Ernst II., Dorothea von Solms-Lich, hoch in Ansehen standen. Jetzt, wo die Sorge um Luthers Leben von ihnen wich, spürten die Reisenden endlich die Wärme und nach der Anspannung die wohlige Müdigkeit, in die sie eintauchten wie in ein dampfendes Bad. Aurifaber machte sich auf den Weg, um Luthers Ankunft den Grafen von Mansfeld, die in Eisleben ihre Stadtresidenzen unterhielten, zu melden.

Im Laufe der Zeit hatten sich in der reichsunmittelbaren Grafschaft Mansfeld fünf Linien der Grafenfamilie herausgebildet, die mehr schlecht als recht die Herrschaft gemeinsam verwalteten und inzwischen vollkommen untereinander zerstritten waren, so dass Versöhnung nottat. Da keine unteilbare Erbfolge, keine Primogenitur für das Haus

Mansfeld galt, bedrohte die Erbteilung die Grafschaft in ihrer Existenz. Nach ihrem Stammhaus auf der Mansfelder Burg hießen die Herrscher seit Beginn dieses Jahrhunderts die Grafen von Mansfeld-Vorderort, Mansfeld-Mittelort und Mansfeld-Hinterort.

In das Grau des Himmels mischte sich inzwischen die Schwärze des Winterabends und verdunkelte die Butzenscheiben, in denen man sich spiegeln konnte – um den Preis allerdings, das eigene Antlitz zur höllischen Fratze verzerrt und vervielfacht zu sehen. Und während Luther seinem Gastgeber von den Gefahren der Reise berichtete, deckten die Mägde unter Aufsicht der Hausherrin ein Stockwerk tiefer in der großen Stube den Tisch. In den Kaminen prasselte das Feuer, und das Knacken der Buchenscheite sorgte für ein heimeliges Gefühl. Geruch von gebratenem Spanferkel und von wiederbefüllten Eiern am Heringsspieß, von dampfendem Grünkohl und von Gerstenmus kitzelte ihre Nasen. Warmes Kerzenlicht erleuchtete die Zimmer. Noch vor dem Essen traf zur großen Freude Luthers Bruder Jakob aus Mansfeld ein. Er hatte die Hüttenfeuer des Vaters übernommen und selbst ein paar dazugepachtet.

Nach dem Essen sprachen die Brüder über die Schwierigkeiten, in die Jakob geschäftlich immer stärker versank, und die Tischgesellschaft hörte sehr aufmerksam zu, denn sie interessierte, was Luther zu tun gedachte. Nicht genug damit, dass die großen Saigerhandelsgesellschaften, von denen die Hüttenunternehmer wie Jakob abhängig waren, durch Absprachen untereinander ein rigides Preisdiktat aufrichteten – sehr zum Nachteil der Unternehmer, versteht sich –, sorgten die Grafen von Mansfeld aus Geldgier auch noch dafür, dass den Unternehmern die Pacht für die Hütten und Bergwerke entzogen wurde und sie immer mehr als Angestellte ihre Bergwerke und Hütten für die Grafen betreiben mussten, die zudem noch den Verdienst der vormaligen Unternehmer festlegten. Was aber Luther am heftigsten erzürnte, war die kalte, brutale Niedertracht, den Unternehmern die Hütten, die sie gepachtet hatten, wegzunehmen, aber die Schulden, die auf den Hütten lagen, bei den Unternehmern zu belassen, die nun den Ruin vor Augen hatten. Am härtesten setzte es ihm zu, dass ausgerechnet Graf Albrecht, der immer voller Überzeugung und kompromisslos für Luthers Sache gefochten hatte, wirtschaftlich am rücksichtslosesten gegen die Hüttenunternehmer vorging. Gerade er! Das Verhalten des Grafen empfand er als persönliche Niederlage: Auch wenn er im Glauben untadelig war, galten dennoch die Glaubensgrundsätze für ihn nur in der Kirche, nicht aber in der Wirtschaft. Dabei war doch der Glaube für das Leben da und nicht für den Glauben. Nach einem Glas Süßwein sagte Luther in die Tischrunde: »Ich habs dem Grafen ohne Hörner und Klauen geschrieben! Das hat den Albrecht, der es von allen am ärgsten treibt, so erzürnt, dass er einen wahren Veitstanz auf meiner Epistel ausgeführt hat. Er hätte meinen wohlmeinenden Brief zu Herzen und nicht zu Füßen nehmen sollen! Vor Jahren habe ich ihnen schon gesagt, dass die Grafen kein Recht besitzen, das Eigentum ihrer Untertanen an sich zu reißen. Mit der Nase habe ich sie darauf gestoßen, dass ihre Gier das Werk des Teufels ist, der das gute Mansfelder Land verderben will. Die Grafen, vom bösen Geist verführt, mögen meinen, dass die Güter und die Herrschaft ihr Eigen sind, aber hierin irren sie gewaltig.

Gott will es nicht leiden! Wer nun die Güter an sich reißen will, bei dem ist Gottes Gnade und Segen nicht, denn das heißt auch vor Gott: geraubt und gestohlen. Ich habe sie gewarnt, dass sie durch ihre spitzbübische Habgier den Bergbau verderben und damit auch ihre Herrschaft. Sie schaden nicht nur ihren Untertanen, sondern vor allem sich selbst. Denn wo der Bergbau dahinfällt, da liegt auch bald die Grafschaft darnieder und lachen alle Feinde. Aber siehe, selbst wenn die Habgier endlich ermattet, wird sie vom Neid wieder angestachelt. Doch wenn Graf Albrecht meint, dass die Bürger zu sehr im Überfluss leben, so wäre die Sache wohl leicht zu lösen: Steuer gelegt auf den Überfluss, davon würde die Herrschaft reicher und die Untertanen auch fetter, wie es zu Nürnberg und anderswo geschieht. Aber hier ist ein zorniger Teufel am Werke, der es dahin bringen will, dass weder Herr noch Untertan etwas haben. Ist es denn so schwer zu verstehen, dass es besser ist, reiche Untertanen zu haben, als selbst reich zu sein? Denn selbst reich sein ist bald vertan, reiche Untertanen können allezeit helfen. Der Teufel hat den Grafen die Augen mit Wahngebilden verkleistert und verstopft ihre Ohren mit dem Geklingel des Geldes. Wenn auch Graf Albrecht Herr ist über Land und Leute, so ist er dennoch nicht Herr über die Lehen und das Eigentum der Güter. Wieder und wieder habe ich ihnen ins Gedächtnis gerufen, dass sie einen Segen mit diesem Land besitzen, und sie gewarnt, dass Gott ihnen den Segen wegnehmen werde und die Nachkommen zu klagen hätten. Ach, lieber Bruder und ihr lieben Freunde in Christo, es schmerzt mich zu sehen, wie der böse Geist sucht, mein liebes Vaterland zu verderben.« Da wollte ihm niemand widersprechen, und noch einmal predigte er geradezu von den Aufgaben einer christlichen Obrigkeit und warnte davor, dass je größer die Gewalt, umso größer das Unrecht ist, wenn nicht in Gottesfurcht und Demut gehandelt wird, denn es ist die Aufgabe der weltlichen Gewalt, die Bösen zu strafen und die Frommen zu schützen, nicht sie auszupressen, sie zu bedrücken oder zu beschweren. Bevor er sich mit seinen Söhnen auf sein Zimmer zurückzog, sagte er noch in die Runde, dass nicht die Frommen für die Obrigkeit gemacht seien, sondern die Obrigkeit für den Dienst an den Frommen. Wenn die Obrigkeit das vergesse, dann werde es böse ausgehen.

Vor dem Zubettgehen betete Martin Luther sehr lange und bat den HERRN, dass er die Grafen erleuchten möge. Mehr konnte er vor Verhandlungsbeginn nicht tun.

Am anderen Morgen reiste Jakob nach Mansfeld zurück und nahm seine Neffen mit, damit sie die Tage, die Bruder Martin für die Verhandlungen benötigte, im Kreise ihrer Cousins und Cousinen, ihrer Onkel und Tanten verbrachten und die Heimatstadt ihres Vaters und seiner Freunde kennenlernten – also die, von woher sie stammten –, anstatt sich in Eisleben zu langweilen und auf allerlei dumme Gedanken zu verfallen.

Luther indes wohnte nun täglich ein bis zwei Stunden den Verhandlungen bei, nicht so sehr, um Sachfragen zu entscheiden, sondern um Mäßigung zu bewirken, damit die Gespräche nicht im Eklat endeten. Und nur seine Autorität würde dieses Wunder einer Einigung womöglich zustande bringen.

Am 31. Januar, dem ersten Sonntag nach seiner Ankunft in Eisleben, predigte er in Sankt Andreas. Das Bild seiner gefährlichen Überfahrt über die Saale stand ihm dabei wie von selbst vor Augen. Der Kahn, in dem die Jünger über den See Genezareth fuhren, wurde ihm zum Sinnbild für die allseits gefährdete Gemeinde, die aber von Christus geschützt war, wenn sie nicht müde im Glauben würde oder gar von ihm abfiele. Am Dienstag darauf, dem 2. Februar, und am Sonntag, dem 7. Februar, bestieg er erneut die Kanzel der Andreaskirche. So viel und doch immer dasselbe, was er seinen Eislebern mitgeben wollte: treu dem HERRN anzuhangen und fest auf SEINE Gnade zu vertrauen.

Den Frieden zwischen den Mansfelder Grafen zu stiften erwies sich allerdings als zähes Geschäft. Schuld gab er daran den Juristen, die ihm Zeit raubten, weil sie, eitel und auf persönlichen Gewinn bedacht, sich mit Spitzfindigkeiten bekriegten. Jonas gegenüber klagte er: »Die Juristen betört ihr bisschen Rechtskenntnis, von deren Anwendung sie meiner Meinung nach keine Ahnung haben. Sie sind wie ehrlose gedungene Zungendrescher, die sich um Frieden, Gemeinwesen, Religion nicht kümmern.« Er beneidete Melanchthon, dessen Erkrankung ihn in Wittenberg festhielt, so dass er das Elend in Eisleben nicht miterleben musste. »O diese Ränkeschmiede! O diese Sophisten, Pest des Menschengeschlechts!« Immer klarer wurde ihm, dass eine Welt, die Juristen in die Hände fiele, des Teufels wäre, sich zumindest in den Limbus, wenn nicht gar in die Hölle selbst verwandeln würde. So warnte er auch in der Predigt vom Sonntag, dem 7. Februar, vor dem stets lauernden Satan, vor dem man nur Rettung in der Gnade Gottes finde, weil der Mensch letztlich doch ein Sündensack sei.

Als die Verhandlungen sich im Kreis zu drehen begannen, weil die Juristen sich nur noch in Scharmützeln verloren, die meilenweit entfernt von den Problemen, die es zu lösen galt, stattfanden und nur um Eitelkeit und Prestigegewinn geführt wurden, und weil die verfeindeten Brüder Graf Gebhard und Graf Albrecht sich weiterhin weigerten, miteinander zu reden, und einander nur anschwiegen oder allenfalls brieflich in Kontakt traten, was die Sache angesichts der Tiraden aber nur verschlimmerte, schimpfte Luther: »Die Hölle muss leer sein, da sich doch alle Teufel in Eisleben aufhalten.« Allerdings besaßen die Brüder schwerwiegende Gründe genug, einander mit eisigem Schweigen zu begegnen. Obwohl Albrecht von Mansfeld-Hinterort gemeinsam mit Gebhard von Mansfeld-Mittelort sich zur Reformation bekannte, entzweite sie im Grunde ihre Wirtschaftspolitik. Gebhard hatte gegen die Verträge über die Erbteilung im Hause Mansfeld verstoßen, als er für 60 000 Gulden seine Anteile an den Bergwerksrechten verpfändete und zudem gegen 40 000 Gulden die Nutzung seiner Herrschaft den Gläubigern überließ. Albrecht, der darin zu Recht eine Gefahr für die Grafschaft Mansfeld sah, übernahm 1541 Gebhards Schulden und die Nutzungsrechte seines Bruders. Das war wirtschaftlich vernünftig und auch richtig; nur ließ er es dabei nicht bewenden, sondern ging über die Nutzung der Güter seines Bruders hinaus, indem er die Herrschaft über Gebhards Besitz ausübte. Er verjagte seinen Bruder aus dessen Anteil am Mansfelder Schloss, aus Mittelort. Auf den neu geprägten Münzen verschwand Gebhards Name. De facto war Gebhard nun enteignet und entgraft und beschwerte sich darüber bei Luther. Der wandte sich an Kurfürst Johann Friedrich. Über ihn wurde nun Herzog Moritz von Sachsen eingeschaltet. Als sich Albrecht auf sächsischem Territorium befand, setzte Moritz den Grafen Albrecht kurzerhand fest und zwang ihn zu einem Vergleich, der Gebhard wieder in seine Herrschaftsrechte einsetzte. Genügend Stoff für ausreichend Hass also. Und in der Tat sollten sich die Brüder erst kurz vor Gebhards Tod im Jahr 1558 wieder versöhnen. Doch davon war im Februar 1546 noch nicht einmal zu träumen.

In seinem Verdruss bat Luther Melanchthon brieflich, sich beim kursächsischen Kanzler Brück dafür einzusetzen, dass ihn der Kurfürst nach Wittenberg zurückrief. Ein wenig Zeitdruck würde sicher nicht schaden, denn die Grafen konnten sich bei Lichte besehen ein Scheitern der Einigung eigentlich nicht leisten, und zu demonstrieren, dass Martin Luther nicht ewig als Vermittler zur Verfügung stünde, mochte daher disziplinierend wirken. Dass sein eigentlicher Feind in diesen Verhandlungen, der einen Erfolg mit allen Mitteln zu verhindern trachtete, der Teufel war, wusste er. Und dass er mit ihm um die Seelen rang, gehörte zu seinem Alltag. Nicht weniger gewiss war ihm, dass, bevor das Reich Christi anbrechen würde, der Antichrist seine Herrschaft errichten musste, die es sodann zu überwinden galt. So hatte es zumindest Joachim von Fiore gelehrt. Und Martin Luther kannte die Visionen des Kalabreser Abtes, die nur sehr schwer als vollkommen orthodox zu bewerten waren.

Der Endkampf zwischen Christ und Antichrist tobte, und Martin Luther stand inmitten der Schlacht. So wunderte es ihn auch nicht, dass am 2. Februar in seiner Ruhekammer ein Kaminbrand ausbrach, dem er fast zum Opfer gefallen wäre und der nur mühsam gelöscht werden konnte. Natürlich war er dem Teufel ein Dorn im Auge, auch wenn er nur als kleiner Soldat dem HERRN im Krieg der *civitas caelestis* gegen die *civitas terrena* diente. Wie hatte er doch gedichtet: »Und wenn die Welt voll Teufel wär / es muss uns doch gelingen.« Er zumindest hatte sich seelisch fest gegürtet und war bereit, bis zum letzten Tag seine Pflicht zu erfüllen. Und das war auch nötig. War es deshalb zugleich auch erreichbar?

2. Duell mit dem Teufel

Der Teufel war emsig und geschickt und kleidete sich am liebsten mit eines Juristen Leib. Luther wurde von ihm auf einen Kampfplatz gezwungen, der eigentlich nicht seiner war, auf dem er aber im Laufe der Zeit einige Erfahrung erworben hatte, denn immer wieder sah er sich zur Verteidigung von Gottes Wort gezwungen, auf dem Parkett der politischen Intrige zu agieren. Deshalb kam ihm die entscheidende, und zwar politische Idee, wie er die Hürden einer Verständigung überwinden und den Teufel ausspielen konnte. Kurzerhand lud er die Grafen nebst Vermittler einzeln zu Gast, um in diesen vertraulichen Gesprächen wie in einer Beichte durch herben Zuspruch und geistliche Drohungen die Bereitschaft zur Einigung zu vergrößern. Johannes Albrecht indes, der gastfreundliche Stadtschreiber, wurde finanziell durch die Verköstigung Luthers und seiner Gesellschaft und gelegentlich auch der Grafen nicht geschädigt, denn die wetteiferten miteinander darum, dem Reformator durch Bier, Wein, Fleisch, Wildbret und Fisch ein wahres Schlaraffenland zu bereiten. So gesehen hätte er dem Bruderzwist durchaus eine angenehme Seite abgewinnen können. Man überhäufte ihn geradezu mit Speis und Trank, so dass er sogar noch Forellen, die ihm Graf Albrecht zukommen ließ, seiner Frau nach Wittenberg schickte.

Überhaupt Käthe. Sie vermisste er sehr, ihr resolutes und treu sorgendes Wesen, die Frau, die ihm geistig zusetzte mit ihrem spitzen Mundwerk und ihn körperlich in Bewegung hielt, vor der er so viel Respekt empfand, dass er sie gelegentlich Herr Käthe nannte.

Doch die Verhandlungen wollten immer noch nicht recht vom Fleck kommen. Am 6. Februar teilte er Käthe mit, dass er zu fressen und zu saufen genug und auch gute Tage hätte, wenn der verdrießliche Handel nicht wäre, als wolle der Teufel ihn verspotten. Drei Tage später, am 9. Februar, fand Luther erneut beim Erwachen Kalk und Lehm auf seinem Bett. Verwundert rang er sich durch, den Hausburschen zu rufen – und das keine Stunde zu früh. Der berührte nämlich mit den Fingern der rechten Hand leicht die Stelle, die über dem Kalk- und Lehmgeriesel lag. Dabei löste sich ein Stein und plumpste auf das Kopfkissen. Der Stein hätte ihn mitten in der Nacht erschlagen können.

Für ihn stand fest, dass er innerhalb von vierzehn Tagen viermal in große Lebensgefahr geraten war, einmal durch das Hochwasser der Saale, dann durch den Ohnmachtsanfall bei Rißdorf, also durch schwarze Magie, kurz darauf durch den Brand des Kamins und schließlich durch einen lockeren Deckenstein. Bekümmert und zugleich erstaunt glotzte der Hausknecht erst auf den Stein, dann auf Luther und machte dabei wahrlich kein intelligentes Gesicht, doch Luther brummte nur: »Ich weiß wohl, dass es der Teufel auf mich abgesehen hat, besonders dann, wenn ich vorankomme.«

Tags drauf bewirtete Luther die Grafen Albrecht von Mansfeld-Hinterort und Hans Heinrich d. Ä. von Schwarzburg, einen der Vermittler, um endlich den gordischen Knoten zu zerhauen. Der zweite Vermittler war übrigens Fürst Wolfgang von Anhalt. Bei Naumburger Bier, Forellen und Wildschwein hielt er dem Grafen den Psalm 133,1 vor:

»Siehe, wie fein und lieblich ists, wenn Brüder einträchtig beieinander wohnen.« Und redete danach auf ihn ein, dass die Eintracht eine Gabe, eine Gnade und eine Forderung Gottes sei, der man sich nicht verschließen dürfe. Doch Albrecht hielt klug dagegen: »Ihr wisst selbst, dass unsere Feinde gegen uns zum Krieg rüsten. Wenn wir die Römischen besiegen wollen, dann benötigen wir die volle Wirtschaftskraft der Grafschaft. Nur darum ist es mir zu tun. Eine verschuldete Grafschaft ist das weit geöffnete Einfallstor des Feindes.« Im Grunde verehrte er Luther und glaubte zutiefst daran, dass der Reformator Gottes Wort predigte und die Papisten dem Antichrist dienten, aber nicht für die weltlichen Belange, sondern für die geistlichen war Luther berufen worden. Da ihm das Lehen von Gott verliehen war, hatte Graf Albrecht dereinst auch Gott und nicht Martin Luther Rechenschaft abzulegen, wie er es verwaltet hatte. Deshalb ließ er sich von Luther nicht in dieses Geschäft hineinreden, denn es war sein Geschäft und nicht Luthers.

Zwar gab ihm der Reformator recht, dass die Grafschaft in wirtschaftlich prosperierendem Zustand sein musste, wenn man sich gegen die Römischen und auch gegen den Kaiser zu behaupten hatte, aber der Bruderzwist der Grafen, entgegnete er, arbeitete dem Feind nicht minder kräftig in die Hände. Er verwies auf den seligen Kurfürsten Friedrich den Weisen, der einmal gesagt hatte, dass man die Sachen wohl regeln könnte, wenn sich die Menschen einigen wollten. »Ihr dürft das Reden nicht den Juristen überlassen. Redet miteinander, und ihr werdet Einigung erzielen.«

Anschließend setzte er – wieder in Einzelgesprächen – die Räte der Grafen unter Druck, dass sie endlich Kompromisse formulierten, anstatt sich im Aufstellen übertrieben hoher Forderungen zu überbieten. Ihre Aufgabe sei es, die Verhandlungen voranzubringen, und nicht, sie zu behindern. Zwischenzeitlich drohte er ihnen mit der Hölle und der ewigen Verdammnis, zuweilen auch mit dem Zorn des Kurfürsten, so dass es endlich zu konstruktiven Vorschlägen kam. Nun mussten nur noch die Grafen zustimmen. Luther lud zu diesem Zweck Graf Albrecht und Graf Gebhard zu einem gemeinsamen Nachtmahl im Hause des Stadtschreibers ein, weil die Verständigung dieser beiden Grafen den Schlüssel für die Einigung aller darstellte.

Der 14. Februar 1546 war ein Sonntag, und Luther begab sich nach einem ausgiebigen Frühstück in die Andreaskirche. Dass so viele Menschen zum Gottesdienst gekommen waren, wärmte ihm das Herz. Da sie ihn erkannten, machten sie ihm Platz, so dass er durch das Spalier seiner Eisleber von Jonas und Aurifaber gefolgt durch das Kirchenschiff zur Apsis schritt, den einen oder anderen, den er erkannte, grüßend. Die hohen gotischen Pfeiler rechts und links von ihm gaben ihm das Gefühl, dass sie leicht und verspielt den Himmel trugen. Durch die bunten Fenster flutete Licht, in dem er zu schwimmen glaubte, so stofflich wirkte es, als sei der Heilige Geist in vielen kleinen Geistfünkchen anwesend. In den Gottesdienst teilte er sich mit dem Stadtpfarrer Michael Coelius, einem ihm ergebenen und ihn zutiefst bewundernden Mann.

Nachdem er zwei Pfarrer ordiniert und mit der Gemeinde gebetet hatte, quälte er sich über die enge Wendeltreppe, die sich um einen der linken Pfeiler wand, die Holzstufen hinauf zur Kanzel und dachte dabei, dass der Weg ins Himmelreich eng, steil und steinig, der zur Hölle aber breit und gepflastert war. Oben angekommen atmete er zunächst durch und schaute alsdann in das volle Kirchenschiff – in den ersten Reihen saßen die Grafen, ihre Räte, Justus Jonas und Aurifaber, der Hüttenunternehmer Bartholomäus Drachstedt mit seiner Familie, Luthers Wirt Johannes Albrecht mit Frau und Kindern, dahinter dann die Bürger der Altstadt. Und wie er seinen Blick durch die Reihen schweifen ließ, regte sich eine Ahnung in ihm, die ihn überraschte und bedrückte: dass er nun zum letzten Mal in Eisleben predigen würde. So wollte er die Eisleber und Mansfelder Angelegenheit ordnen, seine und die der Grafschaft, und ihnen ein Vermächtnis mit auf den Weg geben. Er konnte die Gespanntheit der Gemeinde auf seine Worte spüren. Dieses Warten der Menschen auf Gottes Wort, von ihm, Martin Luther, verkündet, trieb ihn immer wieder zur Predigt, auch wenn sie ihn über Gebühr anstrengte. Langsam und gründlich schaute er den Menschen, zu denen er gleich sprechen würde, ins Gesicht, als dürfe er niemanden, der zum Gottesdienst gekommen war, übersehen, forschte in den Gesichtern der Herrscher und Bürger dieser Stadt, der eitlen, der verführbaren, der lauen, der geizigen, der sich klug dünkenden, der reichen und der armen, der gutmütigen und der boshaften, der ehrlichen und der hinterhältigen, und sie dauerten ihn auf einmal, wie sie dort saßen, verloren und preisgegeben in der Welt, denn er entdeckte um sie herum die Schlingen und Fallstricke des Teufels. Warnen, sie alle warnen, schoss es ihm durch den Sinn, zum letzten Mal vielleicht. Hatte er nicht oft genug zu ihnen geredet, ihnen die Gefahren aufgezeigt und sie zur Frömmigkeit, zur Barmherzigkeit und zur Demut, sie vor allem aber zu einem festen Gottvertrauen angehalten? Konnte er nicht mit dem Propheten Micha 6,8 sagen: »Es ist dir gesagt, Mensch, was gut ist und was der HERR von dir fordert, nämlich Gottes Wort halten und Liebe üben und demütig sein vor deinem Gott«? Genutzt hatte es indes nichts, sie hatten sich nicht gebessert, schätzten das Gute gering und jagten weiterhin den Äußerlichkeiten, dem Tand nach. Alle gewogen und alle für zu leicht befunden. Alle, mit Ausnahme der Kinder. Für einen Moment drängte es ihn, die Kanzel zu verlassen. Hatte er nicht genug geredet? Wenn er sie wieder ermahnen würde und dabei erneut gegen innere Wände spräche, wäre er dann nicht ein Narr? Ein Lächeln tanzte plötzlich auf seinem schweren Atem. War nicht auch Paulus ein Narr, dass er gepredigt hatte, obwohl er befürchten musste, dass, wenn er käme, er die Gemeinde nicht so finden würde, wie er wollte, und auch die Gemeinde ihn nicht so finden würde, wie sie wollte, sondern dass es »Hader, Neid, Zorn, Zank, üble Nachrede, Verleumdung, Aufgeblasenheit, Unordnung« gäbe. Die Nähe zu Paulus gefiel ihm. Ihm fühlte er sich wie keinem anderen Apostel verwandt. Auf einmal gingen ihm dessen Worte ganz auf in ihrer unsagbaren und nur erfahrbaren Tiefe, jetzt in diesem Moment, im Angesicht der Gemeinde. Galt das nicht auch für ihn: »Ich fürchte, wenn ich abermals komme, wird mein Gott mich demütigen bei euch und ich muss Leid tragen über viele, die zuvor gesündigt und nicht Buße getan haben für die Unreinheit und Unzucht und Ausschweifung, die sie getrieben haben«? Einen Wimpernschlag lang war ihm, als hätte er Müntzer im Kirchenschiff gesehen, wie er ernst, ja geradezu prüfend zu ihm blickte. Als er ein zweites Mal hinschaute, entdeckte er nur eine Lücke zwischen zwei Tuchmachern. Ja, Müntzer hatte sich überhoben, er hatte sein eigenes Wort an die Stelle von Gottes Wort gesetzt, davon war Martin Luther überzeugt. Er wollte die Erinnerung wegwischen und über sich lachen. Müntzer hatte in Frankenhausen für die Selbstüberhebung mit seinem Leben und mit seiner Seligkeit bezahlen müssen, aber auch er, Martin Luther, empfand das Joch und die Qual; doch er litt im Gegensatz zu jenem nicht für den eigenen Wahn, sondern für Gottes Wort. Das war etwas völlig anderes. So wie Gott es Paulus nicht leicht gemacht hatte, so auch ihm nicht. »Und damit ich mich wegen der hohen Offenbarungen nicht überhebe, ist mir gegeben ein Pfahl ins Fleisch, nämlich des Satans Engel, der mich mit Fäusten schlagen soll, damit ich mich nicht überhebe.« Oh, die Fäuste des Teufels kannte auch er, die aus Eisen gemacht waren, spürte ständig die Wunden, die ihre Schläge hinterließen. »Seinetwegen habe ich dreimal zum Herrn gefleht, dass er von mir weiche. Und er hat zu mir gesagt: Lass dir an meiner Gnade genügen; denn meine Kraft ist in den Schwachen mächtig.«

Aber vielleicht war es auch ein Fehler, ihnen zu sagen, dass sie keines Priesters bedurften, dass sie alle selbst zum Priester berufen seien. Immer öfter bedrängte ihn in letzter Zeit der Verdacht, dass er die Religion statt zur persönlichen Angelegenheit zur Privatsache gemacht und den Menschen damit eine Freiheit gebracht hatte, mit der sie nicht umzugehen verstanden. Länger konnte er nicht mehr innehalten. Verwunderung über sein Schweigen, auch Unruhe breitete sich im Kirchenschiff aus. Er atmete aus und sah den Hauch seines Atems, wie er sich in der kalten Luft der Kirche verlor. Dann sammelte er alle Kraft und begann laut und vernehmlich zu sprechen, Sätze wie Hagelschläge, die auf die Zuhörer einprasselten. Vom Evangelium, dem

Wort Gottes, sprach er und dass es nicht geschaffen sei für die Klüglinge, die es sich doch nur zurechtbögen und ihren Interessen dienstbar machten, sondern für die einfachen Menschen, die es wortwörtlich nähmen. Er legte Christi Worte aus Matthäus 11,25–30 aus. Das war sein Thema, dass Jesus das Wort Gottes nicht den Klugen und Weisen, nicht den Mächtigen und Philosophen, sondern den Unmündigen offenbart hatte und dass zum Sohne, durch den jeder zum Vater kommt, all jene strömen sollten, die da mühselig und beladen waren, auf dass sie befreit, auf dass sie sanftmütig und von Herzen demütig würden. Hart ging er ins Gericht mit all jenen, die in der christlichen Kirche nicht Gottes Wort dienten, sondern schalteten und walteten, wie sie es für richtig hielten, die sich zum Schulmeister Gottes aufschwangen. Weil sie es aber nicht so belassen konnten, wie es Gott nun einmal eingerichtet hatte, sondern es allweg verändern mussten aus purer Eitelkeit, um sich rühmen zu können, etwas vollbracht zu haben, würden sie zu Ketzern werden. Am schlimmsten ging es aber in der christlichen Kirche zu, da hackte ein Bischof auf den anderen ein, ein Pfarrer auf den anderen. Ein grimmiges Lächeln ging über sein Gesicht, und ein böses Funkeln glomm in den Augen auf, als er daran dachte, dass sich die Katholischen in Trient versammelt hatten, um eine neue Kirche zu erfinden, nachdem er ihr Babylon in Schutt und Asche gelegt hatte. Aber die Katholischen interessierten ihn jetzt nicht weiter, sie würden für die furchtbare Abgötterei, die sie trieben, schon genügend in der Hölle zu leiden haben; ihm war es um die Menschen vor ihm zu tun, die sich mit dem Mund zur Reform bekannten und sie mit dem Herzen doch so wenig verstanden. Deshalb wandte er sich nun, nachdem er mit den kirchlichen Würdenträgern, die anstatt Gott nur sich selbst anbeteten, abgerechnet hatte, den weltlichen Herrschern zu. Dabei nahm er die Grafen in den Blick und sprach direkt zu ihnen. In seine Predigt mischte sich der Zorn über die Überheblichkeit der großen Herren, der großen Hansen, wie er sie zuweilen nannte, über die Arroganz der Macht, über ihren Missbrauch, wenn er ihnen zurief: »Deshalb sagt der Herr Christus, dass er den Naseweisen feind sei, dass er sie in seiner Kirche nicht leiden wolle, seien es Kaiser, Könige, Fürsten und Doktoren, die ihm sein göttliches Wort meistern und ihm mit ihrer eigenen Klugheit in die hohen Dinge des Glaubens und unserer Seligkeit hineinregieren wollen. Sie meinen, weil sie obenan im Regiment sitzen, darum seien sie die Klügsten, sie kennten die Schrift besser als andere Leute. Darum stürzt sie Gott auch tief. Denn er wills und kanns und solls auch nicht leiden. Er machts doch so, dass das Evangelium den Hohen und Weisen verborgen bleibt, und regiert seine Kirche ganz anders, als sie es denken und verstehen, wenn sie sich auch dünken lassen, sie wüssten und verständen alles.« Er spürte, wie er in der kalten Kirche in Schweiß geriet. Doch nun musste es heraus, denn es ging elend zu in der Welt. Jetzt sprach er nicht mehr nur zu den Grafen, sondern zu allen. »Das ist der Teufel in der Welt. Er wirkt es, dass die Menschen Gottes Wort nicht achten und sich gröblich betrügen und zum Narren halten lassen. Die Klugen und die Weisen, die Großen und Angesehenen sind es, die zerreißen das Sakrament und die Kirche und setzen sich an Gottes Stelle, wollen selbst Meister sein. Denen sind alle Engel im Himmel und alle Christen auf Erden feind. Wenn uns nun deswegen die großen Herren zürnen, uns verfolgen, ja am liebsten verbrennen und ermorden möchten, so müssen wir das leiden, denn Christus sagt: Kommt zu mir, die ihr mühselig und beladen seid, als wollte er uns sagen: Haltet euch nur an mich, bleibt bei meinem Wort und lasst über euch gehen, was da kommt. Harret und wartet des HERRN durch den Glauben, so habt ihr schon gewonnen, seid dem Tode entlaufen, dem Teufel und der Welt überlegen. Weder vor den Türken noch vor den Ketzern noch vor dem Papst und den Kardinälen noch vor dem Kaiser und den Fürsten müsst ihr euch ängstigen.« Da saß er wieder zwischen den beiden Tuchmachern, Müntzer, und lächelte melancholisch, als überkäme ihn ein großes Mitleid mit dem Doktor Martinus. »Und ihr sollt euch auch nicht von den Rottengeistern verführen lassen, von dem Müntzer, von den Wiedertäufern und Sakramentierern, die dem Evangelium feind sind und seine Ausbreitung hindern und wehren wollen, weil sie glauben, allein klug und weise zu sein.«

Eine so vollkommene Stille herrschte in der Kirche, dass die gespannte Aufmerksamkeit der Menschen in seinen Ohren brüllte – und sie spornte ihn an, fraß zugleich aber auch an seiner Kraft, so als saugten die Zuhörer jedes Wort aus ihm heraus. Jede Predigt ein Aderlass, jeder Zuhörer ein Schröpfkopf an seinem Körper und an seiner Seele. Er stockte, Schweiß fiel nun in großen Tropfen von seiner Stirn auf die Balustrade der Kanzel. Übelkeit gepaart mit einem Schwindel stieg in ihm auf, so dass er sich mit seinen Händen an der Kanzel festhalten musste, um zu verhindern, dass die Kirche sich um ihn zu drehen begann. Nicht sich, sondern die Kirche hielt er in diesem Moment fest. »Nur so viel für heute. Ich kann nicht weiter, ich bin erschöpft«, keuchte er.

Doch die Menschen in der Kirche rührten sich nicht und blickten ihn weiter voller Erwartung an. Sie spürten, dass das noch nicht alles war, nicht alles sein konnte, etwas arbeitete noch in ihm, das auch ausgesprochen sein wollte. Er schloss die Augen und versuchte seinem Herzen Zügel anzulegen und seinen Atem zu beruhigen. Sie hatten ja recht, da war noch etwas, das ihn quälte und das er ihnen mit auf den Weg geben musste, denn die Verdammnis war näher, als sie dachten: die Juden von Rißdorf, die einen Zauber gegen ihn geschleudert hatten. Immer wieder hatte er die Juden – zu ihrem eigenen Besten, wie er meinte – aufgefordert, Christi Wort anzunehmen, um festzustellen, dass alle seine Bemühungen vergeblich und sie verstockt waren. Er konnte nicht verstehen, mit welcher Bosheit sie ihr Herz und ihren Verstand versiegelten gegen die glasklare Wahrheit des Evangeliums. War Christus als Mensch nicht auch ein Jude? Hatte er ihnen nicht zuerst das Wort des Vaters gebracht und ihnen den Weg in die Seligkeit gewiesen? Und was hatten sie stattdessen getan? Ihn gefoltert, verhöhnt und getötet. Über die Juden, die im Mansfeldischen immer zahlreicher wurden, die Christus verspotteten und seine Gemeinde bedrohten, musste er noch etwas sagen: »Und überdies habt ihr noch die Juden im Lande, die großen Schaden tun. Doch wollen wir christlich mit ihnen umgehen, ihnen den christlichen Glauben anbieten, das Wort des Messias, der doch ihr Vetter und von ihrem Fleisch und Blut geboren ist, obwohl ich fürchte, dass ihr Blut wässrig und wild geworden ist, dennoch sollt ihr ihnen anbieten, dass sie sich zum Messias bekehren wollen, sich taufen lassen, dass man sehe, dass es ihnen ernst ist, wenn nicht, dann wollen wir sie hier nicht dulden. Denn Christus befiehlt uns, dass wir uns taufen lassen. Stattdessen aber lästern und schänden die Juden unsern Herrn Christus. Wenn wir das wissen, dürfen wir es nicht erdulden. Wenn ich zulasse, dass unser Herr Christus geschändet, gelästert und verflucht wird, so werde ich mitschuldig, nehme teil an fremden Sünden. Habe ich nicht an meinen eigenen Sünden schon genug zu tragen? …« Luther holte tief Luft und nahm nun wieder die Grafen in den Blick, sprach allein zu ihnen, denn sie mussten handeln, wo sie doch vor Gott und den Menschen als weltliche Obrigkeit bestellt waren: »Darum sollt ihr Herren sie nicht dulden, sondern sie *wegtreiben*! Wenn sie aber sich *bekehren*, ihren Wucher lassen, mit Ernst Christus annehmen, so wollen wir sie als Brüder willkommen heißen. Anders wird nichts draus. Sie sind unsere geschworenen Feinde, hören nicht auf, unseren Herrn Christum zu lästern, die Jungfrau Maria eine Hure, Christum ein Hurenkind zu nennen und uns Wechselbälger. Und wenn sie uns könnten alle töten, dann täten sie es gern. Und einige von uns töten sie ja auch, besonders diejenigen unter ihnen, die sich Ärzte nennen. Der Teufel hilft ihnen, eine Arznei zu brauen, die in Wahrheit Gift ist, das in einer Stunde, einem Tag, einem Monat, einem Jahr oder in zwanzig Jahren tötet. Die Kunst können sie. Das habe ich als ein Landeskind euch zur Warnung sagen wollen.«

Mühsam stieg er von der Kanzel. Der Blick nach unten tat ihm nicht gut. Als er den Fuß auf den Kirchenboden setzen wollte, spürte er den Stein nicht, sondern es war, als öffnete sich unter ihm eine große Leere, die ihn ganz verschlänge. Er stürzte. Erschrocken sprangen die Menschen auf. Graf Albrecht war mit schnellen Schritten bei Luther, Aurifaber und Rudtfeld als Nächste. Doch er kam wieder zu sich. Der Graf und Rudtfeld halfen ihm auf. Er sah in das besorgte Gesicht von Justus Jonas. Wie ein so breites Gesicht eine so zarte Furcht ausdrücken konnte, wunderte ihn. Zum Grafen gewandt sagte er scherzend: »Ach, mein Herr Graf, wenn ich wieder heim nach Wittenberg komme, so will ich mich alsdann in den Sarg legen und den Maden einen feisten Doktor zu essen geben!« Kaum hatte er das gesagt, nahm er verwundert wahr, dass die Menschen auf die Knie sanken und für ihn beteten. Ihre Liebe zu ihm rührte ihn, auch wenn es ihm unangenehm war, weil es einen Hauch von Abgötterei hatte. Vielleicht war doch nicht alles umsonst.

Graf Albrecht ließ es sich nicht nehmen, Luther über den Markt in das Haus des Stadtschreibers zu geleiten und ihn dabei zu stützen. »Ihr steht bei mir im Wort, Gräfliche Hoheit, heute Abend bei mir mit Eurem Bruder zum Friedensschmaus. Versöhnung muss sein! Das heißt gut christlich handeln.«

Am frühen Nachmittag kam auch der von ihm initiierte Brief des Kurfürsten an, der Luther nach Wittenberg zurückrief. Er hatte lange gebetet und anschließend etwas geschlafen. Bei Einbruch der Dunkelheit begab er sich aufgeräumt und in bester Stimmung in die große Stube hinunter. Den großen Eichentisch bedeckte festliches Geschirr, das Johannes Albrecht von den Grafen ausgeliehen worden war. Karaffen mit Wein und Krüge mit Bier ragten wie Kirchtürme heraus zwischen den Silber- und Kupfertellern voll gebratenem und gesottenem Fleisch, gedämpftem Hammel mit Rosinen, Zibeben und Muskat, am Spieß gegrillten Amseln und Haselhühnern, gedünstetem Fisch, gebratenem Speck, warmen Würsten, gedämpftem Kohl, gekochten Erbsen, Terrinen mit Speck- und Brotsuppen und Schüsseln mit Hirsebrei und Erbsenmus. Vergnügt begrüßte Luther die Tischgesellschaft und die eintreffenden Grafen und legte sich bei Speis und Trank keinerlei Zurückhaltung auf. Auf den Brief des Kurfürsten konnte er nun getrost verzichten, denn es glückte ihm, die verfeindeten Brüder zu bewegen, wieder miteinander zu sprechen und die ausgehandelten Kompromisse zu besiegeln, vor allem wie mit der Einsetzung der Prediger und Schulmeister in Eisleben und Mansfeld umzugehen und wie das Stadtrecht von Eislebens Neustadt mit dem Stadtrecht der Altstadt zu harmonisieren sei. Besonders freute es ihn, dass er die Grafen zur Gründung einer eigenen Lateinschule überreden konnte. Vor dem Zubettgehen dankte er Gott in einem langen Gebet für den guten Abschluss. Eine Heimkehr noch in dieser Woche rückte immer näher, und ja, er wollte auch endlich zurück zu Käthe. Nun mussten nur noch die Verträge schriftlich fixiert und unterschrieben werden. Ein paar strittige Fragen hatte man allerdings ausgeklammert, die im Mai geklärt werden sollten.

Den Montag nutzte er, um sich auszuruhen, ein wenig zu lesen, nachzudenken. Am Dienstag, den 16. Februar setzte er mit den Schreibern, den Juristen und Jonas den ersten der beiden Einigungsverträge auf, der Kirchenfragen umfasste. Er regelte die Rechte und Pflichten der Grafen bei der Bestellung und Versorgung der Geistlichen und Lehrer. Zudem legte er die Ordnung für die Kirchen, Schulen und Spitäler fest, definierte die Zuständigkeit des Eisleber Superintendenten und enthielt Bestimmungen über die Ehe und geistliche Strafen wie den Kirchenbann. Er vergaß auch nicht, die Gründung der Lateinschule zu besiegeln. Nachdem er gemeinsam mit Jonas den Vertrag unterschrieben hatte, fühlte er sich ermattet und zog sich in seine Kammer zurück. Er legte sich auf das Ruhebett, döste ein wenig vor sich hin, dann meditierte er. Er wunderte sich über die Menschen und über die Welt, und ihm wurde auch im Nachgang der komplizierten Verhandlungen bewusst, wie beschränkt die Möglichkeiten des Menschen waren, wie wenig er vermochte und wie dieses Wenige nur durch die Arbeit langer Jahre erreicht werden konnte. Am meisten würde dem Menschen gelingen, schlussfolgerte er, wenn er sich in Demut übte und sich disziplinierte und auf ein kleines Feld konzentrierte. Er kam nicht von dem Gedanken seiner letzten Predigt los, dass Gott das Evangelium nicht den Klugen und Weisen, nicht den Philosophen und hochgestellten Schwätzern anvertraut hatte, sondern denjenigen, die das Wort nicht anzweifelten, sondern sich um Verständnis bemühten. Aber darauf kam doch alles an, sich um Verständnis zu bemühen. Darüber wollte er in der nächsten Predigt sprechen, darüber, was es hieß, Arbeiter im Weinberg des HERRN zu sein, was es hieß, etwas wirklich zu verstehen, anstatt nur darüber zu reden und zu schwafeln. Was konnte der Mensch dafür tun? Vor allem: Kenntnisse erwerben, herausfinden, worum es tatsächlich ging.

Er stand auf, setzte sich an den Tisch und begann zu schreiben. Er wollte seine Gedanken, wie er es gern tat, an einer Kette von Beispielen entwickeln und dachte mit einem zärtlichen Lächeln, das über seine Lippen huschte, an Vergil, dessen Dichtung er immer noch verehrte, wie er es schon als Gymnasiast und Student getan hatte. Für Vergils Weitsicht sprach in Luthers Augen, dass er – sich auf die

Sibylle von Cumae beziehend – die Geburt Christi vorausgesagt hatte. Kurz memorierte er halblaut die Verse aus der 4. Ekloge der Bucolica:

> »Nunmehr kehren die Jungfrau zurück und das Reich des Saturnus,
> steigt auch ein neues Menschengeschlecht vom Himmel hernieder.
> Zeig dich nur gnädig, du keusche Lucina, dem kommenden Kinde:
> Endet mit seiner Geburt doch das Eiserne Zeitalter, leuchtet
> über die Erde das Goldne …
> Göttliches Leben erhält der kommende Knabe …
> lenkt dann, der Tatkraft des Vaters es dankend, im Frieden den Erdkreis.«

Und so notierte Luther, dass niemand die Bucolica und die Georgica des Vergil verstehen könne, der nicht wenigstens fünf Jahre Hirte oder Bauer gewesen sei. Ihm hatte es geholfen, Vergil lesen und dessen Gedanken lieben zu können, wo er doch zumindest in seinen frühen Jahren dem Vater in der kleinen Landwirtschaft, die er nebenbei betrieb, zur Hand gehen musste. Und so besaß für ihn Vergils Einleitung zu den Georgica: »Landarbeit will ich besingen, Maecenas, den Fleiß, der / uns heitre Saaten beschert« wenig Romantik, sondern machte deutlich, dass, wer heitere Saaten wollte, Fleiß aufzubringen hatte in der Landarbeit, die in der Tat Mühe und Anstrengung, Gewissenhaftigkeit und Stetigkeit verlangte. Mochte der bukolische Charme in der Seele eines Poeten oder Humanisten das Bild eines umherstreifenden Dichters hervorrufen, so las er doch sehr genau den Satz: »Wie mühselig treibe ich vorwärts/ meine paar Ziegen! Die eine dort bringe ich kaum von der/ Stelle«, der von der Mühe des Hirten sprach, seiner harten Arbeit. Wer noch nie Ziegen gehütet hatte, wusste nicht, wie störrisch sie sein konnten. Den Dingen jenseits ihres poetischen Fluidums ihr wahres Gewicht zu geben, das vermochte nur derjenige, der die Dinge kannte. Auch Cicero, dachte er weiter, würde in seinen Briefen niemand verstehen, der nicht selbst vierzig Jahre in einem hervorragenden Staatswesen tätig war wie er. Stand er als Professor nicht über dreißig Jahre im Dienst der sächsischen Kurfürsten und gehörte nicht zu allem, selbst wenn es um den Glauben ging, auch die Politik? Ohne Spalatins und des seligen Kurfürsten Friedrich politische Talente hätte man ihn vor Jahrzehnten schon als Ketzer verbrannt und seine Asche längst in alle Winde zerstreut. Mehr als einen Eindruck, wie anstrengend das politische Geschäft war, das immer im Kampf mit dem Schicksal lag, hatte er in all diesen Jahren zwar nicht erhalten, aber immerhin genug, um eine Ahnung von den Fährnissen dieses Geschäfts zu bekommen. Weiß Gott! Man darf nicht über die Dinge reden, man muss von den Dingen handeln. Seit nunmehr fast vierzig Jahren studierte er täglich die Heilige Schrift, doch immer noch stellte sie ihn vor Rätsel, glaubte er zuweilen, nicht tiefer als bis zur Oberfläche vorgedrungen zu sein. Woran lag es also? An der fehlenden Erfahrung, an seiner, an eines jeden Menschen Begrenztheit? Denn die Heilige Schrift hatte niemand wirklich gründlich verstanden, »wenn er nicht hundert Jahre mit den Propheten die Kirche regiert hat«. Was blieb dem Menschen, was blieb ihm? In der Begrenztheit des Menschen mutete es ihn als ein Wunder an, was Gott durch Johannes den Täufer, durch Jesus Christus und schließlich auch durch die Apostel bewirkt hatte. Niemand sollte sich vermessen und sich ihnen ebenbürtig fühlen, glauben, er könne die Geschichte dieser großen Helden, die den neuen Glauben zu den Menschen gebracht und das Christentum gegründet hatten, erforschen, durchschauen, sogar sein wie sie. Im Grunde hatte er sein Leben lang nichts anderes getan, als in der Heiligen Schrift Gottes Wort zu verstehen, und das Einzige, was ihm blieb, so gestand er sich ein, war, die Spuren dieser Auserwählten anzubeten, das, was sie an Lehre, Wissen und Leben hinterlassen hatten, zu preisen, tief verbeugt, versteht sich, damit er nicht versucht wurde, sich mit ihnen auf eine Stufe zu stellen. Denn was war er schon, was waren die Menschen denn, wenn nicht Bettler, für die Brosamen vom Tisch Gottes fielen? Bei allem Streben nach Erkenntnis blieb letztlich nur, zu beten. So war es in heidnischer Zeit, so unter den Christen – die ewige Geschichte Gottes, der den Menschen gnädig war, ihnen Gnade erwies, die sie gleich den Bettlern nicht verdient hatten, die ein Geschenk darstellte, aus der Höhe Gottes betrachtet, Almosen, deren doch alle so sehr bedurften: Wir sind Bettler – das ist wahr. Luther legte die Feder aus der Hand. Der Gedanke machte ihn schwermütig, er spürte, dass er an einer neuen Tür anklopfte, doch er hatte nicht die Kraft, nicht heute, diese Tür zu öffnen. Vielleicht sollte er sich den Prediger noch einmal vornehmen: »Was hat der Mensch für einen Gewinn von all seiner Mühe, die er hat unter der Sonne? Ein Geschlecht vergeht, das andere kommt; die Erde aber bleibt immer bestehen.« Hatte er sich nicht sein ganzes Leben um Verständnis bemüht, um den wahren Glauben? Sicher hatte der Prediger recht, wenn er sagte: »Denn wo viel Weisheit ist, da ist viel Grämen, und wer viel lernt, der muss viel leiden.« Aber vielleicht glich das Suchen nach Weisheit nur dem Haschen im Wind, denn der Mensch würde nie das Handeln Gottes ergründen können. Nur auf seine Gnade durfte er hoffen, aber die zeigte sich im Glauben. Vielleicht war das wirklich das Schwerste, dachte Luther, als er sich auf dem Ruhebett ausstreckte, den Glauben nicht zu verlieren. Bestünde die größte Gnade im Glauben, dann bedeutete verlorener Glaube entzogene Gnade, dann wäre der Gottlose derjenige, den Gott losgelassen hatte. Nicht der Gottlose, so sehr er es auch denken mochte, hatte sich von Gott losgesagt, Gott verlassen, sondern Gott ihn. Er konnte sich nicht erinnern, wo er das gelesen hatte, aber mit wachsender Entfernung zu Gott vergrößerte sich das Leiden des Menschen, während es mit verringerter Ferne abnahm. Plötzlich wollte er seine Söhne um sich haben. Einen Grund hätte er dafür nicht angeben können, nicht erklären, wo diese Sehnsucht, die unvermittelt wie ein Beil traf, auf einmal herrührte. So schickte er Rudtfeld zu seinem Bruder Jakob nach Mansfeld, um die Söhne zurückzubringen. Dann betete er lange, er tauchte geradezu ins Gebet ein wie in eine andere Welt.

Das Gebet hatte ihn diesmal nicht erfrischt und ihm auch keine Zuversicht gegeben, sondern er fühlte sich verbraucht, todmüde und sehnte sich, endlich von der Welt genommen und vor seinen Schöpfer gestellt zu werden. Immer öfter suchten ihn in letzter Zeit wie auch jetzt die Erinnerungen an seine Jugend heim, die ihn mit Scham über die Finsternis erfüllten, die sein Leben und Denken in seinen jungen Jahren bestimmt hatte. Er begab ich in die Schlafkammer und legte sich in sein Bett. Um sich zu beruhigen und Schlaf zu finden, sprach er beschwörend den Psalm 23:

> »Und ob ich schon wanderte im finstern Tal,
> fürchte ich kein Unglück;
> denn du bist bei mir, dein Stecken und Stab trösten mich.
> Du bereitest vor mir einen Tisch im Angesicht meiner Feinde.
> Du salbest mein Haupt mit Öl und schenkest mir voll ein.
> Gutes und Barmherzigkeit werden mir folgen mein Leben lang,
> und ich werde bleiben im Hause des HERRN immerdar.«

Als er nach einer unguten Nacht, die ihn mit Albträumen gequält hatte, in die große Stube trat, in der Jonas, der Stadtprediger Coelius, die Grafen und die Vermittler Fürst Wolfgang von Anhalt und Graf Heinrich von Schwarzenburg auf ihn warteten, sah man ihm die Schwäche an. Die Wangen hingen schlaff, wie eingefallen, herunter und wetteiferten hierin mit den Mundwinkeln. Allzu deutlich, fast wie bei einem Totenschädel, stach die hohe Stirn hervor, die beinah etwas Vergeistigtes, Jenseitiges hatte. Justus Jonas, der nur zu oft in seinem Leben Sterbende gesehen hatte, erschrak, nicht weniger Graf Albrecht, der Luther dringend bat, sich auszuruhen. Den zweiten Vertrag würde man wie besprochen auch ohne ihn abschließen können. Gebhard, Philipp und Hans Georg pflichteten ihm bei, so dass Luther über die lange vermisste Einigkeit der Grafen schmunzeln musste.

In diesem Moment trafen seine Söhne Paul und Martin ein, nur Johannes ließ über Rudtfeld die Bitte übermitteln, noch in Mansfeld bleiben zu dürfen. Im Anflug einer leichten Resignation zuckte Luther nur mit den Schultern. Er hatte immer schon bei Johannes den funktionierenden Instinkt vermisst. Ein Träumer war sein Ältester, der dem Ernst des Lebens stets zu entfliehen trachtete. Dabei hatte er doch auf seine Erziehung so viel Mühe verwandt. Vielleicht war ihm auch dies, wie so vieles andere im Leben, nicht geglückt. Dabei wollte er es nur gut machen. Aber es erwärmte sein Herz, dass zumindest Paul und Martin bei ihm waren, wenn er schon auf Käthes Gegenwart verzichten musste. Mit seinen Söhnen begab er sich in seine Kammer, legte sich auf das lederne Ruhebett und hörte ihnen zu, die auf seine Bitte hin von ihrem Aufenthalt bei der Mansfelder Verwandtschaft berichteten. Über ihrem heiteren Wettkampf im Erzählen, wie Vögel, die sich im Zwitschern zu übertrumpfen trachteten, schlief er ein wenig ein.

Gegen Mittag konnte Jonas die Botschaft überbringen, dass auch der zweite Vertrag besiegelt war. »Jetzt geht es zurück nach Wittenberg, Doktor Martinus«, sagte Jonas fröhlich. Doch Luther sah ihn nur lange und müde an: »Ich bin hier in Eisleben geboren und getauft worden – was, wenn ich hier bleiben sollte, Herr Doktor?«

»Ruht Euch aus, Martinus. Auf wem, wenn nicht auf Euch, sollte Gottes Segen ruhn?«

In der großen Stube saßen sie beieinander, Jonas, Aurifaber und der Stadtprediger Coelius sowie Johannes Albrecht, Luthers Wirt, und hörten den Reformator oben in seiner Stube unruhig auf und ab gehen und mehrere Vaterunser beten. Sie fürchteten um sein Leben.

Als Luther in Begleitung seiner Söhne zum Abendessen in die große Stube herunterkam, rief er der Tischgesellschaft ein kräftiges »Lobet den Herrn« zu und setzte sich Jonas gegenüber. Martin und Paul nahmen rechts und links von ihm Platz. Sie waren erleichtert, dass sich Luther erholt hatte und kräftig zulangte. Seltsamerweise kamen sie während des Mahls auf das künftige Leben zu sprechen. »Ach, lieber Gott, ein Jahr ist eine geringe Zeit, noch macht die kleine Zeit die Welt wüst, wenn Mann und Weib nicht nach Gottes Schöpfung und Ordnung zusammenkommen. Gott versammelt in seiner christlichen Kirche zum großen Teil kleine Kinder.« Nicht einer am Tisch, der nicht zwei oder gar drei Kinder oder Geschwister verloren hatte in den ersten drei Jahren ihres Lebens. Die meisten starben kurz nach der Geburt. »Denn ich glaube, wenn ein Kind von einem Jahr stirbt, dass allezeit tausend oder zweitausend einjährige Kinder mit ihm sterben. Aber wenn ich, Doktor Martinus, im dreiundsechzigsten Lebensjahr sterbe, so glaube ich nicht, dass ihrer sechzig oder hundert mit mir sterben. Wohlan, wir Alten müssen darum so lange leben, damit wir dem Teufel in den Hintern sehen, und so viel Bosheit, Untreu, Elend der Welt erfahren, auf dass wir Zeugen sind, dass der Teufel so ein böser Geist gewesen ist, der das menschliche Geschlecht als Schafsherde sieht und es auch wie Schafe schlachtet. Aber wenn wir am Jüngsten Tag von den Toten wiederauferstehen, werden wir einander dann in der künftigen, der ewigen Versammlung und Kirche auch wiedererkennen? Werdet ihr, lieber Doktor Jonas, mich erkennen und ich Euch?« Nachdem Luther die Ratlosigkeit seiner Tischgesellschaft über diese Frage eine Weile genossen hatte, nahm er wieder das Wort. »Hatte Adam

Eva gesehen, bevor er neben ihr aufgewacht ist? Nein, aber er hat sie doch sofort erkannt. Er hat nicht gefragt: Woher kommst du, sondern sofort gewusst, dass sie Fleisch von seinem Fleisch ist und ihr Bein von seinem Bein genommen wurde. Weiter gefragt, und merkt auf, ihr Herren: Woher wusste Eva, dass sie aus keinem Stein gesprungen war, sondern aus Adams Fleisch kam? Vom Heiligen Geist wussten sie es. Und so werden auch wir einander erkennen nach unserer Auferstehung im Fleische. In Christo werden wir in jenem anderen Leben erneuert, so dass wir Vater, Mutter und uns untereinander erkennen werden, von Angesicht wie Adam und Eva.« Über diese Vorstellung lächelte er, bis eine Traurigkeit seine Augen verschattete. Sehnsucht nach seinen Eltern, die doch nun schon seit Jahren tot waren, fühlte er wie ein heftiges Ziehen am Herzen. Dann wich die Farbe aus seinem Gesicht, und sein Atem ging schwer. »Mir ist weh und bang um die Brust, ihr Herren«, sagte er. »Ich will mich hinlegen.« Martin und Paul begleiteten ihren Vater. Johannes Aurifaber folgte ihnen. »Oh Johannes, wer hat nur diese Mühlsteine auf meine Brust gewälzt?«, klagte er zu Aurifaber gewandt.

»Die Gräfin Anna hat bestimmt eine Medizin. Wollt Ihr, dass ich darum bitte?« Anna, die Frau des Grafen Albrecht, war sehr bekannt dafür, dass sie nicht nur eine große Auswahl an Arzneien besaß, sondern sich auch exzellent darin auskannte.

»Ja, geht nur, geht.« Aurifaber lief in die große Stube zurück und bat Jonas und Coelius, nach dem Doktor zu sehen. Sie eilten hinauf, während der Stadtschreiber seinen Mägden befahl, warme Tücher nach oben zu bringen. Coelius und Jonas rieben Luther ab, so dass langsam Besserung eintrat. Er hatte sich bereits im Ruhebett aufgerichtet, als Aurifaber in Begleitung des Grafen Albrecht zurückkehrte. Mit großer Dankbarkeit vermerkte es Luther in seinem Herzen, dass der Graf persönlich kam. Nachdem er sich nach Luthers Befinden erkundigt hatte, schabte er eigenhändig eine große Menge Pulver vom teuren Einhorn ab. Sie wussten nicht, dass jener Zahn in Wirklichkeit von einem Narwal stammte. Berühmt war dieses vermeintliche Einhornpulver als Antidot, es galt als Universalheilmittel gegen die Pest und gegen viele andere Krankheiten. Weil es so begehrt war, wurde sein Gewicht häufig mit Gold aufgewogen. Der Graf rührte reichlich, zwei Löffel, von dem Pulver in den warmen Wein ein. Nachdem Luther den Wein mit dem aufgelösten Pulver getrunken hatte, legte er sich wieder hin. Er wirkte noch immer sehr schwach, auch wenn der Wein oder das Pulver ihm etwas Farbe zurückgebracht hatten. »Ach, wenn ich nur ein halbes Stündchen schlummern könnte, würde alles wieder besser werden«, sagte er noch, dann fiel er in einen tiefen Schlaf, der jedoch keine halbe, sondern anderthalb Stunden dauerte.

In dieser Zeit heizte der Hausbursche, so leise es ging, den Kamin. Als Luther wieder aufwachte, wunderte er sich, dass Justus Jonas, Michael Coelius, Aurifaber und sein Diener Ambrosius Rudtfeld neben seinen Söhnen Paul und Martin an seinem Ruhebett wachten. »Wolltet ihr nicht lieber schlafen gehen?«, fragte er, doch Jonas wehrte im Namen aller ab. Luther stand auf und schlurfte zu seiner Schlafkammer, an der Schwelle wandte er sich um und sagte müde: »Walts Gott, ich gehe zu Bett.« Lateinisch fügte er das Responsorium der Komplet hinzu: »In manus tuas, Domine, commendo spiritum meum« (In deine Hände,

Herr, lege ich meinen Geist). Dann besann er sich, ging noch einmal auf Jonas und Coelius zu und schüttelte ihre Hände. »Ihr alle, betet für unseren Herrgott und sein Evangelium, dass es gedeihe. Denn das Konzil in Trient und der peinigende Papst suchen ihnen zu schaden.«

Luther hatte sich kaum in sein Bett gelegt, da war er in einen tiefen Schlaf gefallen und schnarchte. Im Traum erschien ihm der Teufel. Zeitlebens hatte er für Gott gefochten und gegen den Teufel gekämpft. Wann allerdings dieser Kampf begonnen hatte, vermochte er nicht zu sagen, auch nicht, ob er mehr Zeit damit verbracht hatte, Gottes Lob anzustimmen, oder damit, den Verführungen des Teufels, seinen Anfechtungen zu wehren. Kannte er den Teufel womöglich besser als Gott? In all seinen Maskeraden und mit all seinen Helfern und Helfershelfern gelang es dem Fürsten der Finsternis doch nie, ihn zu täuschen. So viel man ihm auch über das Paradies weiszumachen suchte, für ihn blieb das Paradies der Ort, an dem der Teufel nicht war, der Ort ohne Kampf. Und mehr wollte er über dieses Thema nicht sagen, weil man darüber auch nicht mehr sagen konnte. Was ging schon über eine Welt ohne Teufel, was über eine Welt, in der die Gerechtigkeit wohnte? Wäre es nicht das Höchste? Gott ist das Licht, der Teufel die Finsternis, Weihrauch der Wohlgeruch des Herrn, Gestank die Ausdünstungen des Verderbers. Doch Luther wusste, dass die Welt stank und der Satan gen Mitternacht das wilde Heer über die Halden, Hügel, Flüsse und Seen des Mansfelder Landes zum Harz schickte, wo es sich auf dem Brocken versammeln sollte, und wehe jeder Seele, die ihm in die Quere kam. So glaubten es die Menschen im Mansfelder Land, und mit ihnen die Luders, Neuankömmlinge im Bergbaurevier, und schließlich auch das Kind Martin Luder, das sich als Erwachsener und Doktor der Theologie Luther nennen sollte.

Jetzt – im Traum – sah er sich wieder als Kind, wie so häufig in letzter Zeit, begegnete wieder dem kleinen Martin Luder, hörte die Stimme seiner Mutter, die ihn leise, aber eindringlich vor den Hexen warnte. Ihre Stimme zu hören machte ihn glücklich. Daran, dass Hexen existierten, zweifelte er mit keiner Silbe, niemand, den er kannte, zweifelte daran, nur glaubte er nicht mehr, dass sie auf einem Besen fliegen könnten. Das Böse war nichts Äußeres, es lebte im Menschen. Aber davon wusste das Kind noch nichts, das ihm nun zuzwinkerte – und plötzlich vom Dunkel verschluckt wurde, das sich wie eine schwere Decke auf die Dächer, Häuser und Straßen von Eisleben legte. Wer zu dieser späten Stunde noch durch die Stadt strich, konnte nur ein übler Bursche sein, ein Zauberer, bewandert in den Schwarzen Künsten, wenn er nicht gar Beelzebub oder der Herr der Hölle persönlich war. Die Andreaskirche, die Petrikirche, die Nicolaikirche, die Sankt-Anna-Kirche, die Klosterkirche von Neu-Helfta vor den Mauern der Stadt, die Stadtwaage und die Bürgerhäuser, zwei- oder dreigeschossig, klein oder groß, trutzig oder verletzlich, stolz oder schief, hüllten sich tief in die Novembernacht des Jahres 1483, als gälte es sich vor den Gefahren zu verbergen. Nur aus einem Haus in der Langen Gasse gegenüber dem Willerbach, unweit der Petrikirche, drang an diesem Montag, dem 10., noch warmes Licht, erhellten Kerzen die Stube und die danebenliegende Schlafkammer. In der Küche erhitzte ein Feuer das Wasser in einem Kupferkessel. Der Ofen bullerte gegen die kalte Nässe, die durch alle Ritzen tropfte und sich im Gemäuer auszubreiten suchte. Es roch nach Blut, nach Schweiß, nach Schmerz und Angst. Es roch nach Geburt.

3. ... uns ist ein Kind geboren

Rauchgeschwärzte Balken teilten die Decke. Frauen, schwitzend, für die Winterzeit unüblich nur mit einem Kleid ohne Tuch, ohne Jäckchen angetan, eilten zwischen Küche und Schlafstube hin und her. Unter ihnen eine weise Frau, eine, die sich mit dem menschlichen Körper, mit seinen Gebrechen und Fährnissen, mit Kräutern und Zaubersprüchen auskannte und die sich peinlich genau an den überlebenswichtigen Grundsatz hielt: Schwarze Magie ist verboten, weiße hingegen erlaubt. Offiziell zumindest. Die routinierte Geschäftigkeit der Frauen stand im auffälligen Gegensatz zu ihrer inneren Gelassenheit. Bei der Geburt eines Kindes zu helfen war ohnehin Frauensache, während dem werdenden Vater nichts weiter übrig blieb, als sich in Geduld zu üben und Sankt Anna, die Schutzpatronin der Bergleute, und die Heiligen um Beistand anzurufen. Einmal hatte er das schon erlebt, aber das machte es nicht besser, im Gegenteil.

Hans Luder saß an dem eichenen Tisch, ihm gegenüber der Onkel seiner Frau, der mansfeldische Bergrat Antonio Lindemann. Die hängenden Lider verschatteten die stahlblauen Augen des werdenden Vaters. Niemanden ließ er in sein Inneres schauen, nicht einmal Antonio Lindemann, dem er doch so viel zu verdanken hatte. Auffällig ruhig wirkten die unregelmäßigen Gesichtszüge, die hohe Stirn, die schmale Mundpartie, die markant hervortretenden Wangenknochen, die kleinen, flinken Augen, die auf eine hohe Aufmerksamkeit schließen ließen, er selbst insofern ein Muster an Gottvertrauen, als er die Maxime »Hilf dir selbst, so hilft dir Gott« tief verinnerlicht hatte. Wie ein Dementi seiner Gelassenheit verkrampften sich allerdings seine Hände ineinander, zuweilen so stark, dass die Knochen knackten. Das Kind ließ sich Zeit. Schon seit dem frühen Morgen saßen sie hier. Würde er eine Tochter bekommen? Von Mädchen sagte man, dass sie länger als Jungen brauchten, weil sie sich noch putzen wollten, bevor sie sich bereitfanden, auf der Welt zu erscheinen.

So sehr er sich auf den Familienzuwachs freute, fürchtete der junge Vater zugleich die Geburt, denn nur allzu oft kam das Kind tot zur Welt und vergiftete die Mutter oder starb unmittelbar nach der Niederkunft. Hans Luder hatte davon nicht nur gehört, es nicht nur in der Nachbarschaft, sondern auch in der Familie erlebt. Mehr als beten konnte er jetzt allerdings nicht, eine Hilflosigkeit, die dem selbstbewussten und tatkräftigen Mann, der gern die Dinge in die Hand nahm, überhaupt nicht behagte.

Auch wenn es später gern erzählt werden sollte, weil es so romantisch klang und der berühmte Sohn bereits die Legende vom Aufstieg seines Vaters angestimmt hatte: Hans Luder war kein Aufsteiger, denn er hatte als Sohn des vermögenden Erbzinsbauern Heine Luder 1459 in dem thüringischen Dorf Möhra, vier Wegstunden von Eisenach, vier Tagesreisen von Eisleben entfernt, das Licht der Welt erblickt.

Heine Luder gehörte zu den fünf reichsten Bauern des Dorfes. Seine Frau entstammte der gleichen Schicht. Ihren Reichtum verdankten die Möhraer Luders dem Grundsatz, dass der Bauernhof niemals Erbteilungen unterworfen wurde – ganz im Gegensatz zum Hause Mansfeld –, sondern immer als Ganzes in die Hände des jüngsten Sohnes überging. Und zudem achtete man peinlich darauf, innerhalb des Kreises der vermögenden Familien zu heiraten. Besitz war wie eine Herde Schafe, man musste ihn zusammenhalten. Hans Luder hatte nicht das Glück, der jüngste Sohn Heine Luders zu sein, im Gegenteil: Er war der älteste. Ein Unglück bedeutete das aber auch nicht, denn die Familie sorgte dafür, dass auch die anderen Söhne nicht leer ausgingen. Das konnten sich die Luders auch deshalb leisten, weil sie sich an rigide Erb- und Heiratsregeln hielten.

Als Knecht seinem jüngeren Bruder zu dienen kam für Hans nicht in Frage. Es bestand auch keine Notwendigkeit dafür. Eine Alternative fand sich schnell, denn die Familie betrieb eine Kupfermühle zwischen Möhra und Ettenhausen und ein Hüttenfeuer, also einen Schmelzofen, am Dorfrand. Auch war sie beteiligt an der Förderung des Kupferschiefers in Kupfersuhl, lediglich eine halbe Wegstunde von Möhra entfernt. So lernten Hans und nach ihm sein jüngerer Bruder Klein-Hans Luder das Hütten- und Bergmannshandwerk. Seitdem man dank des Saigerverfahrens das Silber im Schwarzkupfer vom Kupfer zu trennen vermochte, gewann der Kupferbergbau außerordentlich an wirtschaftlicher Bedeutung – die richtige Zeit also, in dem neuen, prosperierenden Wirtschaftszweig sein Glück zu versuchen. Mit dem Kupferbergbau als einem Geschäftsfeld unter anderen freilich beschäftigte sich auch die Eisenacher Bürger- und Kaufmannsfamilie Lindemann, die sich später außerdem als Musikerdynastie in Mitteldeutschland einen Namen machen sollte.

Während die Zeit geradezu festzuklemmen schien zwischen der gegenwärtigen und der folgenden Minute und die Schmerzensschreie seiner Frau Hans ins Ohr drangen, dachte er daran zurück, wie er Margarethe kennengelernt hatte. Wollte Gott, dass das, was so gut angefangen hatte, auch lange hielt. Während seiner Tätigkeit im Möhraer Bergbau und in der Kupfergewinnung hatte er die Bekanntschaft des Mansfelder Bergrats Antonio Lindemann gemacht, der im Auftrag der Grafen zu dieser Zeit sondierte, ob sich ein Abbau des Kupferschiefers um Eisenach und Möhra lohnen würde. Der Bergrat hatte Gefallen gefunden an dem arbeitswilligen, gewitzten jungen Mann. Da er nicht nur über gute Anlagen verfügte, sondern auch aus einer vermögenden Familie stammte und der Bergrat zudem eine Nichte im heiratsfähigen Alter hatte, hatte er den jungen Mann in das Haus seines Bruders, des Eisenacher Ratsherrn Johannes Lindemann, eingeführt.

Verliebte sich Hans Luder in Margarethe? Fand sich in dem praktischen Sinn von Hans Luder die Kategorie Liebe? Was bedeutete Liebe überhaupt in jener Zeit? Eine Übereinkunft? Eine wirtschaftliche Zweckgemeinschaft? Gefasstes Zukunftsvertrauen? Hans Luder, der sich wirtschaftlich durchsetzen und eine Existenz gründen wollte, benötigte nicht nur eine Frau, sondern auch einen Partner. Margarethe verfügte über Bildung und Bürgerstolz. In einer Kaufmannsfamilie aufgewachsen, verstand sie etwas von Soll und Haben. Die Klarheit, die Zielstrebigkeit, die herbe Schönheit der jungen Frau beeindruckten Hans Luder von Anfang an. Vor allem aber spürte er, dass er mit Margarethe Lindemann den Kampf gegen die Gefahren und die Unbill des Lebens aufnehmen durfte. Auch wenn Hans aus einer vermögenden Familie stammte und er in ein nicht minder wohlhabendes Haus einheiratete, wollte er sich in einem neuen, höchst unsicheren Erwerbszweig, der Montanindustrie, durchsetzen. Das Leben steckte voller Gefahren; nicht um Aufstieg ging es ihm, sondern darum, nicht abzusteigen. Und dazu musste er etwas Neues wagen. Darauf spielte sein Sohn später an, wenn er bemerkte, dass er von Bauern abstammte – und das tat er ja tatsächlich, allerdings von wohlhabenden Bauern. Er wollte den Weg, den sein Vater eingeschlagen und den er auf andere Weise so erfolgreich fortgesetzt hatte, verdeutlichen. Um Aufstieg ging es dabei nicht. Hans Luder übertraf an Vermögen nie seinen jüngsten Bruder, der den väterlichen Bauernhof übernommen hatte. Aber er trat nicht in die Fußstapfen der Altvorderen, sondern suchte sein Glück in einem neuen Erwerbszweig, in der aufstrebenden Montanindustrie. Diesen kalkulierten Wagemut erbte Martin von seinem Vater.

Die Hochzeit feierten Hans und Margarethe in Eisenach, wo das junge Paar zunächst auch Wohnung nahm. Von dort betrieb Hans den familieneigenen Schmelzofen, den Abbau von Kupferschiefer und die Kupfermühle. Doch sowohl Hans als auch Antonio Lindemann mussten sich schließlich eingestehen, dass der Möhraer und Eisenacher Kupferschiefer einen zu geringen Silberanteil besaß, als dass sich der Abbau gelohnt hätte und sich eine Existenz darauf hätte gründen lassen. Und so kam man in Eisenach zum Familienrat zusammen, um zu beratschlagen, was zu tun sei. So manches Mal huschte bei diesem Gespräch Hansens Blick zu Margarethes rundem Bauch hinüber, denn gute neun Monate nach der Hochzeit erwartete das junge Paar, so wie es üblich war, das erste Kind, ein deutliches Zeichen für die Luders und die Lindemanns und all die

Verwandten und Bekannten, dass Gott die Ehe gesegnet hatte. Doch dann trat etwas ein, womit niemand gerechnet hatte.

Von Antonio Lindemann erfuhr Hans, dass zwischen dem sächsischen Kurfürsten und den Mansfelder Grafen ein Streit um das Bergrecht ausgebrochen war, ein Streit, der bis vor das Gericht des Kaisers ging. Im Grunde handelte es sich um die Frage, wer die Schürfrechte im Mansfelder Land vermarkten durfte, der Kurfürst von Sachsen oder die Mansfelder Grafen, denn das Bergregal war ein Reichsrecht, und sowohl der Kurfürst als auch die Grafen erkannten die enormen wirtschaftlichen und vor allem finanziellen Möglichkeiten des Kupfer- und Silberbergbaus. Antonio Lindemann setzte auf die Grafen und riet Hans, nach Eisleben zu kommen und in ihre Dienste zu treten. Das Mansfelder Land, dessen Kupferschiefer eine weit höhere Qualität und ein deutlich höherer Silberanteil auszeichnete, hatte Bedarf an Männern, die sich im Abbau des Kupferschiefers und in der Gewinnung des Schwarzkupfers auskannten – an Männern wie Hans Luder. Auch Margarethe stimmte dem Umzug zu. Man ging ja nicht ins Ungewisse. Die Lindemanns verfügten über eine starke Position im Mansfeldischen. Das junge Paar wartete noch Margarethes Niederkunft ab, dann zog die kleine Familie im Jahr 1483[3] um.

Zunächst nahmen die Luders in Eisleben Quartier, dem Verwaltungsmittelpunkt der Grafschaft. Hier befand sich auch gegenüber der Andreaskirche die Waage, auf der das Schwarzkupfer, das die Hüttenunternehmer gewonnen hatten, gewogen wurde, bevor es an die Saigerhandelsgesellschaften übergeben wurde, die es dann in den Thüringer

Saigerhütten weiterverarbeiteten, unter Zuhilfenahme von Blei in einem fünfstufigen Verfahren das Silber vom Kupfer trennten und mit den begehrten Metallen handelten. Die risikoreiche Förderung des Kupferschiefers überließen sie lieber den Hüttenunternehmern in Eisleben, Mansfeld und Hettstedt, tatkräftigen Männern wie Hans Luder. Der Bedarf an Holz für die Förderung und die Verhüttung des Erzes war allerdings so hoch, dass die Ressourcen an Holz im Mansfelder Land bei Weitem überschritten worden wären, wenn man das Schwarzkupfer vor Ort gesaigert hätte. Man benötigte zum Betrieb der Saigerhütten viel Holz und viel Wasser. So errichtete man die Saigerhütten nicht im Mansfelder Land, sondern im Thüringer Wald, wohin das Schwarzkupfer von Eisleben aus geliefert wurde. Betrieben wurden die Saigerhandelsgesellschaften zumeist von Nürnberger oder Leipziger Kaufleuten.

Noch stand Hans im Dienst des Grafen, aber er schaute sich um, denn er wollte eigene Hüttenfeuer unterhalten, selbstständiger Unternehmer werden. Da er über keine akademische Ausbildung verfügte, nicht Jura studiert, nicht einmal die Lateinschule besucht hatte, sondern lediglich ein wenig im Rechnen und im Lesen unterwiesen worden war, waren dem Aufstieg in gräflichen Diensten klare Grenzen gesetzt, und zum Rat würde er es daher ohnehin nicht bringen. Durch seine Tätigkeit lernte er jedoch die Faktoren der Saigergesellschaften, der Schwarzer, der Leutenberger und der Gräfenthaler Saigerhandelsgesellschaft, kennen und bemühte sich um ein gutes Verhältnis zu diesen Männern. Hans ging bedächtig vor. Er mietete ein Haus in der Langen Gasse, einem eher schlichten Viertel mit Vorstadtcharakter. Wer hier wohnte, besaß nicht allzu viel, war aber auch nicht arm. Hans Luder kalkulierte hart und hielt sein Kapital zusammen, das er einst benötigen würde, um ins Montangeschäft einzusteigen. Der junge Familienvater war jetzt 24 Jahre alt, genau im richtigen Alter, genau in der richtigen Position und, so Gott wollte, auch am rechten Ort. Bis jetzt hatte sich für die junge Familie alles gut gefügt.

Noch bevor die Glocken Eislebens an diesem 10. November Mitternacht läuteten, hörte er endlich den erlösenden Schrei des Kindes. Mit der Selbstbeherrschung war es vorbei. Er sprang auf, eilte ins Nebenzimmer, gefolgt von Antonio Lindemann. Etwas war anders, vollkommen anders. Mit jedem Kind, das geboren wurde, veränderte sich die Welt, dachte er. Seine Frau schaute ihn erschöpft an. Ihre schwarzen Haare hatten sich zu Strähnen verklebt, Schweiß glänzte auf der blassen Stirn, doch entdeckte er in ihren braunen, tief liegenden Augen eine Sanftheit, die ihren herben Gesichtszügen einen milden Glanz verlieh, eine nie gesehene Weichheit. Margarethes Tante hielt das Neugeborene. Jetzt nahm er sein Kind in die Arme. Dessen Zartheit überraschte ihn und erfüllte ihn mit Sorge, er könne es zerdrücken, ihm wehtun. Alles war gut verlaufen. Gott stand ihnen bei, Gott und die heilige Anna. Hans sah sein zweites Kind, spürte, dass es gesund war, und dankte Gott für das doppelte Geschenk, dass Mutter und Kind die Geburt wohl überstanden hatten. Vielleicht erinnerte er sich in diesem Moment auch an den Psalm 115,4, den er in der Kirche gehört hatte: »Der Herr segne euch je mehr und mehr, euch und eure Kinder.« Margarethes Tante nahm ihm nun das Neugeborene ab und legte es auf den Bauch der Mutter, damit sie nach altem Brauch alles Böse vom Kind wegzöge. »Ein Junge ist es, ein Junge«, hörte Hans. »Ein Sohn.« Aber das hatte er schon selbst gesehen.

Am nächsten Tag wurde das Kind in der nahen Petrikirche getauft, und da es der Tag des heiligen Martin von Tours war, erhielt der Sohn des Hans Luder den Namen Martin, Martin Luder, während Martins älterer Bruder dem Brauch der Zeit entsprechend den Namen des Vaters, Hans, also Johannes, bekommen hatte. Mit der Taufe hatte es Hans Luder wie allgemein üblich sehr eilig, wenngleich dabei auf die Anwesenheit der Mutter, die im Kindbett lag und sich von der Niederkunft erholte, verzichtet werden musste, denn Kinder, die ungetauft verstarben, kamen nach offizieller Lehre in die Hölle oder in den Limbus. Aber über den *limbus puerorum*, die Vorhölle der ungetauften Kinder, stritten die Theologen, konnten sich nicht darauf einigen, ob es der Ort natürlicher Glückseligkeit oder nur ein Ort mit sanften Höllenstrafen wäre, denn einerseits traf die Kinder keine Schuld daran, nicht getauft worden zu sein, und da sie noch zu jung waren, die Vernunft zu gebrauchen, konnten sie auch nicht gesündigt haben, andererseits aber waren sie wie jeder Mensch mit der Erbsünde belastet, die von Adam und Eva eben vererbt worden war. Für Hans Luder hatten die theologischen Spitzfindigkeiten keine Bedeutung, spielte es keine Rolle, ob der Aufenthaltsort der ungetauften Kinder die Hölle oder die Vorhölle war, versperrt blieb ihnen der Weg ins Himmelreich allemal, und nur darauf kam es an, denn die höchste Verpflichtung, die Gott den Eltern auferlegt hatte, bestand darin, für ihr Seelenheil zu sorgen. Alles andere war nachrangig. Nicht zufällig enthielt der Taufritus den Exorzismus. Der Pfarrer fragte den Neugeborenen, ob er den Werken des Teufels in Worten und Taten widersagen wolle, und da der Säugling natürlich noch nicht antworten konnte, versprach es der Pate an seiner statt.

Kaum ein halbes Jahr später zog die Familie erneut um. Der Plan des jungen Familienvaters ging auf. Der Streit zwischen den Mansfelder Grafen und dem Kurfürsten wurde zugunsten der Grafen entschieden. Nun gab es keine Rechtsunsicherheit und deshalb keinen Grund zur Zurückhaltung mehr. Jetzt musste man handeln, jetzt oder nie. Zu aufstrebenden Zentren des Bergbaus wurden Hettstedt und Mansfeld, und für Hans eröffnete sich die Chance, sich an Hüttenfeuern zu beteiligen wie dem von Hans Lüttich. Lüttich wohnte in Eisleben und galt als gestandener und gewiefter Unternehmer, der es zu Wohlstand gebracht hatte, wie sein Haus in der Altstadt eindrucksvoll demonstrierte. Doch in Eisleben waren alle Hütten verpachtet. Wollte er als Unternehmer expandieren, musste er sich um Hüttenfeuer am Mansfelder Berg bemühen. Ein Teilhaber, der für ihn nach Mansfeld ging und auch Geld für die Erweiterung mitbrachte, kam ihm gerade recht. Jahrzehnte später sollte übrigens Graf Albrecht Lüttichs Haus in der Altstadt erwerben und zu seiner Stadtresidenz ausbauen.

Lüttich hatte Hans Luder durch Antonio Lindemann kennengelernt, und es ist gut vorstellbar, dass Lindemann auch für den Mann seiner Nichte gebürgt hatte. Aus der Mitgift und aus seinem Erbe verfügte Hans über finanzielle Mittel, mit denen er sich in die Teilhaberschaft einkaufen konnte. So wurde Hans Luder Lüttichs Partner und ging für ihn nach Mansfeld. Ein Hüttenmeister, der nicht vor Ort war und seine Bergwerke und Hüttenfeuer nicht unter ständiger Aufsicht hielt, den plünderten die Bergleute und Hüttenarbeiter aus.

Wieder wählte Hans Luder seine Schritte bedächtig, denn zunächst mietete die Familie ein Haus am Stufenberg, das dem Tischler Hans Dienstmann gehörte. Erst musste er sich als Unternehmer in Mansfeld durchsetzen, bevor er daran denken konnte, ein Anwesen in der fremden Stadt zu erwerben. Die Aufgabe war eine Herausforderung, ein riskantes Spiel. Die Konkurrenz war hart, die Bergleute ein rauer Menschenschlag. Wer sich als Hüttenunternehmer durchsetzen wollte, durfte nicht zartbesaitet sein. Bei allem, was er tat, stand immer die Existenz der Familie auf dem Spiel. Diesen Druck spürte Hans Luder sehr genau, aber er verunsicherte ihn nicht.

4. Auf eigenen Füßen und schwankendem Boden

Der kleine Martin, der auf seinen eigenen Füßen das Haus des Tischlers erkundet hatte, lernte gerade sprechen, und es bereitete ihm ein großes Vergnügen, die Worte aus seinem Munde sprudeln zu lassen, als die Familie erneut umzog. Hans wurde nämlich in Mansfeld nicht nur heimisch, sondern auch eine geachtete Persönlichkeit. So erwarb er ein Haus mit Hof und Wirtschaftsgebäude unterhalb des Marktes, innerhalb der Stadtmauer, und in einiger Entfernung auch ein Stück Land und einen großen Garten. Graf Günther von Mansfeld-Vorderort, dem er gute Dienste geleistet hatte, verpachtete ihm zwei Hüttenfeuer mit den dazugehörigen Kupfergruben am Möllendorfer Teich – damit begann Hans Luder über die Teilhaberschaft hinaus als Hüttenunternehmer selbstständig tätig zu werden. Bald schon saß er als »Vierherr« im Rat von Mansfeld, war also einer von den vier Vertretern der Stadtviertel. Das Geld für den Kauf von Haus und Land und für die Pacht der Hüttenfeuer, für die notwendigen Anfangsinvestitionen stammte aus seinem Möhraer Erbteil, der Mitgift, einer Unterstützung der Lindemanns, Krediten der Saigergesellschaft, eigener Arbeit und der harten Sparsamkeit, in der er von seiner Frau sogar noch übertroffen wurde. Nicht allein die Pacht, die dem Grafen für die Hütten zu entrichten war, schlug zu Buche, sondern auch die Finanzierung des Abbaus des Schiefers und der Gewinnung des Schwarzkupfers. Zu jeder Hütte, in der das Schwarzkupfer aus dem

Schiefer geschmolzen wurde, gehörten die Bergwerksschächte, in denen die Erze geschürft wurden. Werkzeug wie Hacken, Räder, Winden, Schmelzkessel mussten erworben und die Bergleute und Hüttenarbeiter entlohnt werden. Die Wasserkunst, also die aufwendige Entwässerung der Schächte, verursachte große Kosten, und schließlich musste Land gekauft werden, auf dem die Schlacke gelagert wurde. Neben den Bergwerken wuchsen in dieser Zeit die Abraumhügel im Mansfelder Land und verliehen der Landschaft ein bizarres Aussehen.

Das Land nutzte Hans jedoch nicht nur als Lager für die Schlacke, sondern er betrieb auch eine kleine Landwirtschaft, um die Familie, die Bergleute und die für den Bergbau notwendigen Pferde zu ernähren. Und so war es kein Wunder, dass Martins früheste Erinnerungen auch mit der Landwirtschaft, in der er mit anpacken musste, zusammenhingen. Und da fast jeder Gulden, der hereinkam, auch wieder investiert werden sollte, waren sich Hans und Margarethe sehr einig, dass sie so viel wie möglich selbst erledigten, um so wenige Leute wie möglich einzustellen, die Geld kosteten. So verzichtete Margarethe auf eine Magd, holte selbst das benötigte Holz aus dem Wald, hielt das Haus in Ordnung und beteiligte sich an der kleinen Landwirtschaft. Früh mussten deshalb die Kinder in Haus und Garten helfen. In der Buchführung stand die Kaufmannstochter ihrem Mann bei und besprach mit ihm alle geschäftlichen Investitionen. So lebten die Eltern dem kleinen Martin ein erstaunliches Miteinander der Eheleute auch in wirtschaftlichen Belangen vor, eine Art Gleichberechtigung, ein Vorbild, dem er eines Tages als Ehemann nacheifern sollte. Käthe, oder Herr Käthe, wie Martin Luther seine Frau gelegentlich mit sanftem Spott, letztlich aber doch respektvoll nannte, entsprach in ihrer Rigorosität und ihrem Durchsetzungsvermögen ganz seiner Mutter.

Hans und Margarethe stellten den Erwerb ihres Lebensunterhaltes auf drei Säulen: erstens auf den Abbau und die Verhüttung von Kupferschiefer, zweitens auf die kleine Landwirtschaft und drittens, wenn auch in überschaubarem Umfang, auf den Verleih von Geld.

Die Bergleute, die täglich vom Tod umgeben waren, wenn sie in den Berg einfuhren, waren dementsprechend raue Gesellen, und so musste Hans Luder sich mit eisernem Willen gegen sie durchsetzen und ständig auf der Hut sein, dass sie ihn nicht bestahlen, weder an Erz, noch an Arbeitsstunden. Viel Zeit für den kleinen Martin blieb da nicht.

Der Tod seines älteren Bruders hinterließ bei dem kleinen Martin keine Spuren – dazu war er noch zu jung –, wohl aber merkte das Kind bald, dass es nun das älteste der wachsenden Geschwisterschar war, denn früh ging er seinen Eltern zur Hand, besonders im Haus, beim Holzholen, in der kleinen Landwirtschaft, beim Säen und Jäten und Ernten. Sparsamkeit wurde Martin mit harter Hand anerzogen, denn Hans und Margarethe verfügten über ein sehr klares Weltbild, das schon deshalb bindend war, weil es Gottes Ordnung entsprach. Gegen diese Ordnung zu verstoßen hieß, Gott zu lästern, mehr noch, gegen Gott zu handeln. Wer das aber tat, würde nach der kurzen Zeit auf Erden in der Hölle leiden, und zwar ewig. Und von der Hölle besaßen die Luders wie auch ihre Nachbarn, Geschäftspartner und Verwandten eine sehr klare Vorstellung. Selbst wenn keiner von ihnen Dantes Katalog der Höllenstrafen in der »Divina Commedia« gelesen hatte und auch niemand mit dem Namen des großen Dichters aus der Toskana etwas anzufangen gewusst hätte, verbreiteten unzählige umherstreifende Straf- und Bußprediger lebhafte Bilder von den Höllenqualen, bei deren Schilderung der Phantasie des Predigers keine Grenzen gesetzt wurden. Allerdings rührte das Drastische der Darstellung weniger aus dem heute gern unterstellten Sadismus, sondern es diente neben der erzieherischen Notwendigkeit auch sehr dem Beutel des Predigers, denn die Qualität und mithin die Zahlungsfreudigkeit der Zuhörer beruhte auf der Wirkung, die sie in ihrer plastischen Darstellung erreichten. Bußpredigten gehörten zum mittelalterlichen Entertainment in einer an Unterhaltung dürftigen Zeit. Es gibt wohl kaum ein Genre, in dem das antike Prinzip der Katharsis reiner verkörpert wurde als in der mittelalterlichen Straf- und Bußpredigt. In diesem Weltbild galt der Mensch von Geburt an als Sünder. Jedem, auch dem kleinen Martin, wurde von Kindesbeinen an beigebracht, dass der Mensch nach dem Tod nach einer Zeit der Reinigung im Fegefeuer ins Paradies kommen und mithin erlöst werden konnte, wenn er sich peinlich genau an Gottes Gesetz hielt und dabei danach strebte, alle Sünde zu vermeiden und möglichst tugendhaft zu leben, was allerdings über die Kräfte des Menschen ging. Dafür gab es Beichte, Absolution, Fegefeuer und Ablass, die dem Menschen ermöglichten, sich von seinen Sünden zu reinigen und sich zu exkulpieren.

In der Familie aber trug der Familienvater die Verantwortung vor Gott dafür, dass es in ihr christlich zuging. Vater und Mutter war Gehorsam zu erweisen, denn gleich nach den Geboten, die Gottesverehrung und Gottesfurcht regelten, folgte das Gesetz, das sich auf den Respekt den Eltern gegenüber bezog: Du sollst Vater und Mutter ehren. Eine Erziehung in diesem Glauben und zu diesem Weltbild verstanden die Luders als eine Aufgabe Gott gegenüber, über deren Erfüllung sie dereinst ihrem Schöpfer auch Rechenschaft abzulegen hatten und deren Erledigung über die Zeit, die sie im Fegefeuer zuzubringen hatten, deutlich mitentschied. Die Kinder galten nicht als Eigentum der Eltern, sondern sie waren den Eltern von Gott anvertraut, damit aus ihnen dereinst gute Christen würden.

Als der kleine Martin sich einmal eine Nuss nahm und sie verzehrte, fuhr ihn die Mutter an: »Hast du gefragt? Wer hat dir das erlaubt?« Das Leben schenkte einem nichts, auch die Kinder konnten diese Binsenwahrheit nicht früh genug lernen. Sich etwas einfach so zu nehmen, bedeutete auch, etwas zu stehlen. Lebensmittel galten als wertvoll, als eine Gabe Gottes. Um dem Kind das Naschen abzugewöhnen, ihm die Ehrfurcht vor den Gottesgaben, die man sich nicht einfach so einverleibte, einzubläuen, schlug sie den Kleinen bis aufs Blut, auf dass er sich ein Leben lang daran erinnere. Und das tat er. Auch wenn für Hans und Margarethe die körperliche Züchtigung ein legitimes Mittel war, nutzten sie es höchst selten, zumindest Martin gegenüber, denn dass er sich daran noch Jahrzehnte später erinnerte, es also einen so tiefen Eindruck in ihm hinterlassen hatte, dass es ihm erwähnenswert schien, bedeutet, dass es nicht zur Normalität seiner frühen Jahre gehörte, geschlagen zu werden. Und es zeigt die Angespanntheit der Eltern, die ihre körperliche, ihre geistige, aber auch ihre seelische Kraft in einem riskanten Unternehmertum verbrauchten. Einmal schlug ihn auch der Vater heftig, so sehr, dass sich Martin fortan vor ihm fürchtete und sich vor ihm versteckte. Möglich, dass der Vater gerade zu diesem Zeitpunkt unter großem Druck stand. Vielleicht war gerade ein Stollen eingestürzt, oder der Graf hatte die Pacht erhöht, oder Hans Luder, der wie andere Hüttenunternehmer bei den mächtigen und reichen Saigergesellschaften verschuldet war, wusste wieder einmal nicht, wie er den Kredit bedienen sollte, weil vielleicht auch ein Kredit, den er gegeben hatte, nicht pünktlich zurückgezahlt wurde. Oder es gab wie üblich Ärger mit seinem jüngeren Bruder, Klein-Hans, der ebenfalls in Mansfeld lebte, es aber nur zum Bergmann gebracht hatte. Ein Dutzend Mal würde sich Klein-Hans schließlich vor dem Mansfelder Gericht wegen Körperverletzung und anderer Gewaltdelikte verantworten müssen. Nicht weniger gewaltsam als sein Leben war auch sein Tod, denn er wurde 1536 bei einer Wirtshausprügelei erschlagen. Diesen gewaltigen Zorn, der seinen Bruder beherrschte und dem er schließlich zum Opfer fiel, kannte auch Martins Vater.

Hans Luder merkte jedoch nach diesem unvermittelten Ausbruch von Jähzorn – eine Neigung, gegen die er zeitlebens kämpfte –, dass er allzu grob reagiert hatte, und es tat dem harten Mann von Herzen leid, seinen geliebten Sohn verprügelt zu haben, in einer Situation höchster Anspannung und möglicherweise existenzieller Sorgen. Und so bemühte er sich rührend um die Zuneigung und das Vertrauen seines Sohnes, versuchte ihm die Angst, die der Kleine ihm gegenüber empfand, zu nehmen. Gehörig musste sich Hans Luder anstrengen, die Liebe seines Sohnes zurückzugewinnen, was ihm eine Lehre war. In entspannten Situationen allerdings, wenn Hans Bier oder Wein getrunken hatte, kam für Martin die andere, die weichere Seite seines Vaters zum Vorschein, dann erzählte er Geschichten und lachte, denn Hans Luder war in seiner Seele ein geselliger Typ, jemand, der gern und mit sicherem Instinkt für Pointen Geschichten erzählte. Martin hörte ihm freudig zu, er liebte diese Momente. Ganze Welten baute der Vater mit seiner Stimme in Martins Kopf. Von kleiner Statur zwar, war der Vater dennoch energisch. Seine Dachsaugen verrieten eine Wachsamkeit, die nicht einmal der Alkohol ganz einzuschläfern vermochte.

Besonders liebte es Martin, wenn sie um den großen Tisch saßen, inmitten von Freunden, die sie besuchten, der Reinickes oder der Oemlers, angesehener Hüttenunternehmer wie sein Vater, denn dann platzte die ganze Härte des Alltagsmenschen wie eine Schale von ihm ab, und ein anderer Mensch kam zum Vorschein, ein entspannter, ein humorvoller Vater, der es liebte, zu lachen, ein Vater, in dem ein großer Schalk saß. Hans genoss es, und sein ältester Sohn mit ihm, wenn er bei Most, Wein und Bier, bei Gebäck oder bei Fisch, Fleisch und Gemüse Geschichten erzählte.

Nicht weniger selig fühlte sich das Kind, wenn die Mutter sang. Die Mutter, der er in vielem ähnelte – das längliche, ursprünglich hagere Gesicht mit den tief liegenden, braunen Augen wie auch die Nase stammte von ihr, nur den gekräuselten, dennoch eher schmallippigen Mund hatte er vom Vater –, gab ihm auch die Musikalität mit. Sie liebte es, zu singen, und so prägte sich ihm der Sinn für Melodien und für Verse von Kindesbeinen an ein.

Am Sonntag gingen sie in die Kirche, wie zu den Feiertagen auch, und sie hielten das Fasten ein. Doch so gottesfürchtig die Luders auch lebten, waren sie doch nicht priesterhörig, mehr noch, gegen die Mönche, die ihren Lebensunterhalt nicht mit ihrer Hände Arbeit verdienten, hegte der Vater eine unaussprechliche Abneigung. Hans und Margarethe mochten zwar sehr fromm sein, aber Frömmler waren sie nicht. Im Glauben an den gerechten, an den strafenden Gott, der alle Sünden sieht, wurde Martin erzogen. Allerdings – und das erklärt manches – hatte Martin Luther als Kind die erste Begegnung nicht mit Gott, sondern mit dem Teufel. An Gott glaubte, wer den Teufel kannte, und wer den Teufel kannte, der fürchtete Gott. Aber Gott war fern und der Teufel nahe. Der Teufel existierte in der Vorstellung der Menschen nicht wie Gott weit weg und hoch oben im Himmel, sondern als Bestandteil des Alltags. Wenn man erfahrbare Allgegenwart suchte, fand man sie im Satan. Gott lebte auch ohne Menschen, der Teufel nicht, er brauchte sie. Solange Menschen ihr Leben fristeten, würde es den Teufel geben. Ob der Sohn des Mansfelder Hüttenunternehmers Hans Luder, Martin, beim Tod des Bruders, bei einer Krankheit, einer Lüge oder nur in Form von Gestank in einer an Gerüchen wahrlich nicht zurückhaltenden Zeit Bekanntschaft mit dem Satan und seinen Dienern schloss, konnte er bis zum Ende seines Lebens nicht einmal mit Gewissheit sagen. Gewiss war ihm nur, dass sich der Mensch zwar zu Gott bewegen musste, der Teufel aber von selbst zum Menschen kam. Gott schien Martin ein Fremder zu bleiben, während der Teufel aller Menschen Gevatter war. Und war nicht eigentlich Adam schuld, dass Luzifer, der Engel des Lichts, von Gott abfiel und in die Hölle stürzte? Natürlich betete der kleine Martin zu Gott, so wie er es von Vater und Mutter gelernt hatte, aber er kannte Gott nicht – den Teufel dagegen schon. Und so wundert es nicht, dass er den fernen, den strafenden

Gott mehr fürchtete als den Teufel. Gott war nicht seinesgleichen, der Teufel auf vertrackte Weise schon. Der Teufel war schwarz, er hatte brandgelbe Augen und schmutzige Flügel in der Art der Fledermäuse oder der Drachen. Er ähnelte dem unheilvollen Windgott der Babylonier, dem Gott des Fiebers und der Schwindsucht, dem Feind der Mütter und der Kinder, Pazuzu. Manchmal steckte er aber auch in einem roten Körper, war behaart wie eine Ratte und hatte den Kopf einer Eidechse. Seine Hände hatten dann Krallen und die Haare seines grotesken Leibes spitze Dornen, und außer den Augen im Kopf besaß er statt Brustwarzen ein zweites Augenpaar im Oberkörper. Er konnte aber auch giftgrün sein mit Augen im Kopf und im Gesäß. Er liebte es, mit einem Pferdefuß aufzutreten. Überhaupt stand ihm jede beliebige Gestalt zu Gebote, und zuweilen trieb nicht einmal der Grundböse selbst sein Unwesen, sondern nur einer seiner eilfertigen Dämonen in seinem Namen, denn ihre Zahl blieb Legion. Der Teufel lebte im Schmutz, Teufelsdreck, ein beliebter Ausdruck der Zeit, brachte die vielen Ungeziefer hervor, die Schaben, die Flöhe, die Wanzen, aber auch die unzähligen Fliegen, deren Herr er war. Die Wahrheit der irdischen Welt zu erkennen hieß, dem Teufel in den Hintern zu schauen. Messer und Löffel benutzten die Luders bei Tisch wie andere Familien auch, Messer und Löffel zu handhaben, lernte der kleine Martin, aber die Gabel war verpönt, denn sie erinnerte nicht nur an die Mistgabel – was allenfalls Spott eingebracht hätte –, sondern sie galt auch als Wahrzeichen des Teufels. Schlimmer noch: Sie zu benutzen hätte bedeutet, den Teufel zum Mahl einzuladen. Martin lernte daraus, vorsichtig zu sein, denn überall verbargen sich der Verderber und seine Dienstlinge, im nahen Teich, im Bach, im Weiher – er liebte geradezu das nasse Element –, aber auch in Erdlöchern, in Tieren steckte er – war er nicht einst auch in die Säue gefahren (Mt 8,31–32), freilich gezwungenermaßen, aus den Menschen gejagt, in denen er es zuvor derb getrieben hatte? Unreine Geister lauerten nur darauf, durch die Poren, die Münder, durch alle Öffnungen in die Körper der Menschen zu dringen und sie siech zu machen. Pest und Cholera, Lungentuberkulose, Typhus, Gicht und Podagra, Kindbettfieber und Veitstanz, all diese Krankheiten kamen vom Teufel und von seinem sündigen Heer. Das wusste Martin, schon bevor er eingeschult wurde, und das Kind fürchtete sich davor, empfand heftig die Angst, die von Satans Präsenz ausging. Der kleine Martin lernte zwar auch, dass Gott die Rettung war, aber die blieb leider äußerst ungewiss.

Der Grund dafür, weshalb niemand, den Martin kannte, auch er nicht, dem Teufel zu entgehen vermochte, war denkbar einfach. Alles Schlechte kam vom Satan, der Hagel, der die Ernte vernichtete, aber auch der Einsturz eines Bergwerksstollens, eine Erkältung und der Zahnschmerz. Die Regel, die Martin von klein auf lernte, lautete: Alles Böse ist ein Werk des Teufels und alles Gute Gottes Geschenk. Und die Menschen hofften, durch emsiges Bitten wie Kinder, durch Fleiß, durch den Versuch, brav zu sein, Gott die Geschenke abzubetteln. Wenn Martin den Vater fragte, welche Rolle dem Menschen in dieser Weltordnung zukam, antwortete ihm der Vater, der nicht zum Philosophieren neigte, dass der Mensch gottesfürchtig, arbeitsam und sparsam zu sein hatte und sich nicht zum Sündigen verleiten lassen durfte. Das aber war eine Handlungsanweisung und keine Antwort auf Martins Frage nach der Stellung des Menschen in der Ordnung der Welt. War er nur ein Spielzeug in den Händen Gottes und des Teufels, nichts weiter als der Inhalt einer Wette, wie Hiob?

Wann Martin Hiobs Geschichte zum ersten Mal gehört hatte, lässt sich nicht ermitteln, aber Hiobs Schicksal glich dem Irrsal und der Paradoxie des Lebens. Während der Hüttenunternehmer Hans Luder vollauf damit beschäftigt war, das Unternehmen zu vergrößern, und keine Zeit für Spekulationen hatte, neigte Martin zum Nachdenken. Trat das Kind aus dem Elternhaus, breitete sich vor ihm eine Welt voller Dämonie und Gewalt aus, explodierten die Farben der Kleidung der Menschen, knalliges Rot, giftiges Grün, meersattes Blau, tiefes Schwarz, Schneeglöckchenweiß und Butterblumengelb, Lumpen und feines Tuch – jeder trug, was er hatte. Diese Zeit liebte die grellen Töne und verabscheute das Gedeckte, Pastellige. An der Kleidung erkannte man Stand und Beruf der Menschen, ob sie Handwerker, Händler, Apotheker, Ärzte, Mönche, Nonnen, Professoren, kleine oder große Adlige, Kleriker oder Gaukler und möglicherweise auch Diebe, ob sie Witwen oder Huren, Fuhrleute oder Bauern waren, und zuweilen auch bei Reisenden und Fremden ihre Herkunft. Bettler saßen vor den Kirchen und zeigten ihre schwärenden Wunden, ihre Gebrechen, um Mitleid zu erregen und dadurch Almosen zu erhalten. Eiterbeulen, Grind, Schuppenflechte verunstalteten besonders die Armen. Scheu, ihre Notdurft öffentlich zu verrichten, kannten allenfalls die Gebildeten. Und auch nur die, die es sich leisten konnten, besuchten die öffentlichen Badehäuser, um sich dort einmal, höchstens zweimal in der Woche zu reinigen, sich die Nägel schneiden oder sich rasieren zu lassen. Kosmetische und kleinere medizinische Behandlungen wurden im Bade vom Bader vorgenommen. Doch für den kleinen Martin gab man kein Geld aus für das Badehaus, der wurde im heimischen Zuber geschrubbt – was bei ihrer großen Sparsamkeit für die ganze Familie gegolten haben dürfte.

Wenn schon mal eine Exekution in Mansfeld stattfand, enthielt man sie dem kleinen Martin nicht vor. Hinrichtungen als große Volksbelustigung rangierten ob ihres Unterhaltungswertes noch vor den Buß- und Strafpredigten, die nach festen dramaturgischen Regeln abliefen. Fand eine Hinrichtung in Mansfeld statt, kamen die Bewohner der Stadt mit ihren Kindern. Sie wurde gefeiert wie ein großes Jahrmarktsereignis und stellte nur insofern etwas Besonderes dar, als es in der kleineren Stadt nicht allzu häufig vorkam. Im Idealfall hatte der Delinquent Reue zu zeigen und sich als abschreckendes Beispiel zu präsentieren. Für denjenigen, der in den nächsten Minuten fast immer qualvoll sterben sollte, ging es allerdings schon gar nicht mehr um die Endlichkeit, sondern um die Ewigkeit. Die Martern der Hinrichtung (Verbrennen, Rädern, Vierteilen, Ausreißen von Gliedern und dergleichen mehr) hatten immer etwas von einem auf Erden vorweggenommenen Fegefeuer an sich, von dem aus es dann entweder in die Hölle oder ins eigentliche Purgatorium und von dort aus ins Paradies ging. Und der Schlüssel zum Himmelreich war für den Sünder, so lernte es bereits der kleine Martin, die Reue. Durch die Reue kehrte der Mensch zu Gott zurück, mochte er im Leben auch gefrevelt haben. Bestieg der Mensch das Schafott, begab er sich auf eine höchst ungewisse Reise, auf der ihm nur noch Gott helfen konnte.

Und so geschah alles, was geschah, öffentlich. Deshalb erhielt der neugierige Junge, der wie ein Schwamm alles aufsog, was sich um ihn herum ereignete, schon früh tiefen Einblick in das menschliche Leben und in das irdische Jammertal, über das ein zorniger Gott herrschte, der die Teufel von der Kette gelassen hatte. In den Weihern, in den Bergwerken, in den Bächen, überall hatte der Teufel seine Knechte und Mägde am Werk. Nicht früh genug konnte Margarethe Luder ihren Martin und ihre Margarethe, Martins zwei Jahre jüngere Schwester, deshalb vor einer Dienerin des Teufels, einer Hexe, die in unmittelbarer Nachbarschaft wohnte, warnen, auf dass kein böses Wort gegen die mächtige Frau über die Lippen der Kinder kam und sie dadurch Unheil auf das Haus der Luders zogen. Margarethe fürchtete den Schadenzauber, eine Furcht, die damals sehr verbreitet war. Martin kannte niemanden, der nicht an die Wirksamkeit des Schadenzaubers glaubte, daran, dass die Welt vom Bösen bevölkert war. Ein böser Blick, ein Anhauch verwunschenen Atems konnte den Menschen siech machen und dafür sorgen, dass er elend zugrunde ging. Bei Lichte besehen gab es gute Gründe für diese Angst, denn in einer Zeit, in der eine Epidemie die andere jagte, konnte der »Anhauch« eines anderen Menschen einen in der Tat krank machen, auch wenn man das Wesen der Ansteckung und die wirklichen Überträger der Krankheit noch nicht kannte. Die Mutter war jedenfalls aus Angst vor der Dienerin des Satans ausgesucht höflich zu ihr und versuchte sie durch Geschenke der Familie Luder freundlich zu stimmen, und auch die Kinder benahmen sich der unheimlichen Frau gegenüber hilfsbereit und zuvorkommend, freilich mit einer Scheu, die noch als Schüchternheit durchgehen mochte. Noch setzten nicht die großen Hexenjagden ein, die ein Menschenalter später in Europa grassieren sollten.

Der kleine Martin erlebte eine recht normale Kindheit. Andere Kinder, auch von Hüttenunternehmern, wurden nicht weniger von klein auf an Arbeit gewöhnt und mussten im Haushalt und der dazugehörigen Landwirtschaft mitarbeiten, wie es bis weit ins 20. Jahrhundert so typisch für Mitteldeutschland war. Aber an körperlicher Züchtigung erfuhr er weniger als seine Altersgenossen.

Mit Nikolaus Oemler und Hans Reinicke, seinen Freunden, spielte er die üblichen Wurfspiele der Zeit, vertrieb erfolgreich die Türken aus dem Hof und den Höfen der anderen Hüttenunternehmer, mit deren Söhnen er befreundet war, und erkundete die nähere Umgebung, immer natürlich auf der Hut vor fahrendem Volk, vor Köhlern oder anderen verdächtigen Gestalten, die die Kinder stahlen oder verhexten.

Einigkeit herrschte im Hause Luder, dass Bildung der Weg zum gesellschaftlichen Aufstieg war. Hans Luder konnte es doch Tag für Tag sehen, welche Verdienstmöglichkeiten sich Antonio Lindemann oder dem Hüttenunternehmer Dr. Philipp Drachstedt öffneten – Möglichkeiten, von denen er selbst allenfalls träumen durfte. Und Margarethes Brüder kamen früh in den Genuss von Bildung und besuchten die Lateinschule – warum also dann nicht auch ihr Martin?

5. Keine Schule fürs Leben

Was die Gabe des Lebens bedeutete, hatte Martin auf die natürlichste und auch auf die härteste Art erfahren. Das Kind hatte nicht nur die Geburt der Schwester Margarethe und des Bruders Jakob miterlebt, sondern auch die eines weiteren Bruders und einer weiteren Schwester, die entweder kaum die Niederkunft oder zumindest nicht die ersten drei Jahre überlebt hatten. Und dabei hatte er immer stärker, umso älter und verständiger er wurde, erkannt, dass jede Entbindung eine erhebliche Gefahr für das Leben der Mutter bedeutete. Stundenlang hatte er während der Niederkunft auf den Knien gelegen und inbrünstig zum lieben Gott um ihr Leben gebetet. In diesen frühen Jahren erlernte er das Gebet und entdeckte seine universelle Kraft gegen die böse und feindliche Welt. War Gott auch fern und unberechenbar, so bot das Gebet doch zumindest die vage Möglichkeit, ihn zu erreichen. Natürlich wusste das Kind noch nicht, dass seine Übung im Gebet im Grunde das Training in der Handhabung einer Waffe darstellte. In der Fürbitte versuchte Martin noch unbewusst, dem Herrn der Welt seine Hoffnungen und Wünsche nicht nur mitzuteilen, sondern ihn auch davon zu überzeugen, wie richtig und wichtig ihre Erfüllung wäre. So wuchs dem Gebet ganz allmählich eine völlig neuartige Qualität zu, nämlich politisches Mittel zu sein, genauer, das Gebet Martin Luthers bekam mit den Jahren immer mehr eine politische Note, anfangs unbemerkt und unbeabsichtigt. Denn mithilfe des Gebets suchte Martin bereits etwas in seiner noch kleinen

Welt zu bewirken. An Veranlassungen hierfür mangelte es nicht. Den Weg zur Taufe kannte er nicht weniger gut als den Weg zur Beisetzung. Das Gebet war ihm anfangs Schutz vor dem Teufel, später dann Waffe gegen den Teufel. Für den Tod des Bruders zumindest machte schon das Kind Giftmischer verantwortlich, die natürlich im Dienste des Teufels standen. Einem Giftmischer zum Opfer zu fallen gehörte zu den Urängsten dieser Zeit, für die Großen wie für die Kleinen. Könige und Fürsten leisteten sich Vorkoster. Das Treiben der Borgias, so viel daran auch üble Nachrede und Fama war, ihre Verwendung von Gift zur Durchsetzung politischer Ziele bewegte nicht nur die Zeitgenossen, sondern gewann legendäre Bedeutung. Im Jahr 1492 folgte der Spanier Roderic Llançol i de Borja, italienisch Rodrigo Borgia, dem kränkelnden Innozenz VIII. auf dem Heiligen Stuhl. Dieser war alles andere als unschuldig gewesen, denn er hatte acht Kinder gezeugt, schien den Nepotismus geradezu erfunden zu haben und hatte die Hexenverfolgungen gefördert, die seither an Fahrt aufnahmen. Der neue Bischof der Bischöfe trat unter dem decouvrierenden Namen Alexander VI. an.

Aber auch in der kleinen Welt, der Welt der Kaufleute, der Hüttenunternehmer, der Bauern, der Bergleute, in Martins Welt wurden die Leute vergiftet, wie er es immer wieder bei Tisch aufschnappte. Martin besaß ein feines Gehör, nichts entging dem aufmerksamen Jungen, der sich zudem auch alles merkte. Was die Menschen auszeichnet, ist die Fähigkeit, Zusammenhänge herzustellen, wofür ein gutes Gedächtnis wenngleich keine hinreichende, so doch eine notwendige Voraussetzung darstellt.

Und da kein politischer Nutzen dahinterstand, einen

machtlosen und wenig vermögenden Menschen zu töten, konnte es nur die Hexe von nebenan, ein Zauberer und Schwarzkünstler oder der Teufel gewesen sein, der den Menschen Schaden zufügen wollte. Was man metaphysisch dem Teufel zuschrieb, fand seine ganz realen Ursachen in verdorbenen Lebensmitteln, in falschen Arzneien, in tödlichen Behandlungen, in Blutvergiftungen und in Infekten, schlicht und ergreifend häufig genug in der allgegenwärtigen Sepsis und der fehlenden Hygiene. Das Sterben war universell, eine Zahnentzündung konnte genügen, den Lebensfaden zu kappen. Später, auf der Wartburg, sollte Martin Luther den Vers aus 1. Chronik 29,15 übersetzen mit: »Denn wir sind Fremdlinge und Gäste vor dir wie unsere Väter alle. Unser Leben auf Erden ist wie ein Schatten und bleibet nicht.« Wenn aber das Leben auf Erden nur ein Schatten war, wo war dann der Körper, der den Schatten warf? Doch diese Frage stellte sich ihm nicht, denn das irdische, zeitlich begrenzte Leben konnte nur ein Schatten des ewigen Lebens im Jenseits, im Fegefeuer, im Paradies, im Limbus oder in der Hölle sein. Darin bestand, solange er denken konnte, seine früheste Lebenserfahrung. Sicherheit im Leben fand sich nirgends, denn das Leben war eine fragile Angelegenheit. Schuld daran trug der Teufel.

Sobald er sprechen und verstehen konnte und größere Entfernungen auf seinen Füßen zurückzulegen in der Lage war, begann der Vater, Martin zu Wallfahrten mitzunehmen. Eine Wallfahrt zu unternehmen, gehörte sich einfach für einen guten Christenmenschen. Sie galt als gottgefällig und versprach einen Ablass. Der gewährte Ablass verringerte die Zeit, die ein Christ nach dem Tod zur Reinigung im Fegefeuer zuzubringen hatte. Nach gängiger Vorstellung hatten die Apostel und Heiligen einen Gnadenvorrat angesammelt, den der Papst als den eigentlichen Schatz der Kirche hütete und von dem er als Stellvertreter Christi Gebrauch machen sollte. Hieß es nicht über den ersten Papst, über Petrus, und also auch über alle Nachfolger Petri bei Matthäus 16,18–19: »Und ich sage dir auch: Du bist Petrus, und auf diesen Felsen will ich meine Gemeinde bauen, und die Pforten der Hölle sollen sie nicht überwältigen. Ich will dir die Schlüssel des Himmelreichs geben: Alles, was du auf Erden binden wirst, soll auch im Himmel gebunden sein, und alles, was du auf Erden lösen wirst, soll auch im Himmel gelöst sein.« Die Betonung lag für diese Vorstellung auf dem Satz in der Vulgata: »… et quodcumque solveris super terram, erit solutum et in caelis« (… und was du auf Erden lösen wirst, das wird auch im Himmel gelöst sein). Das berechtigte nach offizieller Lesart den Papst, Ablässe zu erteilen, auf Erden und im Himmel zu lösen, Strafen zu erlassen. Da man nicht nur vorsorglich für sich, sondern auch für verstorbene Mütter, Väter, Söhne und Töchter, überhaupt für Menschen, die man liebte, diese Ablässe erwerben konnte, um deren Leidenszeit im Fegefeuer zu verkürzen, nahmen sie im Leben der Menschen einen großen Raum ein, denn schon für den kleinen Martin bestand Gewissheit darüber, dass der Mensch sich den Himmel verdienen musste – und er konnte nicht sicher sein, ob ihm das gelingen würde. Für ein sensibles Kind wie Martin, der eine sehr plastische Vorstellung von der Hölle besaß, bedeutete das eine große psychische Belastung und einen immerwährenden Schrecken, denn die Imaginationskraft seiner Phantasie war stark. Christus kam darin als schrecklicher Richter vor.

Natürlich konnte derjenige, der zu den drei wichtigsten Stätten des Christentums pilgerte, nach Jerusalem, nach Rom oder nach Santiago de Compostela, mit dem größten Ablass rechnen, doch überall, wo sich Reliquien befanden oder Wunder gewirkt worden waren, erwarben die örtlichen Kirchen von den Päpsten einen Ablass, der Pilgern zuteilwurde. Auch verbanden diese Wallfahrts- und Gnadenorte häufig die Anwesenheit der Reliquien mit der Wunderwirkung. Auf die lange, gefahrvolle und kostspielige Pilgerreise ins Heilige Land, nach Rom oder nach Santiago de Compostela begaben sich zumeist Adlige mit Dienern und Wachen im Gefolge. Häufig reisten sie als Gruppe, was die Risiken für den Einzelnen verringerte. So führte drei Jahre vor Martins Geburt Kurfürst Ernst von Sachsen einen Pilgerzug, dem sechzig Adlige angehörten, darunter Herzog Heinrich von Braunschweig, zum Osterfest nach Rom an. 1493 pilgerte Ernsts Sohn Friedrich, der später der Weise genannt wurde, an der Spitze einer Gesellschaft von zweihundert Personen ins Heilige Land. Die Mansfelder Chronik des Cyriakus Spangenberg berichtet auch darüber, dass der Eisleber Stadtvogt Andreas Beckmann sich 1494 einer adligen Gesellschaft anschloss, die nach Jerusalem fuhr. Davon hörte Martin, denn der Aufbruch zur Pilgerfahrt galt als gesellschaftliches Ereignis ersten Ranges, was natürlich die Runde machte. Schließlich dauerte so eine Fahrt ein bis zwei Jahre, Rückkehr ungewiss. Nur wenige Nichtadlige ließen sich auf dieses enorme Risiko ein.

Hans Luder hätte um aller Seligkeit willen niemals seine Familie für eine so lange Zeit allein gelassen, um sich auf eine derart gefährliche Reise zu begeben. Mancher fiel dem ungewohnten Klima, mancher Krankheiten, wieder ein anderer der fremdartigen Speise, Räubern oder der Erschöpfung zum Opfer. Hinzu kam, dass Hansens Unternehmen seine Anwesenheit in Mansfeld geradezu erforderte. Denn selbst wenn er von der Pilgerreise wohlbehalten zurückgekehrt wäre, hätte er nach so langer Abwesenheit mit Sicherheit daheim nur den Bankrott seines Unternehmens vorgefunden. Doch Männer wie Hans brauchten nicht auf eine Wallfahrt zu verzichten, denn es gab heilige Orte auch in der Nähe, freilich mit geringerer Bedeutung und Wirkung. Dafür konnte man öfter zu ihnen reisen. So begab sich beispielsweise besagter Ernst von Sachsen mit seinen Söhnen Friedrich und Ernst im Mai 1494 zum Heiligen Blut nach Wilsnack. Dieser Wallfahrtsort besaß gerade in Mittel- und Norddeutschland eine außerordentliche Bedeutung. Seine Geschichte war typisch und regte die Phantasie des kleinen Martin an, der als Kind vom hochberühmten Heiligen Blut von Wilsnack immer und immer wieder hörte. Pilger aus Süd- und Südwestdeutschland kamen auch durch Mansfeld. Und da sich gegenüber von seinem Elternhaus ein Gasthof befand, sah er die Wallfahrer auch immer wieder. Durchreisende brachten auch stets Nachrichten und Geschichten aus anderen Gegenden des Reiches mit. Eines Abends bei Tisch erzählte der Vater Martin und seinen Geschwistern die Geschichte vom Heiligen Blut: Im August 1358 hatte sich der Ortspriester Johann Kabuz von Wilsnack mit Mitgliedern seiner Gemeinde zur Kirchweihe ins brandenburgische Havelberg begeben. Auf dem Altar ließ er, bedeckt vom Korporale, drei geweihte Hostien für Notfälle zurück, für Sterbende oder Todkranke. Doch an diesem Tag steckte der Ritter Heinrich von Bülow elf Dörfer in

Brand, darunter Wilsnack mitsamt der Kirche des Ortes. Kurz darauf empfing Johann Kabuz eine Audition, hörte Gottes Stimme, die zu ihm sprach und ihm befahl, nach Wilsnack zurückzukehren. Bei Tagesanbruch machte er sich gehorsam auf den Weg, fand aber die Kirche nur noch als Brandruine vor. Doch über die höchst ungewöhnliche Entdeckung, die er dann machte, geriet er ins Staunen: Das Korporale und die drei kleinen Hostien hatten das Feuer bis auf ein paar Brandspuren am Rand unversehrt überstanden. Aber in der Mitte der Hostie zeigte sich etwas, das an einen Tropfen Blut erinnerte. Nachdem in der Eucharistie Wein zu Blut und Brot zum Leib Christi geworden waren, wurde diese Wandlung an den unbeschädigten Hostien nun ganz offensichtlich. Die Hostie, die äußerlich noch eine Hostie geblieben war, hätte eigentlich nur innerlich und also verborgen von der Substanz her Leib sein dürfen – so wie ein Leib aber durchblutet ist, wurde durch das Blut auf der Hostie die Transsubstantiation, die Wesensverwandlung, das eigentlich Verborgene nun äußerlich für alle sichtbar. Das Wunder, das diesen Ort zum Gnadenort machte, bestand darin, dass den Hostien das Feuer nichts anhaben konnte und sie überdies ihre neue Substanz als Leib Christi für alle sichtbar anzeigten. An den beiden darauffolgenden Sonntagen ereigneten sich weitere Unglücksfälle, die aber nur demonstrierten, dass den Hostien weder durch Feuer noch durch Wasser noch durch Wind ein Ungemach widerfahren konnte und sie vor dem Wüten der Elemente geschützt waren. Drei Päpste sprachen sich gegen alle Zweifler für das Hostienwunder aus, und mithin wurde das Heilige Blut, das Hostienwunder in Wilsnack, verehrt. Wer die Kirche dreimal umrundete, erzählte Hans seinen

Kindern, dem wurden vierzig Tage Ablass gewährt, und für jede Meile, die der Pilger nach Wilsnack zurücklegte, wurde ihm ein Tag weniger im Fegefeuer angeschrieben. Das Dumme an der Angelegenheit war nur, dass niemand wusste, wie lange sein Aufenthalt im Fegefeuer dereinst dauern würde, so dass man im Erwerb von Ablässen nicht erlahmen durfte.

Auch wenn Martin mit seinem Vater nicht ins sechs Tagesreisen entfernte Wilsnack pilgerte, weil den Weg dorthin Ritter und Diebe unsicher machten – dies sollte nicht nur in der Geschichte von Michael Kohlhaas sehr plastisch werden, sondern ging auch aus einer Erkundigung des Kurfürsten Friedrich II. von Brandenburg über die Sicherheit der Pilgerwege zweifelsfrei hervor –, so machten die Geschichten vom Heiligen Blut gewaltigen Eindruck auf den Knaben und prägten seine Vorstellungen vom Abendmahl in frühen Jahren. Hierin findet sich übrigens eine Ursache dafür, dass er sich später nicht mit Zwinglis Vorstellung vom reinen Symbolwert der Eucharistie anzufreunden vermochte.

Aber Hans Luder brauchte nicht ins Brandenburgische reisen, um Gnade und Ablass zu erwirken, denn auch im Mansfeldischen fanden sich Gnadenorte, wie beispielsweise die Marienkapelle im Welfesholz oder das in der Nähe von Eisleben gelegene Cyriakuskloster Wimmelburg, wo besonders die vom Teufel besessenen Menschen Heilung fanden. Der Vater pilgerte auch dorthin, um seinen Jähzorn zu kurieren, mit dem er zeitlebens rang. Einmal, als Martin wieder mit seinem Vater in Wimmelburg die Heilige Messe besuchte, erlebte Martin die Heilung eines Besessenen, die besonderen Eindruck auf ihn machte. Ein

Mönch befahl dem Besessenen, den Mund zu öffnen, und verbot ihm darauf, ihn zu beißen. Dann legte er zwei Finger hinein und wies den Dämon mit Donnerstimme an, beim Klang der Glocken auszufahren. Das Kind wie auch die Menschen um Martin herum staunten, als sie beim Glockenläuten zu sehen glaubten, wie der Dämon tatsächlich aus dem geplagten Mann ausfuhr und der vormals Geplagte als geheilt das Kloster verließ. An diesem heiligen Ort, an dem sich derartige Wunder ereigneten, konnte man nicht genug beten. Und Martin spürte dort besonders die Kraft des Gebetes, wie sie ihn selbst stärkte.

Doch im Frühjahr 1491 änderte sich sein Leben schlagartig, als der Vater ihm eröffnete, dass er ab dem Gregoriustag, also ab dem 12. März, die Trivialschule besuchen würde. Das kam nicht unerwartet für Martin. Er hatte damit gerechnet und freute sich bereits darauf, denn im Familienkreis wurde häufiger über Martins Schulbesuch gesprochen. Angesichts der zarten Gesundheit des Kindes stellte sich den Eltern lediglich die Frage, wann sie ihn einschulen lassen sollten. Sowohl Hans als auch Margarethe wussten, dass die Schule eine körperliche und seelische Herausforderung darstellte, denn was immer auch die meisten Lehrer gewesen sein mochten, Pädagogen waren sie höchst selten. Genau genommen sollte es eine Folge von Luthers Wirken darstellen, dass die Pädagogik im Abendland im Grunde erst entstand, sich im protestantischen Lager zwei Generationen später Männer wie Johann Amos Comenius und Wolfgang Ratke und in der katholischen Welt die Jesuiten Gedanken darüber machten, Kindern nicht totes Wissen einzutrichtern, sondern ihnen Bildung zu vermitteln und sie hierbei als Menschen zu betrachten, ihre Würde zu respektieren und ihnen mit Respekt zu begegnen. Nichts davon erlebte Martin, als er durchaus mit Neugier und Freude, wissbegierig, wie er nun mal war, sich auf den Weg zur Schule begab. Wenn er von nun an morgens das Haus verließ, um an sechs Tagen in der Woche den Weg zum Schulhaus einzuschlagen, wandte er sich nach rechts, stieg bergauf an den Häusern der Hüttenunternehmer Oemler und Reinicke vorbei und bog noch vor Sankt Georg links auf den Kirchplatz ein, wo sich die Schule im Schatten der Kirche befand. Sein Freund Nikolaus Oemler war etwas älter und vor allem kräftiger als er. Wenn der Regen die unbefestigte Straße in eine Schlammbahn verwandelte und der Unrat talabwärts und mithin den Schulbuben entgegenströmte, half er dem Schulanfänger vorwärtszukommen oder trug ihn gar auf seinem Rücken zum Unterricht. Denn eine Kanalisation existierte ja noch nicht, und die Anwohner entsorgten Abwasser und Exkremente auf die Straße, wenn nicht der eine oder andere der Einfachheit halber gleich seinen Hintern zum Fenster heraushängte, weshalb das Wort vom Straßenkot wörtlich zu nehmen ist.

Die Trivialschule war eine Lateinschule und mithin im Gegensatz zur deutschen Schule bereits eine höhere Bildungseinrichtung, die schließlich den Weg zur Universität ebnen konnte. Trivialschule hieß sie deshalb, weil sie gemäß den *septem artes liberales*, die aus dem Trivium und dem Quadrivium bestanden, in Ersteres einführte, nämlich in Grammatik, Rhetorik und Dialektik. Für gewöhnlich begann der Unterricht für ihn sinnreich mit dem Lied:

»Veni, Creator Spiritus,
mentes tuorum visita,
imple superna gratia,
quae tu creasti pectora.«

Jahrzehnte später würde er das Lied so verdeutschen:

»Komm, Gott Schöpfer, Heiliger Geist,
besuch das Herz der Menschen dein,
mit Gnaden sie füll, denn du weißt,
dass sie dein Geschöpfe sein.«

Überhaupt spielte der Gesang keine geringe Rolle, vermittelte er doch auf leicht fassliche Weise Glaubensinhalte. Außerdem kam der praktische Nutzen hinzu, dass die Schüler an den Sonn- und Feiertagen den Gottesdienst durch ihren Gesang unterstützten. Wenn er sang, fühlte er sich geradezu dem Jammertal enthoben, als wäre die Musik das Vorzimmer zum Paradies. Einen Gottesdienst ohne Gesang vermochte er sich nicht nur nicht vorzustellen, sondern er empfand den Einsatz von Musik im Gottesdienst als noch viel zu gering. Gäbe es denn eine bessere Möglichkeit für die Gemeinde, an die Paradiestür zu klopfen, wenn nicht durch Gesang? Den spärlichen Musikunterricht liebte er, auch den Unterricht in der Religion, wenngleich immer ein Ungenügen blieb, denn er lernte Religion als etwas Äußeres, als eine Formalie, als bestünde sie aus nichts anderem als dem Auswendiglernen der Heiligentage nach dem Merkgedicht des »Cisiojanus«, das eine Art von Vulgärlatein mit teils erfundenen Füllwörtern nachahmte. Jeder Monat enthielt so viele Silben im Vers, wie er Tage hatte, und das ganze Merkgedicht so viele Silben, wie das Jahr

Tage besaß. So begann der Cisiojanus mit dem Vers: »Cisio janus epi sibi vendicat oc feli mar an prisca fab ...« *Cisio* stand dabei für *circumcisio domini*, für das Beschneidungsfest des Herrn, das in der mittelalterlichen Kirche am 1. Januar gefeiert wurde; *janus* bezeichnete den Monat Januar und überbrückte im Kalender die Tage vom 1. bis zum 6. Januar. Demzufolge lauteten die 6. und die 7. Silbe: *epi* für Epiphanias, das Erscheinungsfest, das am 6. Januar begangen wurde. Die Füllwörter *sibi* und *vendicat* leiteten zum 13. Januar über, zu *oc*, was *octava epiphaniae* bedeutete, also acht Tage nach Epiphanias. Martin lernte in diesem Merkgedicht die Zählung des Kirchenjahres, die immer von den wichtigen Feiertagen aus rechnete, hier also acht Tage nach Epiphanias. Nicht nur die Feiertage prägten sich Martin so ein – die kannte er ja ohnehin aus der Kirche, denn alle Welt rechnete nach dem Kirchenjahr –, sondern auch die Gedenktage der Heiligen, unter denen sich sehr viele Märtyrer befanden. So lernte er von Anfang an, dass Glauben, Heiligkeit – auch als Heiligung in dem Sinne, von der Sünde der Welt geheilt zu werden – etwas mit dem Martyrium zu tun hatte, nämlich damit, dass man vor aller Welt mit seinem Blut Zeugnis für seinen Glauben ablegte. Das hatte die Kirche groß gemacht, auf den Gebeinen ihrer Märtyrer ruhte ihre Macht, begonnen bei Johannes dem Täufer und Jesu Tod am Kreuz als dem Urmartyrium schlechthin. Dann aber, auch noch im Januar, gedachte Martin des Papstes Marcellinus, der im Jahr 309 unter Maxentius das Martyrium erlitten hatte, und gleich darauf des Vaters der Mönche, des großen Asketen Antonius, sowie Priscas, des dreizehnjährigen Mädchens, das vom Apostel Paulus getauft worden war und sich geweigert hatte, dem

Befehl des Kaisers Claudius Folge zu leisten, dem Gott Apollon zu opfern, und daraufhin gefoltert und am dritten Meilenstein der Via Ostiensis enthauptet worden war. Auf Prisca folgten der Märtyrer Fabian, der als Papst 250 unter Trajanus Decius den Tod fand, und schließlich Sebastian. Als Prätorianeroffizier war Sebastian zum Christentum übergetreten, hatte Christen geholfen und sich öffentlich zum Glauben bekannt. Kaiser Diokletian hatte ihn deshalb zum Tode verurteilt und von seinen Bogenschützen erschießen lassen. Sebastian, der um des Glaubens willen die Pfeile auf sich gezogen hatte, wurde zu einem der wirkungsvollsten Topoi in der christlichen Kunst. Aber Sebastian war noch nicht tot gewesen. Er war von einem Christen gefunden und gesund gepflegt worden. Wieder hatte er sich öffentlich vor Diokletian zum Christentum bekannt, der ihn diesmal im Circus erschlagen und seine Leiche in die *cloaca maxima* werfen ließ. Ein Christ, dem im Traum der Verbleib des Leichnams gezeigt worden war, hatte ihn in einer Katakombe begraben. Im 4. Jahrhundert hatte man über der Begräbnisstelle die Kirche San Sebastiano fuori le mura errichtet, die zu einer der sieben Wallfahrtskirchen Roms geworden war. Zu ihr sollte später der Mönch Martin Luder pilgern, um Ablässe zu erhalten. Davon ahnte das Kind allerdings noch nichts, das sich in der Mansfelder Lateinschule, mitten im barbarischen Norden, tapfer lateinische Wörter und Sätze einprägte.

So mechanisch wie nach dem Cisiojanus wurde auch sonst Latein gepaukt. Dabei vermieden es sowohl der Lehrer als auch die Schüler so weit als möglich, Deutsch zu sprechen. Später erkannte Martin, wie unsicher der Lehrer selbst in der lateinischen Sprache war. Da der Schulmeister eine so große Schülerschar nicht überblicken konnte, wurde sie nach Alter und Beschäftigung in drei Gruppen eingeteilt, die jeweils von einem älteren Mitschüler, der Wolf genannt wurde, streng überwacht wurden. Am Ende der Woche rechneten die Wölfe dem Lehrer gegenüber ab. Da teilten sie dem Lehrer mit, wie die Schüler ihre Aufgaben erledigt und wer wie oft Deutsch gesprochen hatte. Dieser Unterricht führte dazu, dass sich eine höchst kuriose Mischsprache aus Deutsch und Latein herausbildete, die von den deutschen Gelehrten gesprochen und geschrieben wurde und gegen die schließlich die Humanisten energisch vorgingen.

In den ersten Jahren paukte Martin lateinische Wörter sowie Schreiben und Lesen auf Lateinisch anhand einer Tafel (*tabula*) nach einem öden Frage-und-Antwort-Schema. Deshalb wurde diese Altersgruppe auch Tabulisten genannt. Anschließend kam die lateinische Grammatik nach den »Artes grammaticae« des Aelius Donatus dran. Deshalb wurden diese Schüler Donatisten geheißen. In der oberen Gruppe schließlich, als Alexandrist, beschäftigte sich Martin nach dem aus dem 12. Jahrhundert stammenden Lehrbuch des Alexander de Villa Dei mit Syntax und Metrik. Rhetorik wurde natürlich anhand der Reden des Cicero studiert.

Martin genoss die schönsten Stunden im überfüllten Klassenraum, wenn er in Ciceros Reden oder in Vergils »Aeneis« oder in den Fabeln des Äsop lesen durfte. Dann erschloss sich dem kleinen Martin eine große, zwar ferne, aber beeindruckende Welt. Auch die Distichen des Dionysius Cato, eine pseudepigrafische Sammlung von Aphorismen und Lehrsprüchen, beeindruckten das Kind durch die Klarheit ihrer Wertvorstellungen und begannen seinen Stil zu beeinflussen. Was ihn peinigte, war allerdings der schleppende Fortschritt im Lernen und der sadistische Lehrer, der die Schüler mechanisch und stumpf lateinische Wörter deklinieren oder konjugieren ließ. Zunehmend verleidete die ständige Unterforderung verbunden mit der allgegenwärtigen und unberechenbaren Willkür des Schulmeisters dem hochintelligenten Jungen die Schule. Er begann sich zu langweilen, wurde deshalb auch unaufmerksam. Fragen durfte man den Lehrer ohnehin nichts. Statt auf Wissen oder Argumente zurückzugreifen, griff er lieber zum Stock, um die Schüler zu verprügeln, eher ein Folterknecht als ein Lehrender, von einem Mentor ganz zu schweigen. Diese Lektion hatte Martin schmerzhaft gelernt. Als er einmal vom Erkenntnisinteresse getrieben dem Lehrer eine Frage stellte, die der nicht zu beantworten wusste, baute er sich drohend vor dem Kind auf und verlangte von ihm, zu konjugieren und zu deklinieren. Martin schaute ihn hilflos an und versuchte, ihm zu erklären, dass er das doch noch gar nicht gelernt hatte. »Umso schlimmer«, brüllte der Lehrer nur. Dem zu Tode erschrockenen Kind wehte ein fauliger Atem entgegen, der zudem bitter-süßlich nach Schwarzbier stank.

Martin merkte sich die so schmerzhafte wie erniedrigende Lektion, die folgte, nämlich mit heruntergelassenen Hosen über den Lehrertisch gebeugt zu stehen und fünfzehn Mal Streich für Streich den Rohrstock scharf aufs Gesäß niedergehen zu spüren. Der seelische Schmerz quälte ihn indes stärker und wirkte in ihm nach, denn er ertrug Ungerechtigkeit nicht und Unrecht auch nicht. Das lag an seiner mitteldeutschen Querköpfigkeit, seinem Stolz. Niemals waren die Luders Lakaien, Diener, Leibeigene gewesen, sondern immer freie Bauern, stolze Bauern; auch das meinte später der Reformator, wenn er das oft missverstandene Diktum notierte, dass er von Bauern abstammte – eben von freien Bauern, die niemandes Knecht waren –, und auch sein Vater hatte es mit eigener Hände Arbeit als selbstständiger Unternehmer zu einem gewissen Wohlstand gebracht. Unabhängig waren sie also immer, die Luders – nur ihrem Gewissen unterworfen. Künftig fragte er den Lehrer nichts mehr, aber die Angst und der Ekel vor dem brutalen Mann und die tiefe Empörung über das Unrecht, das ihm angetan worden war, verkapselten sich in seinem Herzen. Unrecht zu dulden sollte seine Sache nicht werden.

Gelernt werden musste in der Schule, denn nach der Schule hieß es, in der Wirtschaft, im Haus, auf dem Hof und auf dem Acker seinen Pflichten nachzukommen. Die knappen Zeiten zum Spielen entfielen mit der Schulzeit. Es begann für Martin in der Tat ein neues Leben. Hans Luder entging nicht, dass sein Sohn geschlagen wurde, und selbst er wurde gewahr, dass der Unterricht nichts taugte. Und Martin machte aus seinem Herzen, was die Schule betraf, keine Mördergrube. Hans hörte seinem Sohn aufmerksam zu, denn er hatte für ihn einen großen Plan entworfen. Dass nach altem Möhraer Brauch der jüngste Sohn das Geschäft des Vaters erben würde, daran würde Hans auch als Hüttenunternehmer nichts ändern, und der jüngste war nun einmal Jakob und nicht Martin. Aber Martin besaß einen gelehrigen Kopf und eine schnelle Auffassungsgabe. Überall in den wachsenden Kanzleien der Fürsten und den Bürokratien der Landesherrschaften entstand ein Bedarf an

Juristen. Diesen Weg bestimmte in weiser Voraussicht Hans Luder für seinen Sohn Martin. Doch nur um die kostbare Zeit von einem sadistischen Trunkenbold vergeuden zu lassen, brauchte er seinen Sohn nicht zur Lateinschule zu schicken. In Hans Luder reifte die Erkenntnis, dass Martin in der Mansfelder Schule sich nicht das Rüstzeug erwerben würde, um an die Hohe Schule zu wechseln und erfolgreich zu studieren. So suchte er nach einem Ausweg und sprach auch häufiger darüber mit dem Hüttenmeister Reinicke, der nur zwei Häuser weiter wohnte und mit dem ihn eine Freundschaft verband, die auch ihre Söhne Hans und Martin hielten. Reinicke wurmte das Niveau der Schule ebenfalls, doch von einem Verwandten, dem erzbischöflichen Offizial Paul Moßhauer, der in Magdeburg arbeitete, erfuhr er, dass die Domschule in Magdeburg einen guten Ruf besaß und die Brüder vom gemeinsamen Leben dort ein Brüderhaus eröffnet hatten, in dem sie auch Schülern Unterkunft und Betreuung ermöglichten, denn den Brüdern lag die Bildung sehr am Herzen. Das klang gut, das klang vernünftig. Briefe wurden gewechselt, Absprachen getroffen. Zu Magdeburg bestanden ohnehin enge Bande.

Erzbischof von Magdeburg war inzwischen Ernst, jener Ernst, der mit seinem Vater und seinem Bruder Friedrich 1480 eine Wallfahrt ins Heilige Land unternommen hatte. Seit dem Tod seines Vaters, der ebenfalls Ernst hieß, herrschte sein Bruder Friedrich, den man einmal den Weisen nennen sollte, als Kurfürst von Sachsen, während er der wichtigen Diözese Magdeburg vorstand. Doch die Verbundenheit mit dem Mansfelder Land zeigte sich noch viel direkter, wenn, wie die Magdeburger Schöppenchronik berichtet, die Grafen Gebhard und Volrad von Mansfeld

»dabei waren«, als am Sonntag vor dem Fest der heiligen Katharina, also am 22. November 1489, Ernst in Magdeburg durch den Merseburger und den Havelberger Bischof zum Erzbischof »gekrönt« wurde. Diesem Erzbischof diente der Eisleber Paul Moßhauer als höchster Richter des Diözesangerichts. Moßhauer war also ein sehr wichtiger und einflussreicher Mann.

Als Martin vom Vater erfuhr, dass er die Schule wechseln würde, nach sechs Jahren Büffelei, Angst und Widerwillen, fühlte er sich befreit, war aufgeregt und auch wehmütig, denn der Preis dafür war sehr hoch. Noch nicht ganz dreizehnjährig sollte er zum ersten Mal in seinem Leben das Haus der Eltern verlassen, den Vater, die Mutter, die Geschwister.

An diesem Frühjahrsmorgen des Jahres 1496 betete und frühstückte Hans Luder mit seiner Familie. Das gelang ihm sonst wohl nur sonntags, werktags verließ er im Morgengrauen das Haus, weil er sich um seine Hüttenfeuer zu kümmern hatte. Nachdem sein ältester Sohn den Mantel über Hemd und Hose geworfen hatte, beteten sie ein letztes Mal gemeinsam und baten, dass der heilige Martin, der Namenspatron des Sohnes, die Jungfrau Maria und die heilige Anna, die Schutzheilige der Bergleute, dem Knaben in der Fremde beistehen möchten. Martin verabschiedete sich von seinem Bruder Jakob, den Schwestern Margaretha und Dorothea und der Mutter, nahm sein Bündel und trat vor das Haus. Auch wenn die Winterkälte sich im Mansfelder Hügelland noch festkrallte, roch der Wind, der über das Schloss und das Kloster oberhalb der Stadt, die Hüttenfeuer, Bergwerke und Abraumhalden strich, schon nach Frühling. Schneeglöckchen und Krokusse wagten sich hervor. Der Abschied fiel ihnen schwer, doch Tränen sah man in ihren Augen nicht, und viele Worte machten sie auch nicht. Sie gehörten einem unsentimentalen, einem harten Menschenschlag an, zugewandert zwar, doch inzwischen Harzlinge wie die anderen Bergleute, sonst wäre es dem Vater kaum gelungen, sich als Hüttenunternehmer zu halten. Hans Luder und Peter Reinicke dürften ihre minderjährigen Söhne kaum allein auf den gefährlichen Weg geschickt haben. Da ihre Hütten nebeneinander lagen, hielt der Daheimgebliebene einen wachsamen Blick auf die Hütten und Bergwerke des anderen.

Knapp zwei Tagesreisen lag Magdeburg von Mansfeld entfernt, und die drei Reisenden hätten den Pilgerweg nach Wilsnack, der über Staßfurt und Magdeburg führte, oder die alte Heerstraße der Askanier über Aschersleben und Egeln nehmen können. In Egeln trafen sich gleich drei Heerstraßen. Zu der Aschersleber kamen hier noch die von Halberstadt und die von Quedlinburg hinzu, die allesamt nach Magdeburg führten, das einmal der äußerste Brückenkopf der Deutschen im Slawenland gewesen war, bevor der Askanier Albrecht der Bär und der Welfe Heinrich der Löwe das Slawenland unterworfen hatten. Die Börde war und blieb unruhiges Land, von Fehden und Raubrittertum bedroht, wovon die Schöppenchronik so anschaulich erzählt.

Am zweiten Tag ihrer Reise erreichten sie Sudenburg, die Vorstadt, in der sich die Tuchmacher und die Juden niedergelassen hatten, und wandten sich in nordöstliche Richtung, dem Neumarkt zu. Im Gegensatz zum eigentlichen Magdeburg, zur Altstadt, bildete der Neumarkt im Grunde die Residenzstadt des Erzbischofs, mit Kirchen, Klöstern, den Wohnungen der Domherren und Verwaltungsbeamten, der Priester und der Handwerker, die ständig für den Erzbischof arbeiteten, wie die Baumeister, die vollauf mit der Fertigstellung der mächtigen Türme beschäftigt waren. Aber auch ohne vollendete Türme überragte der Dom alles, Wahrzeichen der Macht des Erzbischofs, der Macht Gottes. Martin hatte nie zuvor ein so großes, ein so hohes Gebäude gesehen, und es beeindruckte ihn tief. Auf ihn, der aus dem Tal kam, wirkte das ihm zugewandte Kirchenschiff wie ein Bollwerk des Glaubens und die zu vier Fünfteln fertigen Türme wie der nie nachlassende Versuch des Menschen, sich Gott zu nähern. Auf dem Weg hierher war Martin durch altes Mystikerland gekommen. Im Mansfeldischen hatten zweihundert Jahre zuvor die großen Mystikerinnen Gertrud die Große und Gertrud von Hakeborn das Kloster Helfta geleitet, und sie alle überstrahlend hatte Mechthild von Magdeburg ihre letzten Lebensjahre in dem mansfeldischen Kloster zugebracht, nachdem sie lange Zeit in einem Beginenhof in Magdeburg gelebt, gearbeitet, geschrieben und gepredigt hatte.

Durch das Stadttor betrat Martin staunend den Neumarkt, eine Art erzbischöflichen Campus, auf dem es von Bauleuten, Mönchen, Nonnen und Klerikern wimmelte. Wohnungen, Klöster und Kirchen wechselten in lockerer Bebauung mit Plätzen und Gärten. Vom Dom führte ein Geheimgang zum Kloster Unserer lieben Frauen. Hans Luder konnte sich nun mit seinem Martin und Hans Reinicke zum Dom hinwenden, an dessen Südseite sich die Domschule befand, oder vorbei am Klostergarten Unserer Lieben Frauen zum sogenannten Deveshorn (Diebeshorn), an dem die beiden Gebäude der Brüder vom gemeinsamen

Leben lagen. Blickte man von dem Brüderhaus im Tal weiter über die nahe Elbe, erblickte man die Flussinsel und darüber hinaus das gegenüberliegende Ufer, an dessen ansteigenden Hängen Wein angebaut wurde. Hans Luder wird sich zuerst in die erzbischöfliche Kanzlei zu Paul Moßhauer begeben haben. Ob Martin und Hans im Haus des Offizials unterkamen oder bei den Brüdern vom gemeinsamen Leben, lässt sich nicht mehr ermitteln. Jedenfalls kamen sie in ständigen Kontakt mit den frommen Männern, entweder weil einige von ihnen an der renommierten Domschule lehrten oder weil sie Schüler der Schule beherbergten. Im letzteren Fall kam die Unterkunft auf Vermittlung von Paul Moßhauer zustande, denn die Brüder waren dem Erzbischof zu Dank verpflichtet.

Die Ratsherren von Magdeburg erfreute nämlich der Gedanke, dass in der ohnehin an Geistlichen und Mönchen nicht armen Stadt ein weiteres Kloster hinzukam, überhaupt nicht, und die hiesige Geistlichkeit fürchtete die Konkurrenz. Trotz des Widerstandes des Magistrats gab Erzbischof Ernst aber den Bitten der Brüder in Hildesheim nach und gestattete ihnen, in Magdeburg eine Filiale zu gründen. 1488 konnten sich unter dem Vorsteher Johannes von Düsseldorf zwölf Brüder vom gemeinsamen Leben in einem Haus bei der roten Pforte am Deveshorn niederlassen. Im Jahr von Martins Ankunft wirkten die Brüder in Magdeburg bereits so erfolgreich, dass unter dem Vorsteher Johann Zeddeler die Anzahl der Brüder auf zwanzig erhöht wurde.

Für Martin bedeutete diese Begegnung eine Art Initialzündung. Bisher in den Bahnen einer zwar intensiven, aber dennoch volkstümlichen Frömmigkeit erzogen, traf er nun hier auf einen zwar auch bodenständigen, aber von mystischen und intellektuellen Elementen bereicherten Glauben. Im Magdeburger Bruderhaus erfuhr der Junge, dass Religion mehr sein konnte und vielleicht auch musste. Der Weg der Frömmigkeit, den die Brüder vom gemeinsamen Leben einschlugen, wurde *devotio moderna* genannt, der neue Weg in der Andacht Gottes und der Hingabe im Glauben an den HERRN. Ihren Ursprung hatte diese einflussreiche Bewegung in den Niederlanden. Im Jahr 1340 wurde in Deventer Geert Groote geboren, Sohn eines reichen Kaufmanns, der, mit zehn Jahren Waise, das Vermögen seines Vaters erbte und den es, knapp fünfzehnjährig, zum Studium nach Paris an die berühmte Sorbonne zog. Meister Eckhart und Thomas von Aquino hatten hier gelehrt. Magister Artium wurde Groote bereits mit 18 Jahren. Nachdem er das als Grundlage und Propädeutik geltende Studium der sieben freien Künste abgeschlossen hatte, widmete er sich der Medizin, der Theologie und den Rechten, vor allem dem Kirchenrecht. Vermögend, wie er war, konnte er sich einen luxuriösen Lebensstil leisten, trat in die Dienste der Herrschenden und lernte als Diplomat Aachen, Avignon und Prag kennen. In Aachen wurde er Kanonikus und ergatterte zwei gut dotierte Pfründen. Von außen betrachtet war er ein Mann, dem es rundum gut ging, doch das Entscheidende scheint ihm gefehlt zu haben. Mochten auch manche im Luxus Sinn ausmachen oder gar den Luxus für Sinn halten, Geert Groote aus Deventer ging es nicht so. Doch sich stattdessen vor der Welt in ein Kloster zurückzuziehen, erschien ihm auch nicht sinnvoller zu sein, und so trat er als Donatus, als ein Mitbruder ohne Gelübde, in ein Kartäuserkloster ein und studierte die Werke der großen Mystiker Hugo von Sankt Viktor, Wilhelm von Saint-Thierry, Meister Eckhart, Heinrich Seuse und seines Landsmannes Jan van Ruysbroek. Er begriff, dass in der Seele des Menschen der Kampf zwischen der *civitas caelestis* und der *civitas terrena* stattfand. Wenn der Mensch sich Gott zuneigte, sich von der *civitas terrena* reinigte, dann begegnete er in seiner Seele Gott. Meister Eckhart nannte dieses Ereignis das Seelenfünklein. Wenn aber in der Seele des Menschen dieser Kampf stattfand, dann ging es in diesem Kampf um die rechte Lebensführung und die richtige Art, sein Leben – und zwar nicht hinter Klostermauern, sondern in der Welt – zu führen. Die Frage, wie man in der Welt leben sollte, die Geert Groote aufwarf, sollte Martin Luther später in die existenzielle Suche nach dem gerechten Gott übersetzen. Geert Groote gründete ein Brüderhaus, Männer, die in einer Gemeinschaft zusammenlebten, ohne sich aber von der Welt abzukehren, die auch nicht vom Betteln oder von der Erledigung von priesterlichen Aufgaben lebten, wie es beispielsweise die Franziskaner oder Dominikaner taten, sondern nach dem Vorbild des Apostels Paulus mit ihrer Hände Arbeit ihren Lebensunterhalt verdienten. Nicht in der Weltflucht, sondern in der Heiligung des Weltlichen, der Heiligung der Arbeit sahen sie ihr Ziel. Im Handwerk und in der Arbeit entdeckte Groote den Quell der Tugend, nicht in Askese und Weltflucht. So gründete er also in Deventer ein Brüderhaus von Männern, die gemeinsam lebten, aber in der Welt wirkten und die kein Gelübde, sondern nur der freie Wille band. Interessanterweise lehnten sie sich in ihren Regeln an den Orden der Augustiner an. Luther sollte später Augustinermönch werden. Dem Bezug auf Paulus und Augustinus, der für Martin Luther so wichtig werden sollte, begegnete er das erste Mal im Magdeburger Brüderhaus. Man hat oft über Luthers Klostereintritt gerätselt, aber die Antwort muss schemenhaft ausfallen, wenn man nicht die Magdeburger Episode würdigt in ihrer Dimension für den neugierigen Knaben Martin Luder, dessen Augen und Ohren überall waren und dessen Hirn wie ein Schwamm alles aufsog. Zwischen den Brüdern vom gemeinsamen Leben und den Augustinern bestanden enge Beziehungen. Da sich die Brüder in der zu dieser Zeit ganz und gar nicht gängigen Bibellektüre hervortaten, kam Martin in Magdeburg auch das erste Mal mit der Bibellektüre in Berührung. Dass das eher ungewöhnlich war, lag nicht nur daran, dass die Bibel in Latein abgefasst war, es gab durchaus schon deutsche Übersetzungen. Auch Priester, die Latein zumindest einigermaßen beherrschen sollten, begnügten sich mit Homilien und Lektionaren, mit der Zusammenstellung der wichtigsten im Gottesdienst zu verwendenden Bibeltexte. Die Bibelkenntnis war im Mittelalter auch in gebildeten und Klerikerkreisen im Allgemeinen erstaunlich dürftig. Wichtiger dünkte den Priestern, die Heiligen zu kennen, die Sakramente spenden zu können und die für sie wichtigen Festlegungen der Kirche, sei es als Bullen des Papstes, sei es als Konzilsbeschlüsse, sei es als *canones*, also als Paragraphen des Kirchenrechts, zu beherrschen. Die Bibel zu lesen beinhaltete sogar eine gewisse Gefahr, mit der Kirche in Konflikt zu geraten. Da die Brüder ihren Lebensunterhalt durch das Abschreiben von Büchern verdienten und sich dem Studium des Bibeltextes widmeten, stellten sie bald fest, dass unterschiedliche Textvarianten auch des Bibeltextes im Umlauf waren, so dass sie sich, wie auch die Humanisten, um gesicherte Texte kümmerten. Diese Bemühungen blieben Martin nicht verborgen, mehr noch, sie sensibilisierten ihn für die Frage nach der Authentizität des Textes.

Im Brüderhaus zu leben bedeutete für Martin, um drei Uhr morgens aufzustehen, die Mette zu absolvieren, also das Stundengebet zu leisten, und der Schriftauslegung zu folgen, bevor er nach dem Frühstück zur Schule ging. Die Schriftauslegung dauerte eine Stunde und wurde sehr gründlich vorgenommen, denn die Heilige Schrift als Text stellte den Quell der Religiosität der Brüder dar. Am Nachmittag wurde gemeinsam meditiert, und nach dem Abendessen betete man miteinander die Komplet und unterzog sich einer gemeinsamen Gewissensprüfung. Diese Gewissensprüfung hinterließ bei Martin einen großen Eindruck. Besonders die Schonungslosigkeit, mit der die Brüder über ihre Anfechtungen sprachen, regte auch Martin an, penibel nach seinen Verfehlungen, die ihm am Tag womöglich unterlaufen waren, zu suchen. Um neun Uhr abends endete der Tag. Da die Brüder Bildung als sehr wichtig erachteten, lehrten sie an Schulen, gewährten auswärtigen Schülern in ihren Häusern Quartier, gaben Nachhilfe und boten geistige Führung an.

In den Straßen Magdeburgs stieß Martin auf einen zerlumpten und ausgemergelten Franziskaner, der schwer an einem Bettelsack trug, wobei er sich nicht von dem ihn begleitenden Mitbruder helfen ließ. Keine Buße konnte ihm schwer, keine Askese streng genug sein. Der Mann schien nur aus Haut und Knochen zu bestehen. So wie er das Essen verabscheute, so auch das Waschwasser. Die einen hielten ihn für einen Heiligen, die anderen für einen Narren. Der kleine Vierzigjährige wirkte auf Martin wie ein alter Mann, dennoch faszinierte ihn dieses Männchen, umso mehr, als er erfuhr, dass dieser Bettelmönch aus fürstlichem Hause stammte. Denn dieser Bruder Ludwig, der durch Magdeburgs Straßen schlich, aus Buße sich kasteite, war kein Geringerer als Wilhelm von Anhalt, Bruder des Bischofs Adolf von Anhalt und Sohn des Fürsten Adolf I. von Anhalt. Der Bruder des Bettelmönchs und Asketen, der zu diesem Zeitpunkt Dompropst von Magdeburg war, sollte später als Bischof von Merseburg einer von Luthers Gegenspielern werden. Davon ahnte aber der Knabe noch nichts, als er diesen Menschen auf dem Breiteweg von Magdeburg beobachtete. Extreme Formen von Devotion, von einem christlichen Leben waren in dieser Zeit keine Seltenheit. Die Aufforderung zur Nachfolge Christi wurde häufig sehr wörtlich verstanden, und das Bild von Büßern gehörte zur Normalität mittelalterlicher Städte. Martin sah beileibe nicht zum ersten Mal einen Asketen, einen Büßer oder einen Geißler, einen Menschen, der sich im Verlangen, für seine Sünden zu büßen, mit einer Peitsche den Rücken blutig schlug. So groß war die Angst vor den Höllenqualen. Noch spornte ihn die Frömmigkeit des schmächtigen Franziskaners an. Später sollte er sie in seinen Tischreden als schlimmes Beispiel von Werkgerechtigkeit charakterisieren. Alles in allem vertiefte die Zeit in Magdeburg seine Religiosität.

Die neue Umgebung, die Entfernung zur Heimat, das zugige Brüderhaus, das karge Essen, der Wechsel von zu wenig Schlaf, Lernen, Beten und Meditieren untergruben seine zarte Gesundheit. Er erkrankte an einem hitzigen Fieber, das stieg und stieg. Und da sich die Brüder einbildeten, dass Trinken den Genesungsprozess hindern, Beten hingegen helfen würde, verboten sie ihm, Wasser zu sich zu nehmen, und hielten an einem Freitag Fürbitte in der Kirche für ihn, allerdings nicht im Dom, sondern in der Sankt-Ambrosius-Kirche in Sudenburg, zu deren Sprengel das Brüderhaus gehörte. Martin, delirierend, hoch fiebernd bereits, kroch, als hätte ihm Gott das befohlen, auf allen vieren die Treppen herunter über den feuchtkalten Stein in die Küche und trank das Wasser, das dort in einem Tonkrug stand, alles auf einmal aus. Dann schaffte er es gerade noch in das Zimmer zurück, bevor er erschöpft in einen todesähnlichen Schlaf versank, aus dem er gesundet wieder erwachte. Rettung, wenn man so will, in letzter Minute. Für Martin stand fest, dass Gott ihn gerettet hatte – und für seinen Vater, dem er davon berichtete, dass es nicht gut war, wenn der Sohn so weit weg von der Familie lebte.

6. Eine Schule fürs Leben

Hans Luder, dessen Unternehmen sich im Aufbau und im Wachsen befand, war zwar nicht arm, wie oft behauptet wurde, aber er besaß wenig verfügbares Geld, denn er investierte alles, was er erwirtschaftete, in seine ökonomischen Aktivitäten, besonders in die Pacht weiterer Hüttenfeuer und den Geldverleih. Gegen die Unsicherheit konnte man sich zwar nicht versichern, aber sie ließ sich dämpfen, wenn man durch Engagements auf verschiedenen Geschäftsfeldern die Risiken verringerte und nicht allein in einem Wirtschaftszweig tätig war. Die Balance zwischen Montanindustrie, Kreditwesen und Landwirtschaft zu halten blieb schwierig, war aber ein Modell, das es ermöglichte, Verluste in einem Bereich durch Gewinne im anderen abzufedern, wenn nicht gar aufzufangen. Man hat die Tatsache, dass Martin in Magdeburg und später auch in Eisenach Geld durch Singen hinzuverdiente, als Beleg für die Armut von Hans Luder genommen – denn wie anders ließe es sich sonst erklären, dass der Schüler für seinen Lebensunterhalt betteln musste – und war dabei geradezu klassischen Missverständnissen und einem gedanklichen Anachronismus auf den Leim gegangen. Für Martin war das keine peinliche oder ehrlose Beschäftigung, und auch von seinen Zeitgenossen wurde es nicht als Schande wahrgenommen, sondern war Normalität. Es gehörte zur Erziehung – bei Hans Luder allemal, aber nicht nur bei ihm –, dass die Kinder zum Familieneinkommen beizutragen hatten, indem sie nach der Schule Aufgaben im Haushalt oder in der Landwirtschaft erledigten. So erging es Hans Reinicke, so widerfuhr es auch Nikolaus Oemler. Gelernt wurde damals nur in der Schule, nicht zu Hause. Überhaupt sollte der geschützte Bereich der Kindheit eine Erfindung erst des 19. Jahrhunderts werden, so wie übrigens nicht ganz zufällig auch das Wort Freizeit. Man kannte diesen Begriff nicht, vielmehr hieß es: »Müßiggang ist aller Laster Anfang.« Oder, wie es Martin in den Distichen des Cato in der Mansfelder Trivialschule gelesen hatte: *Otia dant vitia* – Muße erzeugt Laster, oder ebenfalls weitverbreitet in schönster Deutlichkeit der Sinnspruch: *Otium est pulvinar diaboli* – Müßiggang ist des Teufels Kopfkissen. Obwohl Martins Bibelkenntnisse noch gering waren, kannte er selbstverständlich den Satz, der sich im ersten Buch Mose im Alten Testament fand: »Im Schweiße deines Angesichts sollst du dein Brot essen, bis du wieder zu Erde werdest, davon du gekommen bist. Denn du bist Erde und sollst wieder zu Erde werden« (1 Mos 3,19). Die Begründung für die Erbsünde, für die Notwendigkeit der schnellen Taufe sofort nach der Geburt und auch für den Ablass findet sich in dieser Episode, die vom Sündenfall und der Verfluchung des Menschengeschlechts handelt. Lehrer und Pfarrer hatten es Martin förmlich eingetrichtert und auch Mutter und Vater sprachen immer wieder darüber, dass der Müßiggang, die Faulheit oder die Trägheit des Geistes, aber auch des Fleisches, lateinisch *acedia* genannt, zu den sieben Todsünden gehörte, für die man, wenn man ihr verfallen war, dereinst in der Hölle schmoren würde. Und wo *acedia* begangen wurde, da folgten auch *luxuria*, die Wollust, das Begehren, die Ausschweifung, und *gula*, die Völlerei und Fresssucht. Hingegen zählte die *temperantia*, die Mäßigung, zu den Kardinaltugenden.

Wenn Martin in Mansfeld zum Familieneinkommen beizutragen hatte, warum dann nicht auch in der Fremde? Der Aufenthalt in Magdeburg und später dann in Eisenach kam die Familie schon teuer genug, so konnte Hans Luder von seinem Sohn erwarten, dass er nach der Schule sich bemühte, einen Teil seines Unterhalts selbst zu verdienen. Martin kannte es nicht anders. Hinzu kam, dass die Bettelei noch nicht moralisch verpönt war. In der mittelalterlichen Welt, in der es keine Sozialleistungen vom Staat gab, sondern allenfalls kirchliche Stiftungen und private Spender, die sich aber mit Spendenfreudigkeit einen Teil vom Himmelreich verdienen konnten, sah man in den Bettlern Bedürftige, und Jesu Diktum, dass er zu den Armen gekommen sei, weil sie das Salz der Erde und das Licht der Welt seien, war allen geläufig, wie ernst man den Satz im Alltag auch immer nehmen mochte. Geiz war noch nicht geil, sondern galt ebenfalls als eine Todsünde: *avaritia*. Dante hatte die Geizigen und die Habgierigen, die ganz und gar beherrscht waren von Gier – »schlimm geben, schlimm behalten«[4] –, im vierten Kreis der Hölle angesiedelt. Und weil sie das wahre Gut, die Barmherzigkeit, verkannten, weil sie in ihrem Geiz oder in ihrer Verschwendungssucht jegliche Individualität verloren hatten, wurden ihre Gesichtszüge ausgelöscht, wurden »sie kenntlich hier für keinen«[5]. Dante, der kluge Psychologe und nicht minder begabte Soziologe, sah im Geiz wie in der Verschwendungssucht nur zwei Seiten einer Medaille. Wie Kaufrausch und Schnäppchenjägerei, wie Konsumismus und Geiz-ist-geil-Ideologie zusammengehören, so litten die Geizigen und Verschwender in ein und demselben Höllenkreis:

»Sie wälzten Lasten mit der Brust heran
Von hier und dort und schrien mit lautem Schalle
Und stießen aneinander, Mann an Mann,
Und wandten sich und riefen wechselweise:
›Was raffst du!‹, ›Was verschleuderst Du!‹ sich an.«[6]

Auch Martin war dieser Zusammenhang geläufig, und er hielt sich penibel daran, war sparsam, genügsam, verabscheute die Verschwendung, wiewohl ihm Geiz auch völlig fremd war. Dem Bedürftigen zu geben, gehörte zur zentralen christlichen Tugend der Barmherzigkeit. Große Orden wie die Franziskaner, die Dominikaner, die Augustiner-Eremiten und die Karmeliten waren wirtschaftlich auf dem Prinzip der Bettelei aufgebaut, deshalb hießen sie auch Mendikanten oder Bettelorden. Betteln galt nicht als ehrenrührig, und keiner empfand es als anstößig, wenn Knaben und Jünglinge an Feiertagen, wozu auch die Sonntage zählten, durch die Stadt zogen und für Almosen Lieder sangen. Martin fühlte sich dabei ganz und gar als Partekenhengst: *Parteke*, vom lateinischen *pars* (Teil, Stück) abgeleitet, wurde ein Spottwort für Brotstücke, Almosen, Brotkrumen – und ein Partekenhengst jagte in diesem spöttischen Bild den Brotkrumen, den Almosen hinterher. Im Protestantischen entwickelte sich daraus der Brauch des Kurrendesingens, der Laufchöre, in denen später auch der junge Johann Sebastian Bach mitwirkte. Im Sternsingen hat sich übrigens dieser Brauch bis heute erhalten. Sich als auswärtiger Schüler, als Partekenhengst etwas dazuzuverdienen, gehörte zur Normalität.

Martin hatte in Magdeburg bei den Brüdern vom gemeinsamen Leben und an der Domschule den Rückstand, den er der Mansfelder Trivialschule verdankte, aufgeholt. Durch die Eisenacher Verwandtschaft, möglicherweise auch von Antonio Lindemann, erfuhren die Luders in Mansfeld vom exzellenten Ruf der Georgenschule, die bereits Antonio Lindemann besucht hatte. Und Margarethe Luder, die in Eisenach aufgewachsen war, erinnerte sich, dass ihre Brüder dort guten Unterricht erhalten hatten. Also sprach alles für Eisenach. Es ist übrigens bemerkenswert, dass die hohe Qualität der Lateinschule von Sankt Georg, die zwei Jahrhunderte später der kleine Johann Sebastian Bach besuchen sollte, über die Jahrhunderte bewahrt wurde. Zum Ende des 15. Jahrhunderts, als Margarethe und Hans Luder darüber nachdachten, ihren ältesten Sohn an diese Schule zu schicken, konnte man noch nicht von einer Lehreinrichtung sprechen, die vom Geist des Humanismus – der sich ohnehin erst an den Universitäten gegen die allgewaltige Scholastik und vor allem in privaten Kreisen in Deutschland etablierte – geprägt gewesen wäre. Aber das Eisenacher Bürgertum war dem Humanismus wie auch neuen Frömmigkeitsbewegungen gegenüber aufgeschlossen, und auch an der Schule bemühte man sich um sehr gute Sprachkenntnisse und um Philologie.

Man versteht die Zeit nicht, wenn man Humanismus und Frömmigkeitsbewegungen als Gegensatz sieht, im Gegenteil: Im süd- und im mitteldeutschen Raum ergänzten sich eine neue Frömmigkeit und ein Interesse am Humanismus, denn gerade das Beherrschen der lateinischen, der griechischen und der hebräischen Sprache ermöglichte es ja erst, die Quellentexte des Christentums zu rezipieren, das hebräische Alte Testament, das griechische Neue Testament und die griechischen und lateinischen Kirchenväter von Gregor von Nyssa bis Augustinus. Seit ein halbes Jahrhundert zuvor das Unionskonzil zwischen der katholischen und der orthodoxen Kirche erst in Ferarra, dann aber hauptsächlich in Florenz stattgefunden hatte und in der Arnostadt unter Marsilio Ficino die Platonische Akademie ins Leben gerufen worden war, erlebten die Griechisch-Studien einen enormen Aufschwung.

Ende 1497 erfuhr Martin von seinen Eltern, dass sie in Verbindung mit der Eisenacher Verwandtschaft standen, um ihm zu ermöglichen, seinen Schulbesuch in der Wartburgstadt fortzusetzen. Im Frühjahr 1498 wechselte er nach einem kurzen Aufenthalt im elterlichen Haus in Mansfeld nach Eisenach. Es war das Jahr, in dem Vasco da Gama den Seeweg nach Indien fand und im indischen Calicut landete und in Florenz der Bußprediger und Visionär Girolamo Savonarola auf Befehl des luxusliebenden Papstes Alexander VI. verbrannt wurde. Savonarola war in einem theozentrischen Rigorismus gegen den Luxus und für die Armut, aber auch gegen die Künste und für ein nur auf Gott ausgerichtetes Leben der Menschen eingetreten. Mit seiner Verbrennung machte die Kurie deutlich, dass für sie die christliche Armut keine praktische Option mehr war und sie sich keinerlei Beschränkungen mehr aufzuerlegen bereit war. Außerdem starben in diesem Jahr der große deutsche Humanist Alexander Hegius, der Lehrer des Erasmus von Rotterdam, der im Brüderhaus von Deventer die *devotio moderna* förderte, der nicht minder bedeutende Humanist Cristofero Landino, der vor Savonarola aus Florenz geflohen war, und der Henker Spaniens, der Großinquisitor Tomás de Torquemada. Alexander Hegius aber war auch Martin ein Begriff, so sehr wurde er in den Brüderhäusern und in Humanistenkreisen verehrt.

Auch wenn keine Quellen für eine Stippvisite Martins in Mansfeld zwischen der Abreise aus Magdeburg und der Ankunft in Erfurt vorliegen, dürfte Martin im Zusammensein mit seinen Eltern und seinen Geschwistern eine Wehmut gespürt haben, denn spätestens jetzt wurde ihm bewusst, dass er nie wieder in sein Elternhaus zurückkehren und nur noch als Gast im Haus seiner Kindheit weilen würde. So wie der Vater nach Eisleben aufgebrochen war, um sich eine neue Existenz zu schaffen, so würde auch er seine Stellung in der Welt finden müssen. Die Vorstellung ängstigte ihn, sie spornte ihn aber andererseits auch an. Noch eine Parallele zeigte sich: So wie Hans Luder auf das Netzwerk der Familie seiner Frau in Eisleben, auf Antonio Lindemann setzen konnte, so Martin auf die Familie mütterlicherseits in Eisenach, auf seine Großeltern, Onkel und Vettern.

In Magdeburg hatte er so viel gelernt, dass er problemlos die anspruchsvolle Lateinschule von Sankt Georg besuchen konnte. Seinen geistigen Neigungen entsprechend nahm er aus der Zeit bei den Brüdern vom gemeinsamen Leben eine stark verinnerlichte Frömmigkeit mit. Der Mensch hatte sich nicht nur Gott unterzuordnen, zuallererst musste er sich selbst finden, sich definieren, seine Subjektivität zu Gott ins Verhältnis setzen. Das Studium der Heiligen Schrift und eine penible Gewissensprüfung, die ja auch ein Vorgang der Selbsterkenntnis war, standen dabei im Mittelpunkt. Schon Meister Eckhart hatte doch gefordert:

»Die Leute sagen oft zu mir: ›Bittet für mich!‹ Dann denke ich: ›Warum geht ihr aus? Warum bleibt ihr nicht in euch selbst und greift in euer eigenes Gut? Ihr tragt doch alle Wahrheit wesenhaft in euch.‹«[7]

Und es gab einen direkten Weg zu Gott, nämlich über Jesus Christus, in dem Gott Mensch geworden war. Dies hatte Martin bei den Brüdern vom gemeinsamen Leben gelernt: In der Nachfolge Christi fand sich der Weg zu Gott, denn es hieß ja auch: Niemand kommt zu Gott, der nicht über den Sohn zu ihm kommt. So lehrten es die Brüder, denn zu den grundlegenden Schriften der Gemeinschaft gehörte das Werk des Thomas a Kempis »De imitatione Christi«. Ermitteln lässt es sich nicht, was der dreizehn- und vierzehnjährige Martin Luther in Magdeburg von der Literatur der Brüder gelesen hatte, denn er musste zum einen zu seinem Lebensunterhalt beitragen, und zum anderen stellte die Magdebuger Domschule weit höhere Forderungen an die Schüler als die Trivialschule in Mansfeld, so dass Martin gehörig nachzuholen hatte. Gerade dieser Nachholbedarf könnte ein Grund dafür gewesen sein, dass Martin zuerst nach Magdeburg in die Domschule und vor allem in die Obhut der Brüder, die Nachhilfe erteilten, gegeben wurde, bevor er an die sehr anspruchsvolle Lateinschule der Georgengemeinde nach Eisenach wechselte. Ob er die Texte Geert Grootes oder den »Tractatus devotus« des Florentius Radewijns, oder die »Epistel vom Leben und Leiden unseres Herrn« von Johannes Vos van Heusden zumindest in Auszügen gelesen hat, bleibt ungewiss; gekannt hat er »De imitatione Christi« von Thomas a Kempis, das »Rosetum exercitiorum spiritualium et sacrarum meditationum« des

Johannes Mauburnus und die Schriften des Gerard Zerbolt van Zutphen zumindest, nur wann er sie las, lässt sich nicht feststellen. Wie viel er auch von diesem Schrifttum konkret rezipiert haben mag, sicher indes ist, dass er mit dem Geist dieser Schriften, mit dieser Theologie in Magdeburg in Kontakt gekommen war, ja dass die Anfänge seines theologischen Denkens dort ihren Ursprung finden.

Insofern war er sogar im dreifachen Sinne bei den Brüdern vom gemeinsamen Leben in Magdeburg zur Schule gegangen, wie er sich später erinnerte, denn zum einen unterrichteten sie in der Domschule, zum anderen gaben sie Nachhilfe im Brüderhaus, und schließlich führten sie ihn in einen neuen Weg des Glaubens und der Frömmigkeit ein. In Eisenach kam er jedenfalls mit einer starken Christusfrömmigkeit an – deren Dimension er aber noch nicht ausschöpfen konnte, die ihm nah und fern zugleich blieb, weil Christus für ihn noch der schreckliche Richter, der Schreckensmann war –, und natürlich mit einer Neigung zur Lektüre der Heiligen Schrift. Kurz und gut: In Magdeburg war er dem Wort begegnet.

Eisenach konnte auf ihn nicht denselben Eindruck machen wie Magdeburg. Gemessen an der Metropole des Erzbischofs kam ihm Eisenach mit seinen 4000 Bewohnern eher wie eine Kleinstadt vor, dennoch überraschten ihn die vielen Geistlichen auf den Straßen, Gassen und Plätzen. Drei Pfarrkirchen mit fast fünfzig Altären, Sankt Georg, Sankt Marien und Sankt Nikolaus, und die Klöster der Franziskaner, Kartäuser und Dominikaner sorgten für einen hohen Anteil der Geistlichkeit an der Bevölkerung der Wartburgstadt. Im Rückblick erschien ihm seine liebe Stadt Eisenach[8] als ein »Pfaffennest und Stapelplatz der Geistlichen«[9].

Zunächst kam er bei Verwandten unter, dann ergab es sich, dass er Ursula Cotta kennenlernte, die nicht nur die Frau des späteren Bürgermeisters der Stadt, Conrad Cotta, war, sondern auch die Tochter von Heinrich Schalbe, der gerade als Bürgermeister dem Magistrat der Stadt vorstand. Martin machte sich nützlich und half Schalbes Sohn Caspar in der Schule. Dessen Schwester Ursula fand Gefallen an dem klugen und ausgesprochen musikalischen Jüngling, und Schalbe selbst dürfte die Frömmigkeit mit der besonderen Konzentration auf Christus imponiert haben, denn die Familie Schalbe unterstützte das Franziskanerkloster. Der Gründer der Franziskaner, der heilige Franz von Assisi, wurde zu Lebzeiten als der wiedergekehrte Christus verehrt: Deshalb entwickelte sich auch in diesem Orden eine starke Hinneigung zu Christus. So nahm Heinrich Schalbe den vierzehnjährigen Martin Luder in sein Haus auf. Als Gegenleistung erwartete er, dass er sich um den jüngeren Caspar kümmerte, ihn »zur Schule führte« und an einem Kreis von Franziskanern und Mitgliedern der Familien Schalbe und Cotta teilnahm, im dem man sich über Glaubensfragen austauschte, dem sogenannten Schalbe'schen Kolleg. In Eisenach bewohnten die Schalbes und die Cottas gemeinsam ein recht großes Haus, so dass die Familien sehr eng miteinander verbunden waren. Tochter Ursula hatte Conrad Cotta geheiratet, der wiederum Heinrich Schalbe im Amt des Bürgermeisters folgte. Für die Lindemanns bedeutete es bei den beengten Verhältnissen dieser großen Familie eine Erleichterung, dass Martin nicht weiter bei ihnen wohnte, sondern zu den Schalbes zog.

Im Schalbe'schen Kolleg machte Martin Bekanntschaft mit der negativen Theologie, die im Wesentlichen auf dem

Neuplatonismus und der mystischen Theologie des Dionysius Areopagita beruhte. Wenn Martin später den Aristotelismus so sehr ablehnen sollte, finden sich die Gründe dafür nicht nur in der Erstarrung des scholastisch-aristotelischen Denkens, sondern auch in seiner frühen Bekanntschaft mit dem Platonismus. Bevor er überhaupt mit dem aristotelischen Denken als Methode konfrontiert wurde – in Wahrheit hatte er einen allerdings sehr entstellten und zur Karikatur vergröberten Aristotelismus als Grundlage der Lehrmethoden in der Trivialschule erleiden müssen –, machte er erste, und zwar praktische Erfahrungen mit dem Neuplatonismus, der, seit Lorenzo Il Magnifico de' Medici Mitte des 15. Jahrhunderts von Marsilio Ficino in Florenz die Platonische Akademie hatte gründen lassen, überall in Europa auf dem Vormarsch war und das Denken der Renaissance beförderte. Und im Grunde war der letzte Satz, den er in seinem Leben niederschrieb: »Wir sind Bettler, das ist wahr«, zutiefst platonisch, denn der sterbende Luther in Eisleben fühlte sich in seinen letzten Stunden den Menschen in Platons Höhlengleichnis verwandt, die nicht die wahre Welt sehen können, sondern nur den Schatten, den die Abbilder dieser Welt an die Wand der Höhle warfen. Ausgehend von dieser Vorstellung besagte die negative Theologie, dass man Gott letztlich nicht verstehen und auch nicht zu beschreiben vermöge, weil das den unfassbaren HERRN und Schöpfer der Welt in die Enge der menschlichen Vernunft einsperren würde. Aber die Vernunft könne nur das Begrenzte begreifen, nicht hingegen Gott, der unbegrenzt und unendlich sei. Wie könnte das Begrenzte auch das Unbegrenzte, das Endliche zugleich das Unendliche begreifen? In einem sehr populären Buch des

Mittelalters fand sich das beeindruckende Bild hierfür, wie es Martin in Eisenach das erste Mal begegnete: »Gott ist die Finsternis in der Seele, die zurückbleibt nach allem Licht.«[10] Und als ginge es noch genauer, fasste es der in der Nähe von Eisenach geborene Meister Eckhart in das schöne Bild: »Ich nehme ein Becken mit Wasser und lege einen Spiegel hinein. Dann lege ich es unter das Rad der Sonne. Das Widerspiegeln des Spiegels in der Sonne ist der Sonnen Sonne. Und es ist doch, was es selbst ist. Ebenso ist es mit Gott. Gott ist in der Seele mit seiner Natur, mit seinem Wesen und seiner Gottheit, und doch ist er nicht die Seele. Das Widerspiel der Seele, das ist in Gott Gott, und es ist doch, was es selbst ist.«[11]

In der Georgenschule traf Martin auf Lehrer und Schüler, die einen Kreis von Humanisten gebildet hatten. Seele und Antrieb dieser Sodalitas, wie sich die humanistischen Zirkel selbst nannten, bildete ein Vikar der Marienkirche, der Priester Johannes Braun. Vor allem kümmerte man sich in dieser Schule darum, dass der Unterricht in Latein philologisch korrekt war und ein hohes Niveau besaß. Martin erlebte zum ersten Mal Schüler und Lehrer, die um eine hohe Sprachbeherrschung rangen und die sich für lateinische Dichtung interessierten. Die Bewegung des Humanismus hatte ihren Anfang in Italien genommen. Maßgeblich wurde sie von dem großen italienischen Dichter Petrarca angestoßen, für den die lateinische Literatur normgebend war und der sich um ein stilistisch hochstehendes Latein bemühte, denn es galt, an das Goldene Zeitalter, an das Denken der Alten anzuknüpfen. Seine Vorbilder fand er in Cicero, Quintilian, Vergil und Seneca, aber auch in Horaz und Terenz. Aus den *humanistae* bildete sich die Schicht freier Intellektueller heraus, deren Hauptaugenmerk auf der Bildung lag, denn nur der gebildete Mensch erreichte eine Veredlung, die das Göttliche in ihm förderte und das Tierische oder Sündige oder Teuflische zu verringern oder gar zu überwinden vermochte. Da aber Bildung nicht nur in der Form, sondern immer auch in geformtem Inhalt bestand, bemühten sie sich, die Texte der lateinischen, aber auch der griechischen Antike von den Verunreinigungen der Zeit und der Verderbtheit aufgrund der Überlieferung zu befreien, um zu den originalen, den authentischen Texten vorzustoßen. In der Antike, in der Zeit der Alten, entdeckten sie ihr Vorbild. Das ließ sich mit dem Christentum insofern gut vereinbaren, als die Kirchenväter, die dem Christentum erst Gestalt und Theologie verliehen hatten, aus der spätantiken Gedankenwelt und der griechischen Philosophie hervorgegangen waren, genauer aus dem Neuplatonismus.

Martin liebte die Zusammenkünfte, die der Priester Johannes Braun in seiner Klause veranstaltete und zu denen sich ausgewählte Schüler, Lehrer und Kleriker versammelten, die sich für die *studia humanitatis* interessierten, die *humanitas* anstrebten, also eine Verbindung zwischen Bildung und Tugend – ein kleiner, aber vom Bildungswillen, von der Lust an der Poesie, an der *vita contemplativa* durchdrungener Kreis. Ob Martin über die Schule oder über seinen Großonkel Conradus Hutter, der Priester an der Nikolaikirche war, zu Brauns Sodalitas stieß, wird wohl für immer im Dunklen bleiben, aber schon bald war er dank seines Humors, seiner Leidenschaft für die Sprache und für die Poesie und seiner hohen Musikalität in der kleinen Gesellschaft ein gern gesehenes Mitglied. Jeder, der Brauns

Sodalitas angehörte, lernte von den anderen, stand aber auch in der Pflicht, die anderen zu bereichern. Man diskutierte über römische Dichter, besonders über Vergil, aber auch über den Gott der Humanisten, über Francesco Petrarca, über dessen Gedichte und womöglich auch über Petrarcas berühmten Brief an Dionigi di Borgo San Sepolcro, der von der Besteigung des Mont Ventoux handelte. In diesem Text bezog sich Petrarca auf eine »zufällig« aufgeschlagene Seite in den »Bekenntnissen« des Augustinus. In diesem elegant bemühten Zufall blitzte allerdings ein literarischer Topos durch, der tief blicken ließ, ein Spiel im Spiel, ein Zitat im Zitat, wenn man so will, eine Botschaft für Eingeweihte, die Brauns Sodalitas durchschaute und die Martin beeindruckt haben dürfte, denn entscheidend für die Konversion zum Christentum wurde für den späteren Kirchenvater Augustinus eine ebenso »zufällig« aufgeschlagene Seite im Römerbrief des Paulus, in dem stand: »Lasst uns ehrbar leben wie am Tage, nicht in Fressen und Saufen, nicht in Unzucht und Ausschweifung, nicht in Hader und Eifersucht; sondern zieht an den Herrn Jesus Christus und sorgt für den Leib nicht so, dass ihr den Begierden verfallt« (Röm 13,13–14). Wieder begegnete hier Martin der für ihn so wichtige Bezug auf Jesus Christus. Petrarca nun fand bei Augustinus nicht minder »zufällig« den Satz: »Und da gehen die Menschen und bewundern die Höhen der Berge, das mächtige Wogen des Meeres, die breiten Gefälle der Ströme, die Weite des Ozeans und den Umschwung der Gestirne und verlassen dabei sich selbst.«[12] Wenn man bedenkt, dass für Martin die entscheidenden Ankerpunkte seiner Theologie Paulus und Augustinus werden sollten, so wies die Begegnung mit Petrarca darauf bereits hin. Zum ersten Mal wurde er mit einer intellektuellen Konversion konfrontiert. Denn Petrarca erkannte in diesem Augenblick, dass nichts auf der Welt bewundernswert sei außer der Seele, dem Gottesort im Menschen. Auf nichts anderes als auf sich selbst wollte sich Petrarca fortan konzentrieren. So stand es bei Augustinus – »Noli foras ire, in te ipsum redi; in interiore homine habitat veritas« (Geh nicht nach draußen, geh in dich zurück, im inneren Menschen wohnt die Wahrheit)[13] – und auch bei Meister Eckhart. Außer Augustinus las man den Bibelkommentar des Nikolaus von Lyra, »Postillae perpetuae«. Auch wenn Martin selbst noch nicht allzu viel dazu beizutragen hatte, hörte er doch die Älteren rühmen, dass der Franziskaner Nikolaus von Lyra sich beim Alten Testament auf die Kommentare des jüdischen Gelehrten Raschi bezog und sich im Gegensatz zu vielen Kommentatoren der Heiligen Schrift konsequent um ein wortwörtliches Verständnis bemühte.

In Eisenach wurde Martin geradezu infiziert von der Leidenschaft, Texte, mithin zuallererst das Wort Gottes, über die Erkenntnis der konkreten Sprachform zu verstehen, zunächst nach dem konkreten Sinn zu suchen und sich von der symbolischen Auslegung fernzuhalten. Die Begegnung mit den Büchern, mehr aber noch mit den Prinzipien des Nikolaus von Lyra im Eisenacher Humanistenzirkel um Johannes Braun wurde folgenreich. Aber dieser Nikolaus von Lyra dürfte auch im Schalbe'schen Kollegium, das den Franziskanern nahestand, wohlgelitten gewesen sein, so dass Martin ihm auf Schritt und Tritt begegnete.

Dass die Zeit aus den Fugen geriet und sich Zirkel wie Brauns Sodalitas oder Schalbes Kollegium bildeten, dass eine Suche nach echter Frömmigkeit, nach Gottes Wahrheit immer mehr Menschen bewegte, fand für Martin eine Entsprechung bei Johannes Hilten, einem franziskanischen Prediger, der den Weltuntergang ankündigte und die Verdorbenheit des Zeitalters in der Blasphemie und Unmoral des Klerus und der Mönche sah. Für diese Predigten lebte er lange in Klosterhaft und verbrachte hochbetagt und körperlich geschwächt seine letzten Jahre im Eisenacher Franziskanerkloster, das die Schalbes so sehr förderten. Dieser Johannes Hilten besaß allerdings einen legendären Ruf. Ob Martin nicht nur von dem Mann gehört, sondern ihn auch gesehen hat, weiß man nicht, aber seine Anschauungen, vor allem seine Kritik, teilte so mancher, wenn auch heimlich oder im kleinen Kreis. Zu seinen populärsten Prophetien gehörte die, wonach ein Mönch im Jahr 1516 die Kirche aus den Angeln heben und reformieren sollte.

Für Martin eröffnete sich eine vollkommen neue Welt, eine Welt des Wissens und des Denkens. In Brauns Zirkel durfte er mitdiskutieren. Aber nicht allein das. In der Sodalitas des Johannes Braun wurden nicht nur Texte gelesen, sondern auch Gedichte und Lieder – natürlich auf Latein – geschrieben, vertont und gesungen. Unangefochtenes Vorbild war und blieb Petrarca, dessen Briefe Ansporn für die Vervollkommnung des eigenen Lateins gaben. Während Martin im Kreis der Schüler und Lehrer gleichberechtigt mitwirkte, war seine Rolle in den Zusammenkünften von Schalbes Kollegium auf den Gesang reduziert, denn dieses Kollegium hatte wie viele fromme Vereinigungen in dieser Zeit nicht nur den Sinn, über Gott und den Glauben zu reden, gemeinsam Andacht zu halten und sich so Gott zu nähern, sondern es vereinigte unter dieser Zielsetzung vor allem einflussreiche Männer der Stadt, die natürlich unter sich bleiben wollten und eine elitäre und exquisite Gemeinschaft bildeten, eine Art religiös determinierten Rotary Club. Auch Martins Vater gehörte in Mansfeld einer frommen Vereinigung von Honoratioren der Stadt an, der Bruderschaft »Unser lieben Frauen Gezeiten im Thal Mansfeltt«, einer Marienbruderschaft. Diese Bruderschaften übernahmen karitative Aufgaben, kümmerten sich um Spitäler oder förderten wie das Schalbe'sche Kolleg das örtliche Franziskanerkloster, bestimmten darüber hinaus aber auch die Politik in der Stadt maßgeblich mit.

Und so vergingen die drei Jahre, die Martin in Eisenach weilte, wie im Fluge. Und als er Abschied nahm von der Wartburgstadt, verließ er sie doch nicht ganz, denn zwischen den hiesigen Humanisten und denen in Erfurt bestanden enge Bande. So war es eine ausgemachte Sache, dass Martin, wenn er sein Studium an der Alma Mater Erfordensis aufnahm, unter die Fittiche von Wigand Güldenapf kommen würde, der seit einigen Jahren dort studierte. In Erfurt war gerade Crotius Rubeanus, der zu den führenden mitteldeutschen Humanisten gehörte und ein enger Freund Martin Luthers werden sollte, Baccalaureus geworden.

Stolz war Hans Luder auf seinen Filius. Er hatte die Lateinschule erfolgreich abgeschlossen und konnte nun zur Hohen Schule gehen, um zu studieren. Das hatte noch kein Luder vermocht, aber er, sein Sohn Martin, würde studieren und Jurist und auch Doktor werden. Die Zeit des Partekenhengsts war vorbei. Hans Luder kleidete seinen Sohn nicht luxuriös, aber gut ein, gab ihm das nötige Geld, um die teuren für das Studium nötigen Bücher zu erwerben, bewilligte ihm ein Taschengeld, zahlte Unterkunft und Studiengebühren, so dass sich Martin voll und ganz auf das Studium konzentrieren konnte und nicht mehr betteln musste. Die Kosten für ihn waren immens, aber Hans Luder betrachtete sie als Investition, wie auch die Übernahme eines neuen Hüttenfeuers zunächst Kosten verursachte. Keinen Zweifel hegte er, dass sein Martin diese Kosten wieder einspielen würde, dass er einst als Jurist dem Familienunternehmen nützen würde. Er hatte ihm den besten Start ermöglicht, den ein Vater in seiner Position und mit seinem Einkommen seinem Sohn zu geben vermochte.

Und dessen war sich Martin bewusst, als er sein Bündel schnürte und nach einem Besuch im Elternhaus nach Erfurt lief. Vor ihm lag eine Welt, die es zu erobern galt.

7. Die Buntheit der Welt

Gab es einen glücklicheren Menschen als ihn, als er Anfang April 1501 aus Mansfeld kommend durch das trutzige Krämpfertor die so schöne wie geplagte Stadt Erfurt betrat? Alles bestaunte er mit großen Augen, die Händler in ihren roten und blauen, ihren grünen und gelben Wämsern und Schauben, die ihre Waren in die Stadt transportierten, die Eseltreiber in ihrem Sackleinen und die Fuhrleute in ihren grauen Wollgewändern, die Bettelmönche in ihren schmutzigen Kutten und die Gaukler und Musikanten und allerlei unsicheres Volk in abenteuerlichem Aufzuge. Vor den Werkstätten der Kürschner kniff ihn ein beißender Uringestank in die Nase.

All das belustigte Martin zwar, aber es zählte nicht besonders viel, denn seine Erwartung richtete sich allein auf den 23. April 1501, auf den Tag, an dem das Sommersemester beginnen sollte und damit die heiß ersehnte Studienzeit, die ihm den Weg in die Geheimnisse der Welt und mithin Gottes ausleuchten würde.

Was barg die Welt, und wie sollte man in ihr sein? Diese beiden Fragen beschäftigten ihn, und zwei mögliche Antworten trug er in seinem Gepäck mit sich herum, die er aber in ihrer ganzen Tiefe und ihren gesamten Konsequenzen noch nicht zu erfassen vermochte. Zum einen riet ihm Thomas a Kempis in seiner Schrift »De imitatione Christi« dringend zur *imitatio*, zur Nachahmung Christi, denn Gott habe ihn geschickt, um den Menschen einen Weg zu weisen. Versuchte er, Christi Leben nachzuahmen, wäre ihm der Weg ins Himmelreich sicher. Nur durch die Abkehr von der eitlen Welt würde das Reich Gottes im Menschen wachsen. Dadurch erlangte man den inneren Frieden. Die Gnade Gottes spendete Trost. Der Weg zur Freiheit führte über die Selbstverleugnung. Die Begegnung mit Christus veränderte den Menschen. Die Welt zu erkennen bedeutete, Gottes Willen immer besser zu begreifen, denn seinen Anforderungen gerecht zu werden würde das Tor zum seligen Leben in Ewigkeit schließlich öffnen. Orthodoxie würde zur Orthopraxie und Orthopraxie zum Himmelreich führen. Doch was war der rechte Glaube? Trotz der Zielsetzung, eines Tages ein Jurastudium aufzunehmen, hatte Martins Bildung in Magdeburg und in Eisenach die Frömmigkeit in ihm so weit verstärkt, dass es mit einem reinen Kinderglauben nicht mehr getan war. Nicht nur das Herz musste beten, sondern auch der Verstand. Ein Verstand, der nicht mitbetete, würde schließlich, unbeschäftigt, wie er wäre, beginnen, über das Herz zu spotten. Doch wie betete der Verstand? In Magdeburg und vor allem in Eisenach war er bereits über die volkstümliche Frömmigkeit der Eltern hinausgegangen, indem er über den Glauben nachzudenken begonnen und die eigene Stellung in Gottes Welt befragt hatte. Das war weit mehr, als einer vorgeprägten und in ihren Usancen klar definierten Religiosität zu folgen.

Die andere Antwort gaben ihm die Humanisten, für die feststand, dass man in der Bildung im klassischen Latein und in der Beschäftigung mit den Autoren der römischen Antike – und dazu gehörten sowohl die paganen als auch die christlichen Autoren, vor allem aber die Kirchenväter – Glück, Befriedigung und Veredelung erfuhr. In der Veredelung des Menschen erblickten sie ihr Ziel.

Beide Antworten gipfelten bei aller Unterschiedlichkeit dennoch in einem wie auch immer von der lauten und eitlen Welt zurückgezogenen Leben. Weltflucht schien beider Antwort letztlich zu lauten. Doch noch hatte er die Welt wenig kennengelernt. Nichts drängte ihn. Er brauchte sich nicht für oder gegen etwas zu entscheiden, und selbst das Jurastudium, obwohl ihm das der Vater als Ziel gesetzt hatte, lag in einiger Ferne. Zunächst durfte er lernen, studieren, seinen Horizont erweitern, Schüler sein und nicht Meister.

Wie für alle Erstsemester galt es für ihn, das Grundlagenstudium der *septem artes liberales* zu absolvieren und mit dem Titel eines Magister Artium, eines Meisters der sieben freien Künste, zu beenden, bevor er sich dem eigentlichen Fachstudium widmen konnte, entweder der Theologie, der Medizin oder der Jurisprudenz. Im Gegensatz zu anderen Universitäten war die Alma Mater Erfordensis nicht nach Nationen, sondern nach Fakultäten gegliedert: die theologische, die juristische, die medizinische und die Fakultät der sieben freien Künste, also die philosophische. Wie lange er für dieses Grundlagenstudium benötigen würde, lag an ihm, an seiner Intelligenz und vor allem an seiner Zielstrebigkeit.

So viel wusste Martin: Die sieben freien Künste wurden in den Dreiweg (Trivium) und den Vierweg (Quadrivium) unterteilt. In den Anfangsgründen des Triviums hatte man ihn bereits auf der Trivial- oder Lateinschule unterwiesen, und zwar in der Grammatik (Wissenschaft von der lateinischen Sprache), in der Rhetorik (Redekunst, Stillehre) und in der Dialektik, der Lehre von den Beweisen, ausgehend vom »Organon« des Aristoteles. Die Dialektik stellte Mittel und Methode des wissenschaftlichen Arbeitens dar, bedeutete doch der griechische Begriff *organon* auf Deutsch nicht mehr und nicht weniger als »Werkzeug« – die Dialektik stellte die Werkzeuge für die Wissenschaft zur Verfügung. Auch wenn sich Martin mit dem Stoff, den er in Eisenach schon gelernt hatte, langweilen würde, hatte er doch selbst die Erfahrung gemacht, wie unterschiedlich die Schulen und wie verschieden daher die Kenntnisse der Studienanfänger waren. Hier wollte die Universität eine Gleichheit in der Ausgangsposition schaffen. Bald schon ging das Studium allerdings über die Anfangsgründe hinaus und erfuhr eine wesentliche Vertiefung: Zum Beispiel erlernte man die Kunst der Disputation.

Zum Quadrivium, das auf das Trivium folgte, zählten die Arithmetik, die Geometrie, die Musik – als eine allerdings nicht praktische, sondern philosophisch-mathematische Disziplin über die Proportionen, über die Weltharmonie, die ein Abbild der Harmonie Gottes bot, über die Tonarten und über die Tongeschlechter – und die Astronomie, wozu auch die Astrologie gehörte. Das Quadrivium wurde nach einem Examen mit dem Titel eines Magister Artium beschlossen. Dieser Weg lag nun vor ihm.

Von seinem stolzen Vater reichlich mit Geld, reichlicher aber noch mit dessen Wünschen und Hoffnungen ausgestattet, die aber nicht drückten, sondern beschwingten, passierte er den inneren Wehrgraben mit den beiden Mauerringen und ließ die Kaufmannskirche mit ihrem Kirchhof rechts liegen, um auf einer überraschend breiten Straße, vorbei an Fachwerkhäusern und Höfen, den Vorplatz der Ägidienkirche zu erreichen. Das Schiff der Brückenkopfkirche gewährte dem Reisenden unter einem bulligen und massiven Bogen den Eintritt auf die von den Erfurtern treffend Krämerbrücke genannte Flussquerung, weil sie links und rechts mit den Fachwerkhäusern der Krämer bebaut war, so dass vor Martin eigentlich keine Brücke, sondern eine Gasse lag, die von Handel und Wandel lebte. Der Anblick erstaunte ihn, mehr aber noch, dass die offene Vorhalle der Kirche Kaufleuten zum Verkauf ihrer Waren diente. Hatte Jesus nicht die Wechsler aus dem Tempel gejagt? Rechts vom Torbogen, diesseits der Brücke, dösten ein paar Stadtsoldaten vor sich hin und beobachteten mit mäßigem Interesse das bunte Treiben. Martin benutzte die alte Haupthandelsstraße des Reiches, die Via Regia, den Königsweg, der vom Norden, von den Niederlanden und Flandern, in den Süden und vom Krämpfertor bis zum Brühler Tor durch Erfurt führte. Alles stand hier im Zeichen des Handels, denn die Ägidienkirche diente vor allem den stadtfremden Kaufleuten, die hier ihre Andacht halten und die Sakramente empfangen konnten.

Martin gefielen die bunten Fachwerkbauten mit ihren Auslagen und Ständen, die rechts und links die Gasse einhegten. An den Häusern erkannte er, dass die Brückenkrämer keine armen Leute waren. Die Auslagen quollen geradezu über von Stoffen wie Leinen, Baumwolle, Filz und Samt, Beuteln, Gürteln, Gewürzen, Hüten und Schmuck. Allerdings durfte er sich nicht zu sehr zum Schauen verleiten lassen, denn er hatte auf seinen Geldbeutel zu achten: In dem Gewühl von Menschen gingen Langfinger recht gern ihrem kriminellen Gewerbe nach. Martin war zwar jung, aber nicht naiv.

Wenn er lange Hosen mit einem Leibriemen, ein rotes Wams und eine blaue Cappa darüber trug, sah er weder arm noch besonders reich aus und wurde zudem durch das Barett als Student erkannt, so dass ein Beutelschneider, der das Risiko, ertappt zu werden, und den Gewinn, den er machen würde, gewichtete, auf der Brücke andere Opfer fand, die eine größere Beute versprachen. Aber man wusste nie. Not kannte kein Gebot und auch keine Vernunft. Am Ende der Gasse erhob sich die zweite Brückenkopfkirche, die dem heiligen Benedikt von Nursia, dem Gründer des ersten abendländischen Mönchsordens, der Benediktiner, geweiht war. Wieder warf die Kirche ein Gewölbe wie einen mächtigen Arm über den Ausgang der Brücke, ein Gewölbe, dessen Höhe auch Fuhrwerken die Passage ermöglichte und unter dem Bockledergerber an sechzehn Ständen ihre Waren feilboten. Martin jedoch stand nichts weniger im Sinn, als Geld auszugeben. Ausreichend mit allem versorgt, lenkte er seine Schritte zu seiner Unterkunft. Immatrikulations-, Unterbringungs-, Bücher- und Kleiderkosten würden nicht zu knapp anfallen. Der große Platz, der sich jenseits der Brücke vor der Kirche öffnete, hieß bei den Erfurtern nur »bei Sankt Benedicti« oder Benediktplatz. Von hier aus führte eine lange Straße zur Michaeliskirche. Kurz vor der Michaeliskirche stand etwas solitär der mächtige Gebäudekomplex der Burse Amploniana, auch Zur Himmelspforte genannt.[14]

Noch in Eisenach hatte Johannes Braun, der ihm diese Burse empfohlen hatte, liebevoll und mit dankbarer Erinnerung über ihren Ursprung und über ihre Vorzüge erzählt. Es war nämlich der Medizinprofessor Amplonius Rating de Bercka, der 1412 eine Stiftung gegründet hatte, die der jungen Erfurter Universität zugutekommen sollte. Dass er nach seinem Wechsel nach Köln, wo er als Leibarzt des

Erzbischofs eine noble Existenz führte, noch an seine frühere Alma Mater dachte und sie reich beschenken wollte, hatte den Rat der Stadt so sehr gefreut, dass die Erfurter für diese Stiftung den Hof Porta Coeli (Himmelspforte) gegenüber der Michaeliskirche erworben hatten, um der Stiftung ein Domizil zu geben. Im Laufe der Jahre waren mehrere Nebengebäude hinzugekommen, und es war über die Jahrzehnte bis zu Martins Ankunft ein ansehnlicher Campus gewachsen mit Internaten für die Studenten, Wohnungen für die Dozenten, Bibliotheks-, Wirtschafts-, Arbeits- und Vorlesungsräumen bis hinunter zur Gera. Im Jahr 1415 jedenfalls waren Kollegium und Burse eröffnet worden, im selben Jahr übrigens, in dem man auf dem Konzil in Konstanz das Große Abendländische Schisma zu überwinden im Begriffe stand und Jan Hus als Ketzer verbrannt wurde. Das ist insofern bemerkenswert, als die Gründungsprofessoren der Erfurter Universität wie Amplonius Rating de Bercka zuvor in Prag gelehrt hatten und in die thüringische Metropole gekommen waren, um die Alma Mater Erfordensis zu gründen. In Prag waren Amplonius Rating de Bercka und seine Kollegen wie auch Jan Hus, der an der Prager Universität gelehrt und auf Tschechisch in der Altstädter Bethlehemskapelle gepredigt hatte, mit den Schriften des Engländers John Wyclif in Berührung gekommen. Doch die Erfurter Professoren, darunter auch Amplonius Rating de Bercka, hatten sich von den radikalen Ansichten ihres Kollegen Jan Hus distanziert. Von Anfang an stellte man Martin diesen Jan Hus als abschreckendes Beispiel, als den Erzketzer schlechthin dar. Unmissverständlich las er in den Statuten, die er zur Kenntnis zu nehmen und zu verinnerlichen hatte: »Desgleichen lege ich fest und ordne ich an, dass sich hier kein Kollegiat öffentlich im Unterricht oder für sich privat mit solchem Stoff auseinandersetzen soll, der sich direkt oder indirekt zum Ketzertum bzw. zum hussitischen Unglauben ... bekennt.«[15]

Amplonius Rating de Bercka war nicht nur als Mediziner und Leibarzt des Kölner Erzbischofs und mit fetten Pfründen bedacht zu einem erstaunlichen Vermögen gekommen, er liebte Bücher in so hohem Maße, dass er voller Freude viel Geld zu ihrer Anschaffung ausgab. Nicht nur, dass er eine Stiftung schuf, er übergab dieser Stiftung zudem seine riesige Bibliothek, die sowohl die Universitätsbibliothek als auch die Bibliotheken anderer Bursen und Kollegien in den Schatten stellte.

Martin freute sich, dass die Sterne für sein Studium günstig standen, denn der angesehene und berühmte Philosoph Jodokus Trutfetter führte gerade als Rektor die Belange der Universität. Als gebürtigen Eisenacher verbanden Trutfetter noch immer persönliche Kontakte mit seiner Heimatstadt, und es scheint so gewesen zu sein, dass Martins Großonkel, Conradus Hutter, ihm durch Fürsprache bei Trutfetter die Aufnahme in die feinste Burse Erfurts geebnet hatte. Dass die Amploniana von allen Bursen das strengste Statut besaß, dürfte Martin nicht bekümmert haben, denn er hatte sich fest vorgenommen, zielstrebig zu studieren, wozu wiederum die reiche Bibliothek der Amploniana effektiv beitragen konnte. Außerdem durfte er sich einer Elite zugehörig fühlen, denn die Amploniana galt als die erste Burse der Universität. Nachdem sich Martin angemeldet und die Gebühren bezahlt hatte, wies man ihm den Weg zur Universitätsverwaltung, die sich nur wenige Schritte weiter, hinter der Michaeliskirche, allerdings auf der gegenüberliegenden Straßenseite befand. Dort entrichtete er die Studiengelder in Höhe von einem Drittel Gulden, was nicht wenig Geld bedeutete, weshalb er als vermögend – *in habendo* – eingestuft wurde, denn die meisten Studenten leisteten nur eine Anzahlung und studierten so lange, bis das Geld aufgebraucht war. Auch das verursachte die hohe Abbrecherzahl. Martin wusste die Sicherheit, die ihm sein Vater ermöglichte, zu schätzen.

Nach Begleichen der Studiengebühren erschien er im Hauptgebäude und ließ sich vom Rektor Trutfetter als »Martinus ludher ex mansfelt« intitulieren, also immatrikulieren, und richtete ihm von seinem Großonkel Grüße aus. Mit seinen siebzehn Jahren gehörte Martin längst nicht zu den jüngsten Studenten. Im Grunde genügte es, wenn man über einige Kenntnisse in Latein verfügte, um sich an der Universität einschreiben zu lassen. Häufig wurden Kinder im Alter von dreizehn oder vierzehn Jahren immatrikuliert, einige sogar schon mit zwölf. Aus diesem Grund ergab sich die Notwendigkeit einer strengen Regulierung des Tagesablaufes und einer permanenten Aufsicht, wofür die in den Kollegien lebenden Dozenten zuständig waren. Der wissbegierige und strebsame junge Mann, von dem Trutfetter aus Eisenach viel Gutes berichtet worden war, gefiel dem Philosophen, der für sich beschloss, ihn zu beobachten und für den Fall, dass er die Vorschusslorbeeren rechtfertigte, ihn unter seine Fittiche zu nehmen. Aber eine gewisse Reserve schien angebracht zu sein, denn so mancher brave Lateinschüler sollte an der Universität zum wilden Studenten werden, der es wüst trieb.

Die Studenten galten als ausgelassenes Völkchen, und nach dem ersten Examen durften sie als Baccalaureus Waffen tragen, ein Privileg, das sie als Standessymbol stolz nutzten. Dieses Recht war ihnen verbrieft worden. Zudem unterstanden sie nicht der städtischen, auch noch nicht der geistlichen, sondern der Universitätsgerichtsbarkeit. Das erschwerte die Strafverfolgung von Missetaten der Studenten im öffentlichen Raum durch den Magistrat der Stadt erheblich – und die Studenten wussten dies nicht nur, sondern nutzten diese Kompetenzregelung auch weidlich aus. Da die Universitäten von den Studenten lebten und die Professoren von ihren Hörern bezahlt wurden, verspürten diese schon aus pekuniären Gründen keine allzu große Neigung, konsequent und hart durchzugreifen.

Nachdem Martin sich in der Amploniana eingerichtet und dem Rektor der Burse, dem Philosophen Johannes Knaes, der dem Humanismus nahestand und einst bei dem berühmten Humanisten Conradus Celtis gehört hatte, auf die Statuten und das Kruzifix Gehorsam geschworen hatte, schaute er sich erst einmal in Erfurt um.

Mit seiner hohen Einwohnerzahl und einer eigenen, traditionsreichen Universität, die auf ein über einhundertjähriges Bestehen zurückblicken konnte, gehörte es zu den größten Städten des Reiches, größer noch als Magdeburg, von Eisleben, Mansfeld und Eisenach gar nicht zu reden. Aber zwei Mächte begehrten diese Stadt und plagten sie: der Erzbischof von Mainz, der noch dazu, neben dem Kölner und dem Trierer, einer der drei geistlichen Kurfürsten war und dem die Stadt gehörte, und der Kurfürst von Sachsen, auf dessen Gebiet die Stadt lag und der ihr Schutzherr zu sein beanspruchte. Die Bevölkerung der Stadt teilte sich in Mainzer und kursächsische Parteigänger, die um Macht und Einfluss in der Stadt stritten, die eigenen Leute förderten und die Berufung der Gegner in öffentliche Ämter zu verhindern trachteten. Diese Klientelwirtschaft sollte auch Martin zu spüren bekommen.

Das Studium begann für ihn damit, dass er zunächst noch dem Dekan der Fakultät der freien Künste die Einhaltung der Universitätsstatuten und Gehorsam schwor und schließlich die Deposition über sich ergehen ließ, sie aber auch genoss. Martin hatte wie die anderen Neulinge ein erkleckliches Sümmchen für die Feier bezahlt. Er wurde in einen Kittel gekleidet, bekam eine Tiermaske mit Eselsohren und Schweinszähnen aufgesetzt, wurde unter dem Gelächter der älteren Semester geneckt und verspottet und schließlich mit vielen Güssen kalten Wassers überschüttet, so dass er bald schon nach Luft japste. Aber das Wasser reinigte den Kittel symbolisch und weichte die Maske auf, die schließlich abfiel, und er wurde nun zum Menschen getauft, denn aus dem Reich der ungebildeten Tiere wurde er aufgenommen in die Gemeinschaft der Gebildeten. Diesen Brauch nahm man sehr ernst. Das Studium und die Bildung unterschieden nach Auffassung der Akademiker und Studenten den Menschen vom Tier, was im Gegenzug bedeutete, dass ungebildete Menschen eigentlich auf der Stufe des Tieres standen. Von der Höhe der Bildung blickte man auf die Ungebildeten hinab. Und auch Martin überkam das wohltuende Gefühl, einer Elite anzugehören. Jetzt hatte er sich wirklich von Mansfeld getrennt, jetzt hatte er die Welt seines Elternhauses hinter sich gelassen. Der Weg zu einem anderen Leben lag vor ihm, ein Weg, der nichts mit dem Kampf ums Überleben, nichts mit der ewigen Streitsucht der Bergleute, mit dem Hauen und Stechen des Alltags eines Unternehmers und Familienvaters mehr gemein hatte.

Er fühlte so etwas wie Freiheit, eine freilich von seinem Vater finanzierte Freiheit, eine Freiheit zur Arbeit.

Jeden Morgen wurde er um vier Uhr geweckt. Es folgten die Andacht und der Gottesdienst. In gut zwei Wochen betete er den kompletten Psalter und war beeindruckt von der Fülle an Weisheit und dem Reichtum an Bildern in diesem Buch der Bibel, aus dem er bislang nur einige wenige Psalmen kennengelernt hatte. Nun also begegnete er dem ganzen Buch, das geradezu mit einer Instruktion, die wie eine Lebenslehre klang, begann. Martin betete am frühen Morgen, natürlich auf Latein:

»Wohl dem, der nicht wandelt im Rat der Gottlosen
Noch tritt auf den Weg der Sünder, noch sitzt, wo Spötter sitzen,
sondern hat Lust am Gesetz des HERRN und sinnt über sein Gesetz Tag und Nacht!
Der ist wie ein Baum, gepflanzt an den Wasserbächen, der seine Frucht bringt zu seiner Zeit, und seine Blätter verwelken nicht. Und was er macht, das gerät wohl.
Aber so sind die Gottlosen nicht, sondern wie Spreu, die der Wind zerstreut.
Darum bestehen die Gottlosen nicht im Gericht, noch die Sünder in der Gemeinde der Gerechten.
Denn der HERR kennt den Weg der Gerechten, aber der Gottlosen Weg vergeht.«

Diesen Psalm zu beten, traf ihn mitten ins Herz, denn er drückte alles aus, was das Leben, was auch sein Dasein bestimmte. Es ging doch darum, den Weg des Gerechten und nicht den des Sünders zu gehen, nur darauf kam es an. Nicht bei den Gottlosen zu sitzen, kein Gottloser zu sein, kein von Gott verlassener Mensch, das allein besaß Bedeutung im Leben, denn alle, die Gerechten und die Ungerechten, würden sich vor dem Gericht des HERRN verantworten müssen. Da würde keine Lüge gelten, und auch keine Beschönigung würde durchkommen, da zählte nur, was der Mensch, was er, Martin Luder, getan und was er nicht getan hatte. Alles, auch die kleinste Sünde in Worten und in Taten, würde offen vor IHM liegen. Und war das Leben nicht voller Sünde, angefüllt mit Fehlverhalten und Peinlichkeiten? Natürlich ging Martin regelmäßig zur Beichte und empfing die Absolution. Nur seltsam, wenn der Priester die erlösenden Worte sprach:

»Deus, Pater misericordiarum, qui per mortem et resurrectionem Filii sui mundum sibi reconciliavit et Spiritum Sanctum effudit in remissionem peccatorum, per ministerium Ecclesiae indulgentiam tibi tribuat et pacem. Et ego te absolvo a peccatis tuis in nomine Patris, et Filii, et Spiritus Sancti, Amen«[16]

– wenn der Priester diese Worte sprach, mangelte es ihm an dem vollkommenen Glauben, wirklich von seinen Sünden losgesprochen worden zu sein. Was also würde am Tag des Gerichts sein Leben wider ihn vorbringen? Und welche Sünde wog dann wie schwer? War man im Leben nicht ständig vom Tod umgeben? Hieß es nicht bei Hiob 8,9: »Unsere Tage sind ein Schatten auf Erden«?

Die Verse des Psalters, die er nun täglich betete, trafen ihn wie ein Beil, heftig, hart. Und dann kamen ja noch die Bußpsalmen, die Verse, in denen die ganze Fragwürdigkeit und Hilflosigkeit des Menschen aufschrie: »Wasche meine Schuld und mach mich rein von meiner Sünde! Denn ich erkenne meine bösen Taten ...« Erkannte er sie wirklich immer? Das Leben war so irritierend vielfältig und voller Gefahren. Wie schnell konnte man zur Beute des Teufels werden! Aber am Ende des Psalters hieß es dann auch:

»Halleluja lobet Gott in seinem Heiligtum,
Lobet ihn in der Feste seiner Macht!
Lobet ihn für seine Taten!
Lobet ihn in seiner großen Herrlichkeit!
Lobet ihn mit Posaunen!
Lobet ihn mit Psalter und Harfen!
Lobet ihn mit Pauken und Reigen!
Lobet ihn mit Saiten und Pfeifen!
Lobet ihn mit hellen Zimbeln!
Lobet ihn mit klingenden Zimbeln!
Alles, was Odem hat, lobe den Herrn!
Halleluja.«

Es existierte also eine Gewissheit, nur dass man sich dieser Gewissheit nicht gewiss sein konnte.

Um sechs Uhr begann das Studium, zunächst mit Übungen und Seminaren. Gegen zehn Uhr nahm Martin mit seinen Kommilitonen das Frühstück ein, nachmittags um fünf dann das Abendbrot. Dazwischen fanden Vorlesungen sowie weitere Übungen und Seminare statt. Die Vorlesungen hießen nicht nur so, sondern der Dozent las tatsächlich aus einem Buch vor, oft aus seinen eigenen Werken – wie Jodokus Trutfetter, der mit seinen langen Haaren, dem Vollbart und dem ohnehin schon runden Gesicht an einen Hamster erinnerte, oder Bartholomäus Arnoldi von Usingen –, oder er zitierte andere Philosophen, die er auch erläuterte. Dennoch hatte Trutfetter mit seinem voluminösen Werk »Summula totius logicae« eine umfassende Darstellung der Logik und ihrer Anwendung auf alle denkbaren Gebiete aus nominalistischer Sicht gegeben und damit Ruhm erworben, so dass er gemeinhin der *doctor Erfordensis* genannt wurde. Zu seinen Füßen saß Martin nun in den Vorlesungen und wurde von ihm ins wissenschaftliche Denken und Arbeiten eingeführt. Begeistert studierte Martin Aristoteles, weil er hoffte, durch den »Philosophen« – so wurde Aristoteles im Mittelalter ehrfurchtsvoll genannt, denn er galt als der König der Philosophen – zur vollkommenen Erkenntnis vorzudringen, die ihm Antwort auf alle Fragen gab. Alle spätere Abneigung gegen Aristoteles rührte daher, dass er schließlich nicht hielt, was Trutfetter und auch Martin sich an Einsichten von ihm versprochen hatten. Doch vorerst stürzte dieser sich mit seiner ganzen Neugier auf die Lektüre. Hierbei leistete ihm die Bibliothek der Amploniana, die sein zweites Zuhause wurde, wertvolle Dienste, denn in ihr befanden sich Werke von Aristoteles und Platon, aber auch die Araber wie Avicenna und Averroes, der folgenreichste Aristoteles-Kommentator, den das Mittelalter deshalb ehrfürchtig nur den »Kommentator« nannte, der Neuplatoniker Porphyrios, der spätantike christliche Stoiker Boethius und der Kirchenlehrer Thomas von Aquino, Albertus Magnus und John Wyclif, William von Ockham natürlich und überraschenderweise auch Meister Eckhart. Lernte Luther das Denken Meister Eckharts in Erfurt zumindest in Ansätzen kennen?

Trutfetter förderte den eifrigen Studenten, der zudem auch bei seinem Kollegen Arnoldi und dem Humanisten Maternus Pistoris hörte. Im Gegensatz zu Trutfetter interessierte sich Arnoldi stärker für die Theologie, was für

Martin eine willkommene und inspirierende Ergänzung darstellte. Hatte er im Glauben dank der Brüder vom gemeinsamen Leben Bekanntschaft mit der *devotio moderna* gemacht, so beflügelten ihn in Erfurt die Erkenntnisse und die Herangehensweise der Nominalisten, die man auch die *via moderna* nannte im Kontrast zu der *via antiqua* geheißenen Vorgehensweise der Thomisten und Realisten.

Fragte sich Martin, welche Stellung er in der Welt einnehmen sollte, so begegnete er dieser Problematik im sogenannten Universalienstreit auf grundlegend erkenntnistheoretische Weise wieder, nämlich in der Frage: Was kann ich erkennen, worüber kann ich wissenschaftliche Aussagen machen – und worüber muss ich schweigen? Kürzer noch: Was kann ich wissen und was muss ich glauben? Seltsamerweise und obwohl es gar nicht danach aussieht, sind alle Methodenstreite in den Wissenschaften immer schon Weltanschauungsstreite gewesen. Im Kern ging es darum, ob den Allgemeinbegriffen wie Menschheit, Tiere, Pflanzen reale Existenz zukam oder ob sie nur Bezeichnungen waren, die Einzelheiten zusammenfassten, damit man sie erkennen konnte. Und erkennen bedeutete zuallererst: einordnen. Während die Realisten meinten, die Allgemeinbegriffe seien real, verneinten das die Nominalisten, die sie lediglich für Namen oder Bezeichnungen oder Begriffe hielten. Und so hörte Martin in der Vorlesung Trutfetter definieren: »Universalien sind Bezeichnungen oder Aussagen, aber Realität kommt ihnen nicht zu.«[17] Martin verstand sofort, dass die Menschen nur Einzelheiten wahrnehmen können, aber keine Vielfalt, woraus sich ergab, dass sie von Gott nichts wissen konnten, weil er keine Einzelheit war, dass sich über Gott nicht logisch sprechen ließ, sondern dass das Wissen vor dem Glauben kapitulieren musste, dass man, was Gott betraf, der Offenbarung zu glauben hatte. Logik und Philosophie stießen dort, wo die Offenbarung und die Glaubenstatsachen begannen, an ihre Grenzen. Damit wurden der Grundsatz der Scholastik, *Credo ut intelligam* (ich glaube, um zu verstehen), und Anselms Gottesbeweis für Martin hinfällig, denn der Glaube stellte eine Angelegenheit der Offenbarung dar, die über aller Vernunft stand. Letzte Gewissheit war allenfalls im Glauben zu erreichen, weil er weiter reichte als die Vernunft. Es widerstrebte ihm immer mehr, sich mit dem Zufälligen, dem Vorübergehenden, dem Vergänglichen zu beschäftigen. Diese Erkenntnis weckte sein Interesse für die Theologie und begann seine Begeisterung für die Philosophie zu dämpfen. William von Ockham sagte aber noch etwas anderes, was Martin erschreckt haben dürfte, nämlich, dass alles, was real und daher von Gott auch verschieden war, seinem Wesen nach zufällig und vergänglich war. So gab es Wahrheit nur bei Gott, nur im Glauben, also in dem, wohin seine Vernunft nicht reichte, worüber er folglich nichts wissen konnte. Damit setzte die Trennung von Philosophie und Theologie ein.

Wenn sich Trutfetter stärker für die Philosophie interessierte, so Martin und Arnoldi für die Theologie. In Erfurt gaben in der Fakultät der sieben freien Künste die Nominalisten den Ton an, aber sie taten es nicht mit Parteigeschrei und Rechthaberei, sondern lehrten auch, was Realisten dachten, und hielten zum Studium von Thomas von Aquino an. Gegenteilige Meinungen ließ man gelten. Martin kam die Sichtweise der Nominalisten entgegen, denn sie zog die Forderung nach sich, dass man auf die genaue sprachliche Formulierung, auf die korrekte Bezeichnung zu achten hatte. Diese Leidenschaft der Humanisten hatte er bereits in Eisenach kennengelernt, und zwar die für den richtigen Gebrauch der Sprache und für die Reinigung der Texte von der Verderbnis durch die Überlieferung. Die Bemühungen der Nominalisten um den korrekten Sprachgebrauch entsprachen dem Motto der Humanisten, *ad fontes*, zu den Quellen, zurückzugehen: Sprachkritik als Erkenntniskritik. Wichtiges Mittel für Trutfetter blieb die Form des Beweises, nämlich seine Durchführung nach *auctoritas, ratio, experientia*. Dieses Beweisverfahren, das Martin bei Trutfetter erlernte, sollte für ihn zur theologischen Methode werden. Quelle von allem war aber Gottes Offenbarung, die Heilige Schrift, sie wurde für ihn immer stärker zur *auctoritas*. Die unhinterfragbare Setzung der Heiligen Schrift als *auctoritas* im Sinne einer nominalistischen Beweisführung wurde später zum Prinzip *sola scriptura*. Immer wieder zur Schrift zurückzugehen entsprach zugleich dem humanistischen Prinzip *ad fontes*. In Erfurt traf er auf beides, auf das humanistische Prinzip und die nominalistische Wissenschaftsmethodik.

Was ihn beflügelte, vorantrieb, ja ihm geistige Höhenflüge ermöglichte, war die einzigartige Erfurter Situation, die Freundschaft zwischen Intellektuellen, die als Philosophen Nominalisten und Humanisten waren. Man kannte sich, man schätzte sich, man pflog Umgang miteinander. Und nicht nur dies, in den Statuten des Collegium Amplonianum forderte der Stifter geradezu, dass die Studenten sich der nominalistischen Methode bedienten: »Ich möchte, dass sie mit Sorgfalt und Eifer lesen und dabei wie folgt vorgehen: zunächst die Texte analysieren, wie bei den Modernen üblich, und dabei die Schlüsse ziehen ...«[18] Mit den Modernen (*moderni*) waren die Nominalisten gemeint, die eben der *via moderna* folgen. Und im selben Paragraphen, in dem vor den Ketzern und Hussiten gewarnt wurde, die nicht gelehrt werden durften, traf auch die Realisten der Bannstrahl, wenn Amplonius von denjenigen sprach, die sich »zu real existierenden Universalien« bekennen oder »Ansichten über die Vielheit von realen Dingen« verbreiten, was er strikt ablehnte und vermieden wissen wollte.[19]

Nicht weit vom Amplonianum, jenseits der Brücke über die Gera, wohnte Nikolaus Marschalk, Erfurts führender Humanist, von dem Martin schon einiges gehört hatte. Seit einem Jahr diente Nikolaus Marschalk der Stadt Erfurt als Stadtschreiber. Mit der Herausgabe der Grammatik des Martianus Mineius Felix Capella im Jahr 1501 griff er nicht nur das scholastische Latein, sondern die Scholastik selbst an, indem er ihr ein mustergültiges klassisches Latein entgegenstellte. Die Humanisten sahen in dem mittelalterlichen Latein, oft verächtlich Küchenlatein genannt, eine Deprivation, eine Spottgestalt des klassischen Lateins, ohne ihrerseits zu verstehen, dass es sich hierbei im Grunde um eine neue Sprachform handelte – so wie heute das auf der ganzen Welt gesprochene Englisch wenig mit der Sprache Shakespeares zu tun hat, weil es zu einer Lingua franca geworden ist.

Die Erfurter Humanisten Maternus Pistoris, Professor an der Universität, und Heinrich Aquilonipolensis steuerten für diese Edition Epigramme bei, die Lehrwerke des gängigen Lateins wie das »Doctrinale« des Alexander Gallus verhöhnten. Trutfetters Publikationen wurden durch Verse von Nikolaus Marschalk und Maternus Pistoris eingeleitet, so eng gestaltete sich ihr Verhältnis. Mit seiner Neugier und seinem Interesse und zudem als ehemaliges Mitglied der Sodalitas Johannes Braun in Eisenach sollte Martin bald schon Aufnahme in die humanistischen Zirkel der Universitätsstadt finden.

Doch zunächst musste er sich in den Studentenalltag hineinfinden. Nach dem Abendessen um fünf Uhr blieb noch Zeit zum Lesen, und natürlich wurde noch einmal gebetet und Andacht gehalten, bevor man gegen acht Uhr zu Bett ging. Martin schlief mit zehn Kommilitonen in einem großen Schlafsaal und nutzte für das Studium einen großen Arbeitsraum, wie er noch heute in Bibliotheken üblich ist. Das Leben der Bursianer, das nach strengen Regeln verlief, besaß durchaus eine äußere Ähnlichkeit mit dem der Mönche. Auch die Kleidung, die den Bursianern vorgeschrieben worden war, lehnte sich an die Kleidung der Mönche an. In der Burse trug man eine lange Hose und ein Wams, ging man hinaus, warf man sich einen Talar über und setzte eine kleine Kappe auf, bei Festen allerdings ein Barett.

Nach dem Baccalarexamen, das Martin bereits am 21. September 1502, in der vorgesehenen Mindestzeit, ablegte, wurde er Baccalaureus. Von nun musste er Studenten in Latein unterrichten, wie auch er anfangs von Baccalaurei unterwiesen worden war, und es wurde ihm endlich gestattet, die Bibliothek zu nutzen.

Nicht nur Werke der Theologie fanden sich hier, nicht nur Bücher über Medizin und Philosophie, sondern auch die Schriften der Humanisten, allen voran von Petrarca und Boccaccio, darunter Boccaccios berühmte Werke »De casibus virorum illustrium« (eine Sammlung von Episoden aus dem Leben berühmter Persönlichkeiten, die ein schlimmes

Schicksal erlitten hatten) und »De mulieribus claris« (Biografien berühmter Frauen) oder Petrarcas Ethik »De remediis utriusque fortunae«, dann die wichtigen autobiografischen Texte »De vita solitaria« (Vom einsamen Leben) und »De contemptu mundi« (Die Verachtung der Welt), »De otio religiosorum« (Von der Muße der Mönche) und erstaunlicherweise die »Griseldis«, aber nicht die von Boccaccio, sondern Petrarcas Abschrift und Überarbeitung von Boccaccios Novelle. Kurioserweise scheint in Deutschland nicht die Urfassung der Novelle bekannt geworden zu sein, sondern hier machte die Überarbeitung durch Boccaccios Freund und Vorbild Petrarca zunächst Furore.

Die Grenzen zur Theologie zerflossen, denn Martin konnte in dieser Bibliothek die Schriften des mystischen Theologen und Philosophen Dionysius Areopagita, ja selbst das neuplatonisch-alchemistische Werk des Hermes Trismegistos lesen. Nein, wer sich unbedingt kopfüber ins Studium stürzen wollte, konnte das nirgends besser als in der Amploniana. Aber das wollte nicht jeder Student, den meisten genügte es, wenn sie es zum Baccalaureus brachten, denn dann konnten sie als Schulmeister, nach der Weihe als Geistlicher oder in den Verwaltungen arbeiten. Ein abgeschlossenes Studium stellte keine unbedingte Voraussetzung dar. Siebzig Prozent der Studenten strebten die nächste Stufe, die mit dem Titel des Magister Artium, des Meisters der sieben freien Künste, abschloss, gar nicht an und verließen als Baccalaureus die Universität.

Martin indes beeilte sich mit dem Studium. Dadurch lernte er einen jungen Mann in seiner Burse kennen, der seit 1498 in Erfurt studierte und den er nun eingeholt hatte: Diesen Johannes Jäger aus der Nähe von Arnstadt peinigte keine große Eile, voranzukommen, er frönte anderen Interessen, nämlich der Sprache und der Dichtkunst. Gut humanistisch nannte er sich zunächst Venator, dann im schönsten griechisch-lateinischen Mixtum Crotus Rubeanus, womit er sowohl auf seine Herkunft aus Dornheim bei Arnstadt als auch auf den Jäger bzw. Schützen im gleichnamigen Sternbild anspielte, und verkehrte in den Humanistenkreisen der Stadt. Obwohl Nikolaus Marschalk, der Mittelpunkt der Sodalitas, mit zwei Schülern, Heinrich Trebelius und Georg Spalatinus, nach Wittenberg gegangen war, fanden die Zusammenkünfte weiterhin statt, und zwar mit Maternus Pistoris als *major domus*.

Crotus liebte die lateinische Sprache und den Petrarca, wie er den Spott liebte, den Gesang, die Frauen und die Zusammenkünfte in der Sodalitas. Und er nahm Martin zu ihren Treffen mit, zu ihrer Sodalitas Erfordensis.

Was den Humanistennamen betraf, konnte Martin durchaus mithalten, denn er nannte sich schon in Eisenach so eindrucksvoll wie spielerisch und spöttisch verballhornt Martinus Viropolitanus (Martin aus Mansfeld).

Wie sich die beiden, Crotus Rubeanus und Martinus Viropolitanus, kennengelernt haben? Wie man sich, wenn man im gleichen Internat wohnt, so kennenlernt. Da gab ein Wort das andere, ein Scherz den nächsten, und obwohl Martin ein strebsamer Student war, im Gegensatz zu Rubeanus, las auch er Petrarca. In den Zusammenkünften des Humanistenzirkels lernte er Johannes Lang kennen, der sich ausgiebig mit Griechischstudien beschäftigte, sowie Heinrich Eberbach und seinen Bruder Peter (der sich Petreius Aperbacchus nannte). Der Vater der Brüder, ein Erfurter Arzt mit beträchtlichem Reichtum, stand dem Humanismus nahe und unterstützte die Studien seiner Söhne an der Universität und ihre humanistischen Neigungen, so dass sich die Sodalitas nach Marschalks Weggang im Hause der Eberbachs zusammenfand. Martin kannte von Eisenach her diese Zusammenkünfte. Was ihn aber erstaunte, anfangs einschüchterte und ihm vor allem neu war, war, dass auch Frauen zu den Abenden der Humanisten stießen, die Schwestern der Gastgeber und ihre Freundinnen. Dass die jungen Frauen in ihrer Bildung und ihrem Scharfsinn den Männern in nichts nachstanden, verblüffte und erfreute ihn. Die Eigenständigkeit seiner Mutter, die durchaus gleichberechtigt in der Familie agierte, und die kluge Förderung durch Ursula Cotta in Eisenach, die dem heranwachsenden Martin mütterliche Gefühle entgegenbrachte, hatten ihm eine hohe Achtung vor den Frauen vermittelt. Nun begegnete er in zwanglosen Zusammenkünften jungen Frauen seines Alters. Und es waren keine leichten Mädchen, die man auf bestimmten Straßen oder in bestimmten Wirtshäusern sehen konnte, sondern gebildete und sehr selbstbewusste Töchter der städtischen Oberschicht, denen man mit hohem Respekt zu begegnen hatte und die man auch für sich zu interessieren trachtete. Man diskutierte eifrig über Literatur, aber auch über Glaubensfragen, darüber, was denn nun wirklich in der Bibel stand, aber daneben wurde gescherzt, wurden Anekdoten und Geschichten erzählt und natürlich musiziert. Im Mittelpunkt stand das Wort, das aber durch die Kunst der *humanistae* (so nannten sich die Humanisten) poetische Kraft und Brillanz bekam, wie ein Rohdiamant, der geschliffen wurde durch die Poeten, die nun auch die Musik veränderten. Die behäbige und schematische Mensur der mittelalterlichen Polyphonie wurde durch den Schwerpunkttakt rhythmisiert, bekam Abwechslung und Eleganz.

In ihrer Ausgelassenheit streiften sie spielerisch die Grenzen des Schicklichen. Und Martin verliebte sich und dichtete unzählige Verse an die unerreichbare Geliebte, wie es schon Dante, Petrarca und Boccaccio vor ihm getan hatten, die Beatrice, Laura und Fiammetta, die Beseligende, die Lorbeerbekränzte und die Feurige, in die Höhen der Poesie erhoben hatten.

Der Studienplan war ordentlich vollgepackt, die Tagesabläufe an den Bursen streng reglementiert, doch sie wären keine Studenten gewesen, schier platzend vor Lebenslust und Entdeckergeist, wenn sie nicht dem einen zwar nachgekommen wären, ohne jedoch das andere zu vernachlässigen. Mochten auch ab acht Uhr die Tore der Bursen geschlossen sein, den Weg unertappt hinaus und wieder zurück werden sie schon gekannt haben. Wer in Erfurt eine biedere deutsche Kleinstadt vermutet, in der um acht Uhr die Bürgersteige hochgeklappt worden wären, wenn es sie denn schon gegeben hätte, verkennt, dass Erfurt eine Metropole mit einem aufregenden Nachtleben, ein Bier- und ein Hurenhaus war, wie Martin es mit einer Mischung aus Abneigung und Neugier empfand. In allen großen Städten mit einem hohen Anteil von Klerikern und Laienbrüdern, also einem signifikanten Überschuss an unverheirateten Männern, blühte die Prostitution. Das größte Bordell in Erfurt nannte man das Mumenhaus. Wanderprediger warnten vor dem schrecklichen Engel Syphilis, der die Menschen mit feuriger Rute strafe für Unzucht und Wollust. An der Universität zumindest wusste man Rat. Die Medizinstudenten wachten über einige Bordelle und informierten ihre Kommilitonen über erkrankte Prostituierte. Zwei Jahrhunderte später sollte dies dann nicht mehr mündlich mithilfe der Fama, sondern durch offizielle Aushänge in der Universität geschehen. Frivole Verse, wie die von Euricius Cordus, machten in der Sodalitas die Runde und wurden eifrig in antreibender Konkurrenz gedichtet:

> »Stadtbekannt
> Hochberühmt ist und edel dein Weib, wie du sagst –
> und ich glaubs dir,
> Freilich: dem ganzen Volk ist sie ja bestens bekannt.«

Rubeanus und Martin wetteiferten im Dichten. Martin, der sich auch mit Fäusten zu wehren verstand, durfte zwar nach dem bestandenen Baccalarexamen eine Waffe, ein Schwert, ein Rapier oder einen Degen tragen, nur wusste er damit nicht umzugehen. Freund Rubeanus zog mit ihm vor die Stadt hinaus, um zu üben. Die Burschen gerieten in Eifer, wurden unvorsichtig, und Crotus Rubeanus traf Martins Hauptschlagader am Schenkel, so dass sein Blut herausquoll, ohne dass er es auch nur annähernd zu stoppen vermocht hätte. Crotus Rubeanus rannte ins nächste Dorf und kam mit einem Mediziner oder einem Bader zurück, der zumindest den Blutfluss anzuhalten und die Wunde zu versorgen verstand. Man brachte ihn zurück in die Burse und erfand die unglaubwürdige Geschichte, dass sich Martin mit der Waffe selbst die Ader geritzt hätte. Man konnte ja schlecht offiziell zugeben, dass man sich im Duell geübt hatte, denn das war streng verboten. Der Universität war nicht daran gelegen, Nachforschungen anzustellen, die Regeln gehörten zum studentischen Leben ebenso wie deren Übertretung. Das wusste jeder, denn jeder Professor war auch einmal Student gewesen. Nur wenn die Universität von der Verletzung der Normen in Kenntnis gesetzt wurde, musste sie auch einschreiten. Regeln bestanden, damit alles in einem bestimmten Rahmen blieb.

Allerdings könnte sich die Geschichte auch etwas anders zugetragen haben. Möglicherweise war es so: In der Sodalitas entbrannte ein Streit um die Verehrung einer der schönen Frauen, oder ein anderer spottete über Martins Angebetete, so dass er ihn zum Duell forderte, das augenblicklich außerhalb der Stadt – wo sonst – ausgetragen werden sollte. Im Jähzorn, dem Erbteil der Luders, hatte er den Spötter gefordert; als dessen Worte sein Blut auflodern ließen, hatte er sich nicht mehr anders zu helfen gewusst, wenn er nicht am Schlagfluss sterben wollte – so rasten Herz und Hirn, die Blutbahnen ein einziger Lavastrom. Die Freunde begleiteten ihn vor das Tor, zogen mit ihm eine Meile weiter in die Nähe eines der vielen Dörfer, die Erfurt umgaben wie Trabanten die Sterne. Wacker, aber unausgebildet schlug er drein, so dass er sich von seinem Feind bald schon den lebensgefährlichen Streich einfing. Der Dorfbader hatte ihm zwar die Wunde behandelt, aber der Gefahr einer Blutvergiftung nicht begegnen können. Auch ging die Wunde immer wieder auf. So sah sich Martin nicht nur gezwungen, das Bett zu hüten, er kämpfte zunächst mit dem Fieber und dann auch um sein Leben.

Zweifelsohne hatte ihn Gott gestraft, ihm schmerzhaft vor Augen geführt, wie zerbrechlich, wie nahe am Tod sein Leben doch war. Doch nicht nur die Freunde kümmerten sich um ihn, sondern auch die schöne Frau, die er doch nicht erreichen konnte, denn sie war verheiratet. Das musste sie übrigens auch sein: tot, verheiratet oder im Kloster, denn die vergötterte Frau hatte nach der literarischen Konvention der Humanisten eben für den Liebenden unerreichbar zu sein. Mit den erreichbaren Frauen tat man anderes, die waren für das Leben, nicht aber für die Poesie. Dante, der sich nach der verstorbenen Beatrice verzehrte, war verheiratet und hatte Kinder. Was weiß man über Dantes Frau? Nichts! Petrarca machte Laura unsterblich, aber über die Frau an seiner Seite verriet er der Nachwelt nichts.

Wenn Martin schon untätig die Zeit im Bett zubringen musste, so wollte er endlich etwas anfangen, das er sich schon lange vorgenommen hatte, denn im Gegensatz zu seinen adligen oder aus dem gehobenen Bürgertum stammenden Freunden beherrschte er kein Musikinstrument. So ließ er sich in der Laute unterweisen und übte fleißig, so dass er schon bald zu einem ganz leidlichen Lautenspieler wurde. Er machte die beglückende, geradezu erotische Erfahrung, wie biegsam Sprache war, wie sie sich dem Werkzeug des Verses schließlich fügte und wie viel Musikalität in ihr verborgen lag, dass sie eben nicht nur ein plumpes Mittel zum Gedankenaustausch war, sondern im Gegenteil zum eigentlichen Beweger des Gemüts zu werden vermochte und sich schließlich im höchsten Akt mit der Musik vereinte. Diese Erfahrung kam einem Erweckungserlebnis gleich. Martin hatte die Sprache entdeckt. Und um wie viel wertvoller war das, wenn man zudem bedachte, dass Gott in der Sprache der Menschen, in Zungen, durch die Münder der Propheten und schließlich selbst durch Jesus Christus zu einem sprach.

Von Zeit zu Zeit kam ein reisender Humanist nach Erfurt, hielt ein paar Vorlesungen, bevor er zur nächsten

Alma Mater oder einem dem Humanismus aufgeschlossenen Fürstenhof weiterreiste. Als Johannes Emser 1504 in einem der Vorlesungssäle des Collegium maius ans Pult trat, saß Martin vor ihm und hörte mit großem Vergnügen zu, als er über das Drama »Sergius« von Johannes Reuchlin sprach. Reuchlin, bereits in diesen Tagen eine Berühmtheit unter den Humanisten, der Mann, dem man nachsagte, das beste Latein diesseits der Alpen zu sprechen, ein Latein, auf das selbst italienische Koryphäen neidvoll blickten, hatte in dem Stück den Augustinermönch und Ratgeber des württembergischen Herzogs, Konrad Holzinger, verspottet, indem er im Drama von einem Kopf erzählte, aus dem man eine Reliquie machte und der schließlich aus einem Objekt der Anbetung zu einem Subjekt der Macht wurde, weil er so große Macht über seinen Fürsten gewann, dass der alles tat, was jener forderte. Der heilige Kopf nun liebte Prostituierte und war das »Haupt jeder Zügellosigkeit, leichtfertiges Haupt ... Haupt, das den Schwelgern, Schlemmern, Fressern und unwürdigen Menschen ein Schutz« ist.[20] Streckenweise hat man heute beim Lesen das Gefühl, in dem Kopf ein Vorbild von Molières »Tartuffe« zu finden. In dem Stück geißelte Reuchlin den zur Albernheit sich entwickelnden Reliquienkult und die Raffgier und die Blasphemie der Mönche. Die Kritik an den Missständen in der Kirche und im Mönchswesen wurde von einer christlichen Position aus geführt: Nicht die Kirche war schlecht, aber schlechte Menschen hatten Macht in der Kirche bekommen. Eigentlich musste sie gereinigt werden. Im zweiten Akt des Dramas verteidigte Reuchlin die Poeten und verspottete die Unwissenheit der Feinde der Humanisten.

Christlicher Glaube und die Liebe zur Sprache, zur Poesie, so erfuhr Martin, bedeuteten überhaupt keinen Gegensatz, sondern konnten sich zur höheren Ehre Gottes sogar verbinden. Von allen Büchern der Bibel, die er zugegeben noch nicht allzu gut kannte, liebte er aber den Psalter am meisten. Ihm wurde immer deutlicher, dass er die Bibel studieren musste, denn in diesem Buch stand alles, Gottes gesamte Offenbarung, die Wahrheit der Welt. Schwer vorstellbar, aber diese Erkenntnis, die in Martin heranreifte, war ungewöhnlich; denn zu dieser Zeit rieten Philosophen, Theologen und Kuriale davon ab, die Bibel zu lesen, weil sie den Menschen nur verwirren und auf falsche Gedanken bringen könne. Es genüge völlig, die Auszüge für den Gottesdienst in der Kirche zu hören, ein paar grundlegende Gebete auswendig zu können und ansonsten bei Bedarf sich von scholastischen Kommentatoren über die Bibel informieren zu lassen, die dem Wissbegierigen schon sagen würden, was in der Heiligen Schrift stehe. Unter allen Umständen war zu verhindern, dass der Mensch »mehr wissen wollte, als nötig war«, wie es in der Bannbulle Papst Johannes' XXII. »In agro dominico« (»Im Acker des Herrn«) hieß, die achtundzwanzig Lehrsätze Meister Eckharts als häretisch klassifizierte.[21]

Nicht genug damit, dass die vollständige Lektüre der Heiligen Schrift ihm immer wichtiger wurde, machte er für sich die angenehme und erfreuliche Entdeckung, dass der Gesang zum Lobe Gottes in der Dichtung durchaus gelang. In diesen Tagen stieß er auf die lateinischen Gedichte eines Zeitgenossen, eines italienischen Karmeliterpaters. Giovanni Battista Spagnoli entstammte, wie der Name bereits verriet, einer Familie spanischer Herkunft und studierte die Rechte in Padua. Nach einem Zerwürfnis mit seinem Vater über seinen Lebensweg trat Giovanni Battista dem Orden der Karmeliter bei und machte dort als Ordensgeneral und Studienleiter eine beachtliche Karriere. Berühmt wurde er aber durch seine Hinwendung zur Antike, besonders zu Vergil, dem er dichtend nacheiferte und wie sein Vorbild Hirtengedichte verfasste: »Bucolica«. Er nannte sich auch Giovanni Battista Mantovano oder Baptista Mantuanus, zu Deutsch: Battista aus Mantua. Möglich, dass dieser Dichter Martin bei der Bildung seines Humanistennamens angeregt hatte: Mantuanus, der aus Mantua, Viropolitanus, der Mann aus Mansfeld (vir = Mann, politanus = der aus der Stadt kommt).[22]

In einem Gedicht der »Bucolica« beschreibt Mantovano autobiografisch gefärbt, dass er die Liebe zu einer jungen Frau in sich niederrang und in ein Kloster eintrat, die Zeitlichkeit mit der Ewigkeit vertauschte. Der Beiname Mantuanus zielte deutlich auf den berühmtesten Sohn Mantuas, dem er sich dadurch verbinden wollte, nämlich auf Vergil. So kam Martin über einen christlichen Dichter – allerdings mit sehr weitem Horizont – mit Vergil in Berührung, den er nun geradezu verschlang. Der Karmelitermönch führte den Studenten in Vergils Dichtung ein. Giovanni Battista Mantovano war befreundet mit Pico della Mirandola und mit Marsilio Ficino, die beide das Christentum mit dem paganen Altertum zu versöhnen trachteten – Pico, indem er eine Synthese aller Religionen auf christlicher Grundlage anstrebte, und Ficino, indem er Platon zum grundlegenden Philosophen des Christentums erhob.

Für Martin stellte sich die Frage, wohin er in der Welt gehörte, immer deutlicher. Sein Studium näherte sich dem Ende, und er würde Entscheidungen treffen müssen. Die

Freunde beruhigten ihn und rieten, erst einmal Jura zu studieren und die Zeit für humanistische Studien zu verwenden, alles Weitere werde sich schon finden. Doch die Unruhe ließ sich nicht wegreden. Er spürte eine wachsende Zerrissenheit in sich. Einerseits wollte er sich mit humanistischen Studien beschäftigen, andererseits zog es ihn zur Theologie, die als Wissenschaft von Gott, als eine Wissenschaft der letzten Dinge sich damit beschäftigte, worauf es letztlich ankam im Leben, das nur ein kurzer Übergang in die Ewigkeit war.

Das Duell und die Liebschaften, die leichte, ja leichtsinnige Atmosphäre im Humanistenzirkel bedrückten ihn zunehmend. War er nicht ein großer Sünder? Verspielte er nicht die ewige Seligkeit für einen kurzen, unbedachten Moment der Befriedigung? Verlor sich sein Leben nicht in eitel Tändelei? Noch studierte er an der philosophischen Fakultät, noch bereitete er sich auf sein Magisterexamen vor, noch hatte er etwas Zeit und musste sich nicht entscheiden, obwohl ihm die schwere Verwundung wieder vor Augen geführt hatte, wie gefährdet das Leben doch war, wie schnell es zu Ende sein konnte. Und dann blieb plötzlich keine Zeit mehr, und er würde mit dieser dürftigen, vielleicht sogar schlechten Bilanz vor seinen Schöpfer treten, mit dieser Ansammlung von Sünden, und für das andere, für das Gute, dafür hätte er keine Zeit mehr gehabt. Stand es nicht klar und deutlich im Römerbrief: »Denn das Gute, das ich will, das tue ich nicht; sondern das Böse, das ich nicht will, das tue ich« (Röm 7,19)? Es graute ihm davor, mit dieser Bilanz vor Christus, den strengen Richter, treten zu müssen. Zuweilen spürte er sogar Panik. Und je stärker ihn seine Sünden drückten, umso erbarmungsloser stellte er sich Christus vor. Immer öfter suchte ihn die rabenschwarze Melancholie heim. Melancholie jedoch war keine einfache Traurigkeit, keine Depression, sondern die Gewissheit vom Ungenügen in der Welt. Der Arzt Hippokrates von Kos hatte gemäß der Lehre von den Körpersäften die Melancholie als Schwarzgalligkeit, als ein Übermaß der von der Galle herkommenden Säfte bestimmt. Melancholiker stünden unter dem Einfluss des Saturns, hatte Marsilio Ficino dekretiert, und schließlich glaubte man, dass alle hervorragenden Männer Melancholiker gewesen seien, die Melancholie galt also als Krankheit zum Genie. Martins melancholische Anfälle passten ins klassische Muster, zeigten sie doch die Anstrengung gegen die Verführung und schließlich das stete Erlahmen vor der Zumutung der Welt. Alles in allem steuerte er auf eine veritable Lebenskrise zu. Indes war sie nichts Ungewöhnliches, die Symptome waren ihm aus der Literatur bestens bekannt, sie fanden sich bei Paulus, Augustinus, Petrarca und Giovanni Battista Mantovano. Hätte er die Möglichkeit besessen, von oben auf sein Leben zu schauen, wäre ihm aufgefallen, dass er sich damit in bester Gesellschaft befand. Doch wer kann schon in solchen Phasen, in denen der Boden unter einem nachgibt, auch noch von oben auf sein Leben blicken?

Zu Epiphanias 1505 legte er die Prüfungen zum Magister Artium ab und beschloss damit das Studium der sieben freien Künste, wiederum zum frühestmöglichen Zeitpunkt, und zwar als Zweitbester. Man kann darin einen Beleg sehen, dass dieser Martin Luder seine gesamte Zeit für das Studium verwandte, man kann darin aber auch nur den Beweis erblicken, dass der ohne Frage fleißige und strebsame Martin Luder mit einem klugen und ausgesprochen aufnahmefähigen Verstand begabt war, dem es gelang, vieles nebenbei zu erledigen.

Ab dem 24. April hielt Martin Luder die Vorlesungen, die er als Magister in der philosophischen Fakultät zu halten hatte, am 19. Mai begann schließlich das Jurastudium, und im Juli 1505 fand man ihn, »der Welt erstorben«, im Kloster.

Was war geschehen?

8. *Der Welt ersterben*

Im Erfurter Dom feierte die Fakultät der Juristen am 19. Mai, dem Tag des heiligen Ivo, des Schutzpatrons der Juristen, den Beginn des Sommersemesters 1505 mit einer Messe. Die große Besonderheit des Richters und Priesters Yves Hélory de Kermartin bestand darin, dass er als unbestechlicher und konsequenter Anwalt der Armen sich einen Namen gemacht hatte. Wie ungewöhnlich das gewesen sein muss, erkennt man daran, dass er für etwas, was eigentlich eine Selbstverständlichkeit sein sollte, sogar kanonisiert worden war. Den angehenden Juristen wurde er jedenfalls als Vorbild vor Augen geführt.

Unter den Professoren, Dozenten und Studenten, die alle den akademischen Rang eines Magister Artium erworben hatten, saß auch Martin, der deutlicher als je zuvor empfand, am falschen Ort zu sein, und sich ausgesprochen unwohl fühlte. Die Freude seiner Kommilitonen teilte er nicht, wenngleich die Messe ihn bewegte und ihn in gewisser Weise beschämte, denn ihn beschlich das schlechte Gewissen, wenn schon nicht zu lügen, so doch mindestens zu heucheln. So viel stand für ihn fest: Die Juristerei hatte mit der Wahrheit nichts zu tun. Und ihm ging es um die Wahrheit.

In den Vorlesungen, die sich in den Tagen und Wochen nach dieser Fakultätsmesse im Collegium Marianum gleich hinter dem Dom anschlossen, wurde das Zivilrecht durchgepaukt, zunächst einmal, indem man die Namen der Gesetze auswendig lernte. Als immer nutzloser und fruchtloser empfand er seinen Alltag, doch der Sohn hatte dem Vater Gehorsam zu leisten, so lautete Gottes Gesetz, und seines Vaters unumstößlicher Wille bestand darin, dass er Jurist werden sollte. Dafür brachte Hans Luder viel Geld auf, zuletzt wieder, indem er Martin die Mittel zukommen ließ, die teure Gesetzessammlung, das »Corpus Iuris«, zu erwerben. Gegen den Willen des Vaters durfte und konnte er nicht verstoßen – nicht, nachdem der Vater so viel für ihn geopfert hatte, und auch nicht, weil es in seinen Augen eine Todsünde darstellen würde. Und wie stolz der Vater auf ihn war, konnte er daran sehen, dass er ihn inzwischen nicht mehr duzte, sondern mit dem ehrenvollen »Ihr« ansprach: Sein Sohn war schließlich Magister Artium und würde bald schon ein Doktor der Rechte sein. Ihn zu enttäuschen hätte für Martin bedeutet, dem Vater ein Schwert ins Herz zu stoßen. Seinen berechtigten Willen, sich zu widersetzen, hätte ein Hauch von Vatermord umweht, weil es zumindest die Autorität des Vaters, die aber eine wichtige Eigenschaft des Vaters war, empfindlich und gefährlich verletzt hätte.[23]

Die tägliche Lektüre des Accursius erfüllte ihn mit Ekel und bald auch schon mit Hass. Der scholastische Jurist Accursius, der den hervorragenden Ruf der Universität von Bologna in den Rechtswissenschaften entscheidend geprägt hatte, hatte um die Mitte des 13. Jahrhunderts eine Zusammenfassung aller Glossen zum »Corpus Iuris Civilis«, die »Glossa Ordinaria«, veröffentlicht, in der jedes Gesetz erläutert und hinsichtlich seiner Anwendung kommentiert wurde. Was der Student Martin Luder durchzuackern hatte, war eine Sammlung von nicht weniger als ca. 97 000 Glossen, die alle Fälle des Lebens zu regeln anstrebte. So wie sich die Sentenzen des Petrus Lombardus und des Alexander von Laon vor den Text der Bibel stellten, so verdunkelte die »Glossa Ordinaria« zunehmend den eigentlichen Gesetzestext, das »Corpus Iuris Civilis«. Versuchte man in einer Gerichtsverhandlung mit dem Wortlaut des Gesetzes zu argumentieren, hielten die Juristen das Diktum dagegen: »Quidquid non agnoscit glossa, non agnoscit curia« (Was die Glosse nicht anerkennt, erkennt das Gericht nicht an). Demjenigen, der dann mit dem Gesetz argumentierte und es gegen die Glosse in Stellung brachte, wurde entgegengehalten, dass Accursius alles in der »Glossa« ausgelegt und geregelt habe, und ihm wurde im Gegenzug vorgeworfen, dass er sich wohl klüger als Accursius dünke und er mehr zu wissen glaube, als nötig sei. Wenn Martin denn jemals Dantes »Commedia« gelesen hätte – was er nicht konnte, da sie weder in Deutsch noch in Latein, sondern im Volgare verfasst war –, so hätte es ihn nicht verwundert, dass die Hölle von Juristen nur so wimmelte und der Sohn des Accursius im dritten Ring des siebenten Kreises der Hölle schmorte, der den Sodomiten vorbehalten war, die er zutiefst verabscheute: »Priscianus muss im Zug des Jammers gehen, / Auch Franz Accorso ...«[24]

Im Studium der Rechtswissenschaft stieß Martin wieder auf die gleiche Argumentation, die ihm schon das Studium der Bibel erschwert hatte. Doch mit der Freiheit des Magisters begann er im Mai 1505 endlich mit der vollständigen Lektüre der Vulgata in der Universitätsbibliothek. Zum ersten Mal vertiefte sich Martin in die Heilige Schrift und unterschied sich hierin von den meisten Zeitgenossen, deren Bibelkenntnis – man kann es nicht oft und deutlich genug sagen – im Grunde auf Sekundärliteratur, auf den Erläuterungen und Kommentaren der Kirchenväter und

Theologen beruhte. Was aus heutiger Sicht etwas Normales ist, stellte damals etwas Außergewöhnliches dar, das statt Achtung oder gar Lob Misstrauen hervorrief. Hält man sich das vor Augen, versteht man, weshalb er später mit seiner präzisen Bibelkenntnis überraschen, überzeugen oder zumindest in Disputationen siegen konnte.

Mit wachsender Bestürzung stellte der junge Magister in seiner Lektüre fest, wie zumindest unvollständig sein Glaube war, auf den es doch ankam. Gottes Gesetz war groß und klar, und über dessen Einhaltung würde Christus als Weltenrichter, mehr noch als strengster aller Richter eines Tages über Martin urteilen. Wie und womit konnte er diesen Richter milde stimmen? Die Unbarmherzigkeit, mit der Gott Hiob – und Martin konnte sich mit ihm an Frömmigkeit nicht im Mindesten messen – preisgab, ließ ihn schaudern. Gottes Strafgerichte von der Sintflut über Megiddo bis hin zur Apokalypse waren allesamt schrecklich, und die Beschreibungen der Bibel evozierten in Martin keine abstrakten Vorstellungen, sondern sehr konkrete Bilder. Der Humanist Euricius Cordus veranschaulichte die alltägliche Grausamkeit in einem Epigramm, das gerade durch seine Selbstverständlichkeit und seinen grimmigen Humor besticht und erschreckt:

»Am Pfahl gebunden stand inmitten viel Volkes
Niger, damit man ihm das Ohr abschneid.
Er sprach: ›Ich sehe keinen hier, der so stark ist,
dass diese Straf an mir er könnte vollziehen.‹
Der Henker prüfte drauf am Nagel sein Messer,
griff ihn am Schopf und sagte: ›Diese Hand kann es.‹
Doch als das Haar er rechts und links fortstrich,

sah er bereits vollzogen, was er vorhatte.
Da wollte Niger, der laut lachte, schier platzen
und sprach: ›Nicht geht's mir so wie einst Malchus,
glaub nicht, dass Ohren wie die Pilze wachsen.‹«[25]

Martin las die Bibel mit den gewalttätigen Bildwelten der Bußprediger im Hinterkopf und mit den Szenen öffentlicher Exekutionen, die als ein Hochamt der Menschenfleischerei geradezu zelebriert wurden, vor Augen. Selig würde er nur, wenn er Gott diente und wenn er der Wahrheit näher kam, die bei Gott und nicht bei den Juristen lag.

In diesen Tagen wagte er sich an ein anderes Buch, das hoch gepriesen wurde, und verfiel geradezu einem Leserausch. Obwohl eintausend Jahre zuvor geschrieben von einem alten Mann, der seine Hinrichtung erwartete, berührte es Martin tief, wühlte das Innerste zuoberst, denn die Frage nach dem richtigen Leben stellte Boethius in seinem »Trost der Philosophie« in großer, in existenzieller Endgültigkeit. Es wunderte Martin inzwischen nicht mehr, zu lesen: »Es unterliegt also keinem Zweifel, dass diese Wege zum Glück Abwege sind und dass sie niemanden dahin zu führen vermögen, wohin sie ihn zu führen versprechen.«[26] Dem römischen Aristokraten und Christen Boethius, der trübsinnig auf seinem Lager in der Zelle die Hinrichtung erwartete und der, den sicheren Tod vor Augen, sich die Frage nach der Art, wie man leben soll, stellte, erschien die Philosophie, die gut platonisch die Musen der Dichtung vertrieb. Interessant in diesem Zusammenhang ist, dass die Erscheinung der Philosophie, der Weisheit mit einem Durchbruch der Sonne durch die Wolken verglichen wurde, denn in dem lateinischen Wort *consolatio* (Trost) steckt auch *sol*, die Sonne oder der Sonnengott, der als Sol invictus in der Antike mit Christus gleichgesetzt wurde.[27] Im 1. Buch heißt es:

> »Sich die Sonne verbirgt, kein Sternbild am Himmel aufsteigt,
> Wenn auf die Erde dunkle Nacht sinkt;
> Dann aus thrakischer Höhle gesandt sie Boreas aufpeitscht
> Und den verschlossenen Tag wieder auftut,
> Phoebus plötzlich hervortritt und Pfeile des Lichtes schleudert,
> Staunende Augen die Strahlen nun treffen.«[28]

Im lateinischen Original wird das noch sinnfälliger, denn da beginnt der Vers mit der Sonne oder dem Sonnengott: »*Sol* latet …«[29] Phoebus, griechisch Phoibos, ist der Beiname des Apollon, der seine Eigenschaft, ein Gott des Lichts zu sein, verdeutlicht.

Die Philosophie stellte Boethius in Pavia und seinem Leser Martin in Erfurt vor Augen, dass er sich der launischen Fortuna, der unbeständigen und treulosen, anvertraut hatte. Konsequent rechnete sie mit der Unbeständigkeit der irdischen Güter wie Reichtum, Glück, Macht, Ansehen ab. Fortuna wurde als falsche Seelenführerin entlarvt, und stattdessen wurden die Tugenden besungen, die zu Gott führten, in dem allein Glückseligkeit liege. So las Martin, der sich ja im Falschen gefangen und im Studium gefesselt fühlte: »Die menschlichen Seelen dagegen werden notwendigerweise umso freier sein, je mehr sie sich in der Betrachtung des göttlichen Geistes erhalten, weniger freilich, wenn sie zu den Körpern herabgleiten, am wenigsten, wenn sie mit irdischen Gliedern zusammengebunden werden … Denn sobald sie die Augen vom Licht der höchsten Wahrheit zu Niederem und Dunklem abgewendet haben, umhüllen sie die Wolken der Unwissenheit; sie werden von verderblichen Leidenschaften umhergetrieben, und dadurch, dass sie diesen immer näher treten und ihnen zustimmen, befestigen sie die Knechtschaft, die sie selbst über sich gebracht haben, und sind gewissermaßen aus freier Wahl Knechte.«[30] Zwar nicht aus freier Wahl, aber ein Knecht war auch er. Beim Lesen spürte Martin, wie die Bürde immer schwerer drückte, weil Boethius die Verantwortung für das eigene Leben den Menschen übertrug. Mit seinem Vater würde er sich nicht herausreden können, nur auf ihn selbst kam es an, er hatte die Wahl. Gott hatte ihm die Freiheit gegeben und damit die Verantwortung, wofür er sich auch eines Tages zu rechtfertigen hatte. Gott hatte ihn mit einem freien Willen ausgestattet, um das Rechte, um das Gute zu tun. Er durfte und sollte es nicht nur tun, sondern er musste es auch, wenn er vor Christi Gericht zu bestehen hoffte. Und Boethius forderte ihn noch härter: »Auch bleibt, alle Dinge von oben überblickend, ein vorauswissender Gott, und die immer gegenwärtige Ewigkeit seines Schauens trifft mit der zukünftigen Beschaffenheit unserer Handlungen zusammen, den Guten Belohnungen, den Bösen Strafen austeilend. Nicht vergeblich bauen also Hoffnung und Gebet auf Gott. Sie können, wenn sie richtig sind, nicht unwirksam bleiben. Widersteht also den Lastern, pfleget die Tugenden, erhebt den Geist zur rechten Hoffnung, richtet demütige Gebete nach oben. Euch ist, wenn ihr euch nicht betrügen wollt, eine gewaltige Notwendigkeit, rechtschaffen zu sein, auferlegt, da ihr vor den

Augen des allessehenden Richters handelt.«[31] Aber wenn es denn so wichtig war, in Hoffnung und Gebet auf Gott zu bauen, was bedeutete dann in diesem Zusammenhang diese verzwickte Einschränkung: »wenn sie *richtig* sind«? Wie betete man richtig, wie hoffte man richtig? Die Hoffnung auf Gott musste groß sein und das Gebet demütig. Vor Gott hatte man sich also zu demütigen. Furcht und Schrecken löste, setzte man einen strengen und harten Gerichtsherrn voraus, die Ankündigung einer »gewaltigen« Notwendigkeit aus, die Gewalt besaß und demzufolge gewalttätig sein konnte. Gott sah alles, nichts entging ihm. Er sah selbst das, was der Mensch an sich selbst übersah – und darin bestand vielleicht die größte Gefahr: unwissentlich zum Sünder zu werden. Unwissenheit schützte vor Strafe nicht. Da half nur, wissend zu werden, tiefer einzudringen, um den Weg zu Gott zu finden, aber eben nicht aus einem akademischen Interesse heraus, sondern um ihn ging es, und nur um ihn selbst. Noch vermochte er nicht »Ich« zu sagen, aber er spürte, dass die Forderung Gottes an ihn persönlich gerichtet war. Wie konnte er selig werden, wie konnte er einen gerechten, wie einen gnädigen Gott bekommen? Die Freiheit, die ihm Gott gab, war eine schreckliche Angelegenheit, die Freiheit des Willens das Einfallstor der Sünde.

Eines stand fest: Er hatte sich vollständig festgedacht. Ob er die Zeit fand – schließlich musste er neben dem Rechtsstudium als Magister Artium Vorlesungen halten –, noch Theologie zu hören, ist nicht gewiss, aber mit seinem Lehrer und nunmehr Freund Bartholomäus Arnoldi von Usingen diskutierte er über theologische Probleme. In der Juristenfakultät war er am falschen Ort, und in der Sodalitas beschlich ihn immer öfter der Verdacht, dass sie häufig genug eitel tändelten, sich an ihren Dichtungen und ihrer Beherrschung des Lateins berauschten. Im Grunde fühlte er sich zwischen allen Stühlen und schrieb seinem alten Mentor Braun um Rat, der den akademischen Erfolg skeptisch beurteilte und daran zweifelte, dass Martin den richtigen Weg für sich gewählt hatte. Natürlich hatte Johannes Braun recht, und eine Entscheidung wurde immer unausweichlicher.

Um Theologie zu studieren und um sich in die Heilserwartung des Menschen zu vertiefen, gab es für ihn zwei Wege: entweder an die Theologische Fakultät zu wechseln oder Mönch zu werden und als Mönch zu studieren. Da aber die Karrieren in der Kurie häufig von einem juristischen Studium, am besten in Bologna oder Padua, abhingen und nicht wenige Bischöfe, Kardinäle und auch Päpste, wenn sie nicht aus dem hohen Adel kamen (und oftmals auch dann), vor ihrer Priesterweihe das Kirchenrecht studiert hatten, also im Grunde von Haus aus Juristen waren, würde ein reines Theologiestudium nur eine höchst ungewisse Universitätslaufbahn eröffnen. Angesichts dessen durfte er nicht hoffen, dass sein Vater ihm diesen Weg finanzieren würde, zumal der hart arbeitende Vater trotz einer tiefen Frömmigkeit vom geistlichen Stand keine allzu hohe Meinung besaß. Mönch zu werden bedeutete hingegen – mancher mochte es leichter nehmen, nicht aber er – einen radikalen Bruch, eine *conversio*, die vollkommene Veränderung seines Lebens. Wer Mönch wurde, war oder sollte zumindest für die Welt und der Welt gestorben sein. Gott zu dienen stünde dann in radikalem Maß im Mittelpunkt seines Daseins, ja wäre der einzige Inhalt seines Lebens. Davor schreckte er zurück. Noch genoss er trotz

Zweifeln die Zusammenkünfte mit seinen humanistischen Freunden. Zudem reizte ihn das andere Geschlecht, er war jetzt einundzwanzig Jahre alt, ein gesunder, junger Mann, in dem sich die Natur regte, und es hat ganz und gar nicht den Anschein, dass Martin erst von Katharina von Bora in das Spiel zwischen Mann und Frau eingeführt worden wäre. Allerdings betrachtete er es zu diesem Zeitpunkt noch als Sünde, ein Vergehen gegen das Sakrament der Ehe, denn für die Liebe zwischen Mann und Frau war die Ehe vorgesehen, und ihr Ziel bestand darin, fruchtbar zu sein und sich zu mehren, in einem Wort: im Kinderkriegen, nicht in der Lust, die als Wollust verschrien war.

Diesen Konflikt, in dem er sich wie in einem Labyrinth verlief, entdeckte er auch bei den großen literarischen Vorbildern. Keinem Geringeren als Petrarca war es ähnlich ergangen. In einem Brief an den päpstlichen Sekretär Luca della Penna berichtete Petrarca, dass er seine Bücher vor seinem Vater verstecken musste, denn der Vater, der den literarischen Studien seines Sohnes zwar nicht ablehnend gegenüberstand, aber auf dem Studium eines Brotberufes insistierte, erkannte in der Hinneigung zu den Büchern die Abwendung des Sohnes vom Studium der Rechte. So warf er die mühsam erworbenen Bücher ins Feuer. Nur das Klagen des Sohnes brachte ihn dazu, zwei Kodizes, leicht angekohlt, wieder aus dem Feuer zu nehmen. Was hier Bücher genannt wird, waren gebundene Handschriften, die er teuer erworben oder die er selbst abgeschrieben hatte. Der Buchdruck existierte noch nicht in Petrarcas Jahrhundert, so dass jedes Buch ein von Hand geschriebenes Exemplar war, das im Skriptorium eines Klosters oder einer Schreibstube oder eben vom Interessenten selbst kopiert worden war. Ein Buch stellte auch rein materiell noch einen großen Wert dar, zu Petrarcas Zeiten, also vor Erfindung des Buchdrucks, ohnehin.

In der rechten Hand hielt Petrarca die Werke Vergils, in der linken die Schriften Ciceros über den Redner. Ciceros Gedanken über den Redner sollten Petrarca im Studium helfen, Vergils Werke den Geist nach anstrengendem Lernen auffrischen.[32] Er setzte es durch, nicht Jurist zu werden, sondern ließ sich zum Kleriker weihen. Aber Petrarca kam im Vergleich zu Martin aus einer weitaus vermögenderen Familie, die ein großes Ansehen genoss. So gelang es dem Italiener, Gönner zu finden, die seinen Lebensunterhalt bezahlten, so dass er sich ganz der *vita contemplativa* widmen konnte, einer mönchischen Lebensform, die auch Boethius in der »Consolatio philosophiae« als die dem Menschen einzig angemessene gepriesen hatte.

Auch der von Martin verehrte Dichter Battista Mantovano hatte sich gegen seinen Vater durchgesetzt, war dann allerdings Mönch geworden. Zwar stellte Petrarca in seiner Schrift in der Form eines Briefes »De otio religiosorum« (Von der Muße der Mönche) Martin vor Augen, dass man nur in der Ruhe des Klosters den Sünden und dem leeren Treiben der Welt mit ihren Mühen und Zumutungen entkommen und durch die dort herrschende Muße zu einer inneren Harmonie, die der Verbindung mit Gott entspringe, gelangen könne. Allerdings gestand Petrarca gleichfalls ein – was Martin in der Entscheidung nicht weiterhalf –, dass er selbst nicht in der Lage war, auf die Freuden der Welt zu verzichten. Immer wieder hatte sich Petrarca mit Augustinus auseinandergesetzt, den er bewunderte, aber dem nachzueifern ihm einfach nicht glücken wollte.

Augustinus war bereits dem Schüler Martin Luder bei den Brüdern vom gemeinsamen Leben begegnet und von da an immer wieder. Eindrucksvoll beschrieb Augustinus sein Erweckungserlebnis in den »Confessiones«, und er bezog sich auf den Apostel Paulus. Da Martin die Bibel studierte, kannte er inzwischen die *conversio*, die Bekehrung, des Paulus, wie sie in der Apostelgeschichte beschrieben stand. Auf dem Weg von Jerusalem nach Damaskus, wo Paulus die Christen verfolgen wollte, begegnete ihm Jesus. Plötzlich traf ihn in dieser blühenden Landschaft, in dem Moment, in dem er kurz den Blick nach oben richtete, als würde er sich in die Richtung wenden, aus der er einen Ruf vernommen zu haben glaubte, das Licht. Paulus wurde von dem Licht wie von harter Hand sofort zu Boden geworfen. Bevor er noch versuchen konnte, sich zu orientieren, hörte er bereits eine Stimme, die ihn deutlich, unaufgeregt, fast freundlich fragte: »Saulus, warum verfolgst du mich?« Und Saulus antwortete in seiner Überraschung mit einer Gegenfrage: »Wer bist du, Herr?« Doch er brauchte gar nicht zu fragen, im Grunde wusste er es, auch wenn er es nicht wahrhaben mochte. Jesus jedoch gab sich ihm zu erkennen, vor allem aber gab er ihm einen Auftrag: »Denn dazu bin ich dir erschienen, um dich zu erwählen zum Diener und zum Zeugen für das, was du von mir gesehen hast und was ich dir noch zeigen will. Und ich will dich erretten vor deinem Volk und vor den Heiden, zu denen ich dich sende, um ihnen die Augen aufzutun, dass sie sich bekehren von der Finsternis zum Licht und von der Gewalt des Satans zu Gott. So werden sie Vergebung der Sünden empfangen und das Erbteil samt denen, die geheiligt sind durch den Glauben an mich.« So hatte der spätere Schüler des

Paulus, der Arzt Lukas, das Ereignis von Damaskus beschrieben.

Und das Bekehrungserlebnis des Kirchenvaters Augustinus las sich für Martin nicht anders: In einer verzweifelten Situation, in der sich Augustinus um sein Seelenheil sorgte, widerfuhr ihm Folgendes: »Ich aber warf mich unter einem Feigenbaum zu Boden, ich weiß nicht, wie es kam, und ließ den Tränen ihren Lauf, und Ströme brachen aus meinen Augen, das Opfer, das Du liebst, und vieles sagte ich Dir, nicht in diesen Worten, aber in diesem Sinne: ›Und Du, Herr, wie lange noch? Wie lange noch, Herr? Wirst Du zürnen bis zum Ende? Ach, denke nicht mehr unserer alten Missetaten!‹ Denn nur sie, ich fühlte es, hielten mich noch auf.«[33]

War Martin nicht in einer ähnlichen Situation? Aber wie Paulus sandte der HERR auch Augustinus ein Zeichen: »Da auf einmal hörte ich aus dem Nachbarhaus die Stimme eines Knaben oder eines Mädchens im Singsang wiederholen: ›Nimm es, lies es, nimm es, lies es.‹ ... ich wusste keine andere Deutung, als dass mir Gott befehle, das Buch zu öffnen und die Stelle zu lesen, auf die ich zuerst träfe.«[34] Und als Augustinus das Buch aufschlug, stieß er auf die berühmte Passage aus dem Römerbrief des Paulus, die davon sprach, sich von der Welt abzuwenden und den Leib Christi anzuziehen, Christus zu folgen, ihm nachzueifern.

In dieser für ihn psychisch sehr angespannten Situation kam der Schwarze Tod nach Erfurt. »Also man schrieb nach Christi geburt 1505 jare, da erhub sich das sterben zu Erfford an der pestilentz. Do tzogin die magistri us, unde eyn ickelicher, bohynne he konde.«[35] Die Epidemie griff um sich, und wer konnte, verließ die Stadt in der Hoffnung, sein Leben zu retten. Einige Studenten zogen unter Führung des Dichters Eobanus Hessus aus Erfurt aus und gingen nach Frankenberg, in die Heimatstadt des Dichters, um dort in den Räumen der örtlichen Lateinschule weiter Vorlesungen zu hören.

Jodokus Trutfetter zog sich nach Eisenach zurück. Der Vorlesungsbetrieb brach zusammen, ebenso wie das gesamte öffentliche Leben. Hätte es noch eines Zeichens bedurft, um Martin zu verdeutlichen, wie gefährdet das Leben war, so hätte es kaum ein eindrucksvolleres und ein erschütterndes Memento mori als das große Sterben geben können. Die Hilflosigkeit der Ärzte angesichts des Wütens der Pest, das Zusammenbrechen der menschlichen Ordnung, eine Zügellosigkeit, die darin bestand, noch zu raffen, was zu raffen, noch zu genießen, was zu genießen war, bevor der große Gleichmacher kam, forderten unmissverständlich eine Entscheidung von ihm. Und weil er nicht wusste, was er tun sollte, betete er zur heiligen Anna um ein Zeichen. Auch um sich nicht der Gefahr der Infektion auszusetzen, verließ er Erfurt und wanderte schließlich nach Mansfeld. Fiel es auch schwer, es war höchste Zeit, mit dem Vater zu reden.

»Es ist schön von Euch, dass Ihr uns besucht«, begrüßte ehrfurchtsvoll der Vater den Sohn, und nach ihm die Mutter und die Geschwister. Die Freude des Vaters sollte jedoch bald aus seinem Herzen und seinem Gesicht weichen, als Martin sich durchrang, von seinen Anfechtungen zu sprechen, davon, dass er sich stärker Gott zuwenden wollte. »Was heißt das?«, fragte der Vater schmallippig.

»Dass Jura nicht der richtige Weg für mich ist.«

»Sondern?«

»Die Theologie!« Hans Luder schlug mit der Faust auf den Tisch und fragte seinen Sohn, ob er ein Schmarotzer werden wolle. Ob ihm das schöne Leben, das ihm der Vater, die ganze Familie spendierte und dafür Einschränkungen in Kauf nahm, zu Kopf gestiegen sei. Martin solle sich den Philipp Drachstedt ansehen, einer der reichsten Männer der Grafschaft, Doktor der Rechte, Bergrat, Besitzer von Hüttenfeuern und, was bisher noch keinem Hüttenunternehmer gelungen war, Teilhaber der Altenburger Saigergesellschaft. Die Familie arbeitete für Martin, und Martin hatte deshalb auch eines Tages für die Familie zu arbeiten. Immer mehr Hüttenfeuer pachtete Hans Luder, Hüttenfeuer, die Jakob und Martin eines Tages betreiben sollten. Vielleicht wurde es ja auch Zeit, dass Martin eine Frau bekäme, die ihm die Flausen schon austreiben würde. Und dann sprach er von der guten Partie, die er sich für Martin vorstellte, und davon, dass er mit seinem künftigen Schwiegervater schon Absprachen getroffen hatte.

»Aber Vater«, versuchte es Martin unsicher, »wäre es nicht gottgefällig, sich um Gott zu bemühen? Seinen Ratschluss zu erkennen, zu lernen ...«

»Des Teufels Arschgesicht ist es! Er hat dir Fratzen geschnitten, er buhlt um dich! Will wissen, wer dich in Erfurt verhext hat?! Nichts da, du studierst die Rechte, und nach dem ersten Studienjahr wird geheiratet, Herr Magister!« Martin fiel auf, dass der Vater ihm gegenüber von dem »Ihr« abgegangen und zum »Du« zurückgekehrt war und dass in dem Titel Magister sich alle Ironie und alle Drohung zusammenballte, zu der sein Vater fähig war.

Widerspruch war nicht möglich. Als Sohn hatte er sich dem Willen des Vaters zu beugen. Martin beichtete, Martin betete. Nun wusste er überhaupt nicht mehr, was tun, zumal ein Datum gesetzt war, denn eine Heirat hätte jeden anderen Weg versperrt. So wie Mutter und Vater zu ehren waren, wie er auf den Vater zu hören hatte, so durfte das Sakrament der Ehe nicht gebrochen werden. War er erst einmal verheiratet, konnte er weder Mönch noch Priester werden, und ein Theologiestudium kam schon deshalb nicht in Frage. Schweren Herzens begab er sich nach Erfurt zurück. Inständig bat er Gott um ein Zeichen. Wenn Gott stumm blieb, dann sollte ihn die Pest doch fressen.

Und noch etwas spielte eine Rolle: sein Charakter; seine mitteldeutsche Querköpfigkeit, sein Widerwille dagegen, sich zu beugen. Gegen seinen Willen getrieben zu werden empörte ihn zutiefst, auch wenn er sich das nicht eingestand. Trotz mischte sich mit Ratlosigkeit, die Panik, eine falsche Entscheidung zu treffen, mit Verzweiflung. Am Sonntag hatte er noch die Messe in Mansfeld gefeiert und eifrig gebetet, am Montag war er in aller Frühe aufgebrochen. Er wollte weg, nur noch schnell weg von hier. In die Kämpfe seines Herzens versunken, geriet er am darauffolgenden Tag, am 2. Juli, in der Nähe eines Dorfes namens Stotternheim, zwei Tagesreisen von Mansfeld und zwei Wegstunden von Erfurt entfernt, in ein heftiges Gewitter. So düster, wie es in ihm aussah, so hatten auch schwarze, tief hängende Wolken seinen Weg verfinstert. Ein heftiger Blitz, der neben ihm in die Erde schlug, erschreckte ihn zutiefst. Waren die Pforten der Hölle offen? Griff bereits der Teufel nach ihm? Und er hatte gut greifen, denn er packte ihn an seinen Sünden wie am Schlafittchen und würde ihn an seinen Missetaten in die Hölle schleifen. So empfand es Martin! Und in Ewigkeitsfurcht brüllte er: »Sancta Anna, hilf, ich werd ein Mönch!« Er hatte das Gelübde abgelegt, als sich das Wetter legte. Unversehrt traf er zwar in Erfurt ein, aber der Schwur war getan, den er nicht brechen durfte. Sicher, niemand wusste davon, auch konnte ein Gelübde angefochten, man selbst von der Erfüllung suspendiert werden, wenn es nicht aus freien Stücken geleistet worden war. Und Martin hatte es in der Tat nicht freiwillig abgelegt, sondern in Todesangst und in Todesgefahr. Er hätte sich also entpflichten können! Nur – war das nicht Gottes Zeichen, um das er gebeten hatte? Paulus wurde von einem Lichtstrahl, also einem Blitz zu Boden geworfen, Augustinus wurde auf die für ihn entscheidende Schriftstelle durch einen scheinbaren Zufall gestoßen, und ihm hatte die heilige Anna eingegeben, Mönch zu werden. Freilich stand er im Widerspruch, entweder das Gebot des Vaters oder Gottes Gebot zu brechen. Aber hieß es nicht im Evangelium: »Wer Vater oder Mutter mehr liebt als mich, ist meiner nicht wert« (Mt 10,37)?

In dieser unübersichtlichen und vertrackten Situation wandte er sich abermals um Rat an Johannes Braun, und sein väterlicher Freund und Mentor riet ihm, das Gelübde zu erfüllen. Einen Vorteil barg die Lösung, ins Kloster zu gehen und Mönch zu werden: Er wäre der Welt gestorben, stünde in keiner, auch nicht finanziellen Abhängigkeit zu seinem Vater und auch nicht mehr in der Gehorsamspflicht, denn die hätte er dann gegenüber den Ordensoberen. Wenn Martin sich umschaute, hätte er Franziskaner oder auch Dominikaner werden können, aber die Wahl lag auf der Hand. Die Lektüre und die Beschäftigung mit Augustinus verwies auf den Orden der Augustiner, die behaupteten, ihre Regel von Augustinus bekommen zu haben.

Gleichzeitig kümmerten sich die Augustiner um die Bildung und um die Wissenschaft. In Erfurt unterhielten sie ein Generalstudium, eine Ordenshochschule, die mit der Universität kooperierte und ihm das Studium der Theologie ermöglichte. Führende Augustiner wie ihr General Egidio da Viterbo wurden als Gelehrte und Humanisten geachtet. In Thüringen, in Erfurt zumal hatte sich eine Elite des Ordens zusammengefunden, die sogenannten observanten Augustiner-Eremiten, die für eine besonders konsequente Befolgung der Ordensregeln eintraten. Leicht wollte es Martin nicht haben, sondern den schwersten Weg wählen, wenn er denn Mönch wurde. Sein Vater, wie viele andere Menschen auch, schätzte die Mönche nicht, die in seinen Augen nicht arbeiteten, sondern mit dem Bettelsack herumliefen, um hart schuftenden Menschen Geld abzupressen, die auf Pfründen die Bevölkerung, die den Zehnten und manche Sondersteuer zu entrichten hatte, ausbeuteten, um ihr Wohlleben zu finanzieren. In der Tat ließ die Klosterzucht im Allgemeinen zu wünschen übrig, und da dritt- und viertgeborene Kinder des Adels gern in Klöster abgeschoben wurden und auch sonst mancher den Konvent nicht als Ort sah, an dem Gott gedient wurde, sondern als Versorgungsstelle, die den Lebensunterhalt sicherte, nahmen sich nicht wenige Mönche alle Freiheiten heraus, die sie wollten. Reuchlins Spott im »Sergius« über die saufenden, fressenden, habgierigen und geilen Mönche, die in den Hurenhäusern der Stadt zur Stammkundschaft zählten, stand literarisch nicht allein und verdankte seine Entstehung dem weitverbreiteten Missstand der Heuchelei und Blasphemie. Und was wollte man auch von kleinen Mönchen erwarten, wenn selbst Papst Julius II. in Rom den Luxus liebte und den Krieg? Sein Vorgänger Alexander VI. hatte sogar offen im Konkubinat gelebt und seine Kinder offiziell anerkannt. Dessen Vorgänger und Nachfolger sprachen dagegen leicht verschämt von ihren Kindern als ihren Neffen und Nichten. Dieser Sittenverfall wurde auch von den Mönchen gesehen, so dass eine Gegenbewegung entstand und sich in den Orden observante Zweige herausbildeten, die es sehr streng mit der Klosterregel hielten, die sie teils noch verschärften. Zu ihnen zählten die Erfurter Augustiner-Eremiten, und zu ihnen wollte Martin gehen. Auch um den Argumenten des Vaters den Wind aus den Segeln zu nehmen.

Er verkaufte fast alle seine Bücher, außer einem Band mit Komödien von Plautus und den »Bucolica« von Vergil, von denen er sich nicht zu trennen vermochte und die er mit ins Kloster zu nehmen gedachte. Dann lud er seine Freunde – Crotus Rubeanus, Johannes Lang, die Brüder Eberbach und die anderen, wohl auch die Frauen, die zum Kreis gehörten – zu einem Abschiedsmahl ein. Noch wusste niemand etwas, und Martin hatte, nach dem Grund für die Einladung gefragt, immer sehr geheimnisvoll getan. Irgendwann nach Mitternacht, nachdem man getrunken und gesungen, Verse rezitiert und aus Büchern vorgelesen hatte – vielleicht auch eine Szene aus dem »Sergius«, oder nachdem Martin ein paar Seiten aus Petrarcas »De otio religiosorum« zum Besten gegeben hatte –, eröffnete er den Freunden, dass er in wenigen Stunden in das Kloster der Augustiner-Eremiten eintreten werde. Lähmendes Entsetzen machte sich breit, und wer auch immer zuerst seine Worte wiederfand, dürfte in ihn gedrungen sein, um ihn von diesem endgültigen Entschluss, der fürs ganze Leben halten würde, abzubringen, und nach ihm alle anderen. Aber sie kannten ihn auch, wussten, dass er stur, von einem einmal gefassten Vorsatz nur schwer oder gar nicht abzubringen war. Und was sollten, was konnten sie seinen Argumenten, dass er Gott nahe sein und der schrecklichen Strafe, die ihn am Ende aller Tage sicherlich treffen würde, entgehen wollte, schon entgegensetzen? Für ihn gab es nur ein Mittel, um in Jesu schrecklichem Gericht nicht die schlimmsten Strafen auferlegt zu bekommen, nämlich im Kloster, in der Konzentration Verdienste zu erwerben, die ihm, wenn es eines Tages so weit sein sollte, angerechnet werden würden.

Alles Jammern und Klagen, alles gute Zureden und Argumentieren, alles Bitten und Flehen half nichts – im Morgengrauen brachen sie auf und begleiteten Martin zum Augustinerkloster. Der Weg war nicht weit, sie mussten nur die nächste Querstraße nehmen, nach rechts laufen, die Brücke über die Gera passieren und gleich nach dem Brückenhaus scharf rechts abbiegen, um vor der südlichen Klosterpforte zu stehen.

Es kam ihnen vor, als wären sie auf einer Beerdigung, und ein bisschen war es ja auch so. Martin klopfte an die Pforte, dann wandte er sich noch einmal zu seinen Freunden und rief ihnen zum Abschied zu: »Heute seht ihr mich noch und dann nimmermehr!«, wandte sich um und bat den Bruder Pförtner um Aufnahme.

9. Kreuzgang vor Gottes Gericht

Von rechts sandte die Sonne zaghafte Lichtstrahlen über die Dächer Erfurts und tauchte die Mauern des Augustinerklosters in zarte Helligkeit. Lange Schatten fielen in Richtung Fluss, denn noch stand die Sonne tief im Osten. Obwohl er die Nacht mit seinen Freunden in einem wild-schwermütigen Abschiedsfest verbracht hatte, ließ die Aufregung jegliche Müdigkeit zerstieben. Durch die südliche Pforte, die in ihrer Form an ein Kreuz erinnerte, betrat Martin von der Comthurgasse aus den Hof des Klosters und wurde vom Bruder Pförtner über den Kreuzgang in das Priorat geführt. Das freche und vergnügte Zwitschern der Singvögel klang in seinen Ohren wie Himmelsmusik.

Es ist anzunehmen, dass er zuvor bereits eine Unterredung mit dem Prior Winand von Diedenhofen geführt, ihn von seinem Vorhaben in Kenntnis gesetzt und Tag und Stunde seines Eintritts abgesprochen hatte. Immerhin lagen zwischen dem Gelübde bei Stotternheim und diesem Morgen gute zwei Wochen. Mit endlosen Grübeleien, in welchen Orden er eintreten sollte, hatte er diese Zeit jedenfalls nicht zugebracht, denn nur dieses Kloster kam für ihn in Frage, weil es als einziges seine strengen Vorstellungen erfüllte. Hieß es bei den Dominikanern, die Erkenntnis Gottes gelinge mithilfe scholastischen Philosophierens auf der Grundlage der Philosophie des Aristoteles, so gingen die Franziskaner den gegenteiligen Weg und übten sich in der Nachfolge des heiligen Bonaventura in einem praktischen

Erfahren Gottes, in dem Bemühen um gute Werke. So schrieb Bonaventura: »Denn jede Betrachtung des Weisen blickt entweder auf die Werke des Menschen – indem er darüber nachdenkt, was der Mensch getan hat, was er tun sollte und was der Beweggrund seines Handelns ist – oder auf die Werke Gottes – indem er darüber nachdenkt, wie viel Gott dem Menschen Gutes erwies, da er alles seinetwegen erschaffen hat, wie viel er dem Menschen nachsah und wie große Verheißungen er ihm gab.«[36]

Weder die Spekulation noch die praktische Dimension stellte hingegen für die Augustiner-Eremiten den Endzweck der Theologie dar, sondern die Liebe. So hieß es klar und deutlich bereits im Eingang ihrer Ordensregel, die Martin zuvor studiert hatte: »Vor allen Dingen, geliebteste Brüder, soll Gott geliebt werden, sodann die Nächsten; denn das sind die Hauptgebote, die uns gegeben worden sind.«[37] Die Leidenschaft, das, was Gott in uns erzeugt, sahen sie als die vornehmste Aufgabe an. Denn die Liebe zu Gott kam nicht von selbst, entsprang nicht einfach so dem Menschen, sondern sie wurde in ihm erzeugt, wachgerufen, affiziert. So stellte Aegidius von Rom klar: »… theologia nec speculativa nec practica proprie dici debet: sed affectiva«[38] (… weder die philosophische noch die praktische ist richtige Theologie, nur die affektive).

Kontemplatives Leben im Kloster und Lehrtätigkeit an der Universität wurden nach Ansicht der Augustiner-Eremiten von der Liebe zu Gott bestimmt, die ER in den Menschen affizierte, aufrührte, hervorrief. Gott legte den Keim zu dieser Liebe in alle Menschen als ein Gnadengeschenk, doch inwieweit sie davon Gebrauch machten, sie nutzten und mit welcher Konsequenz sie diese Liebe lebten, das hing vom Menschen selbst ab. Ob in dieser Grauzone zwischen Affekt und Effekt, zwischen Anlage und Nutzen der freie Wille oder eine Prädestination wirkte, gehörte zu den großen Streitfragen der Zeit – und eigentlich sollte dieser Disput von den Tagen an, da Augustinus ihn gegen Pelagius und den wunderbaren Julianus von Eclanum mit allem Grimm und aller Eloquenz angestimmt hatte, nicht mehr verstummen.[39]

Was Martin in den folgenden Monaten und auch Jahren im Orden erfahren sollte, war dies: Von der Idee des Affekts ausgehend, konnte einer der wichtigsten Augustinerphilosophen, Gregor von Rimini, keinen prinzipiellen Unterschied in der Erkenntnis Gottes durch den Laien oder durch den Theologen ausmachen, wenngleich dem Theologen aufgrund seiner professionellen Beschäftigung die Aufgabe zufiel, den Glauben vor Häresien und Irrtümern zu schützen. Aegidius von Rom akzeptierte, dass es mehrere Ziele in der Theologie geben könne, nur forderte er, dass sie in einer klaren Reihenfolge stünden, und zwar seien es von unten nach oben: 1. *bona operatio* (gute Werke), 2. *speculatio* (Nachdenken, Philosophieren) und 3. schließlich *dilectio*, als höchstes die Liebe, die Liebe zu Gott und zu den Nächsten. Das war gut paulinisch gedacht, und vor allem traf es das, was Martin bewog, ins Kloster zu gehen. Er hatte sich immer und immer wieder befragt, seine Seele im Gebet geprüft, in der Beichte um Rat ersucht und stets die gleiche Antwort erhalten, dass er sich Gott am besten als Mönch und als Theologe nähern konnte, zumal zumindest in der Theorie der Mönch, wenn er denn seine Ordensregel strikt befolgte, Gott am nächsten stand und sein Leben als wesentlich gottgefälliger galt als das Leben eines Familienvaters, eines Handwerkers oder eines Bauern oder eines Bergmanns, auch als das eines Mediziners oder gar eines Fürsten. Seine bedingungslose Hingabe an Gott, die kein weltliches Treiben ablenkte, die Befolgung des Zölibats, die verhinderte, dass die Liebe und vor allem die Sorge des Menschen nicht Gott zuerst, sondern seiner Frau und seinen Kindern galt, heiligten in der Theorie den Stand. In der Ordensregel hieß es dazu: »Der Herr verleihe, dass ihr als Liebhaber der geistigen Schönheit dieses alles beobachtet, als solche, die durch ihren guten Wandel den Wohlgeruch Christi verbreiten; nicht wie Sklaven unter dem Gesetze, sondern wie Freie unter der Gnade.«[40] Konnte Martin seiner Familie nicht als Jurist dienen, so vermochte er jetzt doch so unendlich viel mehr, nämlich durch sein Leben, durch die rückhaltlose Befolgung der *via Augustini* Ablass für seine Liebsten in der Ewigkeit zu erwerben, denn der Schatz der Kirche speiste sich aus dem Überschuss an Heil, den die Heiligen durch ihr gottgefälliges Leben verdienten, aus Sicht der römischen Kurie: erwirtschafteten. Dieses Heil konnte man nutzen, um für die Menschen einen Ablass ihrer Sündenstrafen im Fegefeuer zu erwirken. Weit mehr als sein Vater zu sehen geneigt war oder auch nur zu ahnen sich anschickte, bewirkte Martin für die Familie, indem er das Jurastudium beendete und durch die Klosterpforte schritt, um ein Mönch zu werden. Im Grunde brachte er mit dem Eintritt ins Kloster Gott, aber nicht weniger auch seiner Familie ein Opfer.

Wollte er diesen Weg konsequent verfolgen, kam in Erfurt nur der Konvent der Augustiner-Eremiten in Frage. In den anderen Klöstern herrschten, wie es in Erfurt Stadtgespräch und auch Martin nur allzu bekannt war, besorgniserregende Zustände. Der Abt des Schottenklosters, der traditionell auch Konservator der Universität war, wurde von der Universität wegen Faulheit vertrieben, der Ordensgeneral der Dominikaner, Vincenzo Bandello, setzte den Professor, der von den Dominikanern für die Erfurter Universität gestellt wurde, wegen katastrophaler Amtsführung ab – bis Rom war die Kunde von der Schmach der Dominikaner in Erfurt gedrungen. Der Abt der Benediktiner sah sich außerstande, die Klosterdisziplin durchzusetzen, und der Prior der Serviten hatte Bücher aus der Universitätsbibliothek mitgehen lassen und meistbietend verkauft, um seine Wallfahrt nach Jerusalem zu finanzieren.[41] So ragte das Kloster der Augustiner-Eremiten, das sich zur strengen Observanz bekannte, wie ein Fels in der Brandung des Niedergangs hervor. All dies wusste Martin. Die Dominikaner hielt er zwar für gelehrt, aber für eitel und hochmütig, die Franziskaner aber verachtete er als die Läuse im Pelz des Volkes.

Nach einer kurzen Begrüßung gingen der Prior und Martin in die Augustinerkirche hinüber, um zu beten. Vor der Kirche richteten sich gerade die Bettler für ihr Tagewerk ein, sicherten sich einen halbwegs bequemen Platz und präsentierten ihre Leiden, die Mitleid erregen und zu reichlichen Almosen ermuntern sollten. Aussätzige entblößten ihre schwärenden Wunden, Blinde drückten sich so in eine Nische, dass sie mit erhobenem Haupte ihre trüben Augen ausstellen konnten, einige von ihnen achteten allerdings dabei sehr darauf, nicht in die Sonne schauen zu müssen, und Verkrüppelte breiteten ihre Stümpfe vor sich aus wie Preziosen. Durch das Löwen- und Papageienfenster brach das Morgenlicht und flutete die Kirche mit

Helligkeit. Das Rot schien zu brennen, das Blau strömte ins Kirchenschiff wie eine Woge aus Wohlgefühl. Martin tauchte in ein neues Leben ein. Vor dem Prior legte er sehr penibel seine Generalbeichte ab. Schon Tage zuvor hatte er immer wieder sein Gedächtnis und sein Gewissen geprüft, damit ihm ja keine Verfehlung oder gar eine Sünde beim Beichten entfiel und er somit bereits bei seinem Eintritt ins Kloster sich schuldig machte, indem er einen Teil seiner Missetaten verschwieg, wissentlich oder unwissentlich, unaufrichtig und sündhaft blieb es allemal. Nachdem Winand ihm die Absolution erteilt hatte, bat er um Aufnahme als Novize, was er dem Brauch gemäß als Bitte um Barmherzigkeit formulierte. Aus der schlechten Welt in die reine Welt des Klosters, wie er glaubte, zu kommen, aufgenommen zu werden in das Vorzimmer zum Himmel, seine Seele zu retten, was war das anderes als die allerbarmherzigste Barmherzigkeit?

Die nächsten Tage und Wochen verbrachte er als Postulant, um sich im Kloster einzuleben. Immer noch stand ihm der Rückweg in die Welt offen, aber er fieberte im Gegenteil seiner Aufnahme als Novize entgegen. Dann schor man ihm die Haare, so dass nur ein dünner Kranz wie ein Flaum auf seinem Haupte stehenblieb.

Regnerisch und ungewöhnlich warm verabschiedete sich der Herbst im Jahr 1505. Zwei Brüder betraten seine Zelle, forderten ihn auf, mitzukommen, führten ihn den Kreuzgang entlang und betraten schließlich den Kapitelsaal des Klosters. In dem schönen Raum, in dessen Mitte wie aus einem Stamm dem achteckigen Pfeiler vier Kreuzrippengewölbe entsprangen und die ganze Last dieser Welt zu tragen schienen, hatten sich die gut fünfzig Mönche des

Klosters versammelt. Auf den Stufen des Altars saß Winand von Diedenhofen mit einer Würde, die aus der Selbstverständlichkeit seiner Amtsauffassung kam. Martin warf sich vor dem Prior auf die roten Ziegel. Seine Selbsterniedrigung, die er als heftig und heilsam – im Sinne von zum Heile führend – empfand, galt Gott, dem Prior als neuem Vater und den geistlichen Brüdern. »Was begehrst du?«, fragte der Prior zwar mit strenger Stimme, die aber ein freundliches Timbre aufhellte.

»Gottes und Eure Barmherzigkeit«, antwortete Martin wie vorgeschrieben.

»Erheb dich, mein Sohn.« Er leistete der Aufforderung langsam und gemessen Folge, behielt aber den Kopf gesenkt, und auch der Körper verharrte mit etwas nach vorn geneigten Schultern und einem gebeugten Rücken in der Haltung der Demut.

»Bist du verheiratet?«

»Nein, Vater.«

»Bist du leibeigen?«

»Nein, Vater.«

»Leidest du an einer Krankheit?«

»Nein, Vater.«

»Kennst du unsere Ordensregel?«

»Ja, Vater.« Winand schaute ihn prüfend an, auch wenn ihm seine Menschenkenntnis verriet, dass dieser asketische junge Mann weder lügen noch prahlen würde. Er strahlte eine eigenartige geistige Gründlichkeit aus. Solidität mit Eigensinn. »Sollen wir denn Sklaven unter dem Gesetze sein?«, testete der Prior den Postulanten dennoch.

»Nein, Vater, wir sollen Freie unter der Gnade Gottes sein.« Der Prior verkniff sich ein Lächeln, nur seine Augen leuchteten kurz auf. Dann führte er dem jungen Mann drastisch die Härte des Ordenslebens in aller Ausführlichkeit vor Augen. Abschreckend sollte dies auf denjenigen wirken, der nur mit halbem Herzen bat. So viel entnahm er der Schilderung des Priors, dass er sein Leben vollständig verändern und sich der Gemeinschaft unterordnen musste. Gemäß der Ordensregel hieß das, so arm zu sein, dass man nicht einmal eigene Kleidung besaß und selbst die Kutte vom Konvent zugeteilt wurde, die noch dazu aus derbem Stoff bestand. Klausuren, um seine Seele penibel zu prüfen und in denen er sich, verbannt in den Labyrinthen eigener Sündhaftigkeit, auszuhalten hatte, standen regelmäßig an, und das Fasten war rigoros einzuhalten, wenn nicht ein schwerwiegender medizinischer Grund dagegenstand. Zwei Mahlzeiten würden am Tag gereicht. Außerhalb der beiden gemeinsamen Mahlzeiten durfte nicht gegessen werden. Wer es dennoch tat, dem sollte zunächst der Mitbruder, der es bemerkt hatte, sanft ins Gewissen reden und, wenn das nicht half, sollte er es dem Prior melden, damit der Sünder bestraft würde. Diese Regelung galt für alle Disziplinarvergehen der Mönche.

Während der Mahlzeiten wurden die Psalmen vorgelesen, damit nicht nur der Bauch, sondern auch die Seele und der Verstand Nahrung erhielten. Reden bei Tisch war verboten, und beim Trinken hatten beide Hände den Becher zu umfassen. Da die Augustiner-Eremiten zu den Mendikanten zählten, gehörte es zur Pflicht, sich den Sack überzuwerfen und betteln zu gehen. Mit den anderen Mendikantenorden wie den Franziskanern, Dominikanern, Karmelitern und Serviten hatte man das Territorium in und um Erfurt in Termineien eingeteilt, in denen der betreffende Orden predigen und betteln durfte und die Seelsorge mit anschließender Kollekte abhielt. Über all das finanzierte sich der Orden. Vor allem – und darin bestand das oberste Gebot – hatten der Novize und später der Mönch auf den eigenen Willen zu verzichten und sich dem Prior vollständig zu unterwerfen.

»Bist du bereit, danach zu handeln? Bist du bereit, die Schwachheit des Fleisches zu bekämpfen und unsere Ordensregel, die wir vom heiligen Augustinus bekommen haben, einzuhalten?«

»Ja, Vater!«

»Gott, der in dir das gute Werk begonnen hat, wird es auch vollenden! Amen.«

»Amen«, sagte Martin und mit ihm die Mönche. Dann begannen sie die Ordenshymne zu singen: »Magne pater Augustine« (Großer Vater Augustin). Nachdem der letzte Ton verklungen war, zog er Wams und Hose aus, spürte dabei mit jedem Kleidungsstück, wie er sein altes Leben abstreifte, und legte die Ordenskutte an. »Es ziehe dir der Herr den neuen Menschen an, der von Gott geschaffen ist in Gerechtigkeit und Heiligkeit der Wahrheit«, sprach der Prior und schlug das Kreuz. Geburt, dachte Martin, es ist wie eine Geburt. Er war jetzt ganz von einem heiligen Schauer ergriffen und bemühte sich, seiner Stimme einen festen Klang zu geben, was ihm freilich nur halb gelang: »Herr, mache deine Knechte heil.« Da knieten die Mönche nieder und beteten zu Gott um SEINEN Segen und SEINEN Beistand für den Novizen, vor allem darum, dass der Novize nicht zaudern und zagen, nicht wanken und abtrünnig werden, sondern nach dem Noviziat auch Mönch werden und Seligkeit erlangen möge. Dass diese fünfzig

Mönche für ihn beteten, erfüllte ihn mit Freude und beschämte ihn doch zugleich. Er bewunderte diese Männer, die mit großem Ernst Gott dienten und diesem Dienst ihr Leben geweiht hatten. Bald schon, in einem Jahr und einem Tag, würde er ganz zu ihnen gehören, einer von ihnen sein. Seitdem er mit dreizehn Jahren das Elternhaus verlassen hatte, lebte er mit anderen, erst Schülern, später mit Studenten in einer fast klösterlichen Ordnung zusammen, so dass ihm vieles zwar vertraut war, nicht aber die Konsequenz dieser Lebensweise, die auf einen komplett durchorganisierten Tagesablauf hinauslief. Doch gerade das sollte ihm recht sein, wenn denn in diesem Tagesplan auch Zeit für das Studium blieb. Das Gebet der Mönche für ihn, Martin Luder, kam dem jungen Mann wie ein erster Bote der Brüderlichkeit vor.

Nach der Fürbitte sangen die Mönche »Komm Heiliger Geist« und sie zogen zur Augustinerkirche in einer Prozession, deren Schluss der Prior und der Novize bildeten. In der Kirche angekommen, bewegten sie sich rechts und links zum Chorgestühl, während der Novize sich vor dem Hauptaltar hinlegte und die Arme in Kreuzesform abspreizte. Die Mönche beteten zum Heiligen Geist und zum heiligen Augustinus, dass beide dem Novizen beistünden und ihn aus seiner Ungerechtigkeit erretteten. Es folgte der Friedenskuss. »Selig ist nicht der, der beginnt, sondern der beendet«, mahnte der Prior und fügte hinzu: »Bruder Johann wird sich jetzt um dich kümmern.«

In Martins Hand legte Johann Grevenstein eine in rotes Leder eingebundene Bibel und ermahnte ihn, fleißig darin zu lesen. Der Mahnung hätte es allerdings nicht bedurft. Er würde diese Leihgabe reichlich zu nutzen wissen, denn nach nichts sehnte er sich mehr als nach dem Studium von Gottes Offenbarung. Einen besseren Novizenmeister als den erfahrenen Johann Grevenstein, der ihn in die Aufgaben, Exerzitien und Bräuche eines Augustiner-Eremiten einweisen würde, konnte er sich indes schwerlich wünschen. Im Grunde musste er ein neues Leben erlernen. Aus der ererbten Sündhaftigkeit des Menschen ergab sich, dass der Mensch im Allgemeinen und der Augustiner-Eremit im Besonderen und in weitaus stärkerem Maße häufig zu beichten hatte. Martin hatte zu lernen, die Sünde zu erkennen, ihre Schwere zu begreifen und eine strukturierte Beichte abzulegen, die im Grunde eine Art Seelenschau, eine schonungslose Selbstanalyse darstellte. Nicht das wahllose Gefasel über Sünden, Sündchen und kleine Verfehlungen wollte man hören, sondern das Ergebnis der umfassenden Selbstprüfung des Beichtenden, dessen Beichte bereits die Schwere der Sünden qualifizierte, und da die schwersten sich am besten verbargen, galt es, sie auch aufzuspüren in den Tarnungen, die ihnen ein geschickter Geist oder die Einflüsterung des Teufels gewährten. Gleichzeitig aber bot die Beichte die Möglichkeit, das Leben im Kloster zu ertragen, den Verzicht, den der Mensch leistete, den Kampf mit seinen Bedürfnissen zu verarbeiten und eben nicht einfach nur zu verdrängen. Martin wurde in den Regeln und Vorschriften des Ordens unterwiesen, lernte, was er im Gottesdienst zu tun hatte, auch neue Hymnen und schließlich auch die Zeichen, mit denen man sich verständigte, wenn man unter dem Schweigegebot stand.

Das Schweigegebot galt eigentlich ständig. Wenn der Mönch nicht predigte, Seelsorge leistete, beichtete oder die

Beichte abnahm oder als Verwalter sich über rein praktische Angelegenheiten zu verständigen hatte, dann sollte er nicht reden, denn das Reden brachte es mit sich, dass man über unnütze Dinge sprach, über Nichtigkeiten, die vom Meditieren und vom Denken an Gott ablenkten. Außerdem konnte aus dem Reden schnell ein Tratschen werden, das in einem so kleinen und auf sich konzentrierten Kreis wie einem Konvent schnell in üble Nachrede, in Schmähen, Spotten und Verleumden ausarten konnte. Eine große Würde sollte stets die Gesichtszüge beherrschen, zu lachen oder Fratzen zu schneiden war untersagt, denn dies galt als Einfallstor des Teufels. Zudem hatte Martin ein neues Kommunikationssystem zu erlernen, das nicht nur aus den Zeichen, sondern auch aus Verbeugungen und dem Niederwerfen zu den rechten Anlässen an den dafür bestimmten Orten zu den dafür festgelegten Zeiten bestand. Mit anderen durfte Martin nicht ohne Erlaubnis des Novizenmeisters sprechen, und Geheimes und Diskretes hatte er nur dem Novizenmeister und dem Prior mitzuteilen oder gar zu beichten. So wurde der Novizenmeister die einzige Bezugsperson des Novizen, sein spiritueller und geistiger Führer – und nicht jeder konnte diese Position, die spezielle Fähigkeiten und Erfahrung voraussetzte, ausfüllen. Im hinter der Krämerbrücke liegenden Kloster der Predigerbrüder hatte zweihundert Jahre zuvor der große Philosoph und Theologe Meister Eckhart als Novizenmeister gewirkt. Menschenkenntnis war unverzichtbar, besonders aber eine große Erfahrung im Umgang mit den vermeidbaren und unvermeidbaren Anfechtungen des Menschen, der dieser Welt sterben und einem neuen Leben geboren werden sollte, ohne dass er dabei nur den Schatten einer

Chance besäße, den alten Adam in sich zu überwinden. Schuldig blieb der Mensch bis an sein Lebensende, und nicht einmal den Heiligen glückte es, diese Erbschuld auszulöschen, aber auch darüber tobte heftig der Streit der Theologen. Obwohl und auch wenn man sich große Mühe gab, letztlich wohnte im Fleisch doch die Sünde. Was man allerdings erlernen konnte, war, die Sünde einzuhegen, indem man das Fleisch abtötete – darum auch das exzessive Fasten – und sein ganzes Denken auf Gott fokussierte. Deshalb bezogen sich die Unterweisungen sogar auf den Habitus, die Gestik und die Bewegungen des Novizen: Der spezielle Gang und die besondere Körperhaltung der Mönche waren zu erlernen.

Johann Grevenstein war nicht nur ein alter und sehr erfahrener Novizenmeister, er bemühte sich auch, diejenigen, die über einen wachen Verstand verfügten, intellektuell zu fordern und zu fördern, denn der Orden benötigte ja auch Priester und vor allem Theologen, die an den Ordensschulen und den Universitäten lehren konnten. Nun gab es sicher auch schlichte Gemüter, die in einen Orden eintraten, nur Martin, und das konnte niemand übersehen, war dies ganz und gar nicht, denn er verfügte nicht nur über einen klugen, sondern auch über einen gebildeten Verstand. Man darf nicht vergessen, der Novize Martin Luder betrat als Magister Artium das Kloster und besaß damit eine erstaunliche Bildung. Es wäre weltfremd, anzunehmen, dass Prior und Novizenmeister nicht über den Novizen Martin Luder gesprochen hätten, den man im Auge behalten wollte – seiner Vorbildung und seinen Anlagen gemäß könnte er zu einer Zierde des Ordens werden. Auf dem Novizen Martinus lagen von Anfang an große Erwartungen, wovon er selbst allerdings weder etwas wusste noch ahnte.

Dass er eine Bibel erhielt, war nichts Besonderes, die bekam jeder Novize zur Lektüre. Dass er sie eifrig studierte, schon. Er vertiefte sich in den Kommentar des Hugo von Sankt Viktor zur Augustinerregel und vielleicht auch in die Schriften Hugos zur Meditation (De meditando), zu Dionysius Areopagita und »Über das Pfand der Seele« (De arrha animae). Er las sich geradezu in einen Rausch hinein, denn die Welt der Gottesnähe, die er ahnte, fand er hier dargestellt und erste Wege dorthin skizziert.

Grevenstein erkannte, dass sein Schützling durch die Literatur, über den Weg der selbstständigen Aneignung, des Selbststudiums am besten vorwärtskam, denn so vermochte er die Geschwindigkeit zu bestimmen, anstatt seinem erstaunlichen Tempo Zügel anzulegen. Es ist sehr wahrscheinlich, dass der kluge Novizenmeister ihm zwei Textsammlungen zur Lektüre gab, die an Beispielen und Vorbildern den Weg des Mönches mustergültig und rein schilderten. Da wären zum Ersten die »Vitae patrum«, im Mittellatein oft nur »Vitaspatrum« genannt, eine Sammlung von Biografien, Gesprächen und Aussprüchen von Mönchen des 3. bis 5. Jahrhunderts, die dann aber erweitert wurde. So existierten unterschiedlich umfangreiche Sammlungen. Mittelpunkt einer jeden aber war das Leben des heiligen Antonius, des Vaters der Mönche und Anachoreten schlechthin. Athanasius, der kampferprobte Bischof von Alexandria, hatte die Biografie des Antonius als Hagiografie im vierten Jahrhundert verfasst und damit einen »Bestseller« gelandet.

Als von nicht geringerer Bedeutung für Martin stellte

sich allerdings der »Liber Vitasfratrum« heraus, den der Augustiner-Eremit Jordanus von Quedlinburg in der Mitte des 14. Jahrhunderts zusammengestellt hatte. Nach dem Vorbild der »Vitae patrum« und der »Vitae fratrum Ordinis Praedicatorum« des Dominikaners Gerardus de Fracheto gab Jordanus Auskunft über das vorbildliche Leben von Ordensbrüdern seiner Zeit und bot über Exempel einen praktischen Zugang zur Spiritualität des Augustiner-Eremiten. Im Zentrum von Jordanus' Werk stieß Martin – kaum verwunderlich – auf Augustinus, den Ordensheiligen und das Ordensvorbild schlechthin: »beatus Augustinus est praeceptor noster« (der selige Augustinus ist unser Lehrer).[42]

Gebet und Studium, Gottesdienst und Lehre priesen sowohl Hugo von Sankt Viktor als auch Jordanus als Weg des Augustiner-Eremiten, denn sich auf beides zu konzentrieren würde erstens dem Teufel wehren und zweitens die Seligkeit befördern. Und dass Martin sich mit seinem intensiven Studium der Heiligen Schrift auf dem richtigen Weg befand, wurde ihm über Jordanus vermittelt von keinem Geringeren als dem heiligen Augustinus, dem *praeceptor noster*. Studium der Bibel und Spiritualität gehörten zusammen, und beides verdankte der Mensch göttlicher Erleuchtung. Auf Martin, der ja nach Wegen suchte, Gottes Gerechtigkeit zu erkennen, machte es einen tiefen Eindruck, bei Jordanus zu lesen, dass Askese und intensives Studium sich verbünden müssten und die Reinheit des Herzens sich mit der Demut des Verstandes zu vereinen habe. Der Heilige Geist ermöglichte dem Menschen, der in Frömmigkeit, in Askese und Studium danach strebte, Gott zu erkennen. Erkenntnis definierte er letztlich als geistliche Erkenntnis, als die Gnade der Weisheit, die Gott dem frommen Studierenden durch den Heiligen Geist schenkte. In der Vorstellung der Augustiner-Eremiten von der Liebe vereinten sich gottgefälliges Leben mit dem Streben nach Wissen. Das musste, das konnte Martin nur gefallen. Es trieb ihn voran. Er hatte nun den Anfang seines Weges zu Gott ausgemacht, denn die Erkenntnis Gottes war für ihn existenziell, sie war (über)lebenswichtig und heilsbegründend. Wollte man einen gnädigen, einen gerechten Gott, musste man ihn kennen, wissen, wie man ihn gnädig stimmte, was man zu tun und zu lassen hatte.

Seit im ausgehenden 14. und im beginnenden 15. Jahrhundert die Christenheit sich zwischen zunächst zwei, dann drei Päpsten entscheiden musste, wem sie folgte, und jeder dieser Anti-Pontifexe den anderen und dessen Anhänger bannte, war das Vertrauen zutiefst und nachhaltig erschüttert, denn mit der Entscheidung für den falschen Papst hatte man das eigene Seelenheil auf ewig verspielt. Nur: Wer konnte sich denn wirklich sicher sein, dem richtigen zu folgen? In Fragen des Heils war letztlich niemandem zu trauen.

Und da Johann Grevenstein die Fortschritte seines Schützlings erfreuten, trachtete er danach, dessen ewig hungrigem Geist neue und andere Nahrung zu verschaffen, indem er durch Andeutungen, kurze Betrachtungen, zuweilen nur Namensnennungen auf Häretiker wie John Wyclif oder, risikovoller noch, Jan Hus hinwies.

»Unwiderlegt und unüberwunden haben sie damals den Magister Johannes Hus in Konstanz verbrannt«, sagte er einmal wie nebenbei. Martin glaubte nicht recht gehört zu haben. Verteidigte sein Meister einen Ketzer? »War Hus nicht ein Häretiker?«

»Sicherlich, aber sie haben es ihm nicht nachgewiesen, sie haben seine Ansichten nicht überwunden. Versteh, was das Wort sagen will.« Um das Gespräch, in dem er sich weit genug vorgewagt hatte, zu beenden und doch irgendwie weiterzuführen, gab er seinem Schützling einen Traktat des Athanasius, den er mit eigener Hand abgeschrieben hatte, vermutlich die Reden des Athanasius »Gegen die Arianer« oder den Traktat »Über die Menschwerdung Christi«. Möglicherweise handelte es sich auch um »Die Disputation zwischen Arius und Athanasius«, die allerdings Athanasius nur zugeschrieben wurde und eigentlich von Vigilius von Thapsus stammen soll. Auf alle Fälle beschäftigte sich Martin auf Grevensteins Veranlassung mit dem Kern des Christentums, mit der Trinität. Das war klug und sinnvoll zugleich, denn jeder christliche Glaube nimmt bei der Trinität seinen Anfang und kehrt dorthin zurück. In diesem Punkt unterscheidet sich das Christentum grundlegend vom Judentum und vom Islam. Erst im Wesen der Trinität findet sich Jesus Christus. Standen die großen und kämpferischen Diskussionen über das Verhältnis Jesu zu Gott und zum Heiligen Geist und die Frage nach Jesu Natur am Anfang der Errichtung der christlichen Kirche, der christlichen Orthodoxie und der christlichen Dogmatik, so begann auf Veranlassung seines Novizenmeisters Martins Beschäftigung mit der Theologie ebenfalls mit dem Nachdenken über die Trinität, insbesondere über das Wesen und die Rolle Jesu. Durch die Lektüre des Traktats stärkte Martin nicht nur sein Wissen über Christus, der den Mittelpunkt seines Glaubens bildete, sondern er lernte auch das Führen der Waffe der Polemik, was seinem Charakter entgegenkam. Die gedankliche Schärfe und die stupende Angriffslust, mit der Athanasius gegen Irrlehren und Häresien schrieb, beeindruckten ihn nicht nur, sondern wurden für ihn zum Vorbild. Athanasius war ihm schon nah durch die »Vita Antonii«, sein unbeugsames und schillerndes Kämpfertum hinterließ jedoch einen tiefen Eindruck in seinem Denken und auch Fühlen. Eine reichlich explosive geistige Mischung für einen Novizen, wenn man die Aussage über den nicht überwundenen Jan Hus mit der Lektüre der Streitschriften zusammenbringt. Wer das tat, wollte bei seinem Schutzbefohlenen eigenes Denken befördern. Auf alle Fälle hatte Grevenstein erkannt, dass man Martins wachen und unterforderten Intellekt provozieren, ihm feste Nahrung geben musste.

Nach dem Eintritt ins Noviziat tat Martin endlich das, was für ihn am schwersten war, das, was er immer wieder hinausgeschoben hatte und dem er nun nicht mehr ausweichen konnte: Er informierte seinen Vater über den Abbruch des Studiums und den Eintritt in den Konvent. Martin wusste, dass er mit seinem Brief den Vater tief verletzen und seiner Hoffnungen berauben würde und dass er das Gebot gebrochen hatte, die Eltern zu ehren und ihnen Folge zu leisten, doch sah er keine Alternative. So blieb nur, den Schritt zu rechtfertigen und den Vater um Verzeihung und um seinen Segen zu bitten. Er versuchte, ihm zu erklären, dass Gott ihn gefordert und für ihn entschieden hatte und er im Grunde nur dem entsprach, was der Heilige Geist oder die Vorsehung von ihm verlangten. Doch über diese Brücke, die sein Sohn so fleißig und beredt entwarf, ging der Mann nicht, der seinen Lebensunterhalt sauer und hart verdiente, der ständig gewitzt und aufmerksam zu sein hatte, wenn er nicht alles durch einen plötzlichen Schicksalsschlag, eine Unaufmerksamkeit, Unvorsichtigkeit oder auch nur kleine Nachlässigkeit verlieren wollte. Im Gegenteil, der Segen wurde dem Sohn verweigert, den er nun als verlorenen Sohn sah. Wie hätte Hans Luder, der so viel Unvorteilhaftes, ja geradezu Skandalöses über das Leben in den Klöstern gehört hatte, nicht annehmen sollen, wie er dem ungehorsamen Sohn schrieb, dass nicht Gott ihm Visionen, sondern vielmehr der Teufel ihm Wahngebilde eingegeben habe und dass er womöglich verhext worden sei. Wen Gott verderben wollte, den schickte er ins Kloster. So sehr es Martin auch schmerzte – der Vater sah seinen Weg nicht als Heilsweg, sondern als Straße ins Verderben an. Hans Luder trauerte, er hatte einen Sohn verloren, seinen klügsten, den, an dem er am meisten hing und an dessen Entwicklung er die größten Hoffnungen geknüpft hatte. Martin stellte in jeder Hinsicht einen Verlust, eine Fehlinvestition dar. Zwischen Vater und Sohn brach eine Zeit des frostigen Schweigens an. Allerdings kam Martin nicht dazu, allzu viel darüber nachzudenken, denn die Einübung in das neue Leben und das geradezu exzessive Studieren absorbierten ihn vollständig.

So vergingen die 366 Tage als Novize wie im Fluge. Martin Luders Profess fand Ende 1506 statt. Sein Entschluss, nach dem Noviziat im Kloster zu bleiben und Mönch zu werden, überraschte im Konvent niemanden. Johann Grevenstein hatte den fleißigen und strebsamen jungen Mann nach besten Kräften gefördert und über dessen Erfolge dem Prior regelmäßig berichtet. Sieht man, wie schnell nach dem Eintritt in den Orden, nach der Profess – was sich von *professio*, Bekenntnis, dem Ordensgelübde also, ableitete – die Priesterweihe folgte, so liegt einmal mehr die Vermutung nahe, dass sowohl der Prior als auch der erfahrene Novizenmeister Johann Grevenstein die Begabung des jungen Mannes frühzeitig erkannt und ihn auf dem Weg zum Priestertum stark gefördert hatten.

Zu Martins Profess führte ihn, durchaus sinnfällig, der Novizenmeister in den Kapitelsaal, in dem die Mönche sich bereits versammelt hatten. Nach einem Gebet für ihn zog Winand von Diedenhofen ihm die Novizenkleider aus und die Mönchstracht an, wozu die Mönche wieder die Hymne »Magne pater Augustine« sangen. Der Kleiderwechsel sollte allen verdeutlichen, dass dem Anwärter der alte Mensch ausgezogen und der neue angezogen wurde. Dann schwor Martin auf die geöffnete Ordensregel Gehorsam gegen Gott, Maria und den Prior. Von nun an bis an sein Ende, so gelobte er, werde er ein Leben in Armut, Keuschheit und Gehorsam zu führen. Mit einer brennenden Kerze in der Hand folgte er der Prozession in die Augustinerkirche. Martins Aufregung erreichte den Siedepunkt, und er befürchtete schon, ohnmächtig zu werden, als er vor dem Altar niederkniete und mit belegter Stimme bat: »Nimm mich auf, Herr, nach deiner Zusage, und ich werde leben.« In einer so hohen Aufregung befand er sich, dass er meinte, den Tod des alten Menschen und die Geburt des neuen Menschen, der er von nun an als Mönch sein würde, nicht nur symbolisch, sondern tatsächlich, sogar physisch zu erleben.

Würdig? War er denn würdig genug? Was, wenn ihn Gott zurückstoßen würde, was, wenn Christus auf ihn verzichtete, weil seine Werke – seine guten Taten – seine Sünden nicht aufwogen? Kniete er reinen Herzens aus lauterem Glauben hier oder aus Eitelkeit? »Nimm mich auf, Herr, nach deiner Zusage, und ich werde leben«, bat er dreimal, und jedes Mal erwiderten die Mönche: »... und du wirst meine Erwartung nicht zuschanden machen.«

Durch Mark und Glieder ging es Martin, als der Prior nun betete, dass der neue Mönch, der neue Mitbruder eines Tages zur Rechten Gottes gestellt werden möge, weil alle sich freuten, dass er seine Gelübde erfüllt hatte. Er fühlte Gebet und Verheißung des Priors, verstärkt durch die mächtige Akustik der Kirche, wie ein Beil, das auf ihn niedersauste, denn nun wurde darum gebeten, dass er sein Gelübde, Christus als einzigem Hirten zu folgen – jenem Christus, den er nicht als Hirten, sondern bisher nur als Richter zu sehen vermochte –, halten und nach dem »Kriegsdienst« des Mönches – schließlich war er ja ein Streiter Gottes – das ewige Leben erlangen möge. Kaum trugen ihn seine Beine wieder, als seine Mitbrüder ihm den Friedenskuss gaben und ihm den Platz im Chor zuwiesen, den er von nun an einnehmen würde – bis ans Ende seiner Tage. Denn wie hieß es doch bei Matthäus 10,37–38: »Wer Vater oder Mutter mehr liebt als mich, der ist meiner nicht wert; und wer Sohn oder Tochter mehr liebt als mich, der ist meiner nicht wert. Und wer nicht sein Kreuz auf sich nimmt und folgt mir nach, der ist meiner nicht wert.« Das Kreuz hatte er nun aufgenommen, und Vater und Mutter hatte er nicht mehr geliebt als Jesus, sondern entgegen ihren Wünschen den Weg der Mönche begonnen. Um Jesu willen hatte er sie verlassen. Wie die Apostel.

Mahnend wurden ihm vom Prior die evangelischen Räte – Keuschheit, Armut und Gehorsam – ans Herz gelegt. Ein Wermutstropfen in allem war allerdings, dass er nun seine Bibel wieder abgeben musste, die den Novizen vorbehalten war. Andererseits durfte er als Mönch die Klosterbibliothek nutzen und zu jeder Zeit – so er die eben hatte – in der Bibel lesen.

Nun also war er Mönch, doch stand ihm deshalb, wie er gehofft hatte und wie ihm verhießen worden war, tatsächlich das Himmelreich offen?

II.

Spelunke der Heiligkeit

»In einem Meer von Elend und in einem tiefen Morast schon fast verfault und in bodenlosem Schlamm versunken, rufe ich aus tiefstem Schmerz zu dir, Herr. Herr, erhöre mein Gebet! Dies ist wohl die Strafe dafür, dass ich deine Gestalt, nach deren Bild und Gleichnis du, guter Gott, mich erschufst und durch die ich dir ähnlich war, missachtet und verloren habe. Deshalb hast du mich zu diesem Jammerbild werden lassen, und meine Jämmerlichkeit lässt mich tiefer im Schlamm der Sünde sinken. Du hast die Hand deines gerechten, geheimen Gerichts auf mich gelegt, die mich niederdrückt, so dass ich nicht aufstehen kann.«

Wilhelm von Saint-Thierry

10. Die Wege der Heiligen

Das Jahr 1506 begann mit einem Wunder. Am 14. Januar stieß in Rom bei seinen Arbeiten im Weinberg am Monte Oppio im Schatten der Thermen des Titus und Trajan der Winzer Felice de Fredi auf eine sehr alte und beeindruckende Figurengruppe. Seine Entdeckung meldete er Papst Julius II., der seinen Architekten Giuliano da Sangallo mit der Begutachtung des Fundes beauftragte. Der Zufall wollte es, dass er in Begleitung seines Landsmannes Michelangelo kam. Giuliano erkannte in dem Ensemble sofort die von Plinius d. Ä. beschriebene Laokoon-Gruppe. Laokoon hatte seinen eigenen Untergang erlebt und war, als genügte das nicht, noch zum hilflosen Zeugen des Todes seiner geliebten Söhne geworden. Der Vater lehnte sich in einer letzten kühnen Drehung seines Körpers gegen das Schicksal auf, wissend, dass er den Kampf nicht gewinnen konnte. Er hatte sich gegen die Götter gestellt, hatte gegen ihren Ratschluss aufbegehrt, als er die Trojaner davor warnte, das hölzerne Pferd in die Mauern der Stadt zu ziehen. Dass er ein Priester war und dadurch den Göttern doppelt zum Gehorsam verpflichtet, hatte diese nur umso stärker erbost. Gegen die Unsterblichen konnte der Mensch nicht siegen. Wie aus einer fernen Zeit grüßten Sangallo und Michelangelo, aber auch den kriegerischen Papst Julius II. Künstler, die nichts anderes darstellen wollten als den Menschen, dessen Denken, Fühlen, Handeln, Hoffen und Fürchten sie in den Gesten seines Körpers zum Ausdruck brachten. Eindrucksvoll dokumentierten sie, dass es ein Schicksal und keinen freien

Willen gab. Ein neues Bild des Menschen leuchtete aus der Grube in dem römischen Weinberg auf, ein Mensch, der kein Typ und auch kein Symbol mehr war, sondern der leidende und höchst individuelle Mensch, das Subjekt im modernen Sinne.

Wenig später befahl Julius II. den Abriss der knapp 1200 Jahre alten Peterskirche, die sich über dem Grab des Apostels erhob und mithin den Machtanspruch der Päpste als Nachfolger Petri und Stellvertreter Christi symbolisierte. Und er tat dies, weil er in einer einzigartigen Vermessenheit als neuer Cäsar – daher auch hatte Giuliano della Rovere den Papstnamen Julius gewählt – sein triumphales Grabmal über dem schmucklosen Petrusgrab zu errichten gedachte, in einer Linie zu dem Obelisken, in dem sich die Asche des Römers Julius Cäsar nach allgemeinen Dafürhalten befand. In aufsteigender Linie: Julius Cäsar, Petrus, das Grabmal seines Onkels Sixtus IV. und schließlich als krönender Abschluss er selbst, Papst Julius II. – mehr an Vergötterung eines Menschen war kaum vorstellbar. Nichts verdeutlichte genauer den Zustand der Kurie als der augenfällige Vergleich des schlichten Petrusgrabes mit dem von Michelangelo entworfenen Pomp des Grabmals Julius' II. Am 18. April wurde mit großem Fest, einer Messe und einer Prozession, die Grundsteinlegung begangen, an dem Orte, über dem sich bald schon der Veronikapfeiler von Bramantes mächtiger Vierung erheben sollte. Und wie die Laokoon-Gruppe die Verbindung zur Antike herstellte, indem sie den Bildhauer Michelangelo, der mit der Schaffung des Grabmals für Julius II. beauftragt worden war, inspirierte, so erinnerte die Kuppel, mit der Bramante die Vierung überspannen wollte, an die großen Kuppelbauten der

Antike, allen voran das Pantheon – eine Bautechnik, die man vergessen hatte und erst wieder erlernen musste.

Einen Tag später, am 19. April, wurden in Lissabon über 2000 zwangsgetaufte Juden in einem Pogrom massakriert. Und in Venedig schuf Albrecht Dürer innerhalb von fünf Monaten eines seiner wenigen Altarbilder: »Das Rosenkranzfest«, das ihm als Maler großen Ruhm einbringen und die Türen mächtiger Auftraggeber öffnen sollte.

Den Rosenkranz betete auch Martin sehr fleißig. Über den Neubau des Petersdomes erfuhr er zunächst sehr wenig und von dem Massaker an den Juden gar nichts. Für ihn waren sie allenfalls Fremde, wenngleich er sie kaum aus eigener Anschauung kannte, denn in Mansfeld lebten keine Juden, und in Magdeburg und in Eisenach war er mit ihnen nicht in Berührung gekommen. Lediglich in Erfurt fielen sie ihm im Straßenbild manchmal auf. Aber die Welt interessierte ihn in diesen Monaten ohnehin nicht, denn er hatte sich entschlossen, dem Weg zum Heil konsequent zu folgen und keinesfalls vom Pfad abzukommen. Von der Erbsünde wurde er zwar nicht erlöst – was ohnehin unmöglich gewesen wäre –, aber er befand sich nach seiner Profess als Mönch, nachdem er der Welt gestorben und im Kloster neu geboren worden war, hinsichtlich seiner persönlichen Sünden im Zustand eines neugeborenen Kindes. Die Profess hatte sein Sündenregister zwar gelöscht, nicht aber das Fleisch besiegt. Nun kam alles darauf an, nicht von Neuem sündig zu werden. Dieser Vorsatz, der so harmlos klingt, war an Anspruch nicht mehr zu überbieten, denn er verlangte nichts weniger, als die Natur des Menschen, die zur Sünde drängte, zu überwinden. Schon der heilige Bernhard von Clairvaux, auf den er immer wieder als Vorbild hingewiesen wurde und der ihn tief beeindruckte, hatte verdeutlicht, dass die Erbsünde Adams Fähigkeit, nicht sündigen zu können, zerstört und in die Unfähigkeit des Menschen, nicht zu sündigen, verwandelt hatte. »Denn dass wir, solange wir in diesem Leib sind, fern vom HERRN leben, daran ist bestimmt nicht der Leib schuld, sondern die Tatsache, dass er eben noch der Leib des Todes, mehr aber noch der Leib der Sünde, das Fleisch ist. In diesem wohnt nichts Gutes, sondern vielmehr das Gesetz der Sünde.«[43] Auch wenn Martin Bernhards »Sermo« zu diesem Zeitpunkt noch nicht gelesen hatte, so hatte ihn sein Novizenmeister Johann Grevenstein über die Vorstellungen des *doctor marianus* informiert, denn der heilige Bernhard galt als der wichtigste monastische Denker.

Der Verderber, das wusste Martin, kannte die Mittel, mit denen gerade der Verstand den Menschen zu belügen vermochte. Doch im Kreise dieser heiligen Männer, so hoffte er, würde es ihm schließlich gelingen, das Fleisch zu überwinden. Zuweilen jedoch färbte sein Denken auch das Grau in Grau der Resignation und manchmal sogar das Schwarz der Melancholie ein, wenn er die Hoffnung umkehrte und glaubte, wenn es ihm je gelingen würde, der Sünde zu widerstehen und Gottes Gnade zu verdienen, dann nur in diesem Kreis. War es anderen Mönchen geglückt, so sollte es auch ihm möglich sein. Mochte sich der Weg auch als schwer, steinig und karg zeigen, so existierte doch keiner außer diesem.

Unmittelbar nach der Profess überraschte Winand von Diedenhofen den Bruder Martinus mit der Nachricht, dass er sich auf die Priesterweihe vorbereiten solle. Der Prior hatte den Generalvikar Johann von Staupitz auf den begabten neuen Mönch aufmerksam gemacht und sein Einverständnis für die Weihe eingeholt. Von nun an ruhte von fern Staupitzens Auge auf Martin, was der allerdings nicht wusste.

Priester zu werden lag in der Natur der Sache, auch wenn es Martin ein wenig schnell vorkam, denn er war ja gerade erst Mönch geworden und sah sich vollauf damit beschäftigt, sich in dieses neue Leben zu finden und *sich* in diesem neuen Leben zu finden. Aber der Orden bedurfte einer hohen Anzahl von Priestern vor allem für die vielen Messen und Gottesdienste, die zu feiern waren und die einen beträchtlichen Teil der Einkünfte des Ordens ausmachten. Zudem bestand die Hauptaufgabe der Mönche in der Andacht und im Lob Gottes – ein Amt, das sie nicht nur für sich, sondern auch für ihre Mitmenschen ausübten. Erst die gesellschaftliche Bedeutung rechtfertigte die Existenz der Orden. Auf der religiösen Leistung der Kongregationen beruhte die Welt, das hatte ihm Johann Grevenstein verdeutlicht, der ihm weiterhin zur Seite stand, wenn auch nicht mehr so intensiv wie zuvor.

Sogar die frommen Menschen unter den Laien unterschätzten noch die Bedeutung der Orden für das Bestehen und Funktionieren der Welt. Das Wissen darüber jedoch gehörte zu den Geheimnissen der Religiosen: Wenn die Mönche fehlten, dann würde der Antichrist siegen. So hatte es Joachim von Fiore in seiner Dreizeitalterlehre[44] verkündet: »Uns bleibt nur zu sagen, dass das Geheimnis auf folgende Weise vervollkommnet wird: Mithilfe dessen, was den Aposteln zu Ostern verliehen wurde, empfangen wir das Geschenk, das Zeitalter des dritten Reiches, in dem wir zugelassen werden zur vollkommenen Beschauung, die wir schon jetzt bei richtigem Handeln zu erhalten scheinen. Gnade wurde uns um der Gnade willen verliehen. Was in den Aposteln zu Pfingsten seine Vollendung erreicht, wird in allen Heiligen nach dem letzten Tag der Welt vollkommen werden.«[45]

Doch besaß er überhaupt das Zeug dazu, ein Heiliger zu werden? Oder würde er am Ende – wie es bei Daniel 5,27 heißt – gewogen und für zu leicht befunden werden? Diese Frage quälte ihn, und paradoxerweise peinigte sie ihn umso stärker, je mehr er wusste und auf seinem Weg vorankam. Er wurde nicht sicherer, sondern immer unsicherer. Je mehr er die Verführungskünste des Teufels kennenlernte, desto mehr erfuhr er von Sündenmöglichkeiten, über die er nie zuvor etwas gehört hatte. Die Welt wurde ihm immer stärker zu einer Teufelsfalle.

Was oft in der Bewertung der Ernsthaftigkeit des Mönches Martin Luder übersehen wird, ist, dass es in seinen Anfechtungen und Ängsten, kurz gesagt in der Panik, Gott nicht genügen zu können, nicht allein um seine Furcht, in der Hölle zu enden oder sehr lange im Fegefeuer gehalten zu werden, ging, sondern dass er sehr deutlich empfand – eigentlich sogar wusste –, dass auch auf seinen Schultern das Wohl und Wehe im Besonderen seiner Familie und im Allgemeinen der Welt ruhte, denn Augustinus hatte ihn gelehrt, dass der Kampf zwischen Gott und dem Teufel in der Seele der Menschen tobte, und spätestens seit dem kalabrischen Abt Joachim hielten die Mönche dafür, dass ihr Wirken die Herrschaft des Antichrists beenden würde. Und auch Johannes Hilten in Eisenach hatte prophezeit, dass ein Mönch den Antichrist besiegen würde. In dem großen Endkampf gegen den Antichrist fühlten sie sich als die Armee Gottes, jeder von ihnen ein Krieger des HERRN.

Die Vorstellung ihrer besonderen, existenziellen Kommunikation mit Gott kam aus tiefen Schichten und auch aus historisch sehr frühen Stadien des religiösen Bewusstseins, die das Christentum vom Judentum geerbt hatte und die durch das Alte Testament, insbesondere durch den Psalter, und durch die Liturgie sich in Martins Alltag stets und ständig vergegenwärtigten. Den zürnenden Gott galt es zu besänftigen, dem liebenden Gott sich zu nähern. Schon im Qumran-Korpus fanden sich, wie wir heute wissen, auffallend viele liturgische Texte. Der Grund dafür lag in einer priesterlichen Vorstellung, die die Hebräer bereits aus Ägypten mitgebracht hatten. Durch die exakte Befolgung der Riten hielten die Priester bzw. die Mönche den Gang der Welt aufrecht. So wie die Engel im Ritus beständig Gott verherrlichten und dadurch den Lauf der Welt garantierten, so taten es ihnen die Priester auf Erden gleich, die sich als ihre Gefährten empfanden. Dies nimmt bereits die spätere katholische Vorstellung vom Priester als drittem Geschlecht (*tertium genus*) vorweg, wonach dieser zwar nicht so viel wie Gott, aber immerhin mehr als der Mensch sei. Die Lehre lautete: Gott zerstört und bestraft, wenn ihm nicht gehuldigt und gedient wird, und zwar nicht nur den einzelnen Menschen, sondern die ganze Menschheit. In der Huldigung Gottes fand der Mensch zu sich, nämlich zum Göttlichen in sich. Dem Gebet zu Gott, dem Preisen und Loben kam eine besondere Bedeutung zu, und Gott war nach mystischer Vorstellung hierin pedantisch genau: Erst nachdem sein auserwähltes Volk ihn gepriesen hatte, durften die Engel im Himmel es den Juden gleichtun, erst dann war der

Bitte und dem Preisen Erfolg beschieden. Am Fenster des siebenten Himmels stand der Engel Schemuel, lauschte den empordringenden Gebeten Israels und leitete sie umgehend weiter. Auch deshalb hatte der Mönch Martin Luder in seinem Konvent die Stundengebete zu erfüllen, die Messen zu feiern und die Andachten zu halten: zum Lob und zum Preis Gottes.

Martin stieß auf die Himmelshierarchie in seinem Studium der Werke »De caelesti hierarchia« und »De ecclesiastica hierarchia« des Dionysius Areopagita, auf die ihn Grevenstein aufmerksam gemacht hatte: »Die Hierarchie ist ... eine heilige Stufenordnung, Erkenntnis und Wirksamkeit. Sie will nach Möglichkeit zur Ähnlichkeit mit der Gottheit führen und gemäß den ihr von Gott verliehenen Erleuchtungen in entsprechendem Verhältnis zum Nachbilde Gottes erheben. Die Gott eigene Schönheit ... will aber von ihrem eigenen Lichte jedem nach dessen Würdigkeit mitteilen und ihn durch göttlichste Weihevollendung vollkommen machen, indem sie die Jünger der Vollkommenheit harmonisch nach ihrer Unveränderlichkeit gestaltet.«[46]

Und nun sollte er, kaum dass er Mönch geworden war, zum Mönchspriester aufsteigen, weil seine Ordensoberen ihn für befähigt hielten und sie Priester für die Messfeier benötigten. Die Zahl der Messen, die der Priester allein im Konvent zu zelebrieren hatte, war nicht klein, und dazu kamen noch die Verpflichtungen in anderen Pfarren, die von den Augustiner-Eremiten betreut wurden. Das bedeutete für ihn ein Übermaß an Arbeit, denn er musste sich neben den konstanten Verpflichtungen, die der Alltag der Mönche von jedem forderte und in die er sich gerade einzuleben begann, intensiv auf die Priesterweihe vorbereiten.

Allerdings überraschte es Martin nicht, dass sein Tagesablauf als Mönch straff durchorganisiert war. Im Mittelpunkt standen das Gebet und das Lob Gottes. In seine winzige Mönchszelle, die er bewohnte, passten nur ein Bett, ein Stuhl, ein Tisch und eine Truhe. Für das Bett gab es zumindest im Winter zwei Wolldecken. Er schlief, wie es üblich war, fast vollständig angekleidet: in Unterhosen – die als einziges Kleidungsstück aus Leinen bestanden, die übrigen waren aus Wolle hergestellt –, mit weißen Socken, weißem Hemd, einer kurzen und einer langen Tunika, ebenfalls weiß. Es galt als Sünde, die Zelle ohne das Skapulier, einen Überwurf, der aus zwei über Kreuz getragenen weißen Tüchern bestand, zu verlassen.

Wenn die Glocke noch vor Sonnenaufgang zum ersten Stundengebet, zur Matutin – der »Morgendlichen« – läutete, warf sich Martin zunächst das Skapulier, dann die schwarze Ordenskutte mit Kapuze über, so dass nur am Kragen die weiße Cappa sichtbar blieb, und band sich den Ledergürtel um. Dann schritt er bedächtig zur Kirche, tauchte die Finger der rechten Hand ins Weihwasserbecken und bekreuzigte sich, bevor er vor dem Hochalter niederkniete und schließlich seinen Platz im Chor einnahm. Die Matutin gehörte eigentlich zu den Vigilien, zu den Nachtwachen, zu denen sich die ersten Christen zusammenfanden, um im Gebet Gottes Licht zu erwarten, das als SEIN Wort, inkarniert in Jesus Christus, auf die Welt gekommen war. Die Augustiner-Eremiten und so auch Martin leiteten die Matutin allerdings mit einer eigenen Ouvertüre ein, mit einem Marien-Gedenken, mit der Lesung eines Textes aus der Bibel, der von der Gottesmutter berichtete, oder auch mit Marientexten großer Theologen, wie des *doctor maria-*

nus, Bernhard von Clairvaux, und schließlich mit Gebeten, mit denen sich die Mönche an Maria wandten. Diese Texte klangen – natürlich auf Latein – in etwa so wie dieser vom heiligen Bernhard: »Erheben sich die Stürme der Versuchung, befindest du dich inmitten der Klippen der Trübsale, blicke auf zum Stern des Meeres, rufe Maria zu Hilfe! Wirst du auf den Wogen des Hochmutes, des Ehrgeizes, der Verleumdung, des Neides hin- und hergeworfen, blicke auf den Stern, rufe Maria an. Wenn der Zorn, der Geiz, die Fleischeslust das Schiff deiner Seele hin- und herschleudern, blicke auf Maria! Bist du über die Schwere deiner Sünden bestürzt, über den elenden Zustand deiner Seele beschämt, bist du von Schrecken erfasst bei dem Gedanken an das Gericht, beginnst du immer tiefer in den Abgrund der Trostlosigkeit und der Verzweiflung zu sinken, denke an Maria! Mitten in Gefahren, Nöten und Unsicherheiten denke an Maria, rufe Maria an. Ihr Name weiche nicht aus deinem Mund, weiche nicht aus deinem Herzen! Damit du aber ihre Hilfe und Fürbitte erlangest, vergiss nicht, ihr Vorbild nachzuahmen. Folge ihr, dann wirst du dich nicht verirren. Rufe sie an, dann kannst du nicht verzweifeln, denk an sie, dann irrst du nicht. Hält sie dich fest, kannst du nicht fallen. Schützt sie dich, dann fürchte nichts! Führt sie dich, wirst du nicht müde. Ist sie dir gnädig, dann kommst du sicher ans Ziel!«[47]

Der strafende Gott, Jesus Christus, der strenge Richter, war Martin und seinen Mitbrüdern so fremd, so weit von ihnen entfernt und in seiner Majestät auch so fürchterlich, dass sie meinten, die Mittlerschaft der milden und mildtätigen Gottesmutter in Anspruch nehmen zu müssen. In dem weitverbreiteten Holzschnitt »Von der gnadenreich Fürbitte vor Gott dem Vater« aus dem Jahr 1495, der dem Werk Jean Gersons, des berühmten Lehrers an der Sorbonne, beigegeben wurde, zeigte die sogenannte »Treppe des Heils« sehr deutlich den Weg der Fürbitte: Vor Gott, dem Herrn, der das Richtschwert hielt, stand Jesus, der auf seine Wunden zeigte und auf Maria schaute, die vor ihm kniete und auf ihre Brüste wies. Sie, die ihn geboren und mit der Milch ihrer Brüste genährt hatte, wurde zur eigentlichen Vermittlerin. Denn, so bat der einflussreiche Theologe Gerson: »Betet für uns, weil wir uns selbst nicht helfen können.« Das verwundert nicht, wenn man bedenkt, dass sowohl das Hochmittelalter als auch das Spätmittelalter die Epochen der Marienfrömmigkeit schlechthin waren. Marienvisionen, insbesondere die, in denen ihre Brüste und ihre Muttermilch im Mittelpunkt standen, erlebten eine so hohe Verbreitung in fromme und in magische Kreise hinein und zudem eine Detailverliebtheit, die uns heute eher peinlich berührt.

Durchaus möglich, dass sie den Mönch Martinus, der sich dieser Frömmigkeit mit voller Inbrunst hingab, dennoch im tiefsten Inneren seiner Seele abstieß, denn bald schon sollte ihm diese Marienfrömmigkeit zuwider sein. Auch war es nicht Maria, sondern die heilige Anna, die er zum Schutze angerufen und der er gelobt hatte, Mönch zu werden. Maria aber, wie sie wenige Jahre später von Michelangelo so eindrucksvoll im Altarbild in der Sixtinischen Kapelle gemalt werden sollte, galt als die wichtigste Fürbitterin für die Menschen unter allen Heiligen.

Nach dem Marienamt begann die Matutin mit der gesungenen Einladung zum Gebet. Danach stimmte Martin in den Hymnus ein, bevor die Nokturnen gelesen wurden.

In der Regel folgte einem Abschnitt aus der Bibel ein Kommentar der Kirchenväter. Die Matutin schloss mit dem Gesang eines Psalms. »Oremus« (Lasst uns beten), forderte der Priester die Mönche auf, und Martinus kniete wie seine Brüder nieder und betete:

> »Allmächtiger Gott und Vater,
> du hast deinen Sohn zum Licht der Welt gemacht.
> Wir bitten dich: Erfülle den ganzen Erdkreis mit dem Glanz, der von ihm ausgeht, damit alle Menschen deine Herrlichkeit erfahren.
> Durch Jesus Christus, deinen Sohn, unseren Herrn und Gott, der in der Einheit des Heiligen Geistes mit dir lebt und herrscht in alle Ewigkeit.«

Dieses Gebet konnte eine großartige Perspektive und ein Hochgefühl erzeugen – oder, wie im Falle Martins, eine ungeheure Verpflichtung auf die knochigen Schultern eines kleinen Mönches legen.

Von der Kirche zogen die Mönche in den Kapitelsaal, der seinen Namen dem Umstand verdankte, dass sich hier der Konvent versammelte und nach der Nennung des Heiligen des kommenden Tages ein Kapitel aus der Bibel vorgelesen wurde. Danach gedachten sie der verstorbenen Brüder und der verstorbenen Wohltäter des Ordens.

Zum Ende einer jeden Woche warf sich Martin mit seinen Brüdern zu Boden. »Was sagt ihr?«, fragte der Prior streng. »Meine Schuld«, antworteten die Mönche, bevor sie der Reihe nach, vom ältesten bis zum jüngsten Ordensmitglied, ihre Übertretungen der Klosterregel gestanden – ihre eigenen, aber auch die ihrer Mitbrüder, die ihnen aufgefallen waren, wenn diese sie zu verschweigen trachteten. Die

Klosterregel verpflichtete sie, dies als Werk der Nächstenliebe, der Bruderliebe und der Barmherzigkeit zu tun. Es folgten in der Reihenfolge der Stundengebete um sechs Uhr die Prim und um neun die Terz und um zwölf die Sext. Zum ersten Mal am Tag aß Martin nach der Sext, und zwar das Mittagsmahl. Anschließend zog er sich in seine Zelle zurück, um eine Stunde Mittagsruhe zu halten, die er aber zum Lesen und zum Studieren nutzte.

Am Nachmittag wurden die Stundengebete fortgesetzt, um drei Uhr die Non, in der Christus im Mittelpunkt stand, weil er nach der Überlieferung zu dieser Stunde am Kreuz gestorben war, und um sechs wurde als Abendgebet die Vesper gefeiert, die mit Tagesgebet und Segen schloss. Um acht Uhr nahmen die Mönche das Abendessen ein und beendeten den Tag mit dem Beten der Komplet, so dass sie gegen neun in ihre Zellen gingen. Von nun an galt bis zum nächsten Morgen ein striktes Schweigegebot. Gebadet wurde einmal in der Woche, am Freitag.

Allerdings stand es im Ermessen des Priors, Mönche von einzelnen Horen zu suspendieren, wenn sie Aufgaben zu erledigen hatten oder ihre Gesundheit die Teilnahme nicht zuließ, doch wurde erwartet, dass die versäumten Horen nachgeholt wurden. Da sich Martin sehr schnell auf die Weihe vorzubereiten hatte, befreite ihn Winand von bestimmten Diensten und Horen, denn er wollte ihn zu Ostern 1507 bereits als Priester sehen. Das blieb im Konvent nicht unbemerkt und brachte ihm keine Sympathie ein. Schon bald spürte Martin, dass ihn einige Brüder scheel ansahen, aber er verdrängte das, da seiner Meinung nach niemand dafür einen Grund besaß, begegnete er doch allen Brüdern mit größter Freundlichkeit und sah er sie doch alle als heilige Männer, die ihr Leben dem Dienst Gottes geweiht hatten, als seine Brüder im wahrsten Sinne des Wortes. Und das Verhalten der Ältesten und der Älteren wollte er sich zum Vorbild nehmen, waren sie doch auf dem Weg des Mönches weit erfahrener als er.

Obwohl er täglich mit dem Psalter in Berührung kam, dünkten ihn die Psalmen verschlossen, als steckte die Wahrheit hinter den Worten, raffiniert vom frommen Wortgeklingel verborgen, eine tiefere Botschaft, die er aber überhörte. Immer wieder bedrängte ihn das Gefühl, dass zwischen ihm und der Botschaft des Psalters, die geflüstert wurde, ein Chor stand, der laut den Text sang und die Botschaft überlagerte, die man nur als Geraune und Gewisper wahrnahm, als Laute, die hin und wieder in den leisen Stellen des Chores oder den Pausen durchdrangen. Dass Gottes Offenbarung in Teilen vor den Menschen zu ihrem eigenen Schutze verborgen wurde, konnte er bei Paulus erfahren, wenn er im 1. Korintherbrief 3,1 las: »Und ich, liebe Brüder, konnte nicht zu euch reden wie zu geistlichen Menschen, sondern wie zu fleischlichen, wie zu unmündigen Kindern in Christus. Milch habe ich euch zu trinken gegeben und nicht feste Speise; denn ihr konntet sie noch nicht vertragen. Auch jetzt könnt ihr's noch nicht, weil ihr noch fleischlich seid.« Um also Gottes Offenbarung ganz zu erfahren, musste er seine Fleischlichkeit überwinden. Und bei Dionysius Areopagita stand: »Aber siehe zu, dass du nicht das Allerheiligste ausplauderst ... gegenüber den Ungeweihten, schütze sie vor Mitteilung und Besudelung und nur den Heiligen unter den Heiligen teile sie auf heiligmäßige Art in heiliger Erleuchtung mit.«[48] Seinen Mitbrüdern schien es ähnlich zu ergehen, doch quälte sie es offenbar nicht. Ihm hingegen kam es wie Sünde vor, wenn er ohne Herz und Verstand betete, einfach nur ein Lippenbekenntnis ablegte. Er beichtete natürlich diese Sünde. Doch sein Beichtvater versuchte diese Selbstzweifel zu zerstreuen, denn allein der Klang des Gebetes vertreibe den Teufel, und außerdem sei das Verständnis Gottes kein zu erreichendes Ziel, sondern ein Weg dorthin. Vielleicht erinnerte er ihn an den großen Theologen und Philosophen Hugo von Sankt Viktor, der empfahl: »Lerne alles; später wirst du einsehen, dass nichts überflüssig ist. Beschränktes Wissen bringt keine Freude.«[49]

Was konnte er also tun, um sündenfrei zu bleiben? Zunächst einmal peinlich genau die Regel seines Ordens einhalten. Dem verschrieb er sich mit Haut und Haar. Obwohl die observanten Augustiner-Eremiten geradezu ein Vorbild an Einhaltung der Ordensregel abgaben, fiel Martins Streben nach Perfektion dennoch auf. Nicht einmal die Perfektesten waren ihm perfekt genug. Man hat darin gern und von interessierter Seite eine psychopathologische Verformung sehen wollen, nur weil sich der Drang Martin Luders nach Perfektion nicht auf den Körper richtete, wie in unserer Zeit, sondern auf die Seele. Niemand wundert es heute, wenn ein Mensch seinen Körper an Maschinen kasteit, aber wenn er nach einer schönen Seele strebt, sind wir geneigt, nach dem Psychiater zu rufen. Doch wie die Menschen seiner Zeit besaß Martin eine vollkommen andere Perspektive, denn nicht auf den Körper, in dem ohnehin nur die Sünde steckte, sondern auf die Seele kam es an. Glück oder Erfüllung – oder, wie man damals sagte: »Erlösung« – gab es nur in Gottes Nähe. Begeistert nahm Martin daher die Worte Wilhelms von Saint-Thierry auf: »Euer Glaubenseifer ist der höchste, er übersteigt die Himmel und gleicht dem der Engel ... Andere sollen an Gott glauben, ihn erkennen, lieben und verehren. Ihr dagegen werdet ihn kosten, verstehen, kennen und genießen.«[50]

Gott kosten, ihn verstehen, ihn kennen und genießen ... Gott genießen, das eröffnete Martin eine unvergleichliche Perspektive. Stellte es für ihn eine erste Enttäuschung dar, dass die Brüder nicht mit ihm auf dem Weg des Heils wetteiferten, so wie er es eigentlich erwartet hatte, dass sie Ausschau nach Wegerleichterungen hielten und versuchten, es sich wenigstens ein bisschen bequem zu machen? Ahnten sie vielleicht die Aussichtslosigkeit? Gaben sie sich der Meinung hin, dass jeder, der es versuchte, in seine unvermeidliche Niederlage lief? Hatten sie das persönliche Scheitern erlebt? Martins Strebsamkeit, gern als Strebertum missverstanden, beschämte die anderen, die sich doch auch redlich mühten. Für die Schwachheit des Menschen besaß er allerdings noch kein Sensorium.

Der Orden der Augustiner-Eremiten teilte sich in einen gemäßigten Zweig, in dem es so zuging wie in anderen Klöstern auch, und in einen reformierten oder observanten, der jede Laxheit in der Einhaltung der Ordensregel verabscheute. Im Übrigen fanden sich diese Bestrebungen, dem Verfall der Zeit etwas entgegenzusetzen, auch in anderen Orden und nicht nur bei den Augustiner-Eremiten. Aber die observanten Klöster der deutschen Augustiner-Eremiten bildeten eine eigene Kongregation mit einem eigenen Generalvikar an der Spitze. Andreas Proles hatte als Generalvikar für eine sehr strenge Befolgung der Regel gesorgt, und Johann von Staupitz hatte, als er das Amt 1503 von ihm übernahm, darin nicht nachgelassen. Das Bewusstsein allerdings, einer Ordenselite anzugehören, erzeugte unterschwellig auch das Verlangen, eine Elite innerhalb der Elite zu bilden, was zu Neid, Missgunst und Drangsal führte. Hinzu kam, dass Proles und auch Staupitz die Observanz mit eiserner Hand durchsetzten und auf die Erziehung durch die Gemeinschaft und durch Disziplinarmaßnahmen setzten, was den seelischen Druck in den Konventen erhöhte. Als wichtigstes Mittel galt die peinlich genaue Seelenprüfung.

Immer weniger vermochte Martin zu verdrängen, dass sein Streben nach Tadel- und Sündenlosigkeit Missgunst und Feindseligkeit bei einigen Mitbrüdern hervorrief, vor allem bei jenen, die nicht mitzuhalten vermochten. Auch wenn sie beispielsweise das Fasten weit trieben, Martins Fastenfähigkeit schien nahezu unbegrenzt zu sein; oder wenn sie selbst die weicheren Leinenunterhosen gegen kratzige aus grober Wolle tauschten, um den Leib zu kasteien, so konnte er auf eine unerschütterliche Studierfähigkeit verweisen, die den Geist stärkte, und auf diese Art das Fleisch beherrschen, denn wie Sankt Paulus sagte, würde er die feste Speise der Wahrheit erst bekommen, wenn er nicht mehr fleischlich wäre, sondern der Geist das Fleisch überwunden hätte. Um Wissen im Sinne von Weisheit (*sapientia*) zu erlangen, so begriff er, bedurfte es einer gewissen Sündenlosigkeit. Dem Sünder wurde das Wissen vorenthalten, nur dem Heiligen öffnete sich die Welt. Und so war es auch kein Zufall, dass gerade Bernhard von Clairvaux in Dantes »Göttlicher Komödie« dem Dichter die höchsten Himmel des Paradieses und schließlich Maria, die Himmelskönigin, zeigte, denn der heilige Bernhard hatte in seinen Augen die Sünde überwunden und war so zur höchsten Weisheit und zum göttlichen Mysterium vorgedrungen. Zwischen der Verringerung der Sünde und der Vergrößerung des Wissens und schließlich der Weisheit bestand also ein direkter Zusammenhang. Nicht nur studieren, nicht nur lesen, sondern auch beichten, fasten, beten, den Leib kasteien und die penible Befolgung der Ordensregel war, wie er es verstand, notwendig, um Wissen zu erlangen. Bei Johannes Tauler las er, allerdings erst etwas später: »Diese Verkündigung geschieht nicht mit Worten, nicht mit Gedanken, sondern sterbend, dich entäußernd, in der Kraft seines Todes.«[51] Über zehn Jahre später sollte er dann selbst schreiben: »Indem ihr lebt, und noch mehr, indem ihr sterbt und verurteilt werdet, werdet ihr Theologen, nicht indem ihr versteht, lest und spekuliert.«[52] Aber diesen zutiefst existenziellen Zusammenhang zwischen Wissen als Weisheit und Leben, und zwar verstanden als ein Leben ohne Sünde, empfand er in seiner ganzen Spannbreite bereits in der Vorbereitung auf die Priesterweihe. Doch vor allem standen praktische Themen an, in die er sich einarbeiten musste: zum einen die Frage der Beichtführung und zum anderen die detaillierte Praxis der Zelebration der Messe, was wann wie zu tun war und wie man eine gute Predigt hielt, denn Eucharistie und Predigt trugen die Messe.

Um sich einen Überblick über die Beichtfragen und die Beurteilung der Sünden nebst zu verhängenden Strafen oder Bußleistungen zu verschaffen, arbeitete er Jean Gersons »De confessione«, möglicherweise auch die »Summa confessorum« des Johannes von Freiburg, auf jeden Fall aber die berühmte und gerade in den letzten Jahren erschienene »Summa angelica« des Angelo Carletti di Chivasso, eines Theologen der Minoriten, durch. Später sollte er dessen Werke öffentlich verbrennen, weil er die Herabsetzung des Nominalismus in den Texten Angelos für pelagianisch hielt, doch einstweilen studierte er ihn. Von dem als häretisch eingestuften Pelagius abgeleitet, der dem Menschen einen freien Willen zugestand und damit nach Ansicht seiner Gegner Gottes Allmacht begrenzte, machte das Adjektiv »pelagianisch« im philosophischen und theologischen Diskurs eine traurige Karriere als pejorative Kennzeichnung von fürchterlichen Irrlehren, von Häresien und Gottesfrevel. In Pelagius sah Martin wie seine Zeitgenossen den heterodoxen Gegenspieler des orthodoxen Augustinus.

Als eigentliche Herausforderung, weit schwieriger und komplexer als die Beschäftigung mit der Beichte, gestaltete sich für ihn die Vorbreitung auf die Messe, die er mit dem Studium von Gabriel Biels »Expositio canonis missae« (Auslegung des Messkanons)[53] vornahm. Da die Messe im Abendmahl ihren Höhepunkt erreichte, in der sich das Messwunder, das er als Priester zu bewirken haben würde, ereignete und als dessen Ergebnis Jesus Christus in der Messe anwesend war, bedeutete dies, dass Martin in der Messe als Priester Gott begegnete, nicht etwa vorgestellt oder symbolisch, sondern ganz real. Die Vorstellung, als sündiger Mensch mit Gott, dem Richter, leibhaftig konfrontiert zu werden, erschreckte ihn zutiefst, denn er verstand den achten Vers des Psalms 76 wörtlich, wenn es dort über Gott hieß: »Furchtbar bist du! Wer kann vor dir bestehen, wenn du zürnst?« Oder den Propheten Nahum 1,6: »Wer kann vor seinem Zorn bestehen, und wer kann vor seinem Grimm bleiben? Sein Zorn brennt wie Feuer, und die Felsen zerspringen vor ihm.« Die Angst, Gott gegenübertreten zu müssen, wuchs, doch noch ließ die wenige Zeit für die Vorbereitung nicht zu, dass er sich allzu sehr vertiefte; zunächst kam es darauf an, das Pensum zu schaffen. Denn das Pensum hatte ein geradezu erdrückendes Volumen. Gabriel Biels Buch über den Messkanon, das in 89 Lektionen jedes noch so winzige Detail der Messe behandelte, war im wahrsten Sinne des Wortes erschöpfend.

Aber Biel war nicht nur ein gründlicher Schriftsteller, gar ein Pedant, sondern in seinem Denken vereinigten sich auf sonderbare Weise Elemente der Mystik, die auch Martin immer stärker ansprachen, mit der Denkweise des Nominalismus, wie sie in Erfurt hochgehalten wurde. Biel, der inzwischen als Theologe und als Philosoph berühmt und, weil er in allem versucht hatte, die Mitte zu halten, angesehen und beliebt war, hatte auch einige Zeit in Erfurt verbracht und sich sowohl an der Universität – schließlich folgte Biel den Lehren des William von Ockham und der *via moderna* – als auch am Kloster der Augustiner-Eremiten eine große Wertschätzung erworben. Meister Williams Nominalismus, der in den Allgemeinbegriffen, den Universalien, Mittel des menschlichen Verstandes sah, die Welt zu begreifen, wobei diesen selbst keine Realität zukam – was auch bedeutete, dass man Gott weder beweisen noch ihn begrifflich erkennen könne, sondern eben an ihn zu glauben hatte –, besaß in Erfurt an der Universität und im Generalstudium der Augustiner-Eremiten geradezu kanonische Geltung. Der *doctor invincibilis* (der unbesiegbare Lehrer) zog aus seinem Denken die weitreichende Konsequenz, dass die philosophische von der theologischen Wahrheit grund- und wesensverschieden sei und deshalb die Philosophie sich von der Theologie, aber auch, wie oft übersehen wird und was mindestens genauso wichtig und folgenreich ist, die Theologie sich von der Philosophie emanzipieren müsse. Im Gegensatz zu seinem Lehrer sollte Martin Luder diese Konsequenz erkennen und ziehen, aber noch war es nicht so weit, noch mühte sich der junge Mönch mit den Urgründen der Theologie. Als Biels Buch Martin zum Studium überreicht wurde, schärfte ihm der Prior ein, dass der Autor fast ein Heiliger, zumindest aber eine unbedingte Autorität sei.

Der Weisung des Priors hätte es dazu nicht bedurft, dass Martin jedes seiner Worte mit dem Herzen aufsog, denn es existierte noch ein völlig anderer, ein in Teilen sogar emotionaler Grund. Biel stand nämlich den Brüdern vom gemeinsamen Leben nahe, hatte Brüderhäuser gegründet, Internate für Schüler eingerichtet und die *devotio moderna* verfochten. Aus Biels Kompendium lernte Martin alles, was er über die Messe und über das Zelebrieren der Messe wissen musste, und er las es in der ihm vertrauten Sprache und Gründlichkeit der Brüder.

Nun ging allerdings alles Schlag auf Schlag: Im Dezember 1506 wurde er von dem Erfurter Bischof Johann Bonemilch von Laasphe zum Subdiakon, am 27. Februar 1507 zum Diakon und am 3. April zum Priester geweiht. Diese Rasanz war erstaunlich – auch für ihn. Im Sommer 1505 war er in das Kloster als Postulant eingetreten, Ende 1505 als Novize aufgenommen, nach der vorgeschriebenen Zeit Ende 1506 als Mönch in den Konvent aufgenommen worden, und wenige Tage später erfolgte bereits die Weihe zum Subdiakon. Noch nicht einmal zwei Jahre nachdem er an die Pforte geklopft und sich von seinen Freunden verabschiedet hatte, war der Student der Rechtswissenschaften geweihter Priester, Student der Theologie und auf dem besten Weg zur angesehensten Promotion, zum Doktor der Theologie. – Musste das den Vater nicht versöhnen?

11. In der Gewalt des Richters

Vor ihm lag die Primiz, die erste Messe, die der frischgeweihte Priester zu zelebrieren hatte, wie ein hoher Berg mit steilen Hängen. Und sollte er auch bis ans Ende seiner Tage nichts anderes mehr tun, als die heilige Messe zu feiern, so fürchtete er sich doch vor dem Moment, in dem er das Messwunder zu bewirken und Gott gegenüberzutreten, ja Gott anzurufen und mithin mit ihm zu kommunizieren hatte, in Worten und in Taten, das heißt in Anrufungen und Gebeten und in der Konsekration, also in der Umwandlung (Transsubstantiation) der Oblate und des Weines in Leib und Blut Christi. Auf diesem Vorgang beruhte sein und seiner Mitmenschen Glaube, auf dem Opfer und der Anwesenheit Gottes in der Messe, denn Gott war für ihn kein Bild, kein Symbol, keine Metapher, auch keine Vorstellung oder gar ein Prinzip, sondern er existierte tatsächlich und sehr real – genau genommen war er die einzige Realität, realer noch als er selbst, seine Mitbrüder, sein Vater, seine Mutter und seine Geschwister. Gott war der Nahferne, über den man so viel sprach, über den man mehr als über alles andere nachdachte und von dem man doch so wenig wusste. Am allerwenigsten durfte man sich mit der Vorstellung eines liebenden Vaters beruhigen, denn Gottes Gerechtigkeit, der alle Menschen unterlagen, war schrecklich, und er war der Richter, der die kleinste Missetat sah und bis auf den Grund einer jeden Seele schaute. Eine Unschärfe ergab sich, die der Bewegung innerhalb der Trias von Vater, Sohn und Heiligem Geist geschuldet war, denn zuweilen stand Christus, auf seine Wunden weisend, bittend für die Menschen vor dem Vater, dann aber füllte er die Rolle des Richters selbst aus. Martin zumindest identifizierte mit dem Richter immer Christus mit dem Schwert, den zornigen, den schrecklich gerechten Christus. Hinter dem wirksamen Bild des liebenden Christus verschwanden später Christus der Richter und Christus der König, ganz wie man sich einen mittelalterlichen König vorzustellen hatte. Aus seinem Königtum zogen die Päpste als *vicarii Christi* ihre Allmacht. Sie sahen in Christus den König der Könige und eben nicht den Diener der Diener, so wie er für Martin oberster Herr und oberster Richter war, der über die Schuld eines jeden Menschen befand und weise, aber streng die gerechte Strafe festlegte. Es lag allerdings nicht im Vermögen des Menschen, nicht schuldig zu werden.

Schuld trug jeder Mensch schon durch seine Geburt mit sich herum. Die Menschen unterschied lediglich die Dimension der Schuld. Wenn der moderne Mensch dieses generelle und überindividuelle Schuldgefühl verloren hat, fragt sich, ob ihm damit nicht auch ein Teil seiner Freiheit und seiner Menschlichkeit abhandengekommen ist. Für Martin Luder, der sich zutiefst schuldig fühlte, war ein Mensch ohne Schuld weder denk- noch vorstellbar. Schließlich stand für ihn felsenfest, dass der Grund für die menschliche Existenz auf Erden erst aus dieser Schuld resultierte, genauer noch: aus der Erkenntnisfähigkeit des Menschen. Adam und Eva, die verführt worden waren, vom Baum der Erkenntnis zu essen, verloren dadurch das Paradies und luden für sich und für ihre Nachkommen, also auch für Martin Luder, diese Schuld auf sich, die als Erbsünde vererbt wurde wie die Erkenntnisfähigkeit. Aber das Bewusstsein dieser Schuld stellte auch immer eine Herausforderung für das Erkenntnisvermögen des Menschen dar und bedeutete mithin ins Positive gewendet Verantwortung und Verantwortlichkeit. Mit dem Verlust der Schuld ging auch die Fähigkeit zur Verantwortung verloren.

Martins Schöpfer hielt ihn zumindest mit der Erbsünde, mit der Unfähigkeit des Menschen, nicht zu sündigen, unter Kuratel. Und so wie schon in Martins Zeit nach längst vergessener Vorstellung selbst die Päpste der ewigen Verdammnis anheimfallen konnten, wenn sie aus tätiger Nächstenliebe, aus Selbstüberschätzung oder einfach nur aus Sorglosigkeit zu viele Sünden eines anderen Menschen auf sich genommen hatten und deshalb mit der stellvertretenden Sühne überfordert waren, so drohten auch Martin die schlimmsten Strafen, sollten ihm in der Messfeier Fehler unterlaufen und sollte er im heiligsten Moment ungewollt freveln.

Noch in der frühmittelalterlichen Kirche ging man davon aus, dass die Verdienste, die von den Heiligen erworben worden waren, den Schatz der Kirche bildeten, der dem Papst ermöglichte, Strafablässe für die Sünden zu gewähren. Aber da niemand wusste, wie nun dieser Schatz zu bewerten war, das heißt wie groß er war und wann er nun aufgebraucht sein würde, geriet der Papst in die Gefahr, salopp gesprochen, das Gnadenkonto zu überziehen und dann für die ungedeckt nachgelassenen Sündenstrafen als Schuldner eintreten zu müssen. Im Grunde besaß der Papst ein Gnadenkonto ohne Kontostandsanzeige. Um aus diesem Dilemma herauszufinden, kamen die scholastischen Theologen – wer sonst? – auf die Idee, dass auch die Verdienste Christi zu den Schätzen der Kirche gehörten, über die der

Papst als Stellvertreter Christi frei verfügen konnte. Das war eine feine Sache, denn da Christi Verdienste bekanntlich unendlich waren, konnte auch der Schatz niemals aufgebraucht werden, der natürlich, weil er aus den Verdiensten bestand, gleichfalls unendliche Größe besaß. Mit anderen Worten: Da der Ablass auch gegen Geld erteilt wurde, standen den Päpsten unbegrenzte Mittel zur Verfügung und besaßen sie quasi eine Lizenz zur unbegrenzten Münzprägung, ohne auch nur ein Gramm Gold, Silber oder Eisen einsetzen zu müssen.

Weil die Messe das Allerintimste und gleichzeitig die größte zu Gott vorstellbare Nähe beinhaltete, von Sünden befreite und Hilfe in den verschiedenen Notlagen bringen konnte, stellte sie so etwas wie einen paradiesischen Wimpernschlag, einen leider flüchtigen Augenblick ohne Sünde dar, und der Mensch durfte sich für einen Moment wie Adam und Eva vor dem Sündenfall fühlen. Die Leiden der Menschen, die eine Strafe für die Erbsünde darstellten, hatte in der mit Erfurt, Eisleben und Mansfeld wirtschaftlich, wissenschaftlich und intellektuell eng verbundenen Stadt Nürnberg der Maler Albrecht Dürer in jenen Tagen und Wochen in seinem Diptychon »Adam und Eva« verewigt, aber im Unterschied zu Martin, den die Last der Erbsünde fast niederdrückte wie Mühlsteine, die ihn in die Tiefe zogen, sah der Nürnberger Maler in Adam und Eva nicht die Ur-Sünder, sondern die Stammeltern des Menschengeschlechts, und sie waren vor allem eines: schön. Sie gaben schon deshalb ein Idealbild ab, weil der Maler sie nach seiner Proportionslehre als Ideal gezeichnet hatte, so als schritten sie zeitlos durch die Geschichte, fast in einem antiken Frohsinn, unberührt und unbeschattet von der dunklen Erbsündenlehre der Kirche, die Martins Denken so sehr beherrschte und für den jungen Priester immer drückender wurde.

In der Vorbereitung auf die Primiz hatte Martin gelernt, dass die Messe vor allem Opfer bedeutete. Was er bei der Primiz zum ersten Mal zu leisten hatte, bestand im Bewirken des Messwunders, der Umwandlung von Brot in Leib und Wein in Blut Christi, in der Konsekration der Gaben und ihrer Opferung an Gott.[54] In diesem Vorgang würde er Opfernder, aber auch Medium und Opfer zugleich sein, denn er war nun ein Priester und damit etwas ganz Besonderes.

Die Scheidung der Menschen wurde in der Kirche durch den Lettner sichtbar: Davor saßen die Laien im Schiff, dahinter die Mönche oder Chorherren im Chor. Strikt wurde zwischen Laien und Klerikern unterschieden. Das allerdings war nicht immer so und gehörte nicht zu den alten Lehren, sondern zu den Neuerungen der Machtkirche des Hochmittelalters. Denn im Anfang war die Kirche noch die Versammlung der Heiligen, und die Heiligen hinwiederum waren die Geheilten, also die Getauften.

In der Alten Kirche wurde das Opfer noch von allen Mitgliedern der Gemeinde vollzogen. Der Kirchenvater Tertullian beschrieb das so: »Dieses Opfer, aus ganzem Herzen ihm geweiht, durch den Glauben gemästet, von der Wahrheit hergerichtet, dessen Tadellosigkeit in unserer Unschuld, dessen Sauberkeit in unserer Keuschheit, dessen Bekränzung in der Bruderliebe besteht – dieses Opfer müssen wir« – und er meinte damit alle Christen – »mit dem Pomp guter Werke unter Psalmen- und Hymnengesang zum Altar Gottes hinführen, und es wird von Gott alles für uns erlangen.«[55] Doch Lothar von Segni, der sich als Papst Innozenz III. nannte, verfügte, dass der Papst als Mittler zwischen Gott und den Menschen diesseits von Gott, doch jenseits des Menschen, geringer als Gott, doch mehr als der Mensch sei. Zudem legte er die Abhandlung »De missarum mysteriis« vor, in der er seine Vorstellung praktisch auf die Messe anwandte. Hatte der Priester das Mysterium der Umwandlung von Wein in das Blut und Brot in den Leib Christi bisher vor der Gemeinde, im Angesicht der Laien vollzogen, quasi mit ihnen gemeinsam, so wandte er sich nun ab und vollzog die Wandlung mit dem Rücken zur Gemeinde, Gott zugewandt, wobei einige Gebete und die Einsetzungsworte nicht mehr laut gesagt werden durften. Dies alles musste still geschehen. Es ging nicht darum, die Umwandlung, das Wunder zu verheimlichen, denn in der Elevation wurden die konsekrierte Hostie und der konsekrierte Wein im Kelch ja hochgehalten und den Gläubigen gezeigt, aber das Zustandekommen des Wunders, die Art und Weise, wie es bewirkt wurde, das sollte Herrschaftswissen der Priester sein und bleiben. Dafür existierten die verschiedensten Motive, ehrbare und weniger ehrbare. Und auch Martin stieß sich nicht daran, denn er kannte die Vorstellung des Paulus von der Milch und der festen Speise, von der pädagogischen und schützenden Wirkung des Geheimnisses. Die nicht groß genug zu denkende Bedeutung der konsekrierten Hostie zeigte sich darin, dass die Hostie als Allheilmittel galt. Kranken wurde sie wie Medizin eingegeben, Verletzten auf die Wunde gelegt, Sterbenden auf die Stirn. Von klein auf lernte Martin die Hostienwunder – und nicht nur in Wilsnack – kennen, fürchtete sie und verehrte sie. Vor den Juden mussten sie beschützt werden, denn man unterstellte ihnen, dass sie konsekrierte Hostien stahlen, um in einem schaurigen Ritus, häufig mit Kindsmord verbunden, Christus in der Hostie zu töten. Wie erfunden diese Beschuldigungen auch waren, setzten sie jüdische Bürger in christlichen Städten doch schlimmen Verfolgungen und Pogromen aus. Die Menschen glaubten daran, an die Wunderwirkung der Hostie und an den Frevelwillen der Juden, und Martin nicht minder. Nun hatte er zum ersten Mal eine Hostie zu heiligen.

Im Grunde spielte die Anwesenheit der Gemeinde keine Rolle mehr, sie mochte da sein oder auch nicht. Der den Laien entrückte Priester war es von nun an, der das Mysterium im Angesicht Gottes vollzog, weit mehr als der Mensch, weit mehr als die Menschen. Die Wandlung wurde nun erst zum wirklichen Mysterium, vollzogen von begnadeten und herausgehobenen Priestern. Augustinus hatte es im zehnten Buch von »De civitate Dei« unmissverständlich definiert: »Ein wahres Opfer ist demnach jedes Werk, welches dazu beiträgt, dass wir in heiliger Gemeinschaft Gott anhängen … Denn ein Opfer ist, obschon ein Mensch es darbringt, eine heilige Sache … Darum ist auch der Mensch selber, welcher, geheiligt durch Gottes Namen und Gott geweiht, der Welt stirbt, um Gott zu leben, ein Opfer.«[56]

So lastete der Druck vor der Primiz gewaltig auf Martin. Denn in der Messe würde Gott durch ihn handeln, in der Messe würde er sich Gott opfern. War er dessen überhaupt würdig? Aus Angst vor einer unwillkürlichen Pollution des Nachts (*pollutio nocturna*), die ihn am nächsten Tag gehindert hätte, die Messe zu zelebrieren und das Messopfer durchzuführen, nahm er sich vor, die Nacht zuvor mit Gebeten und Meditationen zu durchwachen. Außerdem hatte er als Mönch die spirituelle Kraft der Vigilien schätzen gelernt. Er hoffte inständig, dass ihm in dieser Nacht vor der Primiz sein väterlicher Freund Johannes Braun beistehen würde, denn in dieser Nacht würden der Teufel und seine Genossen nichts unversucht lassen, um ihn zu beflecken, zu sehr verlockte den *hostis antiquus*, den alten Feind, die Aussicht, die Erstlingsmesse des jungen Priesters zu verderben. Eine gescheiterte Transsubstantiation, eine misslungene Messe erfreute den Teufel immer sehr, aber eine verunglückte und versündete Primiz empfand er als wahres Glück. Und dass der Teufel ihn zu verderben trachtete, dessen war er sich gewiss. Man versteht den Gang ins Kloster, sieht man die schreckliche Welt, wie sie Martin sah: im Himmel der schreckliche Richter und die Erde Brutstätte und Tummelplatz des Teufels und seines schmutzigen Gefolges, dessen Zahl Legion war, wie der Seher Johannes schrieb. Wenn es einen sicheren Ort auf Erden gab, dann das Kloster. Dass die Sicherheit des Klosters aber auch nur relativ war, wusste er.

Wenn man nicht verdrängte oder es nicht allzu genau nahm, sondern skrupulös und penibel veranlagt war wie er, stellte eine Messe zu zelebrieren immer ein hohes Risiko dar, umgab sie stets etwas Heikles. Vor jeder Messe hatte sich der Priester zu prüfen, ob er würdig und ob er rein genug war für die heilige Handlung. Denn seine Reinheit und Würde entschied darüber, ob das Messwunder gelingen konnte. Beispiele dafür, wie sich in der Messe im Moment ihrer Umwandlung die Hostie dem Priester, der in der Nacht einen Samenerguss gehabt hatte, verweigerte, sich ihm entzog und so seine Sündhaftigkeit allen vor Augen führte, kannte er, und er dachte mit Schaudern daran, dass ihm das auch widerfahren könnte. Martin kannte genügend Beispiele, in denen Christi Leib, zu dem die Hostie werden sollte, sich für alle sichtbar aus Ekel über die Unreinheit des Zelebranten zurückzog. Dafür bedurfte es noch nicht einmal einer *pollutio nocturna*. Es genügte bereits eine unvollständige Beichte, der Zipfel einer Sünde, den er übersehen hatte.

Seine Unsicherheit drohte in Panik umzuschlagen, so oft er darüber nachdachte, denn je mehr er darüber sann, desto ausgemachter schien es ihm, nicht alle Sünden gebeichtet zu haben. Wusste er denn, was in Gottes Augen alles sündig war? Schließlich las er im Korintherbrief des Paulus die schrecklichen und bedrohlichen Worte: »Wer nun *unwürdig* von dem Brot isst oder aus dem Kelch trinkt, der wird *schuldig* sein am Leib und Blut des Herrn« (1. Kor 11,27). Der tötet also Gott noch einmal. Und wer ihn (noch einmal) tötet, über den wird SEIN Blut kommen.[57] »Der Mensch prüfe aber sich selbst, und so esse er von diesem Brot und trinke aus diesem Kelch. Denn wer so isst und trinkt, dass er den Leib des Herrn nicht achtet, der isst und trinkt sich selbst zum Gericht« (1. Kor 11,28–29). Harte Worte: »der isst und trinkt sich selbst zum Gericht«, das heißt: Wer frevelt, richtet sich selbst. So gesehen war das Messopfer, vor allem die Konsekration, für den Priester keine ungefährliche Angelegenheit.

Mochten andere von robuster Unempfindlichkeit und brachialer Skrupellosigkeit sein, er war es nicht, er machte sich ein Gewissen daraus. Mit seinem Novizenmeister sprach er darüber, mit dem Prior im persönlichen Gespräch wie auch in der Beichte, und beide gingen mit größtem psychologischem Geschick mit ihm und seinen Ängsten um, denn nicht nur ihn befielen diese Skrupel. Man kannte dieses Phänomen im Orden. Bereits Jordan von Quedlinburg hatte in seinem »Liber Vitasfratrum« davon berichtet. Diejenigen aber, die gegen diese Furcht ankämpfen mussten, die sich ein Gewissen daraus machten und in Heilspanik und angesichts des Numinosen in Versagensängsten lebten und litten, galten letztlich als die Besten, denn sie bewiesen dadurch nur ihre große Demut und ihren tiefen Glauben. Martins quälende Sorgen erhöhten also sein Ansehen bei seinen Oberen. Und Winand von Diedenhofen stellte mit Befriedigung fest, den Richtigen ausgewählt zu haben, was er auch seinem Ordensoberen Johann von Staupitz mitteilte, der sich für den jungen Priester zu interessieren begann. Alle Erwartungen übertraf Martin noch, ohne dass er es wusste, denn er hielt sich eher für das Gegenteil, für zu schlecht, zu sündhaft, zu schwach. Er genügte sich selbst nicht. Er raste gegen sich.

Schließlich legten Winand von Diedenhofen und Johann von Staupitz Mitte April als Termin für Martins Erstlingsmesse den Sonntag Cantate, also den vierten Sonntag nach Ostern, den 2. Mai 1507, fest. Mochten Prior und Generalvikar der deutschen observanten Augustiner-Eremiten es als passend empfunden haben, dass der junge Priester seine erste Messe zum Lobe des Herrn hielt – Cantate hieß ja: »Singet (dem Herrn ein neues Lied)« –, und mochte Staupitz, der eine Kirchenreform für erforderlich hielt, auch hoffen, dass der junge Priester mit ihm und mit anderen tatsächlich in ein »neues Lied« einstimmen würde, so nahm Martin nicht das Gotteslob und den Wunsch nach einer Erneuerung wahr, sondern die Konfrontation mit dem Richter. Denn der Psalm sprach ja auch vom Richter, der den

Völkern seine Gerechtigkeit in seinem Gericht offenbar machen würde. Denn er würde den Erdkreis richten mit Gerechtigkeit und die Völker, wie es recht ist. In Jesaja 12,1–6, der Stelle, die ebenfalls eine Rolle in der Messe zu Cantate spielen sollte, wurde Gott für seinen Zorn und für seine Gnade gedankt, dass er zornig war und hernach den Zorn vom Menschen genommen und ihn getröstet hatte. Nicht nur mit dem Gotteslob, sondern auch mit dem Gotteszorn, mit Gott dem Richter war er konfrontiert bei seiner Erstlingsmesse, mit seinem Lebensthema: Gottes Gerechtigkeit.

Am 22. April schrieb Martin an seinen väterlichen Freund Johannes Braun nach Eisenach und bat ihn dringend, zu seiner Primiz zu kommen, da er seiner als geistlichen Beistands bedurfte. Unter den Worten der Bitte vernimmt man das Flehen seiner Seele. Braun mit der »Last einer so großen Reise zu beunruhigen«, wagte Martin nur, weil er sich so sehr wünschte, dass Johannes Braun durch seine »angenehme Gegenwart« und seine »Gebete« helfen würde, damit Martins »Opfer vor Gott wohlgefällig werde«.[58] Er bestand darauf, dass Braun im Kloster Quartier nahm, weil er die Nacht vor der Primiz mit ihm im Gebet verbringen wollte. Wer hätte ihm in all den Zweifeln und Versagensängsten besser helfen können als sein väterlicher Freund, der ihn nun schon so lange kannte und in nahezu perfekter Symbiose den Priester und den Humanisten verband? Trotz der gedrängten Zeit in der Vorbereitung auf die Priesterweihe hatte Martin Anfang 1507 Johannes Braun in Eisenach besucht und mit dem erfahrenen Priester über seine Zweifel und Nöte gesprochen, sich Rat, Beistand und Ermutigung geholt.[59] Nehmen konnte dieser ihm die Ängste nicht, aber sie für eine Weile lindern.

Trotz des aufbrandenden Konflikts zwischen den Humanisten einerseits und den Mönchen andererseits fanden in dem ausgleichenden Wesen Brauns die Frömmigkeit und die Gelehrsamkeit als Resultate klassischer Bildung eine schöne Balance. Martin hatte sich von dieser Auseinandersetzung einstweilen suspendiert, indem er sich von seinen Humanistenfreunden verabschiedet und sich komplett auf das Klosterleben konzentriert hatte. Zeit blieb ihm ohnehin nicht.

In dem Brief an Johannes Braun bat er, dass dieser auch Conradus Hutter zu seiner Primiz mitbringen möge. Er zerbrach sich den Kopf darüber, ob es opportun war, die Familien Schalbe und Cotta einzuladen, die ganze Schalbe'sche Bruderschaft. Denn er verdankte ihr einerseits viel; doch durfte er es deshalb andererseits wagen, so angesehene Bürger zu bitten, zur Primiz eines kleinen Priesters zu reisen, und sie dadurch zu nötigen, die Strapazen und die Kosten der Reise auf sich zu nehmen? Denn eine Einladung zur Primiz konnten sie nicht abschlagen, nicht die Schalbes, die sich besonders für die Förderung der Frömmigkeit einsetzten. Einmal ausgesprochen, wären sie gezwungen gewesen, ihr Folge zu leisten – de facto also eine kleine Erpressung und ein Beleg für mangelnde Demut. Mit den Schalbes und Cottas, den ersten Patriziern Eisenachs, stand er wahrlich nicht auf gleicher Ebene. Die Situation war nicht ganz einfach, und ganz gleich, wie er sich entscheiden würde, konnte er es nur falsch machen, denn jedes Argument dagegen konnte vom anderen Ende her betrachtet ein Argument dafür sein und umgekehrt. So spielte er die Entscheidung darüber in seinem Brief geschickt Braun zu, der in der Tat aus seiner Kenntnis heraus und von seiner Position aus entweder die Einladung empfehlen oder gar bewerkstelligen oder der nicht erteilten Einladung den Stachel des Affronts und den Geruch der Undankbarkeit nehmen konnte.

Aber noch jemanden hatte er zu seiner Erstlingsmesse einzuladen, und er fürchtete nichts mehr als dessen demonstratives Fernbleiben. Martin hoffte so sehr auf Versöhnung, denn dass er gegen den ausdrücklichen Willen seines Vaters gehandelt hatte, ließ ihn nicht los. So paradox es klingen mochte, aber sein Eintritt ins Kloster, dieses Opfer, das er Gott gebracht hatte, war zugleich eine Gotteslästerung, denn den Gehorsam gegenüber den Eltern hatte der Höchste als Gebot gesetzt. So musste er Gottes Gebot übertreten, um Gott dienen zu können.

In Martins Vorstellung war die Rangfolge in der Kirche, im Staate und in der Familie – alles ein Abbild von allem – von Gott als Hierarchie, als heilige Herrschaft, als Weltordnung eingesetzt worden. Unmissverständlich hieß es bei Paulus im Römerbrief 13,1: »Jedermann sei untertan der Obrigkeit, die Gewalt über ihn hat. Denn es ist keine Obrigkeit außer von Gott; wo aber Obrigkeit ist, die ist von Gott angeordnet.« Also lud er bangen Herzens auch seinen Vater ein. Ob er wohl kommen würde?

Das Wiedersehen mit Johannes Braun verlief wie erwartet herzlich. Unerwartet aber und dadurch ihn zutiefst berührend gestaltete sich die Ankunft des Vaters. Vor dem Kloster stand nicht nur Hans Luder, sondern inmitten von zwanzig Menschen, die ihn begleiteten, die Mutter, die Geschwister, Freund Reinicke und Freund Oemler, Onkel und Freunde des Vaters. Für die Reisegesellschaft kam der sparsame Hans Luder höchstpersönlich auf. Das ließ er sich trotz der hohen Kosten, ja des kleinen Vermögens, das er dafür ausgab, nicht nehmen. Ergriffen kniete Martin vor dem Vater nieder und bat halblaut und mit Tränen in den Augen: »Segne mich, Vater!« Und der Vater tat es. Dann erhob sich Martin »Und verzeihst du mir auch?«

»Verzeihen, dass du Gottes Gebot gebrochen und gegen meinen Wunsch gehandelt hast? Nein! Verzeihen kann ich das nicht.«

»Aber es war ein Zeichen Gottes. Der Blitz damals in Stotternheim!«

»Woll'n hoffen, dass es kein Trugbild des Teufels war.« Martins Blick trübte sich. »Ich wünschte innig, es wäre anders gekommen, aber da es nun mal geschehen ist, lässt es sich nicht mehr rückgängig machen. Wenn du unbedingt Priester werden musst, dann werde ein guter Priester. Kein Tagedieb. Kein Pfründenjäger. Kein Fresssack! Kein Saufaus! Kein Hurhausläufer! Sondern wirklich ein frommer Mann!«

Martin sah dem Gesicht des Vaters deutlich die Überwindung an, die ihn diese versöhnlichen Worte kosteten. Zu seinen Warnungen hatte Hans Luder allen Grund, denn die Verderbtheit des Klerus nicht nur in Erfurt, aber hier besonders, gipfelte darin, dass die Kurtisanen, wenn sie es zu einer Art Mätresse geschafft hatten, nach denjenigen Prälaten und Klerikern hießen, die besonders oft ihre Dienste in Anspruch nahmen. So hieß die schielende Kathrein dann nicht mehr die schielende Kathrein, sondern Frau Chorherr oder Frau Michaelispfarrer. Ein Konkubinat, eine möglichst andere Freier ausschließende, quasi feste Bindung zu einer Hure bot dem Geistlichen, wenn er es sich denn leisten konnte, auch einen gewissen Schutz vor einer Geschlechtskrankheit.

Dankbar verbeugte sich Martin vor dem Vater, der ihn in seine Arme nahm. Die Umstehenden lächelten, dann klatschten sie in die Hände vor Freude. Auch wenn der Vater ihm nicht verziehen hatte, so hatte er seinen Frieden mit Martins Entscheidung gemacht. Und das zählte nicht wenig. Dieser Frieden aber beinhaltete eine Verpflichtung, die er auf seinen Schultern spürte, und sie wog nicht weniger als die, die er sich selbst auferlegt hatte, nämlich ein vorbildlicher und ein guter Priester zu sein. Dieses Ziel zu erreichen bedeutete, Krieg gegen den Teufel zu führen.

Die Familie begab sich in ihr Quartier und er sich ins Kloster. Er wollte beichten und sich dann intensiv mit Johannes Braun besprechen, bevor er sich schließlich zum Gebet zurückziehen würde. Gegessen hatte er an diesem 1. Mai nichts, sondern gefastet, denn nüchtern wollte und nüchtern hatte er die Eucharistie durchzuführen. Dem Teufel, der überall Fallstricke auslegte, wehrte er durch das Fasten, denn durch den Verzicht auf Nahrung schützte er sich auch vor Dämonen. Er kannte die weise Einsicht des Paschasius Radbertus (um 785 – um 865), des heiligen Benediktiners, dessen Gedenktag gerade eine Woche zurücklag und dessen Gedanken zur Messe große Beachtung gefunden hatten: »Dass wir nüchtern kommunizieren, ist weise Anordnung. Denn während Nüchternheit in unserem Leib herrscht und alle Glut des Fleisches dämpft, während alle Vermögen der Seele für Einsicht und unterscheidende Erwägung desto lebendiger sich regen, soll durch jene Speise zuerst unser innerer Mensch berauscht werden. Dann vermag das Höhere in uns, von himmlischer Freude belebt, das Niedere zu lenken und zu heilen.«[60] Vom heiligen Bernhard hatte er gelernt, dass in der Messfeier der Zelebrans sich selbst als Opfer darbrachte. Wilhelm von Saint-Thierry sagte es so schön und unmissverständlich in einer spirituellen Kraft, die Martins Herz und Sinne ergriff und ihm die Größe dessen, was er vorhatte, und im Gegenzug dazu seine Winzigkeit vor Augen führte: »Sooft du beim Gedächtnis dessen, der für dich gestorben ist, dich innerlich von Glauben und Liebe für seine Tat erfüllen lässt, isst du seinen Leib und trinkst du sein Blut. Solange du durch die Liebe in ihm bleibst, er aber durch das Wirken seiner Heiligkeit und Gerechtigkeit in dir bleibt, wirst du zu seinem Leib und zu seinen Gliedern gerechnet.«[61]

Mit ausgestreckten Armen lag er in der Nacht vor dem Altar der Augustinerkirche, auf dem er drei Kerzen angezündet hatte, und bat die Jungfrau Maria, die Apostel und alle zweiundzwanzig Heiligen, denen er sich verbunden fühlte, allen voran den heiligen Augustinus und den heiligen Martin von Tours, um Beistand und dass sie Gottes Segen für ihn erwirken möchten.

Als Martin am nächsten Morgen mit der Bibel in der Hand in die Augustinerkirche zog, gefolgt von seinem Helfer Johann Grevenstein, der ihm beim Hochamt assistieren würde, von Bischof Johann Bonemilch von Laasphe, vom Prior, von Johannes Braun und den Mönchen, krampfte sich angesichts der vielen Menschen in der Kirche sein Herz zusammen. Er meinte nicht nur dessen Klopfen hören zu können, sondern fürchtete, dass es in der Kirche in den Ohren aller Anwesenden widerklang. An jedem Ort der Welt, selbst in des Teufels Spelunke, wäre er lieber gewesen als hier. Vorbei schritt er an Vater und Mutter mit der Heiligen Schrift, Gottes Offenbarung, in der Hand. Und hätte er in diesem Augenblick zu seinem Vater schauen können, so hätte er etwas entdecken können, was der Vater sonst verbarg: Stolz, Stolz auf seinen Sohn.

Am Altar angekommen, zeigte er die Bibel, bevor er sie auf den Altar legte. Die Prozession teilte sich und setzte sich nach Niederknien und Bekreuzigen in das Chorgestühl. Mit aller Kraft und gegen die Verengung, die er im Hals spürte, sang er den Introitus:

»Cantate Domino canticum novum,
cantate Domino omnis terra.«

Danach stimmte er mit den Priestern und Mönchen im Chor das »Kyrie eleison« (Herr, erbarme dich) an und erinnerte sich und alle an ihre persönlichen Sünden und an die Erbsünde, die sie befleckte: Herr, erbarme dich, erbarme dich, Christus. Dem Eingeständnis der Geringfügigkeit des Menschen, der doch so sehr auf Gottes Erbarmen angewiesen war, folgte der Lobpreis des großen Gottes, den er nun mit seiner schönen Stimme, die das erste Mal befreit und klar wirkte, durch die Kirche sandte:

»Gloria in excelsis Deo
et in terra pax hominibus bonae voluntatis,
laudamus te,
benedicimus te,
adoramus te,
glorificamus te,
gratias agimus tibi propter magnam gloriam tuam.«[62]

Seine Erregung stieg in dem Maße, in dem er sich dem eigentlichen Opfer näherte. Schließlich, nach allen Segensbitten und Gedächtnishandlungen, sprach er die Wandlungsbitte und musste alle Kraft aufbringen, nicht zu stottern, denn jetzt rief er den Heiligen Geist an, jetzt brachte er sich zum Opfer und bat Gott, die Wandlung zu vollziehen, wobei er bestimmte Worte mit dem Kreuzzeichen hervorhob:

»Quam oblationem tu, Deus, in omnibus, quaesumus, bene+dictam, adscriptam+, ratam+, rationabilem, acceptabilemque facere digneris: ut nobis Corpus+ et Sanguis+ fiat dilectissimi Filii tui Domini nostri Iesu Christi.« Diese leise gesprochenen Worte, die nicht für die Ohren der Gemeinde bestimmt waren, heißen auf Deutsch: »Diese Opfergabe mache du, o Gott, wir bitten dich, in jeder Hinsicht zu einer gesegneten, bei dir eingetragenen, gültigen, geistigen und genehmen, damit sie uns werde Leib und Blut deines vielgeliebten Sohnes, unseres Herrn Jesus Christus.«

Martin stand mit dem Rücken zum Schiff, vor dem Altar, vor dem Kreuz, vor Christus. Auge in Auge mit Gott. Die Welt hinter und neben ihm versank, so herausgehoben und ganz von Gott umfangen fühlte er sich in diesem Moment. Würde er diese Kommunikation durchhalten? Mochte es auch nicht bewusst geschehen, aber sinngemäß empfand er in dieser alles entscheidenden Situation, die den Inhalt seines Lebens und des Lebens aller Menschen ausmachte, in der er sich zum Opfer brachte und Gott durch ihn handelte, was Wilhelm von Saint-Thierry in einer Meditation erfuhr: »Genau dies geschieht, wenn wir das tun, was wir nach deinem Auftrag zu deinem Gedächtnis tun sollen. Nichts Schöneres, nichts Heilvolleres hättest du deinen Kindern hinterlassen können, als dass wir jedes Mal, wenn wir den Leib essen und das Blut trinken, das unvergängliche Mahl, wie es uns die reinen, wiederkäuenden Tiere vormachen, gewissermaßen aus dem Magen der Erinnerung sorgsam wieder in den Mund zurückholen, damit jeweils neu und für immer unser Heil gewirkt wird ... Dann wird er schmecken und sehen, wie freundlich du bist, und durch das große und unfassbare Sakrament selbst zu dem werden, was er isst: Bein von deinem Gebein und Fleisch von deinem Fleisch.«[63]

Jetzt, da er die Abendmahlsworte zu sprechen hatte und mithin Gott, Christus aus ihm sprach – denn es waren ja seine Einsetzungsworte –, sah er Jesus mit dem Flammenschwert, den Richter, der hart und unnachgiebig richten würde, vor sich, denjenigen, dessen Gerechtigkeit stählern war, und Angst ergriff ihn. Fort, nur fort wollte er. Martin erbleichte, weil er Christi prüfendes Auge auf sich gerichtet fühlte und diesem Blick nicht standzuhalten vermochte. Fort, nur fort. Ihm brach der Schweiß aus. »Vater, ich muss weg, verzeiht, verzeiht«, raunte er Johann Grevenstein panisch zu, doch der alte Novizenmeister erlebte diese Situation bei einer Primiz nicht zum ersten Mal. Für tiefe und reiche Naturen, das wusste er, war es nicht leicht, Gott auszuhalten, weil sie ihn stärker fühlten als die etwas platten und groben Charaktere. Beruhigend flüsterte er: »Nun ist es richtig, wenn du die Herrenworte sagst, dann sind sie recht gesprochen. Gott will es so, tu es auch, tu es, Bruder Martinus, lass Gott und dich und uns jetzt nicht im Stich! Sprich jetzt!« Martin senkte den Blick, wie es von ihm verlangt war, atmete aus und spürte ein innerliches Zittern, als hinge sein Herz an einem dünnen Faden, während er flüsterte:

»Qui pridie quam ... Er nahm am Abend vor seinem Leiden Brot in seine heiligen und ehrwürdigen Hände.« Dann nahm er die Hostie in beide Hände und fürchtete, sie fallen zu lassen, während er sprach: »et elevatis ... erhob die Augen gen Himmel zu Dir«, wobei Martin die Augen nach oben richtete und so langsam mit Christus verschmolz, »zu Dir, Gott, seinem allmächtigen Vater«, und verneigte sich, wobei er weiter sprach: »tibi gratias ... sagte Dir Dank«, und nun schlug er das Kreuz über der Hostie, wozu das Wandlungsglöckchen läutete: »segnete es, brach es und gab es seinen Jüngern mit den Worten: Nehmt hin und esst davon, das ist mein Leib.« Mit diesen Worten hob Martin die Hostie, in der nun Christi Leib war, hoch über seinen Kopf, und die Gemeinde und die Kleriker im Chor knieten nieder. Eine so mächtige wie sanfte Bewegung, die durch die Kirche ging, Erhöhung und Erniedrigung, Christus und die Menschen, eine einzige Gemeinde.

Ihm stieg der Weihrauch in die Nase, und er wusste nun nicht mehr, wo er sich befand – im Himmel, auf Erden, irgendwo dazwischen? Der Ko-Zelebrans entzündete die Wandlungskerze, und die Gemeinde betete. Doch jetzt kam das Eigentliche: Martin hob die Hostie in die Höhe. Danach breitete er die Arme aus, um das Kreuz, an dem Christus gelitten hatte und gestorben war, zu versinnbildlichen, und dann sprach er: »Simili modo ... In gleicher Weise nahm er nach dem Mahle diesen wunderbaren Kelch in seine heiligen und ehrwürdigen Hände, dankte Dir abermals, segnete ihn und gab ihn seinen Jüngern mit den Worten: Nehmt hin und trinket daraus: Das ist der Kelch meines Blutes, des neuen und ewigen Bundes – Geheimnis des Glaubens –, das für euch und für die Vielen vergossen wird zur Vergebung der Sünden. Tut dies zu meinem Gedächtnis.« Martin hob den Kelch empor. Er spürte Gottes Anwesenheit, er spürte das Wunder. Jetzt, da er Christi Blut im Kelch hatte, jetzt, da der Urstoff des Lebens ihn mit dem Herrn verband, war der Bund erneuert. Daraus zu trinken bedeutete, in Gott zu sein. Denn darin bestand der Sinn, dass immer wieder der Bund erneuert, das Opfer dargebracht, nämlich der Tod des Herrn immer wieder verkündet wurde, bis er kommen würde am Tage des Jüngsten Gerichts (1 Kor 11,26) und Erlösung bringen. Ausgelöscht würde dann sein die Sünde, und der Mensch würde zurückkehren in den Zustand der Sündenlosigkeit und ewig leben im Paradies. In den Einsetzungsworten eins sein mit Gott. Denn der heilige Pachasius Radbertus hatte bereits erkannt, dass bis zu den Einsetzungsworten der Evangelist sprach, in der Messe aus dem Mund des Zelebrans, aber die Einsetzungsworte selbst waren Gottes Sprechen, Christus sprach, und in der Messe sprach er aus dem Mund des zelebrierenden Priesters, aus Martins Mund.

Nach der Messfeier, nach den Gratulationen vom Prior und den Mönchen, vollkommen erschöpft und immer noch etwas in Sorge, nicht alles richtig gemacht zu haben, nicht vollkommen rein oder unabgelenkt in Gedanken, nicht in jeder Sekunde vollständig auf Gott konzentriert gewesen zu sein, bekam er vom Prior frei bis zur Nachtruhe, damit er die Zeit mit der Familie verbringen konnte und mit Johannes Braun, der sich dazugesellte.

Nichts ist von der Familienfeier in einem Erfurter Gasthof, in dem auch Hans Luders Reisegesellschaft übernachtete, überliefert, aber man geht sicher nicht fehl in der Annahme, dass es ein inniges Zusammensein gewesen ist, in dem Martin die Neuigkeiten aus der Heimat erfuhr, die großen und kleinen Geschichten von Heirat, Geburt und

Tod, die bösen und lustigen Anekdoten, aber auch, dass der Vater den Hüttenbetrieb vergrößert hatte, indem er weitere Feuer anmietete, und dass sich sein Bruder Jakob gelehrig und geschickt anstellte und Hans Luder ein zweites Haus erworben hatte, für Jakob. Martin genoss das Zusammensein mit den Verwandten und Freunden.

Gegen Abend verabschiedeten sie sich mit vielen Umarmungen und mit dem großen Dank, den Martin dem Vater gegenüber aussprach. Von seiner Seele war jetzt eine Last genommen. Doch auf dem Weg ins Kloster fragte Martin den alten und erfahrenen Priester Johannes Braun: »Wird sie je aufhören, diese Angst, die mich überfällt, wenn ich in der Messe dem Herrn gegenübertrete?«

»Wenn du ohne Sünde bist ...«

»Aber wie ist man ohne Sünde?«

Am nächsten Morgen ließ der Prior Martin durch Johann Grevenstein zu sich bitten. Im Priorat erwartete ihn aber nicht nur Bruder Winand, sondern auch ein eher agil wirkender Mann, dessen ein wenig rundliches Gesicht von der hohen Stirn beherrscht wurde und dessen schnelle und lebendige Augen seine ständige Aufmerksamkeit und sein nicht zu ermüdendes Interesse signalisierten. Martin wusste, wer dieser Mann war, nämlich Johann von Staupitz, Generalvikar der observanten Augustiner-Eremiten und die Zierde seines Ordens. Es war Martin zwar bekannt, dass Staupitz aus einem alten sächsischen Adelsgeschlecht stammte, nicht aber, dass er seit Kindertagen mit Friedrich, dem Kurfürsten, den man bald schon den Weisen nennen würde, befreundet war. Noch weniger ahnte der junge Priester, dass diese Verbindung für ihn noch einmal sehr wichtig werden würde. Überhaupt sollte ihn das Beziehungsnetz des Generalvikars, die sogenannten Staupitzianer, eines Tages tragen.

Zunächst hatte Johann von Staupitz in Leipzig studiert und war anschließend in München in den Konvent der Augustiner-Eremiten eingetreten, in dem er auch die Profess feierte, also das Mönchsgelübde ablegte. Andreas Proles, der Generalvikar der Observanten, wurde schnell auf den begabten und freundlichen Staupitz aufmerksam und beschloss, ihn zu fördern. So schickte er ihn 1497 in den observanten Konvent nach Tübingen. Gleichzeitig schrieb sich Johann von Staupitz auf Befehl seines Ordensoberen Proles in die Matrikel der berühmten Universität Tübingen als Lektor der Theologie ein. Er wurde zugleich Studierender und Lehrender. Wie keine zweite deutsche Universität wurde Tübingen zu dieser Zeit ein Treffpunkt besonderer Talente und eine frühe Hochburg des Humanismus in Deutschland, die bei Staupitz einen tiefen Eindruck hinterließ. In Tübingen las der Dichter Heinrich Bebel, der bei dem berühmten Verfasser des »Narrenschiffs«, Sebastian Brant, studiert hatte, über die Poesie, Conrad Summenhart lehrte Rechtswissenschaft, Ökonomie und Naturphilosophie und begründete in seinen Theologievorlesungen die Notwendigkeit einer Reform der Kirche, vor allem aber einer Erneuerung des dekadenten Mönchswesens – ein Ziel, das Proles, aber auch den jungen Staupitz antrieb. Auch der Franziskaner Paul Scriptoris gehörte zum Lehrkörper der Universität. Scriptoris war von Reuchlin im Griechischen unterwiesen worden, was ihm beim Studium der Heiligen Schrift von Nutzen war, das er in seinen Vorlesungen in den Mittelpunkt stellte. Zudem beschäftigte er sich mit Mathematik und Astronomie und konnte dank Reuchlins und seines Fleißes Ptolemäus und Euklid im Original lesen. Noch besaß die Scholastik eine so beherrschende Stellung an den Universitäten, dass Scriptoris seine Ansicht, dass man, statt der scholastischen Theologie zu folgen, die Lehren der Alten Kirche und die Heilige Schrift im präzisen Wortlaut entdecken sollte, nur im kleinen Kreis, nur vertrauenswürdigen Studenten wie eben Johann von Staupitz gegenüber äußerte. Doch bald stellte er diese Vorstellungen in das Zentrum seiner Vorlesungen, er wurde denunziert, und es wurde ein Inquisitionsverfahren gegen ihn eingeleitet. Sein Orden enthob ihn des Lehramtes. Als er erfuhr, dass er in Klosterhaft gesetzt werden sollte, floh er, erst nach Wien, dann nach Rom. Dort konnte er die Einstellung des Verfahrens erreichen und kehrte nach Deutschland zurück, um im Kloster in Heilbronn zu wirken. Von seinen Oberen nach Toulouse geschickt, verstarb er unterwegs. Es sagt genügend über das Klima der Zeit, wenn man bedenkt, dass über seinen Tod Gerüchte die Runde machten, in denen es hieß, die Scholastiker oder liederliche Mönche hätten ihn ermordet.

Zum damaligen Tübinger Kreis gehörte auch der Drucker Johannes Otmar, der dann nach Augsburg übersiedelte und dort wichtige Werke der deutschen Mystik, nämlich die von Tauler und Seuse sowie die »Theologia Deutsch«, druckte und mit dem Staupitz bald schon eine enge Freundschaft verbinden sollte.

Am 7. Juli 1500 wurde Johann von Staupitz in Tübingen zum Doktor der Heiligen Schrift promoviert, 1502 wurde er als Gründungsprofessor an die Wittenberger Universität berufen, und 1503 wurde er schließlich als Generalvikar der observanten Augustiner-Eremiten Deutschlands der Nachfolger seines Förderers Andreas Proles.

Dieser mächtige Mann saß nun vor Martin, und er wollte nur eins von seinem jungen Ordensbruder: »Begib dich, Bruder Martinus, mit allem Eifer und mit allem Fleiß und aller Klugheit, aber auch mit aller Neugier in das Studium der Theologie. Das ist es, was Gott mit dir vorhat, dass du ein Lehrer seiner Offenbarung wirst.« Nichts anderes hatte Martin gewollt.

12. Sklave der Philosophie

Über eine Ausgabe der Bibel gebeugt saß er in der Klosterbibliothek. Durch die langen Fenster fiel noch das Nachmittagslicht. Außer dem Bruder Bibliothekar befand sich kein weiterer Leser in dem kleinen Lesesaal. Plötzlich hielt er inne, verschränkte die Hände in seinem Nacken, während die Arme seinen Hals herunterzuziehen trachteten, als würden seine Hände ein Joch bilden, das ihn drückte und gegen das er sich nun stemmte. Dabei spürte er seine starken Halsmuskeln, die nicht für ein Joch taugten. Er genoss den Widerstand, gewann ein seltsames kleines Lustempfinden, indem er sich dagegenstemmte; er hielt kurz die Luft an und atmete schließlich tief aus, lockerte den Griff und schaute nach vorn, auf die Wand, hinter der die Bücher in Regalen standen. Sein Zustand verblüffte ihn, er fühlte sich wach und müde zugleich. Wie ein Feuerfunken aus der Ferne glomm eine Erinnerung auf. Eines Nachmittags war er im Studierraum der Brüder vom gemeinsamen Leben in Magdeburg auf eine Geschichte im Alten Testament gestoßen, die ihn seitdem nicht losließ, eine Geschichte, die immer wieder zu ihm sprechen wollte. Im Unterschied zu den Büchern der Philosophen fügten sich die Buchstaben der Bibel nicht zu Worten, sondern zu Leben. Das erstaunte ihn stets aufs Neue an der Bibel; sie war das einzige Buch, das wirklich zu ihm sprach. Obwohl ihm Hannas Geschichte bis in die Details hinein vertraut war, schlug er dennoch die erste Seite des ersten Buches Samuel auf. Hanna, die Frau des Elkana, litt darunter, dass sie ihrem

Mann keine Kinder gebären konnte. Von Peninna, Elkanas zweiter Frau, die von beschämender Fruchtbarkeit nur so strotzte, wurde sie böse und gehässig verspottet. »So ging es alle Jahre: wenn sie hinaufzog zum Hause des HERRN, kränkte jene sie.« Aber so vergeblich wie Hannas Bemühungen verlief auch sein Suchen nach der Rechtfertigung vor Gott. Hatten seine Mitbrüder diese Gnade gefunden? Sie suchten zumindest nicht. Im Gegenteil, sie warfen ihm sogar noch seinen Eifer im Studium vor, verdächtigten ihn, dass er sich für etwas Besonderes hielt.

Martin schloss sanft, fast ein wenig zärtlich die Bibel, fuhr noch einmal mit der rechten Hand darüber, als wollte er sie vom Staub befreien, gab sie dann beim Bruder Bibliothekar ab und machte sich mit einem tiefen Seufzer auf, um die entehrende Arbeit, zu der er eingeteilt worden war, zu erledigen. Eigentlich erledigten diese Pflicht nur die Knechte.

Während er die Latrine reinigte, die ein besonders wohlmeinender Bruder noch dazu arg verschmutzt hatte, dachte er wieder an Hanna. Sie hatte als Reaktion auf Peninnas Gemeinheiten geweint und nichts mehr gegessen. Nicht einmal ihr Mann vermochte sie zu trösten, wie auch Grevenstein ihn nicht zu trösten vermochte in seiner Verlorenheit, auch wenn er in langen Beichten, die auch schon mal sechs Stunden ohne Unterbrechung dauern konnten, seine Seele durchforschte und einen Ausweg suchte aus dem Zwang des Sündigens. Die Gefahr des Sündigens ergab sich aus etwas, das er kaum zu benennen wusste, aus einer Gottesferne. Er spürte Gott nicht, er fühlte Gott nicht, begegnete ihm allenfalls in den Messen, dann aber in Gestalt des Richters, des schrecklichen Königs. Das hatte in Deutschland Tradition und setzte bereits ein mit der ersten deutschen Christusdichtung, dem »Heliand«, der die Topoi gerade für die Volksfrömmigkeit, in der Martin aufgewachsen war, für das ganze Mittelalter vorgab. Diese Bilder lagerten tief in seinem Unterbewusstsein, stets bereit, ihm vor Augen zu treten, auch wenn er das Gedicht selbst nicht gekannt haben dürfte. Als besonders furchteinflößend schilderte der Dichter Christi Verkündigung des Jüngsten Gerichts. Mit königlichem Selbstverständnis, als der »Mächtige«, als »König des Himmels«, als großer Herrscher, als Kaiser und mithin als oberster Richter drohte er den Menschen:

»Ich sage euch, sprach er, es wird kommen die Zeit,
da kein Stein von ihm (dem Tempel – der Verf.) auf dem anderen bleibt,
er stürzt zur Erde,
das Feuer verzehrt ihn,
die gierige Flamme, so herrlich er ist,
so kunstreich geschaffen, und so geht es
mit der ganzen geschaffenen Welt ...«

Die Menschen würden durch große Not zugrunde gehen. Denn:

»... es kommt für euch gewiss
der hohe Gerichtstag und das Heer eures Herrn,
die gewaltige Macht und die große Stunde,
das Ende dieser Welt. Und so sollt ihr sorgen,
dass er euch nicht schlafend auf eurem Pfühle
überraschend finde, bei Übeltaten,
von Frevel voll.«

Da aber niemand wusste, wann der Jüngste Tag und das Jüngste Gericht, die Wiederkehr Christi als Richter, eintreten würden, sollte ein jeder »an den Gerichtstag denken; not tut dies sehr / einem jeglichen Menschen: deshalb sorgt vor in eurem Herzen.[64]

Aber da lag ja sein Problem: Wie sorgte man vor? Hanna jedenfalls betete im Tempel zum HERRN, dass er ihr gnädig sei, wie auch Martin zu Maria und zu seinen Schutzheiligen flehte, dass sie sich für ihn bei Gott einsetzten, damit auch ihm Gnade zuteilwürde. Doch genügte das? Der Priester Eli tröstete Hanna und sagte zu ihr: »Geh hin mit Frieden; der Gott Israels wird dir die Bitte erfüllen, die du an ihn gerichtet hast.« Und so geschah es auch. Und wie sie es Gott versprochen hatte, brachte sie ihren Sohn, nachdem sie ihn entwöhnt hatte, in den Tempel zum Priester Eli, damit er dort lernte, Gott zu dienen, weil »er vom HERRN erbeten ist«. Und auch Martin war in den »Tempel« eingetreten. Doch war er auch von Gott erbeten? Oder drängte er sich nur auf? Hanna bekam noch viele Kinder, aber Samuel, ihr erster Sohn, wurde ein großer Richter, ein Priester und Heiliger, ein Prophet. Martin erinnerte sich aber auch, dass Samuels Berufung zum Propheten mit Gottes Ankündigung, die ruchlosen Söhne Elis zu bestrafen, zusammenhing, mit der Erneuerung des Glaubens. Hanna indes wurde durch ihre löblichen Werke, durch ihre guten Taten erlöst, und Samuel fand Gnade vor Gott. Würde es ihm dereinst auch so ergehen, vorausgesetzt natürlich, dass er sich mühte, gute Werke zu vollbringen? Doch wie viele gute Werke waren dafür notwendig, und wie gut mussten sie sein? Was war eigentlich gut in SEINEN Augen?

Er schaute auf die Latrine, auf das, was vom Mahl und vom Trank der Menschen blieb, er sah es und roch es und fragte sich, ob das nicht eine Prüfung in der Demut sei und seine innere Auflehnung nicht eine Sünde bedeutete, denn keine Arbeit durfte ihm zu niedrig dünken. Dennoch kostete es ihn Überwindung, und alles in ihm begehrte auf. Diese innere Abwehr würde er beichten müssen, denn dieses trotzige Aufbäumen gab ihm womöglich der Teufel ein.

Als er nach getanem Dienst den Weg in seine Zelle einschlug, umringten ihn im Kreuzgang fünf Brüder. »Ei, sag, Bruder Martinus, bist du dir zu fein zum Betteln?«, herrschte ihn ein großer, breitschultriger Mönch an, und ein kleiner, dicker mit einem Mondgesicht und weibischen Lippen säuselte: »Studierst, wenn wir betteln gehen, was für eine Niedertracht, Bruder Martinus, was für eine Niedertracht. Der HERR sieht es nit gern, nit gern!« »Wir dienen Gott mit dem Bettelsack!«, belehrte ihn ein schielender Mitbruder, dessen Atem faulig stank. »Den Sack auf den Rücken und mit dem Sack durch die Stadt«, beschied der Erste. »Sackum per nackum«, flötete der Mondgesichtige und freute sich über seine Verballhornung, die Martin anwiderte. Dass sich Martin vor der Dummheit des Mondgesichtigen ekelte, registrierte eine innere Stimme als Mangel an Bruderliebe und rechter Demut. Auch das würde er beichten müssen, denn wer war er, dass er sich über seine Mitbrüder erhob? Stolz, war Stolz seine Sünde? Dünkel? »Morgen bettelst du mit, sonst reinigst du ewig die Latrinen – und bis jetzt sind sie noch in einem sauberen Zustand!«, drohte der Breitschultrige. Dann stoben sie auseinander und ließen ihn im Kreuzgang stehen. Nur von fern drang noch ein gekichertes »Sackum per nackum« zu seinen Ohren. Ihm war elend zumute.

Der Prior hatte ihn vom Betteln freigestellt, weil ihm und vor allem Staupitz daran gelegen war, dass Martin so schnell wie möglich im Theologiestudium vorankam – da galt es keine Zeit zu verlieren. Würde man ihn als Dozent nicht in Erfurt benötigen, dann an der gerade gegründeten Universität in Wittenberg, der Leucorea, bestimmt.

Inzwischen hatte Staupitz sich mit Martin über die Bibel ausgetauscht und ihm die Beichte abgenommen und war vom Fleiß, von der Konsequenz und vom Talent des jungen Mönchs beeindruckt. Ihm, der sich für die Bibelstudien im Orden einsetzte, gefiel Martins Leidenschaft für das Lesen und die Auseinandersetzung mit der Heiligen Schrift sehr. Staupitz war sich sicher, dass der junge Bruder Martinus dem Orden bessere Dienste leisten konnte, als seine Zeit mit Betteln zu vergeuden. Wozu hatte Gott unterschiedliche Talente geschaffen, wenn man sie am Ende doch wieder gleich verwenden und also verschwenden würde? Dem Betteln sollten sich die Einfältigen unter den Brüdern widmen. Und die Einfältigen spürten das natürlich und fühlten sich zurückgesetzt und verhöhnt angesichts der Förderung, die dem gerade erst ins Kloster Eingetretenen, dem Neuling widerfuhr. Zu den Verdiensten im Kloster gehörte die Zeit, die man im Konvent bereits verbracht hatte, den an Klosterjahren älteren Mönchen gebührte der Vorzug vor den Jüngeren. Im Falle Martins schien so manchem diese goldene Regel verletzt zu werden. Die empfundene Bevorzugung und der sich abzeichnende schnelle Aufstieg im Konvent stellten geradezu eine Provokation für den gemeinschaftlichen Geist der Mönche dar, der immer auch als eine Diktatur des Mittelmaßes wirkte. Der Minderbegabte muss auf das Recht der Gleichheit pochen, weil er nicht auf die Leistung verweisen kann. Mönchsleistung drückte sich vor allem in den Werken, in den guten Taten der Mönche wie Beten, Messefeiern, Fasten und Betteln aus. Und obwohl er bis auf das Betteln seine Mitbrüder in der Konsequenz und in der Intensität des Betens – er sollte sich zu einem wahren Betmeister entwickeln –, des Feierns der Heiligen Messe, des Fastens und Beichtens, also in der feinsten Zergliederung der Seele, übertraf und das fehlende Betteln durch den Eifer im Studium mehr als wettmachte, hielt er das alles für noch nicht genug und verhöhnte ungewollt die anderen, die nicht einmal das erreichten, was er als zu wenig abtat. Da aber Martin nicht seine Mitbrüder kritisch sah, sondern einzig und allein sich und er nicht sie forderte, sondern nur sich selbst, verstand er die Aversionen nicht, die er auszulösen schien. Es fehlte ihm jegliches Sensorium dafür, welchen Widerwillen er hervorrief, denn in seinen Augen handelte es sich nicht um Streberei, sondern um ein Streben zu Gott, in dem sich doch alle einig waren. Wozu lebte man sonst im Kloster? Dass die Brüder seine Liebe nicht erwiderten, machte ihn ratlos.

Winand schritt bei der Arbeitsverteilung nicht ein, denn wenn er Martin auch vom Latrinenreinigen befreit hätte, dann wäre die Situation eskaliert. Er musste einen Ausgleich zulassen. Für den Unmut der anderen Mönche, die an Martins Frömmigkeit, Konsequenz, Bildung und Begabung nicht heranreichten, bedurfte es eines Ventils, und ebendies stellte der Latrinendienst dar. Außergewöhnlichkeit ist immer ein Problem von Gemeinschaften, die letztlich allesamt auf dem Prinzip des kleinsten gemeinsamen Nenners, auf dem Prinzip der Mittelmäßigkeit, das häufig mit Gerechtigkeit verwechselt wird, beruhen. Allein Martins Studienfleiß, die Leidenschaft, die er der Bibellektüre entgegenbrachte, beschämte die anderen Mönche und befremdete sie.

Johann von Staupitz legte zwar im Orden Wert auf das Studium der Bibel, aber viele, wie der Theologielehrer am Generalstudium des Ordens, Johann Nathin, hielten die Kommentarwerke der scholastischen Theologen für wichtiger, denn diese hätten die Weisheit der Bibel und der Kirchenväter allen fasslich nahegebracht. Schon Gabriel Biel, der für Nathin und die Erfurter Theologen, selbst für Martins Freund, den Professor Bartholomäus Arnoldi von Usingen, die maßgebliche Autorität war, hatte die Scholastiker dafür gelobt, dass sie das gefährliche Studium der Bibel und der Kirchenväter durch ihren Bienenfleiß überflüssig gemacht hätten. Hinzu kam, dass die meisten auch die Lehren der Kirchenväter nicht aus deren Werken oder aus den Quellen, sondern nur aus den beliebten Sentenzenwerken der Scholastiker kannten, als Zitate, die aus ihren Zusammenhängen gerissen und dadurch entstellt worden waren. Diese Sentenzenwerke stellten zu bestimmten Themen zusammengestellte Zitatensammlungen aus der Bibel, den Kirchenvätern und scholastischen Theologen dar, die gelegentlich kommentiert und erläutert wurden. Einige hielten sogar das Bibelstudium für etwas Gefährliches – man könnte ja etwas falsch verstehen. So wurde aus der Bibel eine Sammlung von Formularen, deren Bedeutung zwar festgelegt war, die aber aufgrund des durch fehlende Zusammenhänge zerstörten Kontextes auch verfälschend eingesetzt werden konnten. Im Grunde suchte man nur nach Zitaten, die das Dogma, den Konzilsbeschluss oder die eigene Lehrmeinung als Autoritätsbeweis stützten. Man war sich dessen durchaus bewusst, doch verstand man das sogar noch als Vorzug, denn der hochgelobte Verfasser oder besser Kompilator eines solchen Sentenzenwerkes hatte ja bereits die Weisheit aus dem Bibeltext und den Werken der Kirchenväter destilliert, die man jetzt gefahrlos rezipieren konnte. Oder wollte jemand an der Weisheit des heiligen Thomas oder an der des Petrus Lombardus oder des Gabriel Biel zweifeln? Das hieße letztlich, an der Kirche zu zweifeln. Wer aber an der Kirche zweifelte, betätigte sich als Schismatiker und war demzufolge der schlimmste Ketzer, denn die Wahrheit und Weisheit der Kirche in Frage zu stellen, bedeutete, eine zweite Kirche zu begründen, also in der Konsequenz Kirchenspaltung zu betreiben.

»Und da ja die Schrift, durch die wir zur Gotteserkenntnis geführt werden, sehr weitläufig ist, ist es schließlich nachteilig, beschwerlich und fast schädlich, die Anfänger zumal und die in der heiligen Theologie gerade erst hineingeborenen Kinder auf ein so großes und weites Meer zu schicken.« Den Sentenzenwerken, namentlich dem grundlegenden des Petrus Lombardus, das er »wie eine schlaue Biene aus den Bienenstöcken der heiligen Väter ... herausgegeben« hatte, war es zu verdanken, dass »es dem Suchenden nicht notwendig ist, eine große Zahl von Büchern zu wälzen, dem die gewonnene Kürze ohne Mühe darreicht, was er sucht«[65] – so musste er bei Gabriel Biel lesen, und es empörte ihn zutiefst, denn für ihn stand spätestens seit Eisenach fest, dass jede Wissenschaft, wollte sie zur Erkenntnis gelangen, zu den Quellen zurückzugehen hatte. Das Misstrauen gegenüber der Lektüre des Bibeltextes leuchtete Martin nicht ein, und humanistisch gebildet, wie er war, wusste er, dass man sich nur über die Quelle, über den Originaltext der Wahrheit näherte. Galt das schon für einen heidnischen Dichter wie Vergil, um wie viel mehr dann für Gottes Offenbarung! Nur in der Offenbarung stand die Wahrheit, alles andere war bereits Auslegung der Wahrheit von Menschen, die allesamt irren konnten. Seine aus dem Optimismus des Humanismus herrührende Überzeugung, nur in der Nähe zum wortwörtlichen Text der Bibel sich Gott nähern zu können, hatte sich erstaunlich früh herausgebildet. Und wenn es einen Glaubenssatz des Erfurter Mönches gab, dann war es dieser. Alles Weitere resultierte hieraus.

Martin studierte also eifrig, aß wenig, fastete oft, betete und beichtete viel. Neid und Missgunst entstanden, die Martin nur schwer verstehen konnte und die er lange zu ignorieren sich mühte, denn andernfalls hätte er sich eingestehen müssen, dass die Menschen innerhalb der Klostermauern auch nicht anders waren als die außerhalb und er sich einer Illusion hingegeben hatte, wenn er meinte, in einen Kreis von heilig lebenden Männern zu kommen. Noch empörte ihn die Streitschrift »De integritate« des Humanisten Jakob Wimpfeling, in der dieser gegen die Behauptung der Mönche anging, dass die Weisheit in der Kutte stecke. Zu den Existenzgrundlagen der Mönche gehörte die Behauptung, dass ihre Lebensform Gott am besten gefalle und sie deshalb Gott am nächsten stünden und die Klöster demzufolge Stätten der Weisheit seien. Um den Kirchenvater Augustinus für die Humanisten produktiv zu machen, behauptete Wimpfeling, dieser sei niemals Mönch gewesen, womit er den Kronzeugen der Mönche – und vor allem natürlich der Augustiner-Eremiten, die nach seiner Regel lebten – den Ordensleuten entwand und ihn für den Humanismus in Dienst stellte. Martin teilte Wimpfelings Auffassung vom Nutzen der Augustin-Lektüre, lehnte aber die Vorstellung vom heiligen Augustinus als einem Weltgeistlichen ab. Doch Wimpfelings Fehde mit den Augustinern über Augustins Mönchstum schlug vor allem in Erfurt hohe Wellen, denn Wimpfeling unterhielt enge Beziehungen zu den Erfurter Humanistenbrüdern Eberbach, die einst Freunde von Martin gewesen waren und die immer noch in Kontakt mit dem Gräzisten Johannes Lang standen, der gerade das Noviziat in Martins Kloster durchlebte. Er hatte sich sehr über den Eintritt des Freundes in sein Kloster gefreut, doch hatte er zunächst keinen Kontakt zu ihm, da die Novizen abgeschirmt von den Mönchen unter Führung ihres Novizenmeisters lebten. Die Kritik am Leben der Mönche bewegte ihn, da er selbst täglich den Riss zwischen Ideal und Wirklichkeit wahrnahm, und dabei tat er doch alles, damit Ideal und Wirklichkeit zumindest in seiner Person deckungsgleich würden. Unter dem Ideal wollte er es nicht machen, unter dem Ideal sollte das Leben der Mönche nicht stattfinden, darin bestand doch der Sinn des Mönchtums. Somit berührte Wimpfelings Schrift eine empfindliche Stelle bei ihm.

Aber natürlich konnte er vor der simplen Erkenntnis, dass jemand, der dem Guten diente, nicht zwingend selbst gut sein musste, nicht ewig die Augen verschließen. Das Amt heiligte nicht den Menschen. Dieser Befund, weitergedacht, stellte natürlich das Amt in Frage.

Das Glaubenskleid, das er trug, passte nicht. Und sich hineinzuzwängen half auch nicht. Wenn bei Gott alles beschlossen lag, was war dann seine Bestimmung? Hatte er den richtigen Weg gewählt? Er wagte es nicht, sich an Gott oder an Christus, an den Richter zu wenden. So betete er zu dem Apostel Thomas, bei dem er am ehesten auf Verständnis zu stoßen hoffen durfte, dass Gott ihn erleuchten oder zumindest ein Zeichen, dass er sich auf dem richtigen Weg befand, senden möge. Im Grunde sehnte er ein zweites Stotternheim herbei. Thomas, der Zweifler, der den Finger in die Wunde legte, kannte sich mit der zerstörerischen Kraft der Skepsis aus. Vielleicht hatten ja auch seine Mitbrüder recht, und seine Studien waren nicht Gott wohlgefällig, sondern nur geistiger Hochmut, mit dem ihn der Teufel verführte. Warum meinte er, klüger zu sein als sie? Sagte nicht auch Christus, dass er zu den geistig Armen, zu den Einfältigen kam und nicht zu den Schlauen und den Klüglingen (Mt 5,13)? Wenn er dereinst schreckliche Höllenstrafen zu leiden hatte, dann sicher nicht für eine nächtliche Pollution, auch nicht wegen des Verlangens nach dem Zusammensein mit einer Frau und schon gar nicht sexueller Träume wegen, das waren nicht die »dicken Knoten«, sondern für seinen geistigen Hochmut, mit dem er sich über seine Brüder erhob. Aber was war denn verdammenswert daran, Gottes Wort kennen und verstehen zu wollen?

Schlimmer noch stellte sich allmählich eine intellektuelle Verunsicherung ein, eine, die sich auswuchs und an den Gewissheiten seines Weltbildes zu nagen begann. Je öfter er nämlich in der Bibel las, umso größere Zweifel tauchten auf, und bisher nicht gekannte Fragen stellten sich. Zum Beispiel fand er vom Fegefeuer, von dem er doch wusste, dass es existierte, nicht ein Wort in der Bibel. Einmal stieß er zufällig in der Klosterbibliothek auf einen Band mit Predigten des Erzketzers Jan Hus. Neugierig schaute er hinein und fand trotz eifrigsten Suchens nichts, was im Widerspruch zur Bibel stand. In diesem Augenblick erinnerte er sich an die Bemerkung von Grevenstein, dass Hus nicht überwunden oder widerlegt worden sei. Schnell klappte er das Buch zu und stellte es wieder an Ort und Stelle. Führte ihn der Teufel in Versuchung? Hatte er ihm das Buch in die Hände gespielt? Das Konzil hatte das Urteil über Jan Hus gefällt, beraten von Theologen, die als Leuchte der Wissenschaften galten wie Pierre d'Ailly. Dünkte er sich schon wieder, mehr zu wissen als alle anderen, als das Konzil und die Richter, die ihn doch verurteilt hatten? Warum gab ihm Gott kein Zeichen? Hatte er ihn vielleicht aufgegeben? Dann aber war alles, was er tat, vergebens, weil er von Gott verlassen war, weil Gott sich von ihm zurückgezogen hatte. Mochte es – schlimm genug, sich das vorzustellen – daran liegen, dass sich Gott vor ihm ekelte, vor ihm, dem Neunmalklugen, dem Eifrigen, dem Zornigen, vor seinem Mangel an Liebe. Vielleicht mochte er seine Werke nicht, weil er sie als prahlerisch empfand? Wenn Gott ihn preisgegeben hatte, dann nützte auch alles Beten nichts, kein noch so inbrünstiges Flehen um Fürbitte. Er wusste nicht ein noch aus. Nur eines stand noch fest: dass er eines Tages vor Christus stehen würde und der Schuldspruch wie Feuer aus dessen Mund kommen würde. Und wenn er seine Vergehen und seine Ängste beichtete, dann wiesen ihn seine Beichtväter nur darauf hin, dass er es übertreibe oder aus Gott einen Tyrannen mache. Auch das half ihm nicht, denn wenn er das tatsächlich tat, dann hatte er ja auch gesündigt, weil er sich erstens überhoben und zweitens Gott gelästert hatte, weil er blasphemisch über Gott dachte. Verzweifelte er gar an Gottes Güte? Doch was bedeutete Gottes Güte am

Tag des Jüngsten Gerichts? Bestand seine Güte in der rechten und also gerechten Strafe?

Je mehr er nach Sicherheit suchte, umso unsicherer wurde ihm alles; je mehr er um Erkenntnis rang, umso tiefer geriet er nur in das Labyrinth hinein. Und er durfte sich keinen Fehler leisten, nicht in der Frage des Seelenheils, seinem und dem seiner Eltern und Geschwister, für das er etwas tun wollte. Alles, was er tat, besaß für ihn eine endzeitliche Konsequenz. Mutete er sich da nicht zu viel zu, kann ein Mensch das überhaupt: die kleinste Regung unter die Gewissheit des Gerichts stellen? Hieß das nicht, dass sein Jüngstes Gericht täglich stattfand und er täglich gerichtet wurde? Sündigte er mit seinen guten Werken?

So kam immer häufiger die schwarze Galle in seiner Seele über ihn, der Körpersaft, der die Melancholie hervorrief. Nach der aus der Antike stammenden und im Mittelalter ausgestalteten Lehre von den Temperamenten und Säften ging man davon aus, dass es vier Temperamentstypen gab, denen man nun jeweils eigene Charaktereigenschaften und Sünden zuwies, und zwar den Sanguiniker, den Choleriker, den Phlegmatiker und den Melancholiker. Natürlich wusste man, dass die Typen selten rein vorkamen. Es lag am Mischungsverhältnis der vier Säfte, die unter anderem für den Charakter des Menschen zuständig waren. Das Blut, warm und feucht, bewirkt ein sanguinisches Temperament, die gelbe Galle, warm und trocken, ein cholerisches, das Phlegma, kalt und feucht, eine Art Schleim, den Phlegmatiker und schließlich die schwarze Galle, kalt und trocken, den Melancholiker. Er wusste nicht, dass er damit nicht allein stand und dass diese Melancholie nicht nur ein Seelenzustand, am wenigsten eine

Krankheit, sondern vor allem ein fast schon gesellschaftlicher Mentalzustand einer Reihe von künstlerisch oder wissenschaftlich tätigen Menschen in dieser Zeit war, und zwar der bedeutendsten. Es stellte beileibe keinen Zufall dar, dass Albrecht Dürer im nicht allzu fernen Nürnberg seine großartige »Melencolia I« stechen sollte. Bereits ein Jahrhundert früher hatte es der Franzose Jacques Legrand in seinen »Betrachtungen über den Tod und das Jüngste Gericht« eben im schon titelgebenden Bezug auf das Jüngste Gericht so formuliert und damit exakt die Lebenssituation skizziert, in der sich Martin befand: »In dem Maße, in dem sich das Bewusstsein entwickelt, wächst die Sorge, und der Mensch wird immer melancholischer, ein je vollkommeneres und wahreres Bewusstsein er von seinem Zustand hat.«[66] Im »Regimen Salernitanum«, einem Medizinbuch des Mittelalters[67], finden sich Verse, die sich wie ein Psychogramm Martins lesen:

> »Es gibt noch die schwarze Substanz der unheilvollen Galle,
> die die Menschen böse, sehr schwermütig, schweigsam werden lässt.
> Diese sind unermüdlich im Studium, und ihr Geist gibt sich nicht dem Schlaf hin.
> Sie bleiben ihren Vorsätzen treu, sie glauben, dass nichts ihnen sicher sei.«[68]

Genau das traf auf Martin zu, denn er litt unter einem enormen psychischen Druck, studierte unermüdlich, gab sich mit nichts zufrieden, glaubte, dass ihm nichts sicher sei, mithin auch keine Sicherheit existiere, und änderte seinen Vorsatz nicht. Melancholie wurde mit außergewöhnlichen

Fähigkeiten in Verbindung gebracht, und viele litten daran und kokettierten gleichzeitig damit: Raffael, Michelangelo, Dürer, aber auch Martin Luther. Den Grund dafür sollten Panofsky, Klibansky und Saxl in ihrer großen Studie zur Melancholie hellsichtig beschreiben: »In dieser Epoche des Übergangs machte die Schwere des seelischen Drucks die Melancholie zu einer unerbittlichen Wirklichkeit, vor der man als vor einer ›grausamen Plage‹ oder einem ›melancholischen Teufel‹ zitterte und die man durch tausend Gegenmittel und Trostschriften vergebens zu bannen versuchte.«[69] Diese Melancholie, die ihn befiel, hatte nichts mit einer Krankheit der Psyche gemeinsam, sondern erwuchs aus dem unterbewussten Gespür, in einem Umbruch zu stehen, dessen Symptome er wahrnahm und erlitt, aber den er nicht zu deuten oder gar zu rationalisieren verstand. Was Martin als Anfechtungen des Teufels diagnostizierte, die *tentatio tristitiae*, war die anarchische Kraft des Subjekts, des Ichs, das sich immer stärker in einer berstenden Welt erfuhr und sich zu befreien suchte. Ihm widerfuhr ein schmerzendes Paradoxon, wie Umbrüche immer von Paradoxien begleitet werden. Im Glauben wurde er ungläubig. Der Glaube, den zu vertiefen er sich redlich mühte, gab immer mehr nach und sollte sich als Schimäre erweisen. Beim Wort genommen zerfiel er. Und es stellt bestimmt keinen Zufall dar, dass der neue Glaube und die neue Zeit nicht mit dem Gang nach außen, sondern dem nach innen begannen. Die sprengende Gewalt des neuen Glaubens entstand in der geradezu exzessiv betriebenen Selbsterfahrung. Noch suchte Martin das Ungenügen nicht in der Frömmigkeitspraxis seiner Zeit, sondern in sich und verzweifelte immer mehr daran. Er vermochte es nicht, seinem Ideal zu entsprechen. Dass möglicherweise das Ideal falsch war, auf diesen Gedanken kam er noch nicht. Andererseits konnte er als »Melancholiker« nicht anders, »als unermüdlich im Studium« zu sein, den Geist wachzuhalten und treu zu seinen Vorsätzen zu stehen. Sowohl in der Bibel, im Prediger, als auch bei Cristoforo Landino, dem großen Florentiner Philosophen, der noch keine zehn Jahre tot war, in den »Camaldolensischen Gesprächen« hätte er nachlesen können, dass Nachdenken mit Trübsinn und Überdruss verbunden war und Leid erzeugte.

Da er als ausgebildeter Philosoph Magister Artium war, hielt er am Generalstudium mit zwei weiteren Magistern Lektionen. Im Kloster erläuterte er den Brüdern, die nicht wie er studiert hatten, aber sich in das Studium der Theologie vertiefen sollten und deshalb zunächst das Studium der sieben freien Künste zu absolvieren hatten, Aristoteles, und zwar zunächst die Dialektik. Die Vorlesungen und Übungen interessierten ihn kaum, er entledigte sich ihrer, wie man eine Pflicht erfüllt, allerdings mit Gründlichkeit, denn er hatte als Lehrender, wie es auch heute für Assistenten an den Universitäten üblich ist, Grundlagen zu vermitteln. Und für das Mittelalter und die frühe Neuzeit besaß das »Organon« des Aristoteles grundlegende Bedeutung. Andronikos von Rhodos hatte nach dem Tod des Philosophen verschiedene Schriften zum »Organon« zusammengestellt, weil in diesen Büchern seiner Meinung nach das allgemeine Handwerkszeug jeder wissenschaftlichen Betätigung zur Verfügung gestellt wurde. In den »Kategorien« wurden die Aussageformen und Aussagefähigkeiten des Wortes untersucht, in der »Hermeneutik« der aus den Wörtern gebildete Satz und die Möglichkeiten und Formen der Aussagen und Urteile, die er konstituierte, und in der »Topik« schließlich die Lehre von den Schlüssen.

In der »Topik« wurde also die Dialektik behandelt. Worum es Aristoteles dabei ging, hatte er bereits im ersten Satz seiner Schrift bündig formuliert: »Unsere Arbeit verfolgt die Aufgabe, eine Methode zu finden, nach der wir über jedes aufgestellte Problem aus wahrscheinlichen Sätzen Schlüsse bilden können und, wenn wir selbst Rede stehen sollen, in keine Widersprüche geraten.«[70] Zeitlebens nutzte Martin dieses Handwerkszeug, das er sich bei dem großen Griechen angeeignet hatte. Es stellte für jede Disputation die unbedingte Voraussetzung dar. Nur, spannend war es eben nicht für ihn. Der Philosoph ging in seiner Schrift vom Einfachen aus und kam durch logisch genau definierte Schlussfolgerungen (Syllogismen) auf komplexere Sachverhalte. Nach diesen Prinzipien ging man auch in der scholastischen Wissenschaft, in der Medizin wie in der Theologie, vor, indem man in zuweilen pedantischster Spitzfindigkeit Schlussfolgerung an Schlussfolgerung fügte, so dass man geradezu in Unterscheidungen (Distinktionen) und Syllogismen badete, ohne dass deutlich werden musste, worum es letztlich ging. Die Methode hatte sich verselbstständigt und wurde zum Nachweis der eigenen Virtuosität.

Nachdem er in die Dialektik eingeführt hatte, folgte die »Physik« des Griechen. Das war insofern konsequent, als deren erstes Buch nicht nur in die Ordnung der Welt einführte, sondern auch in das Denken über die Welt, mehr noch: in das Denken der Welt. Da sich Aristoteles mit anderen Philosophen auseinandersetzte, stellte es zudem eine Einführung in die Philosophie dar. Hier wurde definiert, dass »das Denken vom Allgemeinen zum Einzelnen«[71] fortzugehen habe. In diesem Werk entwarf Aristoteles eine philosophische Physik, die Martin zeit seines Lebens vertreten sollte, auch dann noch, wenn sie die Entwicklung der Naturwissenschaft hemmte und in Konflikt mit der auf mathematischen Prinzipien beruhenden Physik geriet. Auch daraus erklärt sich Luthers spätere Ablehnung der Lehre des Kopernikus.

Gleichzeitig begann er sein Theologiestudium und hörte bei dem Lehrer am Generalstudium und Professor an der Universität, seinem Ordensbruder Johann Nathin. Endlich konnte er sich der Theologie nähern. Ernüchterung über die Qualität dieses Unterrichts sollte sich bei ihm erst etwas später einstellen; zunächst folgte er seinem Lehrer mit großer Neugier, auch wenn das Studium der Texte der Bibel keine Rolle spielte – was er durch intensives Selbststudium auszugleichen suchte. Nathin behandelte die Theologie in scholastischer Art und folgte hierin den Vorstellungen Gabriel Biels sklavisch. Martin arbeitete sich durch die »Glossa Ordinaria«, ein außerordentlich dickleibiges Werk. In diesem Konvolut wurde der gesamte lateinische Text der Bibel, der von Hieronymus geschaffenen Vulgata, mittels Glossen der Kirchenväter und einiger Theologen in Marginalglossen erläutert. Interlinearglossen erklärten bestimmte Begriffe des Textes. Entstanden war die Glosse in der Schule von Laon in der Nähe von Paris. Petrus Lombardus erweiterte dann die »Glossa Ordinaria« noch einmal beträchtlich, die dann als »Magna Glossatura« allenthalben und allerorten Verwendung in der Ausbildung von Theologen fand. Wissbegierig, wie er war, arbeitete sich Martin durch den Text und studierte anschließend verschiedene Sentenzenkommentare, die nicht weniger voluminös ausgefallen waren. Zunächst nahm sich Martin den Sentenzenkommentar des William von Ockham vor. Dort lernte er die Anwendung der philosophischen Vorstellungen und logischen Prinzipien auf die Theologie kennen. Wieder bestätigte ihn Meister William in seinem methodischen Denken, diesmal mit seiner Forderung, alles Überflüssige wegzulassen, auf den Kern der Dinge sich zu konzentrieren, beim Einzelnen, das im Gegensatz zu den Allgemeinbegriffen existierte, anzusetzen, und verwies ihn dadurch erneut auf den Text der Bibel, denn in der Offenbarung begegnete ihm Gott, von dem er sonst nichts wissen, an den er nur glauben konnte. Anschließend beschäftigte er sich mit den Sentenzen des Pierre d'Ailly. Schließlich vertiefte sich Martin in die Sentenzenkommentare des Gabriel Biel. Es fällt auf, dass er unter Nathins Anleitung ausschließlich nominalistische Autoren wie William von Ockham, Pierre d'Ailly und Gabriel Biel studierte. Nathin war kein großer Geist, sondern ein zwar gelehrter, aber engstirniger und eitler Mann. Martin, dessen Tag zu bersten schien – Andachten, Stundengebete, Messen, Unterricht, den er gab, Unterricht, den er besuchte –, tauchte geradezu in ein exzessives Selbststudium ab. Denn er las nicht nur die Sentenzen, sondern er ging ihnen nach, ihrer Herkunft. Er tat etwas vollkommen Ungewöhnliches, was er als Methode bei den Humanisten verinnerlicht hatte: Er überprüfte die Zitate in den Originalwerken der Kirchenväter – und machte die Erfahrung, wie notwendig das war, denn so manches Zitat sagte, wenn man es in den ursprünglichen Zusammenhang zurückführte, gerade das Gegenteil aus. Zupass kam ihm, dass in diesen Jahren bei dem bedeutenden Drucker Johannes Amerbach in Basel eine Gesamtausgabe der Werke des heiligen Augustinus erschien. In heutiger Begrifflichkeit darf man sie mutatis mutandis eine kritische Ausgabe nennen. Anfangs schickte Amerbach einen versierten Gewährsmann und nach dessen Tod seine Söhne, die er auf einem Gymnasium eigens für diese philologische Tätigkeit ausbilden ließ, durch die Bibliotheken, um authentische und möglichst unverderbte Texte Augustins zu finden und im Vergleich der zumeist handschriftlichen Werke zu einem authentischen Text zu kommen.

Im Grunde entwickelte Martin eine doppelte Methode: Die Zitate in den Sentenzenwerken überprüfte er im Original, wobei er Verweise auf die Bibel in den Sentenzenwerken und der Väterliteratur wiederum anhand der Bibel verifizierte und bestimmte Stellen, die Fragen aufwarfen, zunächst auf der sprachlichen Ebene zu klären versuchte. Er begann, einzelne Begriffe und Wendungen der Vulgata im Hebräischen für das Alte Testament und im Griechischen für das Neue Testament nachzuschlagen. Hierfür erwarb er die hebräische Sprachlehre des Johannes Reuchlin und eine griechische Grammatik. Längst war er ein Verfechter der Trilinguae, der Beschäftigung mit Hebräisch, Griechisch und Latein, den für die Bibel und die Väterliteratur maßgeblichen Sprachen. Dieses Verfahren kostete viel Zeit und stellte geradezu das Gegenteil von Gabriel Biels Wunsch, möglichst wenige Bücher lesen zu müssen, dar. Mit Unterstützung für diese Studien durfte er bei seinem Lehrer Nathin nicht rechnen, er hätte es nicht einmal verstanden. So nahm Martin pragmatisch von ihm, was er bekommen konnte; aber da er frühzeitig in selbstständiger Arbeit geschult worden war, stellte das kein Problem für ihn dar. Augustinus verschlang er geradezu, weil er den wahren Augustinus, den Giganten, nicht den Gezähmten der Scholastiker entdeckte. »De civitate Dei« und »De trinitate« gehörten zu den ersten Werken, die er gründlich durcharbeitete. Wieder war es die Christusfrage, die ihn beschäftigte. Augustins wichtigste Feststellung in seinem philosophischen Hauptwerk lautete, dass die drei göttlichen Personen – Vater, Sohn und Heiliger Geist – zwar drei Substanzen seien, sie sich aber so vollständig gegenseitig durchdrängen, dass jede Person die vollkommene Trinität darstelle. Sie unterschieden sich nur in der Relation, dass nämlich der Vater in Bezug auf den Sohn Vater und der Sohn in Relation zum Vater Sohn war. »Weil jedoch der Vater nur aus dem Grund Vater heißt, weil ihm ein Sohn ist, und der Sohn aus keinem anderen Grund, als dem dass er einen Vater hat, so gelten diese Aussagen nicht bezüglich der Substanz, weil keiner der beiden in Bezug auf sich selbst, sondern wechselseitig und in Beziehung auf den je anderen so genannt wird.«[72] Was ihn stärker in die Krise trieb, war der Versuch des heiligen Augustinus, die Trinität auf den Menschen anzuwenden und zu zeigen, dass die Struktur des menschlichen Verstandes dieser trinitarischen Struktur entsprach. Der menschliche Geist verhalte sich zu seiner Selbsterkenntnis und seiner Selbstliebe wie Vater, Sohn und Heiliger Geist zueinander. Auf dem Weg nach innen, in der Selbsterkenntnis könne der Mensch Gott oder das Mysterium der Trinität sehen. Das bedeutete aber für ihn, dass er noch stärker seine Seele zu befragen hatte.

Je mehr er in seine Studien versank, umso gröber reagierten seine Mitbrüder mit Schikanen in Form von Arbeiten, die ihm aufgetragen wurden, von Belästigungen und Pöbeleien, Drohungen und Beleidigungen. Er kam mit wenig Schlaf aus. Das half ihm, das selbstgestellte Pensum zu absolvieren. Die Situation stellte sich durchaus als explosiv dar. Winand spürte das und sprach mit Johann von Staupitz darüber.

Zu diesem Zeitpunkt hatte Johann von Staupitz die Professur für die Bibel an der frischgegründeten Wittenberger Universität inne, und Martins ehemaliger Lehrer der Philosophie an der Erfurter Universität, Jodokus Trutfetter, war Dekan der Theologen an der Leucorea. Glücklicherweise ergab sich eine Vakanz bei den Philosophen, weil der Wittenberger Lektor vom Unterricht freigestellt wurde, um sich auf seine Promotion in der Theologie vorzubereiten. Das gab Staupitz die Möglichkeit, Martin nach Wittenberg zu holen. Vor allem reizte Staupitz die Aussicht, den jungen Mönch und angehenden Theologen näher kennenzulernen, denn er würde neben den Lektionen, die er in der Philosophie zu geben hatte, natürlich das Theologiestudium fortsetzen, und zwar bei ihm, Staupitz. Mit Martins Abwesenheit von Erfurt würde etwas Ruhe in das Kloster einkehren und sich die Situation entspannen.

Wittenberg, die Stadt, die schon einmal unter den Askaniern Residenzstadt gewesen war, wurde es nun nach der sächsischen Erbteilung erneut, diesmal als Residenz der Ernestiner, die zwar die Kurwürde erhalten, aber dafür die Stadt Leipzig mit ihrer Universität an die Albertiner verloren hatten. Der sächsische Kurfürst jedoch brauchte eine Landesuniversität, die jene Männer ausbildete, die er für den Ausbau seiner Landesherrschaft benötigte. So entwickelte Kurfürst Friedrich mit Johann von Staupitz und dem Mediziner Martin Pollich von Mellrichstadt, auch das Licht der Welt – *lux mundi* – genannt, Friedrichs Leibarzt, den

Plan, eine Universität zu schaffen. Die Gründung des Klosters der Augustiner-Eremiten und der Universität in Wittenberg erfolgte nahezu zeitgleich im Jahr 1502. Der ins Lateinische übersetzte Name Wittenbergs gab den Namen der Universität: Leucorea – Weißenberg, denn das »wit« in Wittenberg bedeutete ursprünglich »weiß«. Zum Kloster wurde das ehemalige Heiliggeist-Hospital ausgebaut.

Fünf Tage war Martin unterwegs von Erfurt nach Wittenberg, vorbei an Leipzig, vorbei an Dessau. Als er durch das Elbtor die Stadt betrat, machte sich Enttäuschung in ihm breit. Viel größer als Mansfeld war die Stadt nicht, die noch dazu aus einfachen bis sehr schlichten Bürgerhäusern bestand. Mit Erfurt nicht zu vergleichen. Nachdem er sich bei einem Stadtsoldaten nach dem Weg erkundigt hatte, der ihm mitteilte, dass linker Hand das Schloss ihrer Kurfürstlichen Gnaden – die aber meist in Torgau weilten, denn an dem alten, baufälligen Kasten würde noch gebaut –, geradeaus halbrechts der Markt, das Rathaus und die Marktkirche lägen, sollte er seine Schritte nach links zum Schwarzen Kloster lenken. Martin brauchte nicht lange zu suchen, dann stand er vor der Baustelle, die das Kloster in Teilen noch war und die an die Stadtmauer grenzte.

Am Abend fand ein fröhliches Essen mit seinem ehemaligen Lehrer Jodokus Trutfetter, Johann von Staupitz und den übrigen Mönchen des noch kleinen Klosters bei gutem Einbecker Bier, Fisch und Fleisch statt.

Kaum eingelebt im Kloster, ging er jetzt täglich in die Collegiengasse, um im Collegium Fridericianum über die »Nikomachische Ethik« des Aristoteles zu lesen. Die Theologen hielten ihre Vorlesungen im Kloster, im sogenannten Augustinum, aber Martin lehrte an der Philosophischen

Fakultät und hatte die Stelle für Moralphilosophie inne. Da der Grieche sich in diesem Buch mit dem Alltagsleben des Bürgers in der Polis, mit dem, wonach er streben und was er vermeiden sollte, mit den Charaktereigenschaften, den Tugenden und den Lastern auseinandersetzte, wurde dieses Buch für die scholastischen Philosophen und Theologen, allen voran Thomas von Aquino, zum wichtigen Werk, weil man mit der Methode und den Definitionen des Aristoteles die christliche Wertewelt durchdeklinieren konnte. Die »Nikomachische Ethik« wurde für die mittelalterliche Gesellschafts- und Moralauffassung zum wichtigsten und einflussreichsten Werk. In seiner Schrift begründete Aristoteles, so wie es jetzt Martin lehren sollte, dass das Ziel menschlichen Handelns in der Glückseligkeit bestehe, die der Mensch durch tugendhaftes Handeln erreiche. Das Ziel der Ethik sei nicht die Erkenntnis, sondern das Handeln. Allerdings sah Aristoteles die höchste Form des Handelns in der Tätigkeit des Verstandes, des Denkens, und mithin in der *vita contemplativa*. Vor allem aber hatte Martin die verschiedenen Tugenden in ihrer Wertigkeit und Abhängigkeit zu gewichten und gut scholastisch zu klassifizieren, eine für ihn ermüdende Angelegenheit, denn es wurde zu einer Art Glasperlenspiel, einem Ringelreihen der Spitzfindigkeiten. Indem er sich damit auseinanderzusetzen hatte, fehlte ihm die Zeit für die Theologie. Eine Konsequenz aus dem Denken des Aristoteles trieb ihn allerdings weiter in die Krise: Die Vorstellung des Philosophen, dass, wer Gutes tut, gut wird, warf ihn auf die Notwendigkeit der guten Werke zurück. Er würde also nur gerechtfertigt vor Gott, wenn er gute Werke verrichtete, je mehr, umso besser. »Wenn aber das Tätigsein dem Leben seinen Charakter gibt, wie wir gesagt haben, so kann ein glücklicher Mensch nicht ins Elend kommen ... Glücklich ist, wer im Sinne vollendeter Trefflichkeit tätig und dazu hinreichend mit äußeren Gütern ausgestattet ist ...«[73]

Die Zeit bei Staupitz war vor allem mit Bibellektüre gefüllt. Am 9. März 1509 wurde Martin Baccalaureus biblicus und erwarb nach nur anderthalb Jahren Studium der Theologie den untersten theologischen Grad. Fortan las er auch im Augustinum, denn nun sollte er Kapitel aus dem Alten und dem Neuen Testament auslegen.

In Erfurt hatte man festgelegt, dass der Biblicus mindestens zwei Jahre dieser Tätigkeit nachzukommen hatte, doch an der jungen Leucorea galten keine Fristen. Staupitz wollte sich die Freiheit lassen, nach Begabung und nicht nach äußerlichen Festlegungen zu urteilen. Und so legte Martin auf Drängen von Staupitz bereits im Herbst 1509 die Prüfung zum Baccalaureus sententiarius ab. Sein schnelles Vorankommen begann ihm unheimlich zu erscheinen. Wollte ihn der Teufel zu Fall bringen? Er offenbarte Staupitz seine Skrupel, der in dieser Zeit sein Beichtvater war und schon einen gewissen Einblick in die Versagensängste Martins gewonnen hatte. »Mühe dich, Bruder Martinus, es ist Gottes Wille.«

Seine Aufgabe würde nun darin bestehen, die Sentenzen des Petrus Lombardus zu erläutern. Martin bereitete sich auf seine feierliche Antrittsvorlesung im Augustinum vor – doch dazu sollte es nicht mehr kommen.

In Erfurt war der Lektor Leonardus Heutleb verstorben. Man benötigte dringend einen Ersatz, und so bat man Staupitz, den Bruder Martinus, den man ohnehin nur »entliehen« hatte, zurückzuschicken. Um des lieben Friedens willen ließ Staupitz schweren Herzens den Mönch in seinen Konvent zurückkehren, zumal er die Erfurter nicht noch reizen wollte, da er sie bei seiner Klosterreform dringend benötigte, an der er seit Jahren mit wechselndem Erfolg arbeitete. Doch in Erfurt hatte man bereits erfahren, dass sich Johann von Staupitz in Münnerstadt zum Provinzial der sächsischen Augustiner-Eremiten hatte wählen lassen, und war darüber empört. Tiefgreifende Auseinandersetzungen kündigten sich an, in denen die Erfurter ihren begabten Mönch nicht beim Gegner, sondern in ihrem Kloster wissen wollten. So stellte der Tod des Lektors einen schicklichen Vorwand für die Rückbeorderung des Sententiars dar.

Seine Antrittsvorlesung hielt Martin Luder deshalb wider Erwarten auch nicht in Wittenberg, sondern im Auditorium coelicum im Erfurter Dom, die folgenden Vorlesungen dann allerdings im Erfurter Kloster, so wie es üblich war.

In Erfurt kam er wieder unter die Fittiche von Johann Nathin, der ihn zu den scholastischen Philosophen trieb, die er in Wittenberg vernachlässigt hatte, zu Thomas von Aquino, den er nun ausgiebig studierte, und zu Duns Scotus. Dabei bot ihm die Vorlesung über Petrus Lombardus' »Sententiae in IV libros distinctae«, die fast vollständig aus Zitaten aus den Werken des heiligen Augustinus bestanden, die Gelegenheit, seine Beschäftigung mit dem Kirchenvater zu vertiefen, denn wieder schlug er jedes Zitat im Originalwerk nach. Aber nicht nur Augustinus studierte er, sondern auch Ambrosius, Dionysius Areopagita, Johannes Chrysostomos, Hieronymus, Origenes und Isidor von Sevilla. Sein Fleiß war stupend, fast verzweifelt. Er suchte und wurde in seinem Suchen durch die Pflichtbeschäftigung mit den Scholastikern aufgehalten. Nicht als Autoritäten, sondern als Gesprächspartner in einem geistigen Gespräch verstand er die Kirchenväter, die ihm halfen im Verstehen. Seinen Weg wollte er finden, sein Umgang mit dem Denken der Väter war lebendig, war Auseinandersetzung, Disput, Einsicht und Zweifel. Was diesen jungen Wissenschaftler ausmachte, war Eigensinn. Biels Theologie kam ihm immer mehr als der Buchstabe, der tötet, vor, totes Wissen. Seinen Ärger darüber, dass er mit den ewigen scholastischen Unterscheidungen Zeit verlor, drückte er in einem Brief an seinen väterlichen Freund Johannes Braun aus. In seiner Zelle sitzend schrieb er deshalb voller Zorn, der ihn so manches Mal packte und den er immer beichtete: »… es geht mir, Gott sei Dank, gut, nur ist das Studium angreifend, besonders der Philosophie, welches ich von Anfang an am liebsten mit der Theologie vertauscht hätte, mit derjenigen Theologie, sage ich, welche den Kern der Nuss, das Innere des Weizenkorns und das Mark der Knochen erforscht.«[74]

Seinem Mitbruder und Freund Johannes Lang gegenüber klagte er immer wieder, wenn sie im Kreuzgang wandelten, sich ein wenig im Klostergarten erholten oder sich zufällig in der Bibliothek trafen, wie unfruchtbar die Philosophie sei, wie sie die Theologie gefangen halte in ihren so aberwitzigen, wie endlosen Distinktionen. »Ach Johannes, was tun die Philosophen denn anderes, als sich in Dornsträuchern und Schlinggewächsen und Dingen, die reinen Possen nahekommen, aufzuhalten? Was ist denn ihr Geschäft anderes, als sich in labyrinthische Irrgänge, die keine Wiederkehr zulassen, zu begeben? Aber ihre Labyrinthe sollen ja warm sein, und es soll in ihnen kein Mangel sein an Fleisch und Bier. Was tun sie denn anderes, als einen Sisyphosfelsen zu wälzen oder ein Ixionrad zu drehen? Wann wird denn endlich mal ein Ende der streitsüchtigen Schulen sein? Gibt es denn etwas, worauf sie sich einigen können, außer dass sie von ihrem Streit leben und die Studenten und die Welt zum Narren halten? Die Welt ist voll von Chimären und Hydren. Oh, die Dichter konnten nichts Anschaulicheres und Witzigeres erfinden, um die bekannten Streitigkeiten, Kämpfe und Schulgegensätze der Philosophen zu verspotten. Schau sie doch in ihrer Lächerlichkeit an, in ihrer Wichtigtuerei, all die Scotisten, die Ockhamisten, die Thomisten, die Bielisten, die Arschdenker mit ihren gewundenen Fürzen! Wenn es nicht so zum Steineerweichen wäre, müsste man über diese Leute lachen. Über diese sogenannten Philosophen, diese Zweifler voller Meinungen. In Ketten geht unsere arme Theologie.«[75]

Lange allerdings schlug er sich nicht mit den Philosophen herum. Denn er geriet mitten in die immer heftiger werdenden Auseinandersetzungen in seinem Orden hinein. Plötzlich befand er sich mitten im Krieg. Nie hätte er sich das vorstellen können, dass Ordensbrüder mit dieser Erbitterung gegeneinander vorgehen würden – und was das Schlimmste daran war: Er konnte sich nicht heraushalten, er musste sich zu einer Seite bekennen, für die eine Fraktion Partei ergreifen und gegen die andere streiten. Es zerriss ihm förmlich das Herz. Was war bloß in diese Männer, die Gott und Gottes Frieden dienen sollten, gefahren?

13. Mitten im Ordenskrieg

In den deutschen Klöstern der observanten Augustiner-Eremiten herrschte Unruhe, eine Unruhe, die sich zum Sturm ausweiten sollte und die Martin immer deutlicher zu spüren bekommen hatte.[76] Nach seiner hastigen Rückberufung nach Erfurt wurde ihm erst allmählich klar, warum sein Prior ihn so überstürzt von Wittenberg zurückbefohlen hatte, ohne auch nur die geringste Rücksicht auf den dortigen Lehrbetrieb zu nehmen – zumal er verwundert feststellen musste, dass man ihn als Sententiar gar nicht so dringend benötigte, wie man den Eindruck erweckt hatte. Denn zunächst wurde fast ein Semester durch die Universitätsbürokratie vergeudet, weil er die Abschlüsse, die er in Wittenberg gemacht hatte, an der Alma Mater Erfordensis nachweisen musste. Zu allem Überfluss wurde von ihm auch noch verlangt, in einer umständlichen Prozedur zu schwören, dass er sich nur hier in Erfurt zum Doktor promovieren lassen werde. Wittenberg verlangte diesen Eid nicht, Erfurt schon. Dahinter stand die so egoistische wie eifersüchtige Vorstellung, dass man die Früchte der Ausbildung, die man dem Studenten angedeihen ließ, auch selbst ernten wollte. Martin wunderte sich, dass sein Mentor Johann Nathin ungeduldig den Schwur unterbrach und der Universitätsbeamte das akzeptierte, so dass Martin später immer erklären konnte, dass er den Eid niemals geleistet habe. Die Wahrheit sah indes wie immer im Leben etwas komplizierter aus, denn sowohl der Universitätsbeamte als auch Nathin als die maßgebliche Autorität waren felsenfest davon überzeugt, dass der Eid galt – auch wenn die letzten Sätze nicht von ihm gesprochen worden waren – aber genau das sollte bald schon für Martin die glückliche Lücke sein, aufgrund deren er die Ableistung des Schwurs bestreiten konnte.

Es wunderte ihn und ärgerte ihn auch sehr, dass es trotz eiliger Abberufung fast ein Semester dauerte, bevor er seine Lehrtätigkeit aufnehmen konnte. Die Zeit, die ihm nun unfreiwillig zur Verfügung stand, nutzte er zum exzessiven Selbststudium. Vor allem beackerte er die Werke des heiligen Augustinus bis hin zu dessen Biografie, die von dessen Schüler und Gefährten, dem Bischof Possidius stammte. Ein Mann wie Augustinus, der seinen Weg suchte, sich nichts schenkte, schließlich den Glauben fand und ihn in harten und gefahrvollen Kämpfen treu und kräftig verteidigte, der »auf dem Fundament des Glaubens ein Gebäude errichten« wollte, »nicht aus Holz, Stroh oder Spreu, sondern aus Gold, Silber und Edelsteinen«[77], der als Christ und Theologe Gott zu dienen eiferte, konnte ihm nur Vorbild sein.

In Wittenberg hatte er, vertieft in seine Arbeit, den sich anbahnenden Konflikt kaum verfolgt, in Erfurt wurde er hingegen ohne Vorwarnung mitten in den Krieg hineingerissen, denn wie sich das Kloster in Erfurt zu den Streitigkeiten innerhalb der Kongregation verhielt, wurde im Konvent der Mönche besprochen und abgestimmt. Jeder Mönch des Klosters musste deshalb Stellung beziehen. Und es kam noch hinzu, dass das Kloster der Augustiner-Eremiten, wie es sich für ihn und alle anderen Brüder darstellte, in der Opposition zu seinem verehrten Lehrer Staupitz mit dem Nürnberger Brüderhaus den Takt vorgab.

Im Schwarzen Kloster zu Wittenberg musste nichts besprochen oder gar abgestimmt werden, denn hier stand man eindeutig hinter Staupitz. In Erfurt stellte sich die Situation radikal anders dar. Er war, wie er sehr schnell merken sollte, in einen brodelnden Hexenkessel geraten.

Er wusste, dass im Orden der Augustiner-Eremiten im Grunde zwei Kongregationen existierten, die sich immer stärker auseinanderentwickelten und genaugenommen nur noch durch eine überdehnte Ordenshülle und durch römische Macht zusammengehalten wurden: einerseits die Konventualen, der alte Orden, andererseits die Observanten, die Neuen, die den Orden reformieren wollten. Ihre Reform konzentrierte sich auf die strikte und strenge Befolgung der Ordensregel und die ausnahmslose Beachtung der Disziplin. Generalvikar Staupitz versuchte dem Rechnung zu tragen, indem er das *de facto* in ein *de jure* überführte.

Deshalb schickte Johann von Staupitz mit der Absicht, die deutsche Kongregation der observanten Augustiner-Eremiten zu stärken, im Frühjahr den Münchener Prior Nikolaus Besler zum Ordenskapitel der Lombarden ins italienische Vercelli. Besler handelte dort mit dem Generalvikar der Lombarden, Alfonso di Mussio, eine Privilegienkommunikation aus, die eine engere Bindung der deutschen Kongregation an die lombardische beinhaltete. Diese Einigung bezweckte u. a., der deutschen Kongregation über den Kurienprokurator der Lombarden einen direkten Zugang zum Papst und zur Kurie zu ermöglichen. Damit hätten sie nicht mehr den Dienstweg über die Ordenskurie, den Ordensgeneral und schließlich über den Ordensprotektor einhalten müssen. Von dieser weitgehenden Unabhängigkeit der Observanten vom Ordensgeneral der Augustiner-Eremiten war es dann nicht mehr weit, exemt zu werden und einen selbstständigen Orden zu bilden.

Besler reiste mit der Urkunde nach Rom und reichte sie über den Kurienprokurator der Lombarden zur Genehmigung bei Papst Julius II. ein. Dieser genehmigte sie und ließ die Privilegienkommunikation am 19. April 1505 beurkunden.

Verständlicherweise stieß dieses Vorhaben auf den heftigen Widerstand des Generals der Augustiner-Eremiten, Augustinus von Interamna, der beim Papst mit der Begründung intervenierte, dass Besler das Privileg erwirkt hatte, ohne den vorgeschriebenen Weg über den Ordensgeneral und vor allem über den Ordensprotektor der Augustiner-Eremiten gesucht zu haben. Augustinus von Interamna war so zornig, dass er Besler kurzerhand wie einen Strauchdieb ergreifen und in Klosterhaft sperren ließ. Der Papst zog sich geschickt aus der Affäre, indem er die Privilegienurkunde dahingehend einschränkte, dass die deutsche Kongregation weiterhin dem Ordengeneral der Augustiner-Eremiten in Rom unterstehen sollte.[78] Staupitz, der die Reform der deutschen Augustiner-Eremiten vorantreiben wollte, erlitt eine empfindliche Niederlage in der Hauptsache und entwickelte einen neuen Plan, der sich verhängnisvoll auswirken sollte – zu schlau, als dass er hätte funktionieren, zu ehrlich, als dass Krämer ihn hätten akzeptieren können. Gelang es ihm schon nicht, die Kongregation aus dem Orden zu lösen, so blieb der gegenteilige Weg: die Konventualen zu unter- und zu überwandern. Er verfolgte fortan das Projekt, eine Union der Konventualen mit den Observanten in Deutschland zu bilden, um unter seiner Führung die Konventualen den Observanten Schritt für Schritt anzunähern. Nach der schweren Niederlage seines Versuchs der Exemtion blieb ihm auch nur dieser Weg: Konnte man kein selbstständiger Orden werden, musste man den Orden umwandeln. Ein glücklicher Umstand kam ihm dabei zu Hilfe. Zum neuen General der Augustiner-Eremiten wurde ein Mann gewählt, der außerordentlich gebildet und ein exzellenter Theologe war und zudem noch den Humanisten nahestand: Egidio da Viterbo. Außerdem entstammte Egidio observanten Kreisen. Zu ihm reiste Staupitz nach Rom und gewann ihn für das Projekt. Vermutlich begab sich Staupitz bald darauf mit dem Provinzial der sächsischen Konventualen, Gerhard Hecker, nach Bologna, um dort auf Vermittlung von Egidio mit Papst Julius II., der sich aufgrund des Krieges bei seinen Truppen in der Emilia-Romagna aufhielt, über den Inhalt einer Unionsbulle zu reden, die im Winter 1507 der Legat des Papstes, Kardinal Bernardino López de Carvajal, in Memmingen erlassen sollte. Diese Bulle stellte Staupitzens Masterplan dar. Zunächst würde er als Generalvikar auch Provinzial der sächsischen Konventualen werden. In einem darauf folgenden gemeinsamen Konzil würde man die Union herstellen und Schritt für Schritt die Konventualen in Observanten wandeln, d.h. die Reform in Deutschland vorantreiben und zum Abschluss bringen. Dann würde man zumindest in Deutschland in einem eigenen reformierten Orden leben.

Im Oktober 1508 ließ sich Staupitz seine nächsten Schritte vom Konvent in München und wurde auch als Generalvikar der deutschen Observanten bestätigt. Langsam regte sich Widerstand gegen seinen Plan, und nicht etwa, wie man meinen sollte, bei den Konventualen, sondern bei den Observanten, die eigentlich die Nutznießer von Staupitzens Strategie sein sollten. Doch dort fürchtete man das blanke Gegenteil, dass nämlich eine Union mit den Konventualen und ihren »laxen« Vorstellungen in der Befolgung der Ordensregel die Observanz verwässern und aufweichen würde. Man argwöhnte, dass der umgekehrte Effekt als Frucht der Unionsbemühungen eintreten würde.

Ein zweites, bis heute immer noch im Verborgenen der Geschichte liegendes Interesse verband sich mit der Ablehnung von Staupitzens Plan, ein Interesse, das weiterhin Rätsel aufwirft. Denn die Revolte von sieben Klöstern wäre sehr schnell im Gegenwind der römischen Macht zerstoben, wenn nicht im Hintergrund die mächtige Reichsstadt Nürnberg, und hier vor allem ihr Ratsherr Willibald Pirckheimer, die Fäden gezogen hätte. Der Widerstand der wenigen Klöster war nur Mittel zu einem immer noch nicht benennbaren Zweck. Man sieht die Aktivitäten und Wirkungen und sogar den Täter, nicht aber das Motiv, allenfalls ein paar sekundäre Motivationen.

Als sich Staupitz, alle Warnungen ignorierend und seinem Plan gemäß, im September 1509 in Münnerstadt zum Provinzial der sächsischen Konventualen wählen ließ und er durch seine Doppelfunktion als Generalvikar der Observanten und als Provinzial der Konventualen diese Union in seiner Person gewissermaßen vollzogen hatte, brach der Sturm der Empörung los.

Der Nürnberger Humanist und Ratsherr Willibald Pirckheimer schrieb einen offiziellen Brief an Staupitz, in dem er ihm prophezeite, dass die Union eine Quelle großer Zwietracht sein werde und die Konventualen nicht reformierbar seien. Außerdem drohte Pirckheimer unmissverständlich, dass weder ein Fürst noch eine Stadt die Union unterstützen würden, weil sie das Ende der Reform bedeuten würde und niemand ein Interesse daran hätte, die enormen Kosten, die die Reform der Klöster verursacht hatte, abzuschreiben. Was man noch als wohlmeinenden Rat lesen konnte, war in Wirklichkeit eine handfeste Erpressung, denn Pirckheimer teilte ihm mit, dass die Stadt Nürnberg ihre Macht benützen und Städte und Fürsten gegen Staupitzens Reform in Stellung bringen werde, wenn er sie nicht fallen ließ. Die Standpunkte blieben unvereinbar, denn wenn die einen fürchteten, die Union würde die Reform zunichtemachen, sahen die anderen die Union als einziges Mittel an, die Reform voranzutreiben und weitere Klöster der Observanz zu öffnen.

Warum aber kämpften Observanten gegen Observanten erbittert um die Observanz, anstatt sie miteinander voranzutreiben? Die einzelnen Protagonisten der Kongregation handelten sicher aus sehr unterschiedlichen und zuweilen auch aus sehr kleinlichen Beweggründen wie Eitelkeit, Elitenstolz, Dünkel und Rechthaberei, doch erklärt das nicht Nürnbergs und wie es scheint vor allem Pirckheimers weitgehendes Engagement. Es wäre von Bedeutung, dem nachzugehen, weil es den Mönch Martin Luder prägte. Oder anders ausgedrückt: Dieser Kampf wurde zu seiner kirchenpolitischen Taufe, hier machte er die ersten politischen Erfahrungen.

Von den dreißig observanten Klöstern revoltierten unter Führung des Distriktsvikars und Priors von Kulmbach Simon Kaiser zwar nur sieben, allerdings unter ihnen die bedeutendsten, und zwar: Nürnberg, Erfurt, Himmelpforten im Harz, Kulmbach, Nordhausen, Sangerhausen und Steinberg in Mecklenburg. Die Nürnberger Augustiner-

Eremiten wurden allerdings vom Magistrat der Stadt zur Opposition genötigt, indem man ihnen im wahrsten Sinne des Wortes kurzerhand den Wasserhahn zudrehte. Der wichtigste Fakt in den folgenden Kämpfen, die in voller Härte ausgetragen wurden, verbirgt sich unter der Absurdität, dass ausgerechnet der Hauptakteur zum Siegen getragen, mehr noch: gescheucht und erpresst werden musste. Nur aufgrund des wirtschaftlichen Drucks des Nürnberger Rates organisierte mit Erfurter und Kulmbacher Sekundanz das Nürnberger Kloster der Observanten die Opposition gegen Staupitz und den Widerstand gegen dessen Unionsplan. Für die nachfolgende Reformationsgeschichte ist es von größter, bislang übersehener Bedeutung, dass die Nürnberger Bürgerschaft in die religionspolitischen Kämpfe aktiv eingriff und das Kloster für die Stadt lediglich eine Marionette oder, netter ausgedrückt, einen Transmissionsriemen darstellte.

Zu den Opponenten gehörten aber auch der Dekan des Erfurter Marienstifts, Dr. Johannes Weidemann, der sich häufig in Rom befand, und Johann Nathin, Martins Lehrer, der nach dem Weggang des bedeutenden Ordenstheologen Johann von Paltz und nach dem Tod Winands von Diedenhofen zum Meinungsmacher im Erfurter Konvent aufgestiegen war.

Im September 1509 wurde also der Generalvikar Johann von Staupitz seinem Plan gemäß zum Provinzial der sächsischen Konventualen gewählt und beging damit in den Augen einiger Observanten den Verrat schlechthin. Keine zwei Monate später riefen die Erfurter Hals über Kopf ihren Bruder Martinus ins Heimatkloster zurück. Bei Staupitz, dem Verräter, sollte er nicht bleiben, schließlich hatte man in den begabten Bruder investiert. Nun war es an der Zeit, zu rüsten und die Kämpfer zu versammeln, da sollte keiner fehlen.

Nicht nur, dass Johann Nathin Martin Staupitzens Verfehlungen aufzählte, sie wurden ihm noch einmal im Konvent der aufgebrachten Mönche vor Augen geführt. »Obwohl er im Konvent zu Eschwege zum Generalvikar unserer Kongregation gewählt worden war, hat er sich in Münnerstadt zum Provinzial der Konventualen wählen lassen. Damit ist er nicht mehr Generalvikar. Denn unsere Privilegien, die uns vom Heiligen Vater bestätigt worden sind, legen fest, dass kein Provinzial an der Spitze unserer Kongregation stehen darf. Und indem Bruder Johann sich hat zum Provinzial von Sachsen wählen lassen, sage ich, ist er nicht mehr unser Generalvikar, weil ein Provinzial kein Generalvikar sein darf!«

So schlussfolgern die Philosophen, durchfuhr es Martin, und er erhob sich. »Bei aller schuldigen Ehrerbietung, Bruder Johann, aber mir will scheinen, deine Logik läuft auf dem Kopf. Darf nach unseren Privilegien kein Generalvikar Provinzial werden? Ich dachte, es hieß genau anders herum. Denn so ist es doch im Ablaufe gewesen: Nicht der Provinzial wurde zusätzlich Generalvikar, sondern unser Generalvikar wurde zusätzlich noch Provinzial.«

»Ich sehe, dass unser junger Bruder noch unerfahren in der Weisheitslehre ist und unser Instrumentarium noch sehr unzureichend beherrscht. Wir wollen ihm das vergeben und ihn brüderlich belehren. Der Philosoph sagt: ›Dass dasselbe gleichzeitig und in derselben Beziehung derselben Sache zukommt und nicht zukommt, ist unmöglich.‹[79] Legen wir dieses Prinzip zugrunde, ergibt sich daraus: Kein

Provinzial darf Generalvikar sein, denn so lautet unser Grundsatz. Daraus folgt, dass auch kein Generalvikar Provinzial sein kann, denn wenn er Provinzial würde und würde noch Generalvikar sein, dann wäre er zugleich Generalvikar und Provinzial, was aber gemäß der Definition unmöglich ist. Beides zugleich geht nicht, denn es kann nicht etwas in Beziehung zur selben Sache gleichzeitig sein und auch nicht sein. Darauf folgt, dass seine Wahl zum Provinzial sein Amt als Generalvikar aufhebt. Deshalb, liebe Brüder, müssen wir einen neuen Vikar wählen. Denn wie sich aus dem Gesagten zweifelsfrei ergibt, haben wir keinen Vikar mehr.« Mühsam, was man an seinen starren Mundwinkeln erkennen konnte, unterdrückte er das selbstgefällige Lächeln, das seine Zufriedenheit mit dem, was er deduziert hatte, und seine Eitelkeit verraten hätte.

»So gefolgert dürfte aus einer Henne Hintern, aus der ein Hühnerei kam, nicht hernach ein Windei kommen«, brummte Martin. Viele Brüder jedoch stimmten Nathin zu, aber nicht alle, wie er auch bemerkte. Einige waren verwirrt, wussten nicht recht, wie sie den Streit verstehen sollten – und vor allem, auf wessen Seite Gott stand. Auch Martins Freund Johannes Lang, der Gräzist, hielt sich sehr deutlich zurück.

Nathin verkündete, dass am Sonntag Cantate (28. April 1510) ein Kapitel der Observanten in Himmelpforten tagen werde, in dem man das weitere Vorgehen beraten und einen neuen Generalvikar wählen wolle.

Martin beeindruckte der Aufruhr unter seinen Brüdern, wenngleich er ihn auch abstieß. Noch immer wurden alle wichtigen Fragen, die das Kloster betrafen, im Konvent besprochen, so wie die Provinz- oder Generalkapitel, zu denen die Vertreter der Klöster reisten, das für die Provinz oder für den ganzen Orden taten. Man darf diese Kraft der gemeinsamen Entscheidung der Mönche in den Klöstern nicht unterschätzen. Dem römischen Zentralismus stand immer ein geradezu basisdemokratischer Regionalismus entgegen, zumal in Deustschland.

Dass es im Konvent gegen seinen Mentor ging, konnte Martin nicht gefallen. Ein anderer Bruder erhob sich. »Hast du nicht vergessen zu sagen, dass Johann von Staupitz alle Priore zum Kapitel nach Neustadt an der Orla im Juni eingeladen hat?«

»Was gehts uns an? Er kann einladen, wen er will. Er ist kein Generalvikar mehr«, brummte Nathin.

»Sehr viel, denn alle Priore, die sich dem Befehl des Generalvikars widersetzen, werden ihres Amtes enthoben, müssen zwanzig Gulden zahlen, und über ihrem Haupt schwebt die Gefahr der Exkommunikation.« Nathin lachte ein angestrengtes, ein dürres Lachen. »Wie kann er das, wenn er kein Vikar mehr ist? Als er Provinzial geworden ist, hat er das Vikariat verloren.«

»Aber der Papst kann es!«

»An den werden wir appellieren. Wir haben Prozessbevollmächtigte in Rom.«

»Stimmen wir ab! Wer treu zur Observanz steht, hebe die Hand!«

»Nein«, hörte sich Martin sagen. Wieder erhob er sich, doch diesmal zornig. Das war nun doch zu billig. »Nicht durch Gaukelei, sondern mit klaren Worten soll sich der Konvent bekennen. Für die Observanz sind wir alle. Auch Staupitz! Wo ist deine Observanz, Bruder Johann, im Gehorsam, die du dem Ordensgeneral und dem Generalvikar schuldig bist? Deine Observanz wird zum billigen Putz, mit dem du auffallen willst und, schlimmer noch, mit dem du deinen Ungehorsam rechtfertigst. Dein Hochmut treibt dich zum Aufruhr. Aber lass dir gesagt sein: Wer allzu religiös sein will, endet im Aberglauben. Wer die Demut nicht kennt, lässt sich von den guten Werken verführen, die dann nur eine Leimrute des Teufels wären.« Nathin warf ihm einen bösen Blick zu. Wie konnte es sein Schüler wagen, ihm zu widersprechen? Martin vernahm ein gezischtes »zu viel studiert«. Er spürte die Hitze in seinem Gesicht und wunderte sich selbst, woher er den Mut genommen hatte. Aber er wusste es ja, erfuhr den Zweifel an sich täglich, fürchtete sich beständig davor, dass die guten Werke und die Observanz, der er sich wie kein Zweiter unterwarf, ihn verführten und nur Blendwerke des Teufels für seine eitle Seele waren. Nathin hatte sich wieder gefangen und lächelte nun süßsäuerlich. »Wir danken unserem jungen Bruder Martinus, dass er uns an seinen reichen Erfahrungen teilhaben lässt. Doch es ist nicht recht von ihm, dass er den Männern, die seit vielen Jahren sich in Demut und Kasteiungen üben, vorwirft, nicht aus Liebe zu Christus, sondern aus Eitelkeit zu handeln. Da seht ihr, liebe Brüder, wohin es führt, wenn man vom Pfad der Observanz abweicht und Staupitz folgt. So wie Bruder Martinus spricht, so werden die Konventualen mit uns sprechen, wenn wir erst vereinigt sind, und wir werden zum Schaden für unser Seelenheil von unserem heiligen Weg abkommen. Warum betet ihr so viel, warum fastet ihr so oft?, werden sie uns höhnisch fragen. Wollt ihr damit angeben?, werden sie uns schließlich fragen. Schlaft, fresst, sauft, hurt, wenn ihr Demut beweisen wollt!, werden sie uns zurufen. So weit darf es nicht kommen. Wer in dieser gefährlichen Situation dafür ist, dass wir uns mit unseren Brüdern in den anderen sechs Klöstern abstimmen, der hebe die Hand.« Martin sah die Zufriedenheit Nathins über die Mehrheit, aber er bemerkte auch, wie er, Lang und die paar anderen, die ihren Arm nicht gehoben hatten, von dieser Mehrheit beargwöhnt wurden.

»Wer wie ich der Meinung ist, dass wir keinen Generalvikar mehr haben und einen neuen benötigen, der hebe die Hand.« Wieder stimmte eine Mehrheit, auch wenn es diesmal merklich weniger waren, ihm zu.

»Wer gegen die Union mit den Konventualen ist, der hebe die Hand.« Diesmal aber bekam Nathin die Zustimmung fast aller Mönche, außer von Martin, Johannes Lang und fünf weiteren Brüdern. Damit hatte das Erfurter Kloster der Augustiner-Eremiten seine Opposition zu Staupitz bekräftigt.

In Himmelpforten wurde von den sieben opponierenden Konventen Simon Kaiser, der Prior von Kulmbach, zum Vikar gewählt. Zu dem von Staupitz anberaumten Treffen in Neustadt hingegen kamen keine Vertreter der sieben Klöster.

Der einflussreiche Rat der Stadt Nürnberg wandte sich an Kaiser Maximilian mit der Bitte um Vermittlung. Unter allen Umständen versuchten die Nürnberger die Union zu verhindern. Zur gleichen Zeit wurde Johann von Staupitz von Egidio da Viterbo als Generalvikar und als Provinzial bestätigt. Die Situation stellte sich als hoffnungslos verfahren dar, und Martin spürte immer stärker die Ablehnung, auf die er in seinem Kloster stieß, weil er sich nicht gegen Staupitz stellte. Menschlich wie geistlich und auch wissenschaftlich war ihm Staupitz viel näher als Nathin, dessen wissenschaftliche Autorität er immer weniger zu akzeptieren vermochte, weil ihn Nathins enge Scholastik täglich stärker anekelte. Staupitzens Hinwendung zur Bibel traf auf seine Leidenschaft, sich mit der Heiligen Schrift als Gottes lebendigem Wort, als Lebensbuch in absolut existenzieller Weise auseinanderzusetzen.

Noch einmal versuchte Staupitz eine Einigung herbeizuführen, indem er 1511 zu einem Treffen nach Jena einlud. Der Konflikt spitzte sich zu, denn Egidio hatte jede Opposition unter Strafe gestellt, doch die Opponenten wussten Fürsten und Städte hinter sich, allen voran die stolze und reiche Stadt Nürnberg.

Im Reich wuchs ohnehin der Widerstand gegen die Ausbeutung der deutschen Lande durch die römische Kurie, und die Beschwerden hatte sogar der Reichstag offiziell als die »Gravamina der deutschen Nation« anerkannt und dem Papst übergeben, den das allerdings herzlich wenig interessierte, denn er war vollauf mit der territorialen Vergrößerung des Kirchenstaates auf militärischem Wege beschäftigt und mit der architektonischen und künstlerischen Veredelung seiner Hauptstadt. Missstimmung über die römische Bevormundung schwelte allenthalben in den deutschen Ständen. Martin befand sich in einer Auseinandersetzung, in der Klöster, Fürsten und Städte sich immer weniger bereitfanden, römische Machtsprüche und Anweisungen zu befolgen. Zwar erkannte man den Papst als obersten Richter noch an, appellierten die oppositionellen Klöster gleich vier Mal an ihn, dennoch setzte man auf offenen Widerstand. Auch wenn es Martin abstieß, beeindruckte es ihn doch. So sah es also aus, wenn Klöster sich nicht mehr fügten. Die Vorgänge prägten sich ihm ein und boten Stoff zum Nachdenken, was sich auch in seinen Notaten zu den Sentenzen des Petrus Lombardus niederschlug.

In der Zusammenkunft der Erfurter Mönche, in der es darum ging, wie man sich zu der Einladung nach Jena verhalten und welche Position man vertreten sollte, wenn man ihr folgte, ergriffen Johannes Lang und Martin sehr vehement für Staupitz Partei. Zum ersten Mal stellte Martin seine Argumentation auf die Bibel, auf Römer 13,1: »Jedermann sei untertan der Obrigkeit, die Gewalt über ihn hat. Denn es ist keine Obrigkeit außer von Gott, wo aber Obrigkeit ist, die ist von Gott angeordnet.« Johann von Staupitz sei als Generalvikar ihre Obrigkeit, wie auch der Generalprior Egidio und der Papst, und Letztere hätten beide Bruder Johann bestätigt – und sie zum Frieden verpflichtet. Außerdem hätten sie die Einheit in der Kirche zu wahren oder sie wiederherzustellen. Ein Sturm der Entrüstung brach im Konvent nach seiner Rede los. Er hatte klug geredet, aber nicht überzeugt.

Die Fronten hatten sich in seinem Kloster so sehr verhärtet, dass alle, die gegen die Opposition stimmten, hier nicht mehr wohl gelitten waren und Repressalien durch die Mehrheit der Brüder erlitten. Schweren Herzens entschlossen sich die Mönche, die weiterhin zu Staupitz hielten, das Kloster zu verlassen, um in anderen Klöstern Unterschlupf zu finden. Für Martin und für Johannes Lang gab es nur eine Wahl, nämlich ins Schwarze Kloster nach Wittenberg zu wechseln. Die enge Verbindung zwischen Universität und Kloster kam ihnen sehr gelegen. Lang wurde am 24. August 1511 in die Matrikel der Wittenberger Universität eingeschrieben, und Martin war ja bereits immatrikuliert.

14. Und wenn das neue Jerusalem voller Teufel wäre

In Wittenberg wurden Johannes Lang und Martin Luder herzlich aufgenommen. Es tat ihnen gut, nach den Aufregungen, den Kämpfen und dem Druck, der von den Erfurter Brüdern auf sie ausgeübt wurde, in die entspannte und freundliche Atmosphäre von Wittenberg zu kommen. Martin konnte es kaum erwarten, mit Johann von Staupitz über seine Erlebnisse im Erfurter Kloster, über die erschreckende Eskalation infolge der Ablehnung der Unionspläne zu sprechen, doch zu seiner Enttäuschung traf er den Generalvikar nicht an, denn der hatte sich bereits Ende April in Begleitung von Nikolaus Besler auf Visitationsreise durch Holland, Brabant, Westfalen und Sachsen begeben.

Am 1. September 1511 kam Staupitz in der Jenenser Terminei der Erfurter Augustiner-Eremiten mit den Abgesandten der opponierenden Klöster zusammen. Die Verhandlung führten aufseiten der Opponierenden Simon Kaiser, der sich als der rechtmäßige Generalvikar der Observanten fühlte, und der Nürnberger Prior Johann Rücker. Eigentlich hatte Kaiser kein großes Verlangen verspürt, sich mit Staupitz zu treffen, aber der Nürnberger Magistrat, der den Streit – allerdings in seinem Sinne – beigelegt zu sehen wünschte, übte Druck auf ihn aus. Da aber die Opposition der sieben Klöster in sich zusammengefallen wäre, wenn nicht die eigentliche Macht, der Nürnberger Magistrat, und vor allem Pirckheimer dahintergestanden hätten, konnte er sich dem schlecht verweigern. Staupitz bestand in Jena auf der Verbindung der beiden Ämter in seiner Hand, einigte sich aber mit Simon Kaiser darauf, dass ein Kapitel der Klöster der Augustiner-Eremiten im nächsten Jahr in Köln über die Bedingungen der Union beraten sollte. Mit dem Ausgang zufrieden, wenngleich Kaisers Zusicherung misstrauend, reiste er nach Wittenberg weiter.

Die Wiedersehensfreude zwischen Staupitz und Martin war groß, zumal der junge Mönch sich trefflich bewährt hatte, indem er sich für den Unionsplan sogar gegen sein Heimatkloster stellte und allen Überredungs- und Erpressungsversuchen, allen Einschüchterungen und Versprechungen zum Trotz standhielt. Das besaß eine emotionale Dimension, als ob man sich von seiner Familie lossagte. Und das hatte er getan: mit seiner (Kloster-)Familie, mit seinen Brüdern gebrochen. Nicht Opportunismus oder Servilität trieben ihn dazu, denn der Ausgang des Streites stand noch in den Sternen. Auch wenn in diesem Zeitalter die Astrologie als Wissenschaft immer wichtiger wurde, konnte er selbst damit nichts anfangen, denn sein Schicksal lag nicht in den Sternen, sondern einzig und allein in Gottes Hand. Und Gottes Warnsystem in der Seele des Menschen war nun einmal das Gewissen. Natürlich stand ihm der gebildete Staupitz näher als der eifernde und dünkelhafte Nathin. Überdies ließ es sein Gewissen nicht zu, sein Gelübde zu brechen. Gehorsam hatten sie geschworen, und gehorsam hatten sie gegenüber den Ordensoberen zu sein, nicht nur gegenüber Staupitz, sondern in viel stärkerem Maße noch gegenüber dem Ordensgeneral Egidio da Viterbo. Zudem deckte eine päpstliche Bulle das Vorgehen des Generalvikars. Allerdings sollte Martin in diesen Kämpfen lernen, dass Recht nicht das war, was war, sondern das, was man daraus machte. Nichts auf der Welt sollte sich als biegsamer erweisen als das Recht. In diesen Tagen erwachte sein Misstrauen gegen die Juristen.

Schließlich stellte sich die Frage, ob die opponierenden Klöster nicht gegen das Gebot der Demut verstießen, indem sie ihre Observanz priesen und sich zu einer Elite verklärten. Schließlich konnte man auch mit seiner Bescheidenheit prahlen. Zu viel Eigennutz spürte er dahinter und ahnte die Wirkung von Politik bereits.

Die Analyse der Erfurter Zustände, die Martin gab, stimmte Staupitz nachdenklich, bestärkte ihn aber in der Absicht, Martin zu fördern, denn die Einschätzung des jungen Mönchs erwies sich als sehr klug und als sehr genau beobachtet. Er besaß offenkundig ein Gespür für politische Zusammenhänge und Konstellationen, auch wenn die idealisierte Vorstellung von den fast heiligen Männern, die sich in den Klöstern auf den Weg zu Gott gemacht hatten, zunehmend und in diesen Kämpfen natürlich verstärkt der Realität weichen musste. Neid, Missgunst, Dünkel, Eitelkeit, Opportunismus, Schmeichelei und Betrug fanden sich jenseits der Klostermauern in der Welt wie leider auch diesseits im Konvent, nur anders formuliert und in anderer Verkleidung und Äußerungsform. Der Abschied von diesem naiven Kinderglauben fiel ihm schwer, aber umso wichtiger war es, selbst den Weg zu finden und sich nicht in den Fallstricken zu verheddern, die der Teufel allerorten auslegte – auch in den Klöstern, vielleicht sogar dort noch mehr.

Staupitz wollte bei aller Skepsis Simon Kaiser etwas Zeit geben. Doch der dachte nicht daran, die Jenser Übereinkunft zu vertreten, fühlte sich vielleicht auch ein wenig überrumpelt, und bald schon erhielten sie in Wittenberg Kunde, dass Simon Kaiser am 10. September im Augustinerkloster Nordhausen demonstrativ und mit großem Zeremoniell erneut an den Papst appellierte. Die alten Argumente wurden noch einmal aufgeführt, und gleichzeitig wurde auch der Ordensgeneral Egidio da Viterbo angegriffen: Indem er in der Auseinandersetzung den Provinzial Staupitz als Generalvikar bestätigt habe, habe er seine Kompetenzen überschritten. Hinter Kaisers Gesinnungswandel steckte natürlich auch der Nürnberger Rat, der mit dem Jenenser Ergebnis unzufrieden war, da in einem Kapitel der observanten Augustiner-Eremiten die Staupitzianer eine erdrückende Mehrheit haben würden, dreiundzwanzig gegen sieben Klöster – und in den sieben Klöstern bröckelte bereits der Widerstand, denn wie man am Erfurter Beispiel sehen konnte, wechselten bereits Brüder in andere Klöster. Johannes Lang und Martin Luder stellten keine Einzelfälle dar.

So rief Johann von Staupitz Martin, Wenzeslaus Linck, den Prior des Schwarzen Klosters, Johannes Lang, Johann von Mecheln, aber auch Juristen wie den Nürnberger Christoph Scheurl, der eine Rechtsprofessur an der Leucorea innehatte, zu einer Beratung am 16. September in Wittenberg zusammen. Sollte man einer Minderheit nachgeben und damit die Mehrheit verraten? Wie reagierte man klug auf die erneute Appellation? Da ein mit Strafen bewehrtes Appellationsverbot an die opponierenden Observanten ergangen war, musste Staupitz handeln. Er fühlte sich ohnehin von Kaiser betrogen. Scheurl vermutete sicherlich, dass die Nürnberger alle Hebel in Bewegung setzen würden, und trat deshalb wohl für einen Kompromiss ein, wobei er darauf verweisen konnte, dass die Rechtslage sehr interpretierbar war. Letztlich würde die Haltung des Papstes und des Ordensgenerals entscheiden. Spätestens jetzt fiel Staupitz die Tatsache auf, dass das Vorgehen der Nürnberger mit dem Simon Kaisers und der sieben Klöster abgestimmt war.

Schaut man genauer hin, scheint Kaiser eher eine Marionette an den langen Nürnberger Fäden gewesen zu sein. Und fragt man nach dem Puppenspieler, demjenigen, der genussvoll und geschickt an den Fäden zog, dann stößt man immer wieder auf eine Person, einen begnadeten Intriganten, Willibald Pirckheimer. Da Simon Kaiser über den Nürnberger Syndikus in Rom an den Papst appellieren würde, empfahl es sich für Staupitz, einen Vertrauten nach Rom zu schicken, der die Lage mit der Ordensleitung beraten und sich die Rückendeckung Roms für ein konsequentes Vorgehen einholen sollte. Besler, der sicher der erfahrenste Mann im Staupitzkreis für eine solche Mission war, weigerte sich nachdrücklich. Nach den erschütternden Erfahrungen seiner entehrenden Inhaftierung in Rom hatte er sich geschworen, niemals wieder diese Stadt zu betreten. An diesen Schwur hielt er sich. So fiel die Wahl auf Johann von Mecheln, der in Wittenberg studiert und eine Zeit lang als Prior dem Kloster Enkhuizen vorgestanden hatte und gerade zum Doktor der Theologie promoviert wurde. Man wollte noch seine feierliche Aufnahme in den Senat der Universität am 4. Oktober abwarten, dann sollte er sich auf die Reise begeben. Da der eherne Grundsatz bestand, dass ein Mönch nicht allein reisen durfte, sondern mindestens einen zweiten in seiner Begleitung haben musste, wurde auf Vorschlag des Generalvikars Martin Luder ausgewählt.

Ihm stockte das Herz! Nach Rom, in das Herz und Haupt der Christenheit sollte er reisen, in die Stadt der großen und kleinen Märtyrer, die Stadt Petri und des Papstes, *Christi vicarius* auf Erden, die auch als das neue Jerusalem verherrlicht wurde. Nicht nur, dass er niemals zuvor eine so weite Reise unternommen hatte, sie führte zudem in die wichtigste Stadt der lateinischen Christenheit. Auf dem Grab des Apostels Petrus beruhte die Macht der Päpste als dessen Nachfolger und Stellvertreter auf Erden. Hatten sich die Päpste noch im ersten Jahrtausend *vicarius Petri* genannt, waren sie dazu übergegangen, den Titel »Stellvertreter Christi« zu führen, denn seine Vollmacht hatte Petrus ja von Christus erhalten, und von ihm war sie auf die Päpste übergegangen. Seine Reise verstand er auch als Pilgerfahrt. Dass der Sohn des Hüttenunternehmers Hans Luder, der mit ihm allenfalls in benachbarte Wallfahrtsorte gewandert war, nun nach Rom aufbrechen sollte, glich einem Wunder. Dort würde er Ablässe erwirken, dort würde er sich von allen Sünden, den gewussten und den ungewussten, reinigen können. Die Aussicht, einen Ort so großer Heiligkeit zu betreten, euphorisierte ihn.

Staupitz hatte, als er Martin als Begleiter seines Emissärs auswählte, zweierlei im Sinn, das sich elegant verband. Zum einen sollte Martin stärker in die Ordenspolitik eingebunden werden und die dafür erforderlichen Erfahrungen machen, und zum anderen wollte er die Gelegenheit nutzen, dem jungen Mönch dieses große geistliche Erlebnis zu ermöglichen, auch in der Hoffnung, dass die Ablässe, die er in Rom erwirken würde, seiner von Zweifeln geplagten Seele etwas Ruhe gewährten.

Die Richtigkeit der Entscheidung, einen Emissär nach

Rom zu schicken, bestätigte der Brief, den der Nürnberger Rat am 19. September an Staupitz sandte. Dabei berief sich der Magistrat der Reichsstadt auf die Darstellung, die der Prior Johann Rücker über die Resultate der Verhandlungen gegeben hatte, und lehnte sie in Bausch und Bogen ab. Die Verbindung des Amtes des Generalvikars mit dem des Provinzials wollten sie unter keinen Umständen hinnehmen. Das würde die Privilegien, die der Papst dem Kloster gewährt hatte, beschränken und die Disziplin im Nürnberger Konvent gefährden. Deshalb schlugen die Nürnberger einen Kompromiss vor. Wenn man in einem Kapitel der Kongregation der observanten Augustiner-Eremiten keine vollständige Einigkeit erzielen konnte, also keine Zustimmung aller Teilnehmer der Beratung, sollte ein unparteiischer Richter den Streit schlichten, und zwar ein Richter aus deutschen Landen. Die Nürnberger – und hier wird es spannend – bestanden darauf, dass die Angelegenheit in Deutschland und nicht in Rom entschieden wurde. Dort, wo der Konflikt entstanden sei, sollte er auch gelöst werden. Die Reichsstadt setzte auf die Autonomie. Das entsprach ihrem Selbstbewusstsein, ihrem politischen Grundsatz und auch ihrem Bürgerstolz. An dieser Stelle kommt vielleicht Pirckheimers Linie zum Vorschein: Als Staupitz die Verbindung mit den Lombarden eingehen wollte, die den deutschen Klöstern eine gewisse Autonomie gebracht und natürlich auch die Einflussmöglichkeiten der Stadt auf das Kloster in ihren Mauern vergrößert hätte, stand Nürnberg an Staupitzens Seite. Als er die Union anstrebte, die möglicherweise in Nürnberg die Furcht nährte, dass dadurch der römische Einfluss sich vergrößern würde, stellte sich der Magistrat gegen Staupitz. Nun setzte er sich dafür ein, dass man den

Konflikt in Deutschland beilegte. Letztlich scheint es Pirckheimer und den Nürnberger Ratsherren um Autonomie gegangen zu sein, zumal der Papst täglich an Autorität einbüßte, weil er sich durch seine Kriege, die zudem noch den Handel behinderten, auf die Ebene der weltlichen Feudalherren herabbegeben hatte. Der Papst wurde Partei – und das auf der Ebene weltlicher Fürsten und Söldnerführer.

Staupitz lehnte seinerseits die Nürnberger Vorstellungen ab und sendete ein starkes Signal. Am 1. Oktober 1511 exkommunizierte der Ordensprotektor der Augustiner-Eremiten bei der Kurie, Kardinal Raffaele Riario, Simon Kaiser.

Im Oktober begaben sich Martin Luder und Johann von Mechen auf die Reise. Vor ihnen lagen optimistisch gerechnet ungefähr fünfzig Reisetage, denn sie legten die Wegstrecke zu Fuß zurück. Zuweilen nahm sie ein Fuhrwerk mit, und sie kamen etwas schneller voran; dafür gab es aber auch Tage, an denen die Wetterbedingungen im Spätherbst und im Frühwinter sich dem schnellen Fortgang der Reise entgegenstemmten oder eine deftige Erkältung mit Schnupfen, Husten und Fieber die Reisenden zum Pausieren zwang. Übernachtet wurde zumeist in Klöstern, am liebsten natürlich in denen des eigenen Ordens. Allerdings trat auch hin und wieder die missliche Situation ein, im Freien übernachten zu müssen. Insofern barg eine solche Reise auch große Gefahren, nicht nur gesundheitlicher Natur, denn die Wege waren höchst unsicher, und man konnte ausgeraubt und getötet werden. Sich an Bettelmönchen zu vergreifen stellte nicht gerade ein einträgliches Unterfangen dar, und es unterblieb auch in der Regel, aber man konnte nie wissen, ob man nicht auf sehr verzweifelte Menschen oder auf verwirrte Personen traf. Martin jedoch zog seine

Zuversicht aus dem Gebet, und die Aussicht, bald in Rom zu sein, reduzierte alle Schwierigkeiten. Seine Füße vermochten seinem Herzen kaum zu folgen.

Über Leipzig marschierten sie nach Coburg, weiter nach Nürnberg und über Biberach nach Bregenz. Zum ersten Mal in seinem Leben sah er die Alpen und staunte über das riesige Gebirge, das Gott aufgetürmt hatte. Dann gingen sie über Chur und den Septimerpass nach Chiavenna. Am Comer See vorbeikommend, dachte er daran, dass sich der heilige Augustinus hierher zurückgezogen hatte, auf ein Landgut, das er Cassiciacum nannte. In Mailand erinnerte er sich daran, dass Augustinus in dem Vorgängerbau der Kirche Sant'Ambrogio, in der Martin eine Messe las, von Ambrosius getauft worden war und dass dabei das »Te deum« entstanden sein soll. Weiter südlich gerieten sie ins Kriegsgebiet und mussten sehr vorsichtig sein. Allerorten begegneten sie den Spuren des Leids, das die marodierende Soldateska verursachte, und es schnürte Martin das Herz ab, dass auch ein Papst daran eine Mitverantwortung trug.

Papst Julius kämpfte um die Erweiterung des Kirchenstaates gegen den französischen König Ludwig XII., der sein Herrschaftsgebiet in Norditalien auf Kosten des Kaisers und des Papstes auszudehnen trachtete. Als Martin in Bologna eintraf, hatten französische Truppen im Bündnis mit Alfonso I. d'Este, dem Herzog von Ferrara, die Kommune den Truppen des Papstes entrissen. Noch stand die riesige Bronzefigur, die Michelangelo für Papst Julius II. geschaffen hatte und die Bolognas Einwohner stets daran erinnern sollte, wer der Herr der Stadt war, vor dem Dom. Doch bevor das Jahr zu Ende ging, sorgten Bürger Bolognas mittels Seilen dafür, dass die Figur mit heftigem Getöse in den Kuhmist, den man zu diesem Zwecke vor ihr ausgebreitet hatte, stürzte und zerbrach. Das Metall ließ Alfonso d'Este einschmelzen und zu einer gewaltigen Kanone gießen, die er, den Papst verhöhnend, auch noch »La Giulia« nannte. Dass sich der Stellvertreter Christi in einer heidnisch anmutenden Kolossalfigur verherrlichen ließ, befremdete Martin. Er fand es unpassend. Dennoch ließ er es sich nicht nehmen, in der Kirche San Petronio, der Hauptkirche der Stadt, ein Gebet an den Schutzheiligen der Basilika und Bolognas zu richten und um das Gelingen seiner Mission zu bitten.

Die Kirche beeindruckte ihn schon durch ihre Größe. Durch die bunten Glasfenster brach trotz der dunklen Novemberstimmung vielfarbiges, verspieltes Licht, als ob die Farben eine eigene Leuchtkraft besäßen, die das spärliche Tageslicht nur zu verstärken brauchte. In dem hohen gotischen Kirchenraum empfand Martin die Nichtigkeit des Menschen vor Gott. Anmutig strebten die rot gehaltenen Rippen des Mauerwerks, die sich schwungvoll von den weißen Wänden abstießen, in den Himmel. Dann fiel sein Blick auf Giovanni da Modenas Fresko des Jüngsten Gerichts. Und das Leid der Verdammten fand Widerhall in seiner Seele und erfüllte ihn mit Ängsten. Noch nie hatte er ein so vernichtendes Jüngstes Gericht gesehen, noch niemals Menschen, die so litten, auch nicht einen so dumpfen und riesigen Teufel.

Drei Tage später beeindruckten ihn in Florenz die vielen Hospitäler und frommen Stiftungen, aber für die Kunst besaß er keinen Blick. Ende November erhob sich aus dem Staub Latiums endlich die Aurelianische Stadtmauer in ihrer ganzen, die Zeiten überdauernden Majestät. Die heilige

Stadt, die Stadt der Apostel, der großen Sterne Paulus und Petrus und all der anderen zu betreten, ergriff sie so, dass sie in diesem Moment nicht zu sprechen wagten, jeder mit den Gefühlen beschäftigt, die dieser Anblick in ihm auslöste. Durch die wuchtige Porta Flaminia, die bald schon Porta del Popolo heißen sollte, betraten sie die Ewige Stadt. Links von ihnen führten breite Stufen zur Kirche Santa Maria del Popolo. Die Kirche fassten zwei Mauern ein, die sich wie zwei sehr lange und noch dazu vom Puzzolan violett gefärbte Arme schützend um das Kloster und die Weinberge des Konvents der Augustiner-Eremiten legten. Da Santa Maria del Popolo den Lombarden nahestand, kamen dort für gewöhnlich die Observanten unter. Johann und Martin aber hatten Order, im Kloster Sant'Agostino Quartier zu nehmen, weil dort die Ordensleitung der Augustiner-Eremiten residierte. Von der unregelmäßigen Piazza del Popolo aus blickten sie halbrechts über den Tiber hinweg auf den Erzengel Michael, der die Engelsburg, den Vatikan und ganz Rom beschützte, mit seinem in der rechten Hand erhobenen Schwert. Stumpf ragte dagegen wie eine unglaubliche Hybris Bramantes Vierung in den Himmel, mit der er den alten Petersdom geradezu sprengte und seinen neuen Palast Gottes in das alte Mauerwerk trieb. Martin jedoch wurde schwer ums Herz. Er assoziierte mit den mächtigen Pfeilern, die so stark und verletzlich zugleich in den Himmel ragten, den Turmbau zu Babel. Links von Vierung und Erzengel erhob sich ein riesiges Holzgerüst über dem Vatikan, auf dem es von Menschen nur so wimmelte. Sie bauten an einer monumentalen Verbindung zwischen dem Petersdom und der von Papst Innozenz VIII. auf einem Hügel errichteten Villa del Belvedere, am sogenannten

Korridor, der schließlich zu einem Flügel des Apostolischen Palastes werden sollte.

Die beiden Mönche folgten dem Via populi genannten Weg, der wenig später zur Via Ripetta ausgebaut wurde, noch aber einem Trampelpfad glich. Die Gegend war wüst. Vereinzelte Häuser, klein und schief, wirkten verloren zwischen den Feldern, Beeten, kleinen Weiden oder brach liegenden Flächen. Martin imponierten die Ausmaße des Grabmals des Augustus, das sehr trutzig wirkte, denn es wurde von dem stadtadligen Geschlecht der Colonna als Burg genutzt. Nach dem Mausoleum verdichtete sich allmählich das Straßenbild, Häuser lehnten sich an Häuser, Mauern an Mauern und ließen enge Gassen entstehen, die immer belebter wurden. Schließlich standen sie vor der schönen Fassade der Kirche Sant'Agostino, die von Giacomo Pietrasanta und Sebastiano Fiorentino dreißig Jahre zuvor geschaffen worden war. Als sie die Kirche betraten, wunderten sie sich zunächst, wie laut und geschäftig es hier zuging, bis sie bemerkten, dass der Lärm vom dritten linken Innenpfeiler kam, vor dem lachend und gestikulierend ein Mann mit langen schwarzen Haaren und ebenmäßigem Gesicht stand. Er griff zum Pinsel und malte, seinen Gesellen dabei etwas erklärend. An den Schriftzeichen auf der Rolle erkannte Martin, dass es sich um den Propheten Jesaja handelte, denn auf Hebräisch standen dort die Worte des Propheten: »Tut auf die Tore, dass hineingehe das gerechte Volk, das den Glauben bewahrt.« Der Körper in seinem himmelblauen Gewand strahlte durch die Bewegung Kraft aus und war deutlich von Michelangelo angeregt, während das feine Gesicht durchgeistigt wirkte. Stärke und Geist. Aber der Maler, Raffael aus Urbino genannt, hatte es eilig. Martin konnte nicht wissen, dass Raffael tatsächlich ein viel beschäftigter Mann war. Als Maler schuf er für den reichsten Mann der Zeit, den aus Siena stammenden, aber in Rom lebenden Bankier Agostino Chigi großartige Fresken in dessen Sommerpalast auf dem Gianicolo an der Via Janiculensis, die den Borgo mit Trastevere verband. Außerdem half er seinem Landsmann Donato Bramante beim Bau des Petersdomes. In Rom herrschte eine rege Bautätigkeit, und Architekten wie Bramante und Sangallo wetteiferten um Aufträge. Inzwischen versuchte sich auch der Bildhauer und Maler Michelangelo als Architekt, und Raffael war von Bramante zu der Jahrhundertbaustelle im Vatikan hinzugezogen worden. Julius II. hatte rücksichtslos Häuser, ja halbe Stadtviertel wegreißen lassen, um eine Allee vom Vatikan zu seinem Bischofssitz in San Giovanni in Laterano anzulegen, die man Via Giulia nannte.

Johann und Martin wurden freundlich aufgenommen, und ihnen wurde ihr Quartier zugewiesen. Obwohl sich Egidio da Viterbo in wichtiger diplomatischer Mission zum Aufbruch in die Toskana rüstete, nahm er sich Zeit für Staupitzens Emissäre. Er zog den Ordensprokurator Antonius von Chieti hinzu, dem er Anweisungen gab, sich mit dem Kardinalprotektor des Ordens, Raffaele Riario, ins Benehmen zu setzen und die Angelegenheit gründlich zu beraten. Sie sprachen Latein miteinander, und Martin hatte nie zuvor ein so reines und facettenreiches Latein wie gehört wie von Egidio. Auch wenn die Zeit sehr drängte, sprachen sie über die Bibel und darüber, wie wichtig es sei, die Bibel direkt zu lesen und Gottes Wort zu ergründen. Die Gesichtszüge seines Ordensoberen erinnerten Martin an die des Jesaja, die Raffael gemalt hatte. Nicht nur, dass der junge Mönch von seinem Ordensgeneral fasziniert war, auch der Mönch aus der deutschen Provinz hinterließ einen Eindruck bei dem aufmerksamen Egidio, denn er konnte sich noch Jahre später, allerdings dann in unerfreulichem Zusammenhang, daran erinnern, dass er Martin Luther einst persönlich kennengelernt hatte.

Inzwischen benutzte der französische König Ludwig XII. seine französischen Kardinäle dazu, mit anderen unzufriedenen Purpurträgern ein Konzil in Pisa abzuhalten, um Julius II. abzusetzen. Die Lage war bedrohlich. Egidio sollte neue Koalitionen schmieden. Vor allem plante der Papst, durch die Einberufung eines Laterankonzils die Wirkung des Oppositionskonzils von Pisa zu brechen. Für Julius II. stand das politische Überleben auf dem Spiel – und für die Kirche überhaupt, nicht noch einmal zur Dienerin des französischen Königs wie im 15. Jahrhundert in Avignon herabgewürdigt zu werden.

Die Gespräche und Überlegungen zogen sich hin, so dass Martin dem zweiten Zweck seiner Reise ausgiebig nachgehen konnte. Er pilgerte zu allen sieben Wallfahrtskirchen Roms: Von San Pietro in Vaticano, dem Petersdom, ging er zur Basilika San Paolo fuori le mura, die an der Stelle errichtet worden war, wo römische Prätorianer den Apostel Paulus enthauptet hatten, weiter zur Basilika San Sebastiano fuori le mura, die dem heiligen Sebastian, der die Pfeile auf sich gelenkt hatte, geweiht war, dann zu San Giovanni in Laterano, der römischen Bischofskirche der Päpste, und zu Santa Croce in Gerusalemme, wo verschiedene Reliquien des Kreuzes Christi verehrt wurden, darauf zu San Lorenzo fuori le mura, die dem heiligen Laurentius gewidmet war, der in seinem Martyrium auf einem Rost gebraten worden war und seine Peiniger mit der grimmigen Bemerkung verspottet hatte, es sei ihm noch zu kalt, und schließlich besuchte er Santa Maria Maggiore, wo ein Rest der Krippe Jesu aus Bethlehem verehrt wurde. Alle Pilgerkirchen besaßen Reliquien, neben denen ihrer Titularheiligen viele andere. Hier zu beichten oder die Messe zu lesen oder zu feiern gewährte Ablass vom Fegefeuer. Und darauf richtete sich Martins Hauptaugenmerk. Er betete täglich in all diesen Kirchen und las Messen. Allerdings befand er sich ständig im großen Gedränge, weil die Stadt schier aus allen Nähten platzte vor Pilgern. Häufiger machte er die ärgerliche Erfahrung, dass er gedrängt wurde, die Messe schneller zu lesen. »Beeil dich, meiner Mutter Sohn will heute auch nach Hause kommen!«, pöbelte ihn einmal ein etwas vierschrötiger Priester an. Überhaupt erregten die Nachlässigkeit und die Kürze, mit der die römischen Geistlichen die Messe herunterleierten, seinen Zorn. Eigentlich sollte das Lesen einer Messe mindestens eine Viertelstunde in Anspruch nehmen, doch bei einem der Priester zählte er acht Messen in einer Stunde. In San Giovanni in Laterano rutschte er auf den Knien betend die Treppenstufen zum Portal der Kirche hoch, doch seinen Plan, hier eine Generalbeichte abzulegen, konnte er nicht in die Tat umsetzen, weil zu viele Beichtwillige vor ihm waren. Er sah auch Julius II. – der ehemals kräftige Mann war gealtert, und er entdeckte ihn nur, weil der Papst stets wie ein König von einem großen Gefolge umgeben war. Wo der Stellvertreter Christi in die Öffentlichkeit ging, wurden ihm die Füße geküsst, dabei hatte Christus doch die Füße der Ärmsten gewaschen, er hatte nicht andere gedemütigt, sondern sich selbst. Dass die römischen Priester und auch der Papst sogar die Monstranz nicht mehr selbst trugen, sondern bei Umzügen auf dem Kopf oder dem Sattel eines herausgeputzten Pferdes transportierten, hielt er für eine Sünde. Ihm, den immer noch die Anwesenheit Christi in der Eucharistie erschreckte und erschütterte, musste der frivole Umgang mit der Hostie oder dem Kelch geradezu wie ein Sakrileg vorkommen.

Das religiöse Ritual war längst zu einer Art höfischem Zeremoniell verkommen. Dort, wo es am heiligsten zugehen sollte, regierte am stärksten die Sünde, denn dass Rom nicht nur die Hauptstadt der Christenheit, sondern auch der Kurtisanen war, fiel ihm ebenfalls auf. Das grandiose historische Durcheinander der Ewigen Stadt verblüfft ihn. Die antiken Stätten wie das Kolosseum und das Forum Romanum dienten am Tag den Bauern als Viehweide und nachts den Obdachlosen und Kriminellen als Unterkunft oder Versteck. Die Bauten der alten Römer waren auch deshalb Ruinen, weil sie als Quelle für Baumaterialien dienten. Den Travertin, den man benötigte, brach man aus dem Kolosseum. Alte Gebäude, die im Schutt versanken, dienten oft als Fundament für neue, und so lag der eben begonnene Petersdom acht Meter über dem ursprünglichen römischen Friedhof.

Martin gönnte sich keine Ruhe, vor allem aber pilgerte er von Kirche zu Kirche, und immer wieder von Neuem, weil es für den Besuch der sieben Wallfahrtskirchen innerhalb eines Tages einen Sonderablass gab. Er war so eifrig dabei, dass er sich einmal sogar ärgerte, dass seine Eltern noch lebten und er sie deshalb nicht, wo er schon einmal in Rom war, durch die guten Werke, die er vollbrachte, aus dem Fegefeuer befreien konnte.

Immer wieder blutete ihm das Herz, wenn er vor den Resten von Alt-Sankt-Peter stand, vor der größten Baustelle der Christenheit. An die Kirche, die über dem Petrusgrab vom römischen Kaiser Konstantin dem Großen und Papst Sylvester errichtet worden war, erinnerten nur noch Ruinen, in denen es zog und in die es hineinregnete. Bloß über dem Petrusgrab und dem Hauptaltar hatte man eine Schutzhütte, das sogenannte *tegurium*, errichtet. Die vier großen Säulen, die man verband und die einmal die große Kuppel tragen sollten, erfüllten ihn mit großer Unruhe. Sie machten auf ihn einen durch und durch heidnischen Eindruck. Rom war die erste und die übelste aller Städte der Christenheit. Reform tat dringend not. Zum einfachen Glauben, zur Armut Christi musste die Kirche zurückfinden. Aber für sich zog er die Schlussfolgerung, dass, wenn es nun einmal so war, er und alle anderen Christen nur noch eifriger im Glauben werden mussten, damit Gott diesen Missstand beseitigte. Die guten Werke der Christen würden diese Stadt reinigen, und zwar als letzte, und wenn auch aus Rom die Sünde ausgetrieben sein würde, dann könnte Christi Reich anbrechen. Vielleicht war es richtig, vielleicht musste es so sein, dass in Rom die größte Sünde herrschte. Ein wenig erinnerte seine Haltung an die des Juden Abraham in Paris, von dem Boccaccio erzählt und der von seinem Freund, dem Kaufmann Giannotto aus Civigni, bestürmt wurde, den christlichen Glauben anzunehmen. Giannottos Bekehrungseifer verfehlte sein Ziel nicht, so dass Abraham einwilligte, nur wollte er noch in Rom den Papst sehen, den Mann, »von dem du sagst, er sei Christi Stellvertreter auf Erden, um sein Auftreten und sein Verhalten sowie das seiner Brüder Kardinäle zu betrachten«.[80] Giannotto sah sich um seinen Erfolg gebracht, denn er war fest davon überzeugt, dass Abraham nicht konvertieren würde, wenn er »das schurkische und schmutzige Leben der Kleriker« in Rom sehen würde. Alle Versuche Giannottos, Abraham von der Reise abzubringen, schlugen fehl. Der Jude kehrte mit den Erlebnissen, die Giannotto vorausgeahnt hatte, nach Paris zurück. In Rom hatte er weder Heiligkeit noch Frömmigkeit gefunden. Weil Wollust, Geiz, Völlerei, Betrug, Neid und Stolz dort in so hohem Ansehen standen, hielt er die Ewige Stadt eher für einen Ort der Höllen- als der Himmelskünste. Für Abraham stand fest, dass die Kleriker in Rom »ihren ganzen Verstand und ihre ganze Kraft darauf verwenden, der christlichen Religion den Garaus zu machen und sie aus dieser Welt zu vertreiben, wo sie doch ihr Fundament und ihre Stütze sein sollten.« Wie aber wunderte sich Giannotto, dass gerade deshalb Abraham einwilligte, zur Taufe zu gehen, denn »da nicht eintritt, was jene erstreben«, und da »sich vielmehr eure Religion ausbreitet, immer heller leuchtet und glänzt, kann ich daraus billigerweise nur schließen, dass der Heilige Geist das Fundament und die Stütze dieser als der vor allen übrigen wahren und heiligen Religion ist«.[81] Die Wahrheit war in Gott, nicht in Rom zu finden.

Als Martin und Johann von Mecheln im Januar mit Instruktionen und dem Ergebnis der Überlegungen, die man in der Ordensleitung und auch mit dem Ordensprotektor, Kardinal Raffaele Riario, angestellt hatte, zurückkehren wollten, flammte der Krieg in der Toskana erneut auf. Auf Befehl des französischen Königs Ludwig XII. begann der Herzog von Nemours, Gaston de Foix, mit seinen Truppen Städte in Venetien und in der Emilia-Romagna zu erobern, um auf Kosten Venedigs und des Kirchenstaates die französischen Besitztümer in Italien zu vergrößern. Im März sollten dann die französischen Truppen gemeinsam mit Alfonso I. d'Este, dem Herzog von Ferrara, von Bologna nach Ravenna marschieren und mit der Belagerung der Stadt beginnen. Aufgrund der unübersichtlichen Lage beschloss man, dass Martin und Johann getrennte Routen nehmen sollten, um die Übermittlung der Resultate der Besprechungen an Johann von Staupitz sicherer zu machen. Da man in der Kurie des Ordens, der Verwaltung, einen Überblick über die Lage der verschiedenen Klöster besaß und außerdem in ihr auch Ordensbrüder aus den verschiedenen Ländern arbeiteten, konnte man die Routen der Rückreise präzise von Kloster zu Kloster planen und eine schriftliche Verfügung treffen, dass ein Bruder des betreffenden Klosters Martin oder Johann von Mecheln begleitete. Johann begab sich vermutlich auf der alten Via Flaminia nach Rimini. Dort reiste er wohl mit dem Schiff nach Chioggia oder Venedig, um über das Friaul nach Salzburg zu kommen, wo Johann von Staupitz auf die Rückkehr seiner Emissäre wartete.

Martin könnte mit dem Schiff von Civitavecchia nach Nizza gereist sein.[82] Später sollte er sich immer wieder über die Eigenart der Franzosen äußern, was aus einer persönlichen Erfahrung herzurühren scheint. Ein Aufenthalt in Frankreich lässt sich jedoch für jeden späteren Zeitpunkt ausschließen. Deutlich erinnerte er sich an den Aberglauben der Franzosen sowie an die Unbildung der Priester in der Messe und machte sogar geografische Angaben, die den angeblichen Verbleib des Pontius Pilatus in Frankreich betrafen und anhand deren sich seine Reiseroute rekonstruieren lässt.[83] In Nizza gelandet, wanderte er über Aix-en-Provence und Lyon nach Vienne und von dort weiter nach Genf. Über Zürich und Memmingen ging es von Augustinerkloster zu Augustinerkoster weiter nach Augsburg. Augsburg ist als Station seiner Rückreise sicher belegt. Dort besuchte er eine Frau, die angab, sich nur von der Hostie zu ernähren. Ob ihn in Augsburg die Nachricht erwartete, dass Johann von Mecheln Staupitz berichtet hatte, und er Anweisung erhielt, nach Wittenberg zurückzukehren, oder ob auch er über Salzburg die Rückreise antrat, lässt sich nicht feststellen.

Viel Zeit zum Ausruhen blieb ihm in Wittenberg jedoch nicht, denn Mitte April machte er sich bereits wieder auf den Weg, diesmal zum Kapitel nach Köln.

In seiner Abwesenheit hatte die Auseinandersetzung allerdings seltsame Wendungen genommen. Wahrscheinlich über ihren Bürger Christoph Scheurl, der in Wittenberg Rechtsprofessor war, versuchten die Nürnberger den Konflikt zu lösen. Es gelang ihnen, Staupitz zu bewegen, nach Nürnberg zu kommen, um dort am 28. Oktober im Kloster der Augustiner-Eremiten mit dem Prior Rücker und dem exkommunizierten Simon Kaiser einen Kompromiss auszuhandeln. Um zu gewährleisten, dass die Gespräche zum Erfolg führten, nahmen als Vermittler der Nürnberger Ratsherr Tucher und natürlich Willibald Pirckheimer teil. Staupitz durfte staunen, denn man kam ihm recht weit entgegen; allerdings sollte alles, worauf man sich einigte, nur bis zum Kapitel gelten und keinerlei Präjudiz darstellen. Bis zum Kapitel in Köln sollten Staupitz als Generalvikar und Kaiser als Vikar der sieben opponierenden Klöster sich gegenseitig respektieren. Die sieben Konvente würden die Union bis zum Kapitel akzeptieren. Alles, was die Streitigkeiten befördern könnte, wie Appellationen, sollte bis dahin ruhen. Die sieben Konvente sollten Staupitz binnen eines Monats mitteilen, ob sie dem Kompromiss zustimmten. Bis dahin sollte Staupitz seinen Emissären in Rom jedwede Aktion schriftlich untersagen. Man war also in Nürnberg über Johann von Mechelns und Martins Mission in Kenntnis gesetzt worden. Die Quelle der Indiskretion ist leicht zu finden. Im Dezember 1511 wechselte Christoph Scheurl, bis dahin Professor an der Leucorea, in seine Vaterstadt, um das Amt eines Rechtskonsulenten des Nürnberger Rats anzutreten.

Genau im Abgang der beiden Emissäre nach Rom findet sich das Motiv für die überraschende Kompromissbereitschaft des Nürnberger Rats. Pirckheimer wollte vermeiden, dass bis zum Kapitel in Rom unwiderrufliche Entscheidungen getroffen werden würden, und er wollte zudem seinen Gewährsleuten an der Kurie Zeit verschaffen.

Am 27. Januar ließ Staupitz von München aus die Konvente zum Kapitel am Sonntag Jubilate (2. Mai) in Köln einladen. Er verband damit die Hoffnung, dass der Streit endlich beigelegt werden könne. Deshalb erweiterte er den Teilnehmerkreis. Nicht nur die Priore der Klöster, sondern alle Mönche, die in irgendeiner Weise am Streit beteiligt waren, sollten nach Köln kommen, um die Angelegenheit gründlich zu klären und aus der Welt zu schaffen.

Ende Februar, Anfang März reiste Staupitz zur Vorbereitung des Kapitels nach Köln ab. Simon Kaiser informierte die sieben Klöster darüber, dass alle Klöster dem Kompromiss zugestimmt hätten und man am Kapitel in Köln teilnehmen werde. Ganz wohl scheint ihm dabei nicht gewesen sein, aber er konnte nicht wissen, dass die Nürnberger einen maliziösen Schachzug vorbereiteten. Allerdings wünschte er, sich mit seinen Prioren bereits Ende April in Koblenz zu treffen, um dort für das Kapitel eine gemeinsame Linie abzustimmen.

Nun aber lieferte Pirckheimer sein Glanzstück ab. Im Grunde hatte er mit dem Kompromiss von Nürnberg Staupitz in die Falle gelockt. Staupitzens Emissäre, Johann und Martin, hatten in Rom nicht auf harte Maßnahmen gedrungen. Das konnte dem Papst und Egidio nur recht sein, denn man konnte im Kampf gegen das Konzil in Pisa, das gegen Julius II. gerichtet war, keinen zweiten Brandherd gebrauchen. Die deutsche Querele war wiederum nicht wichtig, wenn es für den Papst ums politische Überleben ging. Dass die Nürnberger gegen Julius II. bei Kaiser Maximilian intrigierten, musste der Papst verhindern. Nicht ausgeschlossen, dass Nürnbergs Agenten in Rom mit der Kurie und der Generalprokuratur der Augustiner-Eremiten verhandelten. Johann von Mecheln und Martin kamen jedenfalls mit der dringenden Aufforderung zurück, unter allen Umständen Frieden zu schließen und den Nürnbergern entgegenzukommen. Staupitz bekam also den Befehl, den Konflikt beizulegen. Und das wussten die Nürnberger. Simon Kaiser appellierte, nachdem Staupitzens Emissäre abgereist waren, unter Bruch des Nürnberger Kompromisses an den Papst. Eine knappe Woche vor dem Kapitel richtete Pirckheimer einen Brief an alle Teilnehmer des Kapitels, der klarstellte, dass die Stadt Nürnberg gegen die Union der Konventualen und der Observanten sei. Unmissverständlich forderte der Magistrat, dass die Observanz unangerührt so bleibe, wie sie bis dato war. Damit brach auch die

Reichsstadt den in ihren Mauern ausgehandelten Kompromiss, und das kurz vor dem Kapitel, noch dazu im Wissen, dass Staupitz Frieden schließen musste. Es war der richtige Zeitpunkt, zu den harten Forderungen des Anfangs zurückzukehren. Staupitz saß in der Falle und konnte nur noch den Nürnberger Vorstellungen folgen.

In Köln wurde der Plan der Union aufgegeben. Johann von Staupitz blieb Generalvikar der observanten Augustiner-Eremiten, gab aber das Amt des sächsischen Provinzials ab, das nun wieder Gerhard Hecker übernahm. Staupitz war damit auf der ganzen Linie gescheitert. Der Riss im Orden hatte sich verstärkt. Nürnberg hatte einen politischen Sieg erster Ordnung errungen.

Doch auf Martin kamen neue Aufgaben zu. Er wurde Subprior des Schwarzen Klosters zu Wittenberg, und er sollte sich – was ihn nicht nur überraschte, sondern geradezu in Panik trieb – auf die Promotion zum Doktor der Heiligen Schrift vorbereiten. In Wittenberg ersuchte er Staupitz um ein Gespräch, denn obwohl er Theologie studieren wollte, wünschte er, die Promotion unter allen Umständen zu verhindern. Warum? Was ging plötzlich in ihm vor?

15. Doktor der Heiligen Schrift

Es war ein schöner Frühlingstag, noch vor Pfingsten, dem lieblichen Fest, als Martin auf der Bank im Garten des Klosters auf seinen Lehrer und Beichtvater Staupitz wartete. Eine Angelegenheit von höchster Dringlichkeit wollte er endlich mit ihm in Ruhe besprechen, die ihn seit dem Kölner Kapitel erheblich unter Druck setzte. Staupitz hatte die Niederlage überraschend gut weggesteckt und konzentrierte sich stärker auf seine seelsorgerische Arbeit. Außerdem war es ihm darum zu tun, die Wunden, die der Streit in der Kongregation geschlagen hatte, zu heilen und seine Autorität auf kluge und sanfte Art zu stärken. Interessanterweise hatte sein umgängliches Naturell schnell die Wogen geglättet. Die Konvente in Kulmbach, Nürnberg, Nordhausen und Sangerhausen arbeiteten wieder wie zuvor mit ihm zusammen. Einzig in Erfurt hielten sich Vorbehalte. Das hing aber stärker mit Johann Nathin und seinem Anhang zusammen, der sich durch Staupitzens Protegé Martin Luder gedemütigt fühlte. Nathins erstaunlichste intellektuelle Leistung bestand in der hohen Meinung, die er von seinen eigenen Fähigkeiten hegte.

Vom Kapitel in Köln war Martin in höchster Unruhe zurückgekehrt. Mehrmals hatte er in der Beichte mit Staupitz über seine Skrupel gesprochen, doch fand er mit ihnen bei seinem Beichtvater nicht recht Gehör, so dass er in diesem Gespräch endlich den Durchbruch erzielen wollte. Noch einmal legte Martin sich alle Argumente, die eine Promotion zum gegenwärtigen Zeitpunkt ausschlössen, zurecht. Währenddessen kam vergnügt und in die Sonne blinzelnd der Bibelprofessor aus der rückwärtigen Tür des Klosters, schritt über die Wiese, die mit gelben Butterblumen übersät war und an den Stadtgraben stieß, zum Birnbaum, wo sein allzu skrupulöser Schüler bereits auf der Bank saß. Unwillkürlich lächelte er, denn er wusste ja, worum es ging, und konnte sich die Gründe schon ausmalen. »Genieße den Tag, den uns Gott in seiner Gnade in so schöner Weise schenkt«, sagte er, indem er sich neben Martin setzte. Die milde Sonne hatte ein freundliches Strahlen in sein rundliches Gesicht gemalt. In der Baumkrone, aber auch von der Wiese her klang das Zwitschern der Bachstelzen, der Amseln, der Drosseln und der Spatzen. »Ich will ihn nicht vergeuden, was wäre ich sonst als ein Dieb, der dem lieben Herrgott einen Tag abstiehlt«, hielt Martin mit belegter Stimme dagegen. Staupitz schüttelte leicht den Kopf. »Der Herrgott würde dickes, schwarzes Pech vom Himmel werfen und Jauche hinterherschütten, wenn er wollte, dass wir in einer dunklen Welt lebten. Ehren wir ihn, indem wir seine Schöpfung ehren. Freuen wir uns an dem HERRN und an seinem Werk, denn es ist wohlgetan.«

»Amen«, antwortete Martin, dann atmete er tief ein. »Bruder Johann, sie kommt zu früh, die Promotion. Ich bin noch nicht so weit.«

»Wenn sie bei dir zu früh käme, dann dürfte sie bei einigen Professoren, die schon seit Jahr und Tag Doktoren sind, nie gekommen sein. Du weißt genug, du hast Talent, und du weißt, dass du weiterstudieren musst und dich nicht auf dem Erreichten ausruhen darfst.«

»Du bist zu freundlich zu mir. Ich weiß noch nicht einmal, ob ich mit meinen Sünden vor Gott bestehen werde.«

»Vertraue auf seine Gerechtigkeit.«

»Ich vertraue ja auf seine Gerechtigkeit. Ich weiß nur nichts über sie, so sehr ich mir auch den Kopf zerbreche. Gewiss ist doch nur, dass er uns die Erbsünde auf die Schultern gelegt hat und wir deshalb mit gebeugtem Rücken vor ihm stehen werden. Aber ich kann nichts für die Erbsünde, und ich kann nichts gegen den Drang zur Sünde, wie kann ich mich da vor ihm rechtfertigen?«

»Durch deine guten Werke.«

»Aber welche Werke sind gut, welche erkennt er an und welche nicht? Worauf kann ich vertrauen, wenn ich irre?«

»Auf seine Barmherzigkeit.«

»Was aber ist in Gottes Augen barmherzig? Es kann sein, dass es für den Richter einen Akt der Barmherzigkeit darstellt, wenn er mich bestraft, wenn er mich für tausend Jahre ins Fegefeuer steckt.«

»Du siehst in Gott nicht den Richter, sondern den Scharfrichter, Bruder Martinus. Versöhne dich mit ihm.«

»Ich kann mich nicht mit ihm versöhnen, weil ich vor ihm als Sünder stehe und alles von ihm kommt und nichts von mir. Könnte ich mich mit ihm versöhnen, hätte ich eine Gewalt über ihn. Wie aber kann ich eine Gewalt über Gott haben? Siehst du, wie wenig ich weiß? Ich würde der dümmste Doktor werden, Vater Staupitz. Gib mir Zeit, um tiefer in die Theologie einzudringen, gib mir Zeit.«

»Nimm uns mit, Martinus, nimm deine Studenten mit auf deinem Weg zu Gottes Wort. Du stellst Fragen, du suchst. Das wünsche ich mir von den Lehrern, dass sie in der Suche nach der Wahrheit vorangehen. Alles, was du sagst, empfiehlt dich für die Promotion.« Die Worte seines Seelenführers drangen in ihn, doch überzeugten sie ihn nicht, denn Staupitz war ja eins mit Gott – im Gegensatz zu ihm, der nur dessen Ferne spürte und ihm das im tiefsten Innern seiner Seele verübelte. Kein schrecklicheres Wort als Gottes Gerechtigkeit konnte er sich vorstellen, weil dieses Wort in ihm das Bild eines Schindangers hervorrief, auf dem er auf ein Rad geflochten Gottes Gericht erwartete. Wie konnte Gott die Menschen lieben, wo sie ihn doch stets aufs Neue so abgrundtief enttäuschten, die meisten unter ihnen, wie auch er, stinkende Sündensäcke? Sollte er sein letztes Argument in den Kampf werfen? Für einen Moment zauderte er, dann sprach er mit gesenkter Stimme. »Da ist noch was, Bruder Johann.« Martin merkte, dass sich Staupitzens Körperhaltung leicht straffte und in seinen lächelnden, runden Augen ein Funken Wachsamkeit aufglomm. Der Generalvikar nickte auffordernd.

»Du weißt, ich war in letzter Zeit viel unterwegs. Mein Körper macht mir zu schaffen. Ich fürchte, die Bürde der Promotion würde ihn zerbrechen.« Staupitz sah ihn lange und prüfend an. Dann versteckte er seinen Schalk hinter einer ernsten Miene. »Ach, weißt du, Bruder Martinus, solltest du uns vorzeitig verlassen, dann wird wohl auch der HERR durchaus Verwendung für einen guten Ratgeber haben. Aber solange er dich nicht abberuft, bleibst du meiner und der deiner Studenten.«

»Und das Geld, das die Promotion kostet? Ich kann das Verfahren nicht bezahlen, mein Vater wird es nicht, und du sollst und kannst es auch nicht.«

Staupitz brach in ein tiefes, vergnügtes Lachen aus. »Oh, Martinus, an dir ist ein Scholasticus verloren gegangen. Doch jetzt sperre ich das Tor zu. Du kannst nicht entrinnen.«

»Warum?«, entfuhr es ihm.

»Des Geldes wegen. Seine Kurfürstlichen Gnaden geben es.«

Das Blut wich aus Martins Gesicht, als wäre gerade der Teufel vorbeigegangen und hätte honett gewunken. »Warum machen das seine Kurfürstlichen Gnaden?«

»Ich habe ihm gesagt, dass ich ihm einen eigenen Doktor für seine Universität heranziehe, der eine Leuchte der Leucorea sein wird.«

»Zu viel der Ehre«, stammelte er fast tonlos.

»Erwirb sie dir! Du wirst doch den Kurfürsten nicht enttäuschen oder gar verärgern wollen. Oh, er würde es dir sehr danken, wenn du sein Geld nicht nimmst oder eine Professur an *seiner* Universität ausschlägst.« Das konnte er wirklich nicht. Wohl oder übel musste er sich fügen. Der letzte Ausweg war tatsächlich versperrt, Staupitz hatte die letzte Hintertür mit schwerem Eisen verriegelt. So konnte ihm nur noch Fleiß helfen.

Der Generalvikar verfügte, dass Martin Luder von bestimmten Aufgaben freigestellt werden wurde und bereits jetzt vom großen Schlafsaal der Mönche in eine eigene Zelle umziehen durfte, die allerdings den kleinen Nachteil hatte, dass sie im Turm über der Kloake nahe dem Wehrgraben und der Stadtmauer lag, an die das Kloster stieß. Der Vorteil bestand allerdings darin, dass gleich gegenüber ein Studienzimmer lag, das den Professoren zustand und ihm bereits jetzt zur Verfügung gestellt wurde. Im Gegensatz zum Erfurter Konvent musste hier niemand eine festgefügte Hierarchie einhalten. Wittenberg hatte den Vorteil, dass der Konvent noch jung und ganz auf das Generalstudium und die ebenfalls junge Universität konzentriert war.

Mit dem Prior Wenzeslaus Linck pflegte Martin einen mustergültigen Umgang, mit Johannes Lang sogar einen freundschaftlichen. Sein konsequentes Verhalten im Unionsstreit hatte ihm zumindest in Wittenberg Achtung und viel Sympathie eingetragen. Im Schwarzen Kloster waren im Grunde alle neu, und es existierte keine über lange Jahre etablierte informelle Hierarchie mit ihren Spielregeln. Das Privileg, seit Adams und Evas Zeiten bereits im Kloster zu sein und deshalb die internen Abläufe zu bestimmen, galt hier nicht.

Am 4. Oktober 1512 stellte der Kanzler die Erlaubnis zur Doktorpromotion aus, nachdem sie von der Theologischen Fakultät beantragt worden war und ein Magister der Fakultät Luther in einer Rede empfohlen hatte. Fünf Tage später reisten Staupitz und Luther nach Leipzig und nahmen aus der Hofkammer 50 Gulden für die Promotion in Empfang. Um die Summe ins Verhältnis zu setzen, muss man sich vor Augen führen, dass der Kurfürst für den Ausbau des gesamten Klosters seinerzeit 400 Gulden dazugegeben hatte. Der jährliche Zins für ein Herrenfeuer, das immer den Hüttenbetrieb und das dazugehörige Bergwerk einschloss, betrug 100 Gulden, und der Jahreslohn für einen Hauer im Bergbau um die 25 Gulden.

Die eigentliche Promotion verteilte sich auf zwei Tage. Als eine Art heiteres Präludium disputierten am 18. Oktober die Baccalaurei mit den Magistern und mit Martin, dem Promovenden, über drei Stunden bis in den Abend hinein. Andreas Bodenstein, genannt Karlstadt, als promovierender Professor beschloss die Disputation mit einer Rede, die nicht zu wenig Humor enthalten sollte. Am nächsten Tag wurde es dann ernst. In der Schlosskirche eröffnete der Promotor, also Karlstadt, den Promotionsakt mit einer Rede, in der allerdings auf Humor verzichtet werden musste. Jetzt ging es feierlich, seriös und auch pathetisch zu. Danach schwor Martin, keine Lehren hervorzubringen und zu verbreiten, die von der Kirche verworfen worden sind und in frommen Ohren »übel klingen«. Die Eidesformel wurde überaus wichtig genommen und spielte gerade in Inquisitionsprozessen gegen Theologen eine große Rolle. Schließlich übertrug man dem Doktor der Heiligen Schrift eine große Verantwortung, nämlich für die Reinerhaltung der Lehre und die Verteidigung von Gottes Wort zu sorgen. Auf diese Verantwortung sollte sich Luther später in allen Auseinandersetzungen immer wieder berufen. Nichts im Leben nahm er so ernst, wie Doktor und damit auch Defensor der Heiligen Schrift zu sein. Von daher werden auch seine Skrupel, so früh schon promoviert zu werden, einsichtig. Er glaubte, diesem Amt, ganz gleich, wie leichtfertig andere damit umgingen, noch nicht gerecht werden zu können.

Wie die Kirche reagierte, wenn man die Lehren eines Doktors der Heiligen Schrift für politisch gefährlich hielt, zeigte die Bulle » In agro dominico« vom 27. März 1329, die posthum achtundzwanzig Lehrsätze Meister Eckharts verurteilte, siebzehn Artikel als häretisch und elf als »übel klingend« (*male sonantes*): »Fürwahr, mit Schmerz tun Wir kund, dass in dieser Zeit einer aus deutschen Landen, Eckhart mit Namen, und, wie es heißt, Doktor und Professor der Heiligen Schrift, aus dem Orden der Predigerbrüder, mehr wissen wollte als nötig war, und nicht entsprechend der Besonnenheit und nach der Richtschnur des Glaubens, weil er sein Ohr von der Wahrheit abkehrte und sich Erdichtungen zuwandte. Verführt nämlich durch jenen Vater der Lüge, der sich oft in den Engel des Lichtes verwandelt, um das finstere und hässliche Dunkel der Sinne statt des Lichtes der Wahrheit zu verbreiten, hat dieser irregeleitete Mensch, gegen die hell leuchtende Wahrheit des Glaubens auf dem Acker der Kirche Dornen und Unkraut hervorbringend und emsig beflissen, schädliche Disteln und giftige Dornsträucher zu erzeugen, zahlreiche Lehrsätze vorgetragen, die den wahren Glauben in vielen Herzen vernebeln, die er hauptsächlich vor dem einfachen Volke in seinen Predigten lehrte und die er auch in Schriften niedergelegt hat.«[84]

Dieser Schwur, den Martin leistete, räumte dem Doktor der Heiligen Schrift große Rechte ein, und man konnte kirchenrechtlich nur gegen ihn vorgehen, wenn man nachweisen konnte, dass er diesen Eid gebrochen hatte. Das sollte sich als Reaktion auf Luthers Wirken mit der Einführung der Römischen Inquisition im Jahr 1542 grundsätzlich ändern. Die rechtlichen Hürden für die Inquisition wurden beseitigt, sie war nun faktisch allmächtig.

Martin spürte sehr genau die tiefe Verpflichtung, die er mit diesem Schwur einging, zumal die Heilige Schrift als Gottes Wort für ihn die maßgebliche Instanz bildete. Den Auftrag, den er mit diesem Eid übernahm, empfand er als zutiefst existenziell, als bindender, als verpflichtender noch als das Mönchsgelübde. Insofern ist sein Bibelbezug, der zur Richtschnur seines Denkens und Handelns werden sollte, vollkommen existenziell. Kein Versprechen, das er, und keine Bindung, die er später eingehen sollte, hatten den ausschließlichen Charakter und die fundamentale Bedeutung dieses am 19. Oktober 1512 abgelegten Schwures. In gewissem Sinn begann an diesem Tag die Reformation.

Zur Bekräftigung – und es war wie eine Taufe für ihn – promovierte Professor Andreas Karlstadt Martin Luder zum Doktor der Heiligen Schrift mit der Befugnis, die Heilige Schrift zu lehren und auszulegen, Disputationen zu veranstalten und Graduierungen vorzunehmen. Er meinte, vor Feierlichkeit zu sterben. Ihm wurden nun die geöffnete und die verschlossene Bibel, der Doktorring, dessen drei ineinander verschlungene Ringe die Trinität symbolisierten, und der Doktorhut als Insignien seines neuen Standes übergeben. Die Mitglieder der Fakultät entboten ihm den Friedenskuss, und er wurde vom Promotor gesegnet. Nun war er einer der ihren, ein Doktor der Heiligen Schrift. Die von ihm erwartete Rede zum Lobe der Theologie hielt er voller Emphase. Beschlossen wurde die Zeremonie mit einer Disputation zu einem schwierigen theologischen Problem, in die sich mit sichtlich großem Vergnügen Martins Prior Wenzeslaus Linck und Nikolaus Grüneberg, der Pfarrer der Stadtkirche, warfen und die mit Martins Richterspruch beendet wurde. Ein üppiges Festmahl mit gutem Einbecker Bier, von dessen Namen sich die geläufige Bezeichnung Bockbier für Schwarzbier herleitete, beschloss die Promotion. In die Fakultät wurde er am 21. Oktober aufgenommen. Er war 29 Jahre alt, und bedenkt man, dass er als junger Mann und nicht schon als Knabe zur Universität ging, hatte er auch zeitlich einen rasanten Aufstieg genommen. Der Vater konnte stolz auf ihn sein, und er war es auch. Ein Doktor der Rechte war nicht aus ihm geworden, dafür aber ein Universitätsprofessor und Doktor der Theologie.

Nun hieß es, sich schnell auf die Lehrtätigkeit vorzubereiten. Egidio da Viterbo ließ es sich übrigens nicht nehmen, ihn höchstpersönlich zum Lehrer am Generalstudium seines Ordens in Wittenberg zu ernennen, was an sich nicht nötig war, da der Beschluss des Kölner Kapitels vollkommen dafür ausreichte und auch Staupitzens Befugnisse als Generalvikar für die Ernennung genügten. Es wäre bei Weitem zu viel gesagt, dass Egidio den jungen Mönch im Auge behielt, aber Martin Luder hatte Eindruck auf ihn gemacht, und er erwies ihm gern diesen Gunstbeweis.

Neider allerdings begannen sich zu rühren und ihn zu verleumden. Johann Nathin in Erfurt konnte es nicht verwinden, dass sein ehemaliger Schüler, der sich noch dazu frech gegen ihn gestellt hatte, so schnell Karriere gemacht hatte und nun in der akademischen Hierarchie mit ihm auf einer Stufe stand. Martin hatte, auch als Geste der Versöhnung, die Erfurter zu seiner Promotion eingeladen, doch die blieben ihr demonstrativ fern. Stattdessen verbreiteten sie im Orden den heimtückischen Vorwurf, dass Bruder Martinus eidbrüchig geworden sei, weil er in Erfurt geschworen hatte, sich nur an der hiesigen Universität promovieren zu lassen. Vielleicht kann man die Schwere des Vorwurfs ermessen, wenn man mutatis mutandis die Rechtsgeltung des Eides mit einer eidesstattlichen Erklärung vergleicht.

Das Klima war vergiftet und würde lange vergiftet bleiben. Doch den Vorwurf konnte Nathin aus eigener Dummheit oder Eitelkeit oder einer Mischung aus beidem nicht justiziabel machen und musste ihn schließlich fallen lassen, denn Martin konnte belegen, dass er den Schwur damals nicht geleistet hatte, da er unterbrochen worden war, und zwar von keinem anderen als dem Doktor Johann Nathin, und das nur aus einem Grunde, nämlich weil dieser ungeduldig war. Und einen Schwur, den er nicht geleistet hatte, an dessen Ablegung er sogar gehindert worden war, konnte er nicht brechen.

Aber das Erfurter Gezänk ging geradezu unter in den neuen Tönen, die in der Kongregation angeschlagen wurden. Nachdem das Unionsprojekt desavouiert und abgeräumt worden war, ging der Nürnberger Rat daran, sein Verhältnis zu Johann von Staupitz zu ordnen, denn immer noch war er Generalvikar der observanten Augustiner-Eremiten. Christoph Scheurl legte sich ins Mittel, und Johann von Staupitz, der kein Interesse an gespannten Beziehungen zu der mächtigen Reichsstadt hatte, begab sich im Herbst 1512 nach Nürnberg, wo er auch predigte. Nun war Staupitz ein überragender Redner; die Nürnberger strömten zuhauf in seine Predigten und lagen ihm förmlich zu Füßen, wenn er vom liebenden Gott und von Jesu Barmherzigkeit sprach. Vom Rat wurde er mit ausgesprochener Liebenswürdigkeit behandelt. Nur Martin überzeugte er damit nicht, weil die Vorstellungen seines Seelenführers nicht gründlich in der Heiligen Schrift verankert waren. Gleichviel, der Aufenthalt des Generalvikars in Nürnberg gestaltete sich zu seinem persönlichen Triumph und war Balsam für seine Seele. Zugleich konnte auch eine unangenehme Angelegenheit elegant geklärt werden. Der Streit hatte nämlich Kosten verursacht, die Staupitz bedrückten. In dieser Situation bekam er offiziell vom Kloster der Augustiner-Eremiten ein Darlehen über 200 Gulden – inoffiziell gab natürlich die Nürnberger Bürgerschaft das Geld, nur durfte die Kongregation nicht öffentlich Schuldner der Stadt sein, sie hätte sich dem Vorwurf, gekauft worden zu sein, ausgesetzt. Simon Kaiser hatte man zum Studium an die Ordensschule nach Köln geschickt, mithin entsorgt, und zwischen den Nürnbergern und Staupitz entwickelte sich nach dem überaus angenehmen Besuch in der Reichsstadt eine ausgesprochen herzliche Beziehung, die auch auf die Wittenberger und schließlich auf Martin übergehen sollte. Ausgerechnet in Nürnberg bildete sich ein Staupitzkreis, zu dem beispielsweise Christoph Scheurl, Hieronymus Ebener und Anton Tucher gehörten. Hieronymus Ebener war oberster Steuerverwalter der Reichsstadt. In der Familiengeschichte ist die enge Beziehung zur deutschen Mystik deutlich. Margarethe Ebener war eine enge Freundin des Johannes Tauler, mit dessen Schriften sich Martin Luder in Wittenberg gerade zu befassen begann. Anton Tuchers Bruder Sixtus, Christoph Scheurls Lehrer, hatte als junger Mann in Italien mit dem großen Philosophen Giovanni Pico della Mirandola Freundschaft geschlossen. Anton Tucher besaß in Nürnberg eine große Reputation und unterhielt enge Beziehungen zu Friedrich dem Weisen. In Nürnberg wurden auch Staupitzens Schriften gedruckt. Natürlich gefiel in der Stadt der Reformgeist des Generalvikars, der echtes, tief empfundenes, auf der Subjektivität des einzelnen Christen beruhendes Christentum fördern wollte, das er in Gottes Barmherzigkeit begründet sah und nicht in römischen Formularen, Ablässen und Direktiven. Natürlich gefiel es den Nürnbergern, wenn er sagte, dass nicht der Klang des Geldes, das in die Geldkiste fällt, den Sünder von seinen Sünden befreie, sondern dass es auf die individuelle Reue, also auf einen Akt persönlicher Bewusstheit, ankomme. Es schien beinahe, als würde Staupitz die Werke ablehnen, zumindest interessierten sie ihn nicht sonderlich, denn auf Gott allein kam es an. Geradezu an

Martin war es gerichtet, wenn er den Menschen einen Narren nannte, der seine Sünden für größer als Gottes Barmherzigkeit hielt. Nur und allein durch Gottes Gnade und Barmherzigkeit werde der Sünder gerechtfertigt. Wenn Gott strafe, so tue er dies nicht als Richter, sondern als Vater. Staupitz wollte die Reform, sein Christentum baute ganz auf den Menschen und nicht auf das Amt oder die Stellung. Deshalb predigte er auch, dass unter der Samtschaube des Bürgers mehr Tugend und Gotteswirkung stecken könne als unter der Kutte des Mönchs. Denn die Werke des Menschen seien nicht seine Werke, sondern Gottes Gnade. Skeptisch stand der erfahrene Seelenführer auch der Beichte gegenüber, denn der Sünder werde nicht durch die Beichte entschuldet, sondern allein durch die Gnade und Barmherzigkeit Gottes gerechtfertigt. Unklar blieb bei Staupitz allerdings, worin die Gnade denn nun bestand, die rettete, und wie Gottes Barmherzigkeit konkret wirkte. Deshalb konnte ihm Martin, obschon er es gern hörte, hierin noch nicht folgen. Es fehlte die Verankerung in der Schrift.

Staupitz hatte seine Strategie geändert, im Vertrauen auf Gott sie behutsamer und langfristiger angelegt. Veränderung konnte nur von den Menschen guten Willens kommen, also musste er sie fördern und umso mehr in der Kirche wie in der Kongregation dafür wirken. Je größer die Unterstützung und die Bereitschaft dafür in der deutschen Bürgerschaft und im deutschen Adel war, umso eher würde sie stattfinden. Die Missstände waren allerdings zu groß, als dass sie nicht immer stärker den Bestand der Kirche gefährdet hätten. Darin war er sich mit den Nürnbergern einig. Für die »Gravamina der deutschen Nation« hatte sich Papst

Julius II. nicht interessiert, und sein Nachfolger, Giovanni de' Medici, der sich Leo X. nannte, interessierte sich noch weniger dafür. Für die Kunst, für die Literatur, für seinen Hofnarren und seinen Elefanten und nicht zu vergessen für die Saujagd schlug das Herz des Sohnes von Lorenzo Il Magnifico de' Medici, der bereits mit 14 Jahren zum Kardinal erhoben worden war. Dass der Glaube Schaden nähme, wenn die römischen Missstände sich weiter und tiefer in die Christenheit fräßen, davon war Staupitz, wie übrigens viele seiner Zeitgenossen, überzeugt. Es würde Sache der Gläubigen sein, eine Veränderung zu erzwingen.

Nun wurde auch deutlich, weshalb Staupitz Martins Promotion mit diesem hohen zeitlichen Druck betrieben hatte. Nicht nur, dass er natürlich den begabten Ordensbruder fördern wollte, er benötigte auf verantwortlichen Stellen Mitstreiter, die jene Reform, die immer stärker eine deutsche Reform wurde, vorantrieben. Er begann, in Deutschland ein Netzwerk zu bilden. Nicht zuletzt fühlte er sich als Universitätsprofessor auf allzu eingeschränktem Posten und empfand die Bibelprofessur doch eher als Last, die er dem Kurfürsten zuliebe übernommen hatte. Nun war er froh, einen Nachfolger präsentieren zu können.

Und der Nachfolger machte seine Sache großartig. Seine erste Vorlesungsreihe hielt Martin über die Psalmen, die er gründlich und immer auf der Suche nach der genauesten wörtlichen Bedeutung auslegte. Die Arbeitsbelastung allerdings nahm in weitaus größerem Ausmaß als erwartet zu. Im Jahr 1513 wurde er Prediger an der Stadtkirche und zwei Jahre später auf dem Kapitel der Observanten in Gotha zum Distriktvikar der zehn Konvente von Thüringen und Meißen gewählt. Staupitz betrieb aktive Personalpolitik, die fast der Aufstellung einer Schlachtordnung glich, wenngleich er äußerst geduldig und sensibel vorging. Die Lehre der verpatzten Union saß tief. Als Distriktsvikar musste Martin Visitationsreisen unternehmen, sich mit allen Fragen, die in den Klöstern anfielen – wirtschaftlich, finanziell, disziplinarisch – beschäftigen. Staupitz förderte und forderte Martin bis an den Rand seiner Leistungsfähigkeit.

Vor allem vertiefte sich der junge Professor in die Bibel. Dabei profitierte er immer stärker von dem philologischen Handwerkszeug, das er bei den Humanisten erlernt hatte. Noch änderten sich seine theologischen Vorstellungen nicht, aber die Ablehnung der Scholastik und die Leidenschaft bei der Lektüre der Quellen, ob Bibel oder, mit Abstrichen, der Kirchenväter, verschoben zunächst unmerklich seine Perspektive. Zunächst einmal mit schmerzhaften, ja peinigenden Folgen, denn die Lektüre der Bibel, vor allem des Evangeliums verschärfte noch das Bild des undurchschaubar und unbegreiflich seine Gerechtigkeit durchsetzenden Gottes, und in der emotionalen Verletzung des zurückgewiesenen Liebenden begann er Gott zu hassen, jenen Gott, der ihn richten würde, ihm aber keine Möglichkeit bot, das Urteil mitzubestimmen. Er lebte keusch, eigentlich ohne persönlichen Besitz, selbst die Kleidung wurde ihm vom Kurfürsten gestellt, alle drei Jahre eine neue Mönchskutte. In Rom war er wie wild nach Ablässen gelaufen, aber er zweifelte immer mehr daran, dass Gott ihm diese Werke im Jüngsten Gericht, das er halten würde, anrechnete, vielleicht ließ er sie nicht einmal als Beweis zu. In Bologna hatte er auf einem eindrucksvollen Bild das Jüngste Gericht gesehen, den strafenden Gott, die Qual der sündigen Menschen und die Grausamkeit des übermächtigen

Teufels. Wie sollte er diesen vielleicht nur selbst-gerechten Gott, der ihm kein Zeichen, keinen Hinweis gab, lieben können? Alles in ihm zweifelte daran, dass gute Taten genügten und die Erbsünde sowie alle sich daraus ergebenden Schandtaten aufwiegen würden. Wäre es so, wäre Gott steuerbar, ja, er wagte es kaum zu denken, korrumpierbar, eine Marionette der Menschen. Das aber widersprach dem Wesen Gottes. Staupitz sagte, der Mensch bekomme alles von Gott, aus seiner Barmherzigkeit und durch seine Gnade. Aber was tat die Gnade, wie wirkte sie? Der Mensch war keine Marionette Gottes; wäre er dies, dürfte es keine Sünde geben, sonst würde ja Gott die Sünde schaffen. Einen freien Willen besaß der Mensch hinwiederum auch nicht, denn hätte er den, wäre er gottgleich. Das war er aber nicht! Wie also wirkte Gottes Gnade im Menschen? Wie war also Gott *für* den Menschen? Außer zu weit weg zu sein? Außer ein unberechenbarer Richter zu sein?

In der Sprache der Juristen gesprochen bestand das Problem darin, dass Martin zwar wusste, dass Gott der Richter war, jedoch kannte er die Rechtsgrundlage seiner Urteile nicht. Auch deshalb begann er, Gott zu hassen: Er fühlte sich von ihm alleingelassen und spürte die Kälte der Gottesferne. Wenn er sich mit Formeln, mit Deduktionen und Setzungen, mit Frömmigkeitsformularen und Zeremonien hätte zufriedengeben können, dann wäre alles gut; wenn er wenigstens sich als Schaf in einer Herde hätte empfinden können, wenigstens in der Lage gewesen wäre, sich damit zu bescheiden, seinen Platz in der Hierarchie der Gläubigen einzunehmen und der weisen Mutter Kirche und dem Heiligen Vater als Mittler, der für ihn in Kommunikation mit Gott stand, zu vertrauen, dann hätte sich ihm die Möglichkeit geboten, sein kleines Feld zu beackern. Aber er war ja auch Mönch und schließlich Priester geworden, um keinen Mittler mehr zwischen sich und Gott zu haben, auch wenn ihn die Anwesenheit Gottes in der Eucharistie immer noch erschreckte, weil es die Präsenz des harten Richtergottes war. Aber er musste sich eingestehen, dass, je mehr er sich mühte, tiefer in die Gotteserkenntnis einzudringen, Gott ihm nur fremder und ferner wurde. Je mehr er studierte, desto weniger verstand er. Lag es an ihm? Übersah er etwas? Er musste etwas übersehen haben!

So standen die Dinge, als Martin im Jahr 1514 in den auflodernden Konflikt der Humanisten mit der reformfeindlichen Scholastik geriet. Alles hatte damit begonnen, dass der Kölner Jude Johannes Pfefferkorn zum Katholizismus übergetreten war. Fortan verdammte er den jüdischen Glauben und versuchte, wenn auch mit geringem Erfolg, seine ehemaligen Glaubensbrüder zu missionieren. Die Schuld daran gab er den jüdischen Büchern, die seiner Ansicht nach zur Verstocktheit der Juden gegenüber dem christlichen Glauben führten, und verlangte deshalb in mehreren Schriften, dass sie ihre Bücher herausgeben sollten. Durch die Fürsprache der Kölner Dominikaner, von Leuten wie Jakob von Hoogstraten und Ortwin Gratius, dem Professor und berühmtesten Theologen der Kölner Hochschule, hatte Pfefferkorn am 19. August 1509 den kaiserlichen Auftrag erhalten, die Bücher der Juden einzuziehen und zu vernichten. Zwei Monate später hatte der Kaiser Erzbischof Uriel von Mainz die Oberaufsicht über die Angelegenheit übertragen. Dieser holte nun von den Universitäten Köln, Mainz, Heidelberg und Erfurt, so wie es Brauch war, außerdem noch von Hoogstraten, von dem zum Katholizismus übergetretenen Juden Viktor von Carben und von Johannes Reuchlin, dem berühmtesten Hebraisten der Zeit, Gutachten darüber ein, ob die Einziehung der Bücher rechtmäßig sei.

Der Mann, der das beste Latein diesseits der Alpen sprach und auch jenseits der Alpen leicht mitzuhalten verstand, der sich wie kein Zweiter um eine wissenschaftliche Hebraistik bemühte, konnte dieses barbarische und primitive Vorgehen unmöglich billigen, und so fiel sein Gutachten grundsätzlich anders aus als die übrigen. Reuchlin unterschied zwischen jüdischen Propagandaschriften gegen das Christentum, die man einziehen und vernichten dürfe, und dem Talmud, den Kommentaren und den Büchern, in denen es Hinweise auf Jesus gab; darunter befanden sich eine große Gruppe von Schriften der wichtigen jüdischen Mystik. Er setzte sich dafür ein, dass diese zweite Gruppe von Büchern den Juden ebenso wie die hebräische Bibel auf jeden Fall gelassen werden sollte. Außerdem wandte er sich als Jurist gegen die Bezeichnung Ketzer oder ketzerisch, weil unter Ketzertum rechtlich der Abfall vom christlichen Glauben verstanden werde. Da aber die Juden zu keinem Zeitpunkt Christen gewesen seien, könnten sie folglich nicht vom christlichen Glauben abgefallen, mithin keine Ketzer und ihre Bücher keine ketzerischen sein. In seinem Gutachten stellte Reuchlin die fachliche Eignung des Johannes Pfefferkorn völlig zu Recht in Frage. Hoogstraten machte Pfefferkorn die Gutachten zugänglich, der, erbost über Reuchlins Einschätzung und von Hoogstraten angestachelt, im Jahr 1511 unter dem Titel »Handspiegel« eine Polemik gegen diesen veröffentlichte. Noch im selben Jahr antwortete Reuchlin mit seinem »Augenspiegel«. Der

Frankfurter Stadtpfarrer Petrus Meyer schickte Reuchlins soeben erschienenes Buch dienstbeflissen mit dem Hinweis auf seinen ketzerischen Inhalt umgehend an Hoogstraten. Der beauftragte zwei Kollegen von Gratius mit einem Gutachten, nämlich Konrad Köllin und Arnold von Tungern. Für die Kölner Theologen war Reuchlins Philologie ketzerisch, und sie intrigierten beim Kaiser hinter den Kulissen gegen den Schwaben. Reuchlin war voller Zorn über die Borniertheit, die freche Dummheit und wissenschaftliche Haltlosigkeit der Pfefferkorn'schen Aussagen, die die Vernichtung der jüdischen Bücher zum Endziel hatten, und so traf ihn das Verbot seines »Augenspiegels« durch Kaiser Maximilian am 7. Oktober 1512 hart. Die dominikanischen Intriganten hatten ganze Arbeit geleistet. Reuchlin, der maßvolle Mann, dessen Naturell eigentlich im wissenschaftlich konzentrierten Arbeiten in der Zurückgezogenheit von den Händeln der Welt aufging, veröffentlichte daraufhin ein feuriges Pamphlet, das im Juli 1513 ebenfalls vom Kaiser verboten wurde. In Köln rieb man sich die Hände. Von den theologischen Fakultäten der Universitäten Löwen, Köln, Paris, Erfurt und Mainz trafen die erwünschten Gutachten gegen den Reuchlin'schen »Augenspiegel« ein. Im September 1513 forderte Hoogstraten – nun als Inquisitor – Johannes Reuchlin auf, sich dem Tribunal von Mainz zu stellen. Ebenso gut hätte Reuchlin auch in Stuttgart widerrufen oder sich gleich selbst verbrennen können. Er unternahm nichts von beidem, sondern beschwerte sich beim Papst, wissend, dass sein Name in Rom einen guten Klang hatte. Und der Papst? Er übertrug die Angelegenheit dem Bischof von Speyer, der Hoogstratens Vorgehen für null und nichtig erklärte und keinen Grund sah, Reuchlins »Augenspiegel« zu verbieten. Das bischöfliche Gericht in Speyer sprach Johannes Reuchlin am 29. März 1514 frei, verurteilte Hoogstraten zur Zahlung der Prozesskosten und gebot ihm ewiges Stillschweigen. Bei dem Ansehen, das Reuchlin genoss, hatte die Angelegenheit inzwischen Kreise gezogen. Die Humanisten sprangen ihm publizistisch bei, und einige Fürsten wie Friedrich der Weise, die ein Interesse am erstklassigen wissenschaftlichen Betrieb ihrer Landesuniversität empfanden, schauten mit Argwohn auf das, was sich da zusammenbraute. Wenn sich die Kölner durchsetzten, dann wäre kein Professor ihrer Universitäten mehr sicher. In dieser Situation wandte sich der Privatsekretär Friedrichs des Weisen, Georg Spalatin, über Johannes Lang, mit dem er seit den frühen Tagen in der Sodalitas von Nikolaus Marschalk in Erfurt freundschaftlich verbunden war, an den vom Kurfürsten gerade gelobten Bibelprofessor der Leucorea, Martin Luder. Er bat ihn um seine Meinung, ob Johannes Reuchlin in der Gefahr der Ketzerei stehe. Martin musste nur auf das Hebräischlehrbuch schauen, das Johannes Reuchlin verfasst hatte und das ihm nun schon seit Jahren in der Erforschung des Bibeltextes gute Dienste leistete, um zu wissen, was er zu antworten hatte. Zunächst bekannte er sich zu Johannes Reuchlin und nannte ihn unschuldig und hochgelehrt. Nachdem das klargestellt war, versicherte er, dass er für Reuchlin eintreten werde, nannte sich parteiisch. Dann brachte er seine große Verwunderung über die Kölner zum Ausdruck, die anscheinend nichts zu tun hätten, wenn sie sich solche Mühe gaben, einen »noch verwickelteren Knoten als den Gordischen in einer so glatten Binse« zu suchen. Jetzt aber kam er auf den eigentlichen Punkt und verwies auf die große Bedrohung, die im Vorgehen der Kölner lag: »Denn wenn solche Protestationen und Meinungen nicht von Gefahr frei sind, so werden wir fürchten müssen, diese Inquisitoren möchten etwa nach Belieben anfangen, Kamele zu verschlucken und Mücken zu seihen und die Rechtgläubigen für Ketzer zu erklären …«[85] Für ihn stand die Meinungsfreiheit auf dem Spiel, die Möglichkeit, Gottes Wahrheit zu suchen. Das Gutachten des Kölner Theologen Ortwin Gratius ekelte ihn in seiner sprachlichen und gedanklichen Dürftigkeit maßlos an. Zu Amte gekommene Dummheit äußerte sich immer brutal. Ein wenig fühlte er sich auch an Nathin erinnert. Aber die Erfurter Universität hatte sehr zu ihrer Schande gegen Reuchlin Stellung bezogen. Und es machte ihn unsagbar wütend, dass Männer, deren Bildung und Wissen indiskutabel war, Macht ausüben durften. Nicht nur Reuchlins Freiheit vertrat er hier, sondern instinktiv seine eigene. Mehr noch, als er wusste, spürte er, dass es nicht um den Glauben, sondern um Macht ging, die nicht durch geistige Autorität, sondern durch Denunziation begründet war. Und dann wagte er sich sehr weit vor: Gab es nicht genügend Missstände im Christentum, gegen die man mit großem Eifer vorgehen musste, einen Verfall der Sitten, Götzendienerei? Da erinnerte er sich sofort daran, auch wenn er im Brief lieber davon schwieg, dass sich Papst Julius II. die Füße küssen ließ. Da fielen ihm sofort »die Gotteslästerungen auf allen Gassen Jerusalems« ein, womit er unmissverständlich Rom als das neue Jerusalem meinte, das »voll von geistlichen Götzen« war.[86] Hier ging es um seine Freiheit, um die Freiheit eines Christen. Luther hatte aus einem Impuls heraus klar Stellung bezogen. Das festigte nicht nur seinen Ruf, sondern die eindeutige Antwort legte den Grund für die lange und enge Beziehung zwischen ihm und Georg Spalatin. Zuweilen führt die Geschichte zwei Menschen zusammen, deren Beziehung den Lauf der Welt ändert. Es ist müßig, darüber zu spekulieren, was geschehen wäre, wenn nicht Spalatin Friedrichs Privatsekretär gewesen wäre, dem er vertraute. Allein, er war es. Und er hatte so mustergültig gewirkt, dass man sich keinen anderen auf dieser wichtigen Position vorstellen konnte, die ja nicht nur zwischen Luther und dem Kurfürsten vermittelte und Abstimmungen vornahm, sondern von der aus er politisch und taktisch geschickt agierte.

Noch verstärkte sich Martins Krise, noch sah er den Ausweg nicht, aber alles, was sich bald ändern und worin er Gewissheit erlangen sollte, lag förmlich in der Luft. Noch fehlte ihm das bindende Glied, das Gedanken und Vorstellungen zu einem System verband. Noch wäre er lieber in der Messe davongelaufen, wie es sogar einmal im Beisein von Staupitz während einer Prozession beinahe geschah: Im Frühjahr 1515 befand er sich mit Staupitz auf einer Visitationsreise. Während der Prozession in Eisleben stiegen in ihm, der die Monstranz und damit den lebendigen Christus trug, unsagbare Ängste auf, denn dass er, der Sünder, den richtenden Christus trug, würde ihm dereinst als Sünde noch zusätzlich angerechnet. Staupitz aber beruhigte ihn und führte nach der Prozession ein langes Gespräch mit ihm. Auf Christi Wunden solle er schauen, auf den leidenden Christus, auf den, der zur Welt gekommen war, um unsere Sünden auf sich zu nehmen, auf den Christus, der die Liebe und die Vergebung der Sünden verkündete. »Bruder Martinus, lies im Evangelium. Suche und lies einmal nur das, was dort Christus über die Liebe sagt, dass er gekommen ist, die Menschen zu erlösen, um den Menschen den Weg zum Vater zu weisen. Christus ist nicht der Richter, er ist das Vorbild, er ist der Weg.«

Wo aber beginnt der Weg?, fragte sich Martin. Wo trifft der Mensch Christus, um ihm zu folgen?

III.
Die Entdeckung der Freiheit

»Überdies sind wir Priester, das ist noch viel mehr als Könige zu sein, deshalb, weil das Priestertum uns würdig macht, vor Gott zu treten und für andere zu bitten … Daraus sieht man klar, wie ein Christenmensch frei von allen Dingen und über alle Dinge ist, so dass er keiner guten Werke dazu bedarf, dass er fromm und selig sei; sondern der Glaube bringts ihm alles im Überfluss.«

16. Der Antiphilosoph

Inzwischen wurde er förmlich von seinen Aufgaben aufgesogen, genoss es aber auch sehr, viel beschäftigt zu sein. Das gab ihm das Gefühl, Nützliches zu vollbringen, und erfüllte ihn, obwohl es Kraft kostete, paradoxerweise mit Energie. Die vielfältigen Verantwortungen wirkten belebend auf ihn. Stets eilig auf dem Weg zur Stadtkirche und ins Kloster zurück, dabei einem kleinen Meinungsaustausch mit seinem Barbier nicht abgeneigt, schien der knochig wirkende Mönch in der fliegenden Kutte, dessen Augen stets zu leuchten schienen, eine beeindruckende Allgegenwart in Wittenberg und im Schwarzen Kloster zu entwickeln. Im Konvent trug er als Subprior die Mitverantwortung für zweiundvierzig und als Distriktvikar für über fünfhundert Augustiner-Eremiten-Brüder der observanten Kongregation. An Johannes Lang, der inzwischen Prior im Erfurter Konvent geworden war, schrieb er daher voller aus den Briefzeilen herausbrechender Geschäftigkeit: »Ich brauche fast zwei Schreiber oder Kanzler. Ich tue den ganzen Tag beinahe nichts weiter als Briefe schreiben. Deshalb weiß ich nicht, ob ich immer wieder dasselbe schreibe; Du wirst es ja sehen. Ich bin Klosterprediger, Prediger bei Tisch, täglich werde ich auch als Pfarrprediger verlangt; ich bin Studien-Rektor, ich bin Vikar, d.h. ich bin elfmal Prior (nämlich für die elf Klöster, für die er als Distriktvikar verantwortlich war – der Verf.), Fischempfänger in Leitzkau, Rechtsanwalt der Herzberger in Torgau, halte Vorlesungen über Paulus … Selten habe ich Zeit, das Stundengebet ohne Unterbrechung zu vollenden und zu halten. Dazu kommen die eigenen Anfechtungen des Fleisches, der Welt und des Teufels. Siehe, welch ein müßiger Mensch Du bist.«[87] Er stürzte sich in die Arbeit, fluchte, aber kokettierte auch mit seinen diversen Pflichten. Einen Einblick in die unterschiedlichen Probleme, die in den Klöstern der Kongregation in Thüringen und Meißen auftraten, bekam er dabei, ganz gleich, ob es sich um wirtschaftliche, moralische oder strafrechtliche Angelegenheiten handelte. Durch Elternhaus und Erziehung mit einem praktischen Blick begabt, fühlte er keinen Drang zum Stubengelehrten. Sich hinter endlosen Beweisen und Distinktionen zu verstecken oder gar mit ihnen zu renommieren, wozu die Art der scholastischen Theologie in ihrer Endphase geradezu einlud – denn nichts musste mehr hinzukommen, alle Sentenzen waren zusammengestellt, alle Summen geschrieben –, empfand er keine Neigung, im Gegenteil, mochte es auch bei ihm noch so theoretisch zugehen, so stand im Mittelpunkt seines Nachdenkens die Frage, was das Ganze mit ihm zu tun hatte, was es über sein Verhältnis zu Gott aussagte. In all der Geschäftigkeit fand er noch Zeit für seine Studien und wehrte sich auch nicht immer gegen die Anfechtungen des Fleisches, denn er war ein geselliger Mensch, der auch ein Gespräch bei einem guten Einbecker mit seinen Brüdern im Konvent genoss. Mit den Anfechtungen des Teufels sah es allerdings schon anders aus, die peinigten ihn, denn sie trieben ihn weiterhin in Verzweiflung, ließen ihn Gott gelegentlich hassen und stießen ihn nach wie vor in die Hölle seiner Selbstzweifel. Gerade für sie eignete sich das große Tagespensum, das zu erledigen war, als Antidot. Blickte man jedoch durch seine Agilität hindurch, entdeckte man einen suchenden Menschen. Von seinem Seelenführer Johann von Staupitz angeregt, begann er sich intensiver mit Christus zu beschäftigen, ihn nicht nur als Richter zu sehen, sondern, wie Staupitz sagte, über seine Wunden nachzudenken. Was ihn von Christus trennte, war das Fehlen eines persönlichen Verhältnisses, jener Nähe, die Staupitz gefunden hatte. Das half ihm und auch wieder nicht, denn es sagte einerseits aus, dass die Nähe möglich war, und es half ihm nicht, weil Staupitzens Weg zu Christus nicht der seine war und auch nicht der seine werden konnte, weil er seinen eigenen finden musste.

Johannes Lang hatte ihm, bevor er nach Erfurt zurückging, einige Predigten des Mystikers und Eckhartschülers Johannes Tauler überlassen. Zugleich stieß er eher aus Zufall auf ein Bändchen mit dem Titel »Der Frankfurter«, das er später als »Theologia Deutsch« herausgeben sollte, ein Erbauungsbuch, das aus dem Umkreis von Eckhart und Tauler angeregt und handschriftlich überliefert worden war. Thema des Buches war das Streben des Menschen nach Vollkommenheit, die er durch das Vorbild von Christi Leben auf Erden erringen konnte. Aus diesem Grunde war Gott Mensch geworden, um den Menschen in Christus den Weg zu sich zu weisen. Die Perspektive, die sich ihm in der Lektüre eröffnete, Christus nicht als Richter zu fürchten, sondern als Lehrmeister, mehr noch als Lebemeister anzunehmen, begeisterte ihn. In seine Vorlesungen floss immer stärker die Vorstellung vom Gehorsam gegenüber Gott ein, der die Aufgabe des Eigenwillens bedeutete. Seine Überzeugung wurde durch die Auseinandersetzung mit diesen mystischen Schriften bestätigt und schließlich emotional angereichert: Ohne Gott konnte der Mensch nichts. Jeder Wille des Menschen, der nicht von Gottes Willen ausging, war Sünde. Alles Gute kam von Gott, von den Menschen – was für ihn immer auch von ihm selbst hieß – nichts. Von dieser Überzeugung ging er nicht mehr ab.

»Woher kommen also jene Sünden und jene Schuld?«, fragte er in der Römerbriefvorlesung, die er in diesen Tagen vor immer größer werdendem Auditorium hielt, und antwortete: »Doch daher, dass niemand das Gesetz erfüllt außer Christus. Von den Lebenden wird nämlich keiner vor Gott gerechtfertig deswegen, weil sein Herz immer nur zaghaft nach dem Guten und eifrig nach dem Bösen strebt. Es liebt die Gerechtigkeit nicht, ja irgendwie hängt es gerade am gottlosen Treiben. Christus aber liebt die Gerechtigkeit und hasst gottloses Treiben.«[88] Sich zu Christus hinzubewegen bot also den Ausweg. Was ihn zur Mystik hinzog, war die einfache Liebe zu Gott, zu Christus. Liebe bedeutete, sich Gott völlig zu überlassen. Christus nachzufolgen, so lehrte die »Theologia Deutsch«, bedeutete, mit Gott eins zu werden, indem sich der Mensch vergöttlichte. Das lag ganz in der Vorstellung der deutschen Mystik. So dichtete Mechthild von Magdeburg: »O Herr, liebe mich leidenschaftlich und liebe mich oft und lange! Denn je häufiger du mich liebst, desto reiner werde ich; je leidenschaftlicher du mich liebst, desto schöner werde ich; je länger du mich liebst, desto mehr werde ich geheiligt hier auf Erden.«[89] Das konnte dann ekstatische Züge annehmen, wenn Mechthild in ihrem großartigen Emanzipationswerk »Das Fließende Licht der Gottheit« ausrief: »Ich kann nicht tanzen, Herr, wenn du mich nicht führst! Willst du, dass ich tüchtig springe, so musst du selbst zuerst der Vorsänger sein. Dann springe ich in die Liebe, von der Liebe in die Erkenntnis, aus der Erkenntnis in den Genuss, aus dem Genuss höher als alles menschliche Denken. Dort will ich bleiben und will doch weiter streben.«[90] So weit ging die »Theologia Deutsch« nicht. Sie sah auch in der Vergöttlichung des Menschen noch den Unterschied zwischen Gott und Mensch. Es war Gott, der sich zum Menschen hinbewegte, vorausgesetzt, dass der Mensch in Liebe und Freiheit sich Gott hingab und seinen Willen zugunsten eines absoluten Gottesgehorsams vernichtete. An Christus wurde deutlich, wie der Gehorsam gegen Gott über das Kreuz in den Himmel führte, durch Not und Leid ins Paradies. Ihm diesen Weg zu Christus hin wieder geöffnet, den Zorn über den Richter-Gott in den Gehorsam gegenüber dem liebenden Christus gewandelt zu haben war das Verdienst der mystischen Schriften, mit denen er sich auseinandersetzte. Das bedeutete nicht das Ende der Anfechtungen; neue kamen hinzu, denn man musste Christus aushalten können. Mechthild hatte wie keine Zweite den Kampf der Seele mit Christus beschrieben: »Dass ich dich jagte, das war meine Lust, dass ich dich fing, das war mein Begehren, dass ich dich fesselte, das war meine Freude. Als ich dich verwundete, da wurde ich mit dir vereint; wenn ich dir Keulenschläge gebe, gewinne ich Macht über dich.«[91] Was ihn aber befähigte, wie ihn aber Gott dazu befähigte, wo doch alles von Gott und von ihm nichts kam, den Weg zu Christus zu gehen, das begriff er allmählich durch das Studium des heiligen Paulus und des heiligen Augustinus. So sehr ihm nämlich die Mystik den emotionalen, den menschlichen, den einfachen – einfältigen, wie man damals sagte, oder unverstellten, wie wir heute sagen würden – Weg zum liebenden Christus eröffnete, so konnte er dennoch diesen speziellen Weg nicht gehen. Denn die Liebe zu Christus konnte für ihn nicht in der Vereinigung mit Gott, in der Liebe zwischen Braut und Bräutigam bestehen, wie es die Mystik immer wieder in den schönsten poetischen Wendungen beschrieb, in seinem Verständnis konnte die Liebe zwischen Gott und dem Menschen nur die Liebe vom Vater zum Sohn sein. Ganz gleich, was der Sohn war, ob verloren oder verstoßen, er blieb doch immer der Sohn.

Etwas Faszinierendes ereignete sich in diesem intensiven Studium, das er immer stärker als sein Damaskus-Erlebnis empfand, etwas, das sich äußerlich als seine schroffe Wendung gegen die Philosophie oder genauer noch gegen die in der Philosophie gefesselte Theologie verwirklichte. Im Nachhinein wirkt es fast wie ein methodisches Vorgehen, doch es ergab sich aus seinem Weg, dass er zuerst im Kampf gegen die Philosophie eine eigene theologische Methode entwickelte, bevor er eine eigene Theologie schuf.

Im Februar 1514 hatte er Reuchlin und damit seine philologische Methode gegen die Inquisition verteidigt. Den Dunkelmännerbriefen, die von dem Reichsritter Ulrich von Hutten und seinem Humanistenfreund Crotus Rubeanus verfasst worden waren und in denen die Kölner Theologen, Hoogstraten und Ortwin Gratius, geradezu genüsslich satirisch hingerichtet wurden, stand er mit Reserve gegenüber, weil sie ihm in ihrem Angriff auf die kirchlichen Autoritäten zu weit gingen. Was die beginnende Entfremdung von den Humanisten, vor allem in der Beurteilung des Erasmus, hervorrief, war die Befürwortung eines wenn auch nur zum Teil freien Willens durch den Rotterdamer. Für Martin aber war, um mit der »Theologia Deutsch« zu reden, der freie Wille *Selbstheit*, *Ichheit*, mithin Ungehorsam und ein Kennzeichen des alten Adam, der zunichtewerden musste, damit der neue Mensch wiedergeboren werden konnte. Je mehr die *Ichheit* abnahm, umso mehr wuchs Gott im Menschen. Was er zu ahnen begann, bestand in der folgenschweren Tatsache, dass er den freien Willen negieren musste, weil er die Stelle für eine andere Größe benötigte, nämlich für die Gnade. Man versteht Martins immer konsequenter werdende Kritik und immer heftiger werdendes Wettern gegen alles, was auch nur entfernt das Wirken eines bisschen freien Willens zuließ, wenn man entdeckt, dass er den gesamten Platz, den der freie Wille im Menschen einnehmen kann, für die Gnade benötigte. Dort, wo die Gnade waltete, konnte es keinen freien Willen geben, und wo der freie Wille agierte, existierte keine Gnade. Dort aber, wo die Gnade fehlte, herrschte für ihn die Sünde. Der freie Wille war also die Negation der Gnade, der Zustand der Sünde, deshalb kämpfte er so erbarmungslos gegen den freien Willen, weil er die Waffe des Teufels war. Diese Erkenntnis grundiert die Römerbriefvorlesung. »Die größte Gefahr bringt uns heute die freche, mit der ausdrücklichen Feststellung des Apostels im Widerspruch stehende Behauptung, wir brächten selbstständig gute Absichten zuwege, als ob wir in der Lage wären, selbstständig in der Lage wären, auch nur einen Gedanken zu denken. Sie ist der Grund dafür, dass wir unbesorgt, im Vertrauen auf unseren freien Willen dahinschlafen: da wir ihn bei der Hand haben, können wir ja fromme Absichten haben, wann wir wollen. … Nein, auf deinen Knien musst du Gott in deinem Kämmerlein mit allen Kräften bitten, er möge dir die (gute) Absicht, die du dir vorgenommen hast, auch schenken … Der ganze Irrtum hierbei liegt also darin, dass wir nicht bedenken, dass wir dies alles nicht unter dem

Zwang der Notwendigkeit oder aus Furcht, sondern aus einem fröhlichen Herzen und ganz aus freiem Willen tun müssen, wenn es Gott gefallen soll.«[92] Mit großer Emphase predigte er seinen Studenten, dass sie sich nicht vom freien Willen verführen lassen sollten, dass der Glaube keine Dorfkirmes sei, dass wir tun müssten, was wir müssen, und nicht, was wir wollen. Scharf wendete er sich gegen einen fröhlichen Glauben, in dem wir froh und aus freien Stücken handeln, auswählen, was uns passt, verschmähen, was uns nicht gefällt, als wäre Gott ein Krämer. Den freien Willen, für ihn eine Häresie des Erzketzers Pelagius, begriff er als Hybris, als Selbstvergottung, denn nur einer besaß einen freien Willen, nämlich Gott.

Erasmus, dessen kritische Edition des griechischen Neuen Testaments (»Novum Instrumentum omne, diligenter ab Erasmo Rot. Recognitum et Emendatum«) ihm wertvolle Dienste leistete, wurde ihm immer fremder, und in seine Beurteilung des Fürsten der Humanisten schlich sich immer stärker eine geistige Herabsetzung ein. Er empfand ihn als inkonsequent und als oberflächlich. In einem Brief an Spalatin vom 19. Oktober 1517 warf er dem »hochgelehrten Manne« vor, dass er die Werke, die Augustin gegen die Pelagianer geschrieben, nicht gelesen hatte, er also »hochgelehrt« und ungebildet zugleich war und bei der wichtigen Frage der Willensfreiheit – denn um sie ging es in diesen Schriften – nicht einmal verstanden hatte, worauf es ankam, wenn er unter Gerechtigkeit der »Werke nur Zeremonial- und formale Gesetze verstand«[93].

Er begriff nun dank der »Theologia Deutsch«, dank Tauler, dank Paulus, dank Augustinus, dass ihn die scholastische Behandlung der Begriffe Gerechtigkeit und Gnade in die Krise getrieben hatte. Davon musste er sich losmachen. Zum Hauptfeind wurde ihm nun der Gott der Theologen und Philosophen, Aristoteles. Gegen Aristoteles zu kämpfen bedeutete nicht mehr und nicht weniger, als dem Wissenschaftsbetrieb den Fehdehandschuh hinzuwerfen. Die schon von Martin betriebene Mythisierung des Turmerlebnisses verschattet bis heute die epochale Bedeutung des Schlages gegen die Spätscholastik, gegen ihre Form von Theologie und Philosophie. Von daher wurde die Vorstellung von der Befreiung der Philosophie als Magd der Theologie von ihrer vermeintlichen Dienstherrin zu einer unhinterfragbaren Gewissheit. Sowohl die Philosophie als auch die Theologie waren gebunden und gefangen in einem System, dessen Inhalte theologisch und dessen Methoden philosophisch waren. Verkürzt gesagt, musste die Theologie von den Methoden der Philosophie und die Philosophie von den Inhalten der Theologie befreit werden, und dieses Werk begann, ohne sich der umwälzenden Konsequenzen bewusst zu sein, Martin Luder im Schwarzen Kloster zu Wittenberg. Und ob nun die Emanzipation von theologischer oder von philosophischer Seite ins Werk gesetzt wurde, war völlig sekundär, auch wenn es nun unerwartet von theologischer Seite geschah. In einem Brief an Johannes Lang vom 8. Februar 1517 schimpfte Martin den Philosophen Aristoteles einen »Gaukler, der mit der griechischen Maske so sehr die Kirche geäfft hat«, nannte ihn auch noch den »obersten Verleumder« und meinte damit die scholastischen Professoren, die sich so selbstgefällig in ihren Distinktionen und Definitionen, in ihren Syllogismen und ihren Autoritätsbeweisen eingerichtet hatten. Im Grunde ging es ihm eigentlich nicht um den griechischen Philosophen, sondern um das System der Theologie, das in Formalismus erstarrt war, im Buchstaben, der den Geist tötete. »Ein Teil meines Kreuzes, und zwar der größte, ist es, dass ich sehen muss, wie die hochbegabten, zu guten Studien geborenen Brüder ihr Leben mit dieser Komödie zubringen und ihre Mühe umsonst aufwenden. Dazu hören auch die Universitäten nicht auf, gute Bücher zu verbrennen und zu verdammen, wiederum schlechte zu verfertigen ...«[94]

Er ging daran, die Ausbildung der Studenten zu ändern. Statt Aristoteles, statt der Sentenzen, statt William von Ockham, statt Duns Scotus und Gabriel Biel wurden die Bibel gelehrt und die Kirchenväter, allen voran Augustinus. So konnte er bereits drei Monate später, am 18. Mai, in einem Brief an Johannes Lang stolz vermelden: »Unsere Theologie und Augustin machen unter Gottes Beistand gute Fortschritte und herrschen an unserer Universität. Aristoteles steigt nach und nach herab, neigt sich zum Untergang und ist ihm für ewig nahe. Auf erstaunliche Weise werden die Vorlesungen über die Sentenzen verschmäht, so dass niemand auf Hörer hoffen kann, der nicht über diese Theologie, d.h. über die Bibel, über Augustin oder über einen anderen Lehrer von kirchlicher Autorität lesen will.«[95] Und die übrigen Professoren an der Leucorea? Sie stellten sich einer nach dem anderen auf seine Seite. Andreas Karlstadt, der ihn promoviert hatte, kaufte in seinem Zorn in Leipzig die Werke Augustins, studierte sie, um ihn zu widerlegen, gab ihm aber nach gründlichem Studium recht. Darüber hinaus sprach die Haltung der Studenten, die seine Vorlesungen bevölkerten, aber über Sentenzen nichts mehr zu hören wünschten, eine eigene Sprache, zumal sie die Professoren bezahlten. Da Martin über das Generalstudium seines Ordens auch Brüder als Studenten in den Vorlesungen hatte, dürfte er sehr bewusst auf allen Ebenen Hochschulpolitik betrieben haben. Wie sehr hatte er unter den »Philosophen« gelitten, wie oft hatte es ihn erzürnt, dass er statt der Bibel irgendwelche Sentenzen durchzukauen hatte. Die Wucht seines Angriffes kam aus der ganzen Tiefe angestauter Wut. Aber nicht Vergeltung bewegte ihn, sondern er war auch wirklich überzeugt davon, dass er die Wissenschaft vom ganzen alten Plunder befreite. Die herkulische Begeisterung war echt, wenn er an Johannes Lang schrieb, dass Gabriel Biel über alles gut lehre, außer wenn es um Gnade, Liebe, Hoffnung, Glauben und Tugend ginge. Bei diesen Themen sei er von dem Häretiker Pelagius abhängig.[96] Maliziöser ging es nicht, denn er hatte kein wirklich wichtiges Thema in seiner Aufzählung ausgelassen.

Martin wusste sehr genau, welche Verwunderung, welche Gegenwehr er erzeugen würde. Radikaler wurde noch nie eine Wissenschaft in Frage gestellt. Keine der Autoritäten blieb auf ihrem Sockel, sie alle, die von den Professoren gelehrt und wieder und immer wieder ausgelegt wurden, mussten Platz machen für eine, über die immer nur gesprochen wurde, die aber nie selbst und für sich reden durfte, die Bibel. Seine alten Lehrer, Trutfetter und Arnoldi von Usingen, fielen aus den schönsten scholastischen Wolken. Vor ihren Augen zerstörte ihr Schüler ihr Lebenswerk, ihr Dasein. An Dramatik war das nicht mehr zu überbieten, aber auch für Martin ging es um sehr viel, um seine Befreiung. Endlich begriff er, dass seine Krisen, dass die Pein, die er durchlitten hatte, die giftige Frucht dieses falschen Denkens waren. Damit musste nun Schluss sein.

Mit der »Disputation gegen die scholastische Theologie«, die er 1517 in Wittenberg halten ließ und deren Thesen er nach Erfurt schickte, in der freilich irrigen Hoffnung, seine früheren Lehrer Trutfetter und Arnoldi für die Reform gewinnen zu können, legte er die Axt an die alte Wissenschaft. Die Thesen hatte er mit bewunderungswürdiger Präzision und der kalten Schärfe eines Skalpells gegen die fast geheiligten Autoritäten der Wissenschaft, die er als Student und junger Wissenschaftler zu studieren und zu lehren hatte, gegen Aristoteles, gegen Petrus Lombardus, gegen William von Ockham, gegen Thomas von Aquino, gegen Pierre d'Ailly und gegen Gabriel Biel formuliert:

»6. Es ist falsch, dass sich der Wille von Natur aus nach der richtigen Vorschrift der Vernunft richten könne.
7. Sondern ohne die Gnade Gottes begeht er notwendig eine Handlung, die damit nicht übereinstimmt und böse ist.
10. Es wird zugestanden, dass der Wille *nicht* frei ist, sich alledem zuzuwenden, was ihm nach der Vernunft als gut vorschwebt.
11. Noch steht es in seiner Gewalt, alles zu wollen oder nicht zu wollen, was ihm vorschwebt.
17. Der Mensch kann von Natur nicht wollen, dass Gott Gott ist; er möchte vielmehr, dass er Gott und Gott nicht Gott ist.«

Das war erst das Vorspiel, es wurde noch heftiger:

»43. Es ist ein Irrtum zu behaupten, ohne Aristoteles werde keiner ein Theologe.
47. Keine syllogistische (philosophische – der Verf.) Formel hält Stich bei Aussagen über göttliche Dinge.

49. Wenn eine syllogistische Formel in göttlichen Dingen Stich hielte, so könnte man den Artikel von der Dreieinigkeit *wissen* und brauchte ihn nicht zu *glauben*. 56. Gott kann keinen Menschen ohne die rechtfertigende Gnade Gottes annehmen.«

Das mündete in die folgenschwere Feststellung, die er aus seinem Studium der Mystik gezogen hatte:

»95. Gott lieben heißt sich selbst hassen und außer Gott nichts zu wissen.«[97]

Nachdem er die Theologie von der Philosophie befreit hatte, blieb am schwersten, neu nachzudenken und endlich zu begreifen, wie der Mensch, wie er vor Gott gerechtfertigt, wie er der Gnade Gottes teilhaftig würde, wo doch immer klarer wurde, dass er dafür nichts tun, dass er sie nicht mittels Werken erwerben konnte, wie man ein Buch erwarb oder eine Ochsenkeule. Wie notwendig für ihn diese radikale Emanzipation war, in der er alles, was er gelernt hatte, über Bord warf, zeigte die Tatsache, dass in diesen Thesen bereits der hinführende Satz für die Lösung seines existenziellen Problems lag. Aristoteles hatte gelehrt – und alle hatten es nachgeplappert –, dass derjenige, der Gutes tue, gut werde, was hieß: Man konnte sich auf Erden den Fensterplatz im Himmel verdienen, wenn man nur immer gute Werke verrichtete. Martin hielt nun konsequent in These 40 den Philosophen den grundstürzenden Satz entgegen: »Wir werden nicht dadurch gerecht, dass wir gerechte Handlungen vollbringen, sondern *nachdem* wir gerecht geworden sind, vollbringen wir gerechte Handlungen.« Der Gerechte vollbringt gerechte Handlungen, nur der Gute ist gut. Und gerecht wurde oder war man aus Gottes Gnade allein, es stand nicht in der Gewalt des Menschen, »alles zu wollen oder nicht zu wollen, was ihm vorschwebt«. Wir sind nichts; alles, was wir sind, ist von Gott.

Man konnte es drehen, wie man wollte, das Problem bestand in der Gnade Gottes, die es zu erkennen galt.

17. Der Mythos vom Turmerlebnis

Das Turmerlebnis fand nicht statt. Es ist reine Mystifikation, die Martin Luther später betrieben hat und die von den Reformationshistorikern aus dem verständlichen Wunsch nach Dramatik und zeitlicher Fixierung heraus dankbar aufgenommen und durchintellektualisiert worden ist. Wie schön ließ es sich doch erzählen, dass der ringende Geist in einem Schicksalsmoment zur grundstürzenden Erkenntnis durchbrach. Doch das ist lebensfremd. Den Durchbruch erzielte Martin Luder in Wahrheit mit seinem Massaker an der aristotelischen Philosophie und Theologie seiner Zeit. Dass der spätere Reformator, der mit der Scholastik in der Tat vollkommen durch war und sich für sie auch nicht mehr interessierte, dieser entscheidenden Rebellion, diesem Enthauptungsschlag keine Bedeutung mehr beimaß, ergibt sich aus der Tatsache, dass im täuschenden Rückblick die Entdeckung der reformatorischen Formel, der Fundamentalerkenntnis, auf der er seine Theologie errichtete, sich großartig für einen Gründungsmythos der Reformation eignete. Dabei betrieb er keine Geschichtsklitterung in eigener Sache, sondern in seiner Erinnerung musste die Grundsteinlegung für das Gebäude seiner Theologie den Platz einnehmen, der in der Realität der Räumung des Bauplatzes und der Schaffung von Baufreiheit zukam. Aber die Geschichte in einem klassischen fünfaktigen Drama – Turmerlebnis, Ablassthesen, Reichstag zu Worms, Confessio Augustana und Abendmahlsstreit – zu erzählen, entspringt einer nachträglichen Dramaturgie der

Rechtfertigung und Heiligung. Erzählt wurde diese Geschichte in Luthers Sinne immer so: Im Turmzimmer im Schwarzen Kloster der Augustiner-Eremiten in Wittenberg nahe der Kloake plagte er sich mit diesem Problem der Beziehung des Menschen zu Gott. Nach herrschender Lehre hatte Gott durch die Taufe den Menschen mit Gnade ausgestattet, die aber durch die Sünden, die man beging, verringert wurde. Eine Todsünde löschte den ganzen im Menschen deponierten Gnadenvorrat aus. Die *via antiqua* in der Theologie, die sich vom *doctor angelicus*, dem Kirchenlehrer Thomas von Aquino herleitete, ging davon aus, dass in die Seele des Menschen Gnade eingegossen war und die Seele deshalb eine bestimmte Gnadenfähigkeit besaß, die dafür sorgte, dass man versuchte, ein gerechtes Leben zu führen. Nach der Theologie der *via moderna* aber, die sich von William von Ockham herleitete, besaß der Mensch eine Willensfreiheit, war es nicht die Gnadenstruktur der Seele, die für die menschlichen Handlungen verantwortlich zeichnete, sondern der Mensch hatte sich unablässig darum zu kümmern, dass er nicht sündigte. Dieser Lehre folgte Martin, daher rührten seine Skrupel und seine Anfechtungen und seine Seelenqual. Mit der berühmten Stelle im Römerbrief 1,17, in der es heißt, dass die Gerechtigkeit, die vor Gott gilt, im Evangelium offenbart wird, wurde, wie im Alten Testament, auch im Christusbuch die unbarmherzige Forderung nach einer Gerechtigkeit aufgestellt, der wohl kein Mensch entsprechen konnte. Beim wiederholten Weiterlesen fielen plötzlich all die Scheuklappen des Denkens, die ihn bisher im Kreis hatten herumirren lassen, verstand er doch mit einem Mal, dass er diesen Satz im Zusammenhang mit der Aussage »Der Gerechte wird aus Glauben leben« denken musste. In diesem Augenblick, der als das sogenannte Turmerlebnis in die Geschichte der Reformation einging und als der eigentliche, der ideelle Beginn der Reformation angesehen werden sollte, hatte Martin den entscheidenden Grundgedanken entdeckt, um das System aus den Angeln zu heben. Die Ablässe, nach denen er in Rom noch wie »toll« herumgerannt war, erwiesen sich als wertlos, sie gaben Beruhigung auf Erden, nicht aber Dispens im Fegefeuer.

Auf den Glauben allein kam es an. Der Mensch, der sündig von Natur aus war, wurde durch die Gnade vor Gott gerechtfertigt. Christus hatte die Sünden der Menschen auf sich genommen und dem sündigen Menschen dadurch den Weg zum Heil eröffnet. Dieses Gnadengeschenk Gottes, das Christus darstellte, konnte der Mensch aber nur annehmen im Glauben an Christus, wobei der Glaube selbst nicht erworben oder erwerbbar war, sondern ein Geschenk Gottes, eine Gnade, vielleicht sogar die Gnade schlechthin bedeutete. Deshalb sah er auf die Werke, auf die Ablässe, auf die Gnadenzuteilungen mit strengem Blick und fand, dass sie Sprenkel für die Drosseln, bestenfalls Beiwerk darstellten. Auf den Glauben, und zwar, wie er später die Bibel, den Römerbrief interpretierend, übersetzen würde, auf den »Glauben *allein*« kam es an. Nicht die Werke und Ablässe rechtfertigten den Menschen vor Gott, sondern der Glaube, der seinerseits ein Gnadengeschenk Gottes darstellte. Den Glauben zu verschmähen hieß, Gottes Gnade zurückzuweisen. Wenn es aber der Glaube allein war, der gerecht machte, dann benötigte der Mensch nicht länger die Kirche, die behauptete, in der Nachfolge Christi die Gnadenportionen wie einen Schatz verwalten und sie dem Menschen durch

Sakramente und Ablässe zuteilen zu können. Von dem Tag an, da zum ersten Mal der Gedanke gefasst worden war, dass der Glaube den Menschen rechtfertigt, bis zu dem Diktum, dass der Christ keiner Kirche, keiner Vermittlung bedürfe und dass dank der Gnade Gottes jeder Christ auch Priester war, sollten vier ereignisreiche Jahre vergehen.

Die von Luther initiierte Legende des Turmerlebnisses hielt sich im Ablauf zwar an die Realität, doch veränderte sie die Gewichtung, denn die Schlussfolgerung, dass der Glaube den Menschen rechtfertigte, lag nahe, wenn man sich erst einmal von der Scholastik befreit hatte. Das Formeldenken der Scholastik, diese Last musste er abwerfen, um neu denken zu können. Es lohnt, hier zu verharren und noch einmal genauer hinzuschauen, um den explosiven Zusammenhang des »Turmerlebnisses« mit der Formulierung der Ablassthesen zu entdecken.

Die Vorlesung zum Römerbrief des Paulus, die er im Wintersemester 1515/16 hielt, zwang ihn, sich mit der Problematik der Gnade, der Buße, des freien Willens, der Gerechtigkeit und des Glaubens auseinanderzusetzen, denn das waren die Themen des Apostelbriefes. Das musste nun nach der Schleifung der Scholastik neu bedacht werden. Er hatte sich von der entscheidenden Vorstellung verabschiedet, dass der Mensch gut wird, indem er Gutes tut. Nicht die Werke, nicht die guten Taten rechtfertigten den Menschen vor Gott, sondern die Rechtfertigung war eine Gnade Gottes. Es blieb nur noch offen, wodurch sie kam. All das beinhaltete die Wendung gegen die Scholastik. In jenen Tagen vertiefte Martin auch seine Auseinandersetzung mit Augustinus. In dieser Lektüre fand er den entscheidenden Hinweis. Er befasste sich nämlich mit der Schrift »De spiritu et littera« (Geist und Buchstabe). Gottes Liebe, sagte Augustinus, und nach der suchte Martin wie nach nichts anderem, wurde in die Herzen der Menschen ausgegossen »nicht durch den freien Willen, der vom Menschen stammt, sondern durch den Heiligen Geist, der uns geschenkt ward«.[98] Gottes Liebe und mithin seine Gerechtigkeit und im Umkehrschluss die Rechtfertigung des Menschen waren nichts Erworbenes, nichts Verdientes, nichts, was auf die Taten der Menschen abzielte, sondern ein Geschenk. Der für Martin entscheidende und ihm die Augen öffnende Satz bei Augustinus lautete: »Denn jene Lehre, in der wir das Gebot zu einem enthaltsamen und überhaupt rechten Leben empfangen, bleibt ja tötender Buchstabe, wenn nicht der lebendigmachende Geist hinzutritt.«[99] Martin übernahm die Vorstellung des Kirchenvaters wortwörtlich als Grundlage seiner neuen Theologie. Gott gab das Gesetz im Alten Testament, damit im Evangelium die Gnade gesucht würde, und das Evangelium verkündete die Gnade, damit das Gesetz, nämlich das Alte Testament, erfüllt würde. Wenn er diesen Zusammenhang der beiden Teile der Heiligen Schrift herstellte, dass nämlich das Neue Testament das Alte erfüllte, dann konnte er gar nicht anders, als Reuchlin zu verteidigen. Der Sinn des Gesetzes bestand nur in einem, aber grundlegenden Punkt, dass er den Mensch mit seiner Schwachheit konfrontierte und ihn dadurch an sich verzweifeln ließ. Diese Verzweiflung, diese Zusammenfassung aller Anfechtungen kannte er nur zu gut, aber sie war notwendig, indem sie die Not wendete, indem sie den Weg zur Reue eröffnete, mithin die Buße ermöglichte und dadurch den Mensch durch die Gnade heilte, um ihn in der Liebe zu wahrem Menschentum nach

Christi Vorbild zu vollenden. Martin entdeckte den verschütteten Lebensnerv des Christentums: *Jeder* Mensch konnte Christus werden!

Warum musste denn Gott Mensch werden, wenn er nicht dadurch den Menschen den Weg zum Heil, zur Erlösung weisen wollte? In Christus hatte Gott das Modell für die Rechtfertigung aus Gnade vorgegeben. Augustinus wurde nicht müde, den Satz des Apostels Paulus zum Leuchten zu bringen: »Der Gerechte lebt aus dem Glauben« (Röm 1,17). Bewusst, halbbewusst oder unbewusst lernte Martin durch Augustinus lesen. Jeder Satz der Vorlesung zum Römerbrief dokumentierte, wie sehr Martin durch Augustinus in »De spiritu et littera« Paulus und überhaupt die Bibel zu lesen lernte. Stellt man eine vergleichende Analyse der Römerbriefvorlesung und von Augustinus Schrift »De spiritu et littera« an, wird dieses Lehrer-Schüler-Verhältnis evident. Nicht nur bei den Schlussfolgerungen, nicht nur im Inhalt, viel stärker vielleicht noch in der Methode der Lektüre ging er bei dem Kirchenvater und noch dazu in dieser Schrift in die Lehre. Atemberaubend war, wie er die Argumentationsstrategien des Augustinus sich aneignete, das hieß: übernahm und für sich umschmiedete. Das Turmerlebnis bestand in Wahrheit im Erleben der Lektüre eines von der Scholastik und den Denkkonventionen befreiten Geistes. Nicht was er fand, war spektakulär, sondern dass er es fand.

Mit Augustinus las er im Epheserbrief: »Denn aus Gnade seid ihr selig geworden durch Glauben, und das nicht aus euch: Gottes Gabe ist es, nicht aus Werken, damit sich nicht jemand rühme. Denn wir sind sein Werk, geschaffen in Christus Jesus zu guten Werken, die Gott zuvor bereitet hat, dass wir darin wandeln sollen« (Eph 2,8–10). Gott machte die Menschen zu Menschen durch die Liebe, nicht dadurch, dass er die Menschen liebte, sondern er liebte sie, indem er die Menschen befähigte, ihn zu lieben durch den Heiligen Geist. Der Mensch wurde durch die Liebe zu Gott, durch den Glauben, der eine Gnade Gottes, ein Geschenk war, gerechtfertigt und erlöst.[100]

Damit war für ihn *alles* gesagt: Der Mensch wird gerecht aus dem Glauben allein, der nicht sein Verdienst, sondern ein voraussetzungsloses Geschenk (Gnade) Gottes ist. Nun hätte die Disputation in den Universitäten beginnen und man hätte herrliche akademische Schlachten schlagen können, wie es sich in der Auseinandersetzung mit den Erfurtern bereits abzeichnete. Die Nürnberger, allen voran als Vermittler der Kenner der Wittenberger Universität, Christoph Scheurl, aber auch der gesamte Staupitzkreis, Ebener, Tucher, selbst Pirckheimer wurden auf Staupitzens begabtesten Schüler und Protegé aufmerksam. Scheurl vermittelte sogar den Kontakt zu einem der berühmtesten Theologen der Zeit, der gerade – wahrscheinlich aus reiner Eitelkeit und Geltungsdrang – mit den Humanisten flirtete, zu Dr. Johannes Eck aus Ingolstadt. Aber es kam anders. Die Realität sprengte geradezu die Türen zu den Vorlesungsräumen und Studierstuben mit ihrer eigenen faktischen Gewalt.

Im Jahr der Römerbriefvorlesung brach die Pest über Wittenberg herein. Staupitz empfahl den Mönchen, allen voran Martin Luder, für die Dauer des Wütens der Epidemie die Stadt zu verlassen. Doch Martin, der als Stadtprediger konkret und als Priester ohnehin seelsorgerische Verantwortung trug, entschloss sich auszuharren. Niemand wusste, wie die Pest von Mensch zu Mensch übertragen wurde, auch schloss er sich ja nicht in sein Kloster ein, sondern ging zu den Menschen, kam seinen Aufgaben nach. Die größte Gefahr des Wirkens der Seuche bestand in der Ansteckung, aber nicht weniger verheerend und im Effekt die Epidemie ungemein verstärkend fiel der Kollaps der öffentlichen Ordnung aus, wenn die erkrankten Menschen in ihren Häusern nicht mehr gepflegt wurden, wenn die Toten in den Häusern und auf der Straße verwesten, anstatt ein christliches Begräbnis zu erhalten. Die Sterbesakramente mussten gespendet werden. Ärzte, Priester, Totengräber, aber auch Lebensmittelhändler, Apotheker und die Obrigkeit der Stadt mussten ihre Aufgaben erfüllen. Nur so konnte es gelingen, die Pest einzudämmen und, wie Martin es sah, den Teufel zu schlagen. In diesem Ausharren steckte auch eine auf den ersten Blick befremdliche Existenzialität. Für Martin stand fest, dass Gott ihn in den Kampf gegen den Teufel schickte und ihn auf diesen Posten gestellt hatte, von dem er nicht weichen durfte. Wenn ihn Gott von der Erde abberufen wollte, konnte er es jederzeit tun. Im letzten Winkel seines Herzens, vielleicht sogar viel zu gut vor seinem Bewusstsein versteckt, regte sich eine Frage, deren Antwort ihm sein Leben geben sollte. Die Kämpfe, die er bisher geführt hatte, die Ausarbeitung einer neuen Theologie, die Stein auf Stein zu errichten er im Begriff stand, bedurften einer Bestätigung durch Gott. Er sehnte sich danach. Konnte er sicher sein, Gott richtig verstanden zu haben und in seinem Sinne zu handeln? Wenn er eitel gewesen wäre, wenn ihn dadurch der Teufel verführt hätte, dann konnte Gott der Theologie der Gnade jetzt ein Ende bereiten, konnte ihn jetzt von der Welt nehmen. Sein Ausharren in Wittenberg approbierte seine Theologie auf praktische Weise. Das gab ihm die Sicherheit, auf dem richtigen Weg zu sein. Jetzt besaß er kein Recht mehr zu zweifeln. Der siegreiche Kampf gegen die Pest, den er bestanden hatte, bildete aber nur das Vorspiel für eine noch größere Schlacht, die es gegen eine andere, wesentlich gefährlichere Pest zu schlagen galt. Und deren Herd befand sich in Rom.

Nicht einmal die eigene Papstmesse konnte Leo X. im Petersdom feiern, dieser größten Ruine der Christenheit, weil es hineinregnete und der Wind durch das Gemäuer pfiff. Der Architekt Donato Bramante hatte zu viel abgerissen von der alten Basilika, die von Konstantin über dem Petrusgrab errichtet worden war. Sowohl der Auftraggeber Papst Julius II. als auch der Architekt Bramante waren inzwischen verstorben, Letzterer, ohne einen Bauplan des gesamten Gebäudes zu hinterlassen, und es fehlte das Geld, diesen gewaltigen Bau, den er geplant oder eher visioniert hatte, weiterzutreiben. Noch immer werkelte man an der Vierung, mehr hatte er auch nie entworfen. Doch so konnte es nicht weitergehen. Leo X. setzte Raffael als neuen Baumeister ein und sicherte ihm 60 000 Dukaten pro Jahr für die Bauarbeiten zu. Doch nicht nur dafür benötigte Leo X. finanzielle Mittel, auch für den Kreuzzug gegen die Türken, die bald schon das erste Mal Wien belagern sollten. Zu seiner Ehre muss gesagt werden, dass er die Gefahr, die von den Osmanen ausging, erkannte – im Gegensatz zu den europäischen Fürsten, die ganz und gar in ihre Vormachtskämpfe verstrickt waren. Also beschloss er, eine seiner Finanzquellen stärker sprudeln zu lassen, nämlich den Ablasshandel.

In dieser Situation traf es sich gut, dass der Bischof von Magdeburg und Administrator des Bistums Halberstadt, der jugendliche Prinz Albrecht von Brandenburg, Erzbischof von Mainz wurde. Laut kirchlichem Recht, dass die Ämterhäufung verbot, hätte er dafür Magdeburg und Halberstadt aufgeben müssen. Da er das nicht wollte, benötigte er eine Sondergenehmigung des Papstes, der die Dispens gegen ein fürstliches Entgelt erteilte. Da die Summe für Albrecht zu hoch war, verfiel man auf eine Idee, die so alt wie die Menschheit und bei politisch Verantwortlichen äußerst beliebt ist: Man schob die Kosten dem Volk, in diesem Fall dem deutschen Volk zu. Nichts ist schöner, als wenn unbeteiligte Dritte für die eigenen Ambitionen oder die eigene Eitelkeit bezahlen. Schnell fanden sich clevere Banker, die bereits Erfahrungen mit der Staatsfinanzierung besaßen, denn bei diesem Projekt ließen sich große Gewinne erzielen: Die Fugger sollten Albrecht das benötigte Geld leihen. Albrecht würde in seinen Territorien einen intensiven Ablasshandel vorantreiben. Die eine Hälfte der eingenommenen Summe ging ohnehin nach Rom, die andere konnte Albrecht behalten, um davon seine Schulden bei den Fuggern zu bezahlen – ein so sicheres wie dreistes Geschäft auf Kosten Dritter also. Die großen Herren einigten sich generös darauf, dass der gemeine Mann die Rechnung begleichen sollte.

Seit mindestens einem Jahrhundert gab es Klagen aus Deutschland, dass man vom römischen Klerus schamlos ausgebeutet werde. Das Große Abendländische Schisma, die Existenz zweier Päpste in Rom und in Avignon, hatte den Primatsanspruch des Papstes in den Augen der Menschen schwer beschädigt. Die Geistlichkeit im Reich und in Rom verweltlichte von Tag zu Tag stärker und benötigte für ihren ausschweifenden Lebenswandel immer mehr Geld.

Hinzu kamen Kriege, die Unsummen verschlangen, der Neubau von Sankt Peter, der immer kostspieliger geriet, und die Verpflichtung der Päpste als Herren von Rom, die Brotpreise in der Stadt zu subventionieren und das Viertel der römischen Bevölkerung, das schlicht erwerbslos war, zu unterstützen. Spanien, England und Frankreich gelang es als Nationalstaaten zunehmend, den päpstlichen Finanzwünschen einen Riegel vorzuschieben. Als Zahlmeister übrig blieb Deutschland, das die zweifelhafte Ehre besaß, Teil des Heiligen Römischen Reiches zu sein.

Seit dem 14. Jahrhundert hatte sich der Ablasshandel zu einer beliebten Einnahmequelle entwickelt. Er wurde es umso mehr, als durch die sich durchsetzende Waren-Geld-Beziehung, die Entstehung der Banken und des modernen Finanzsystems größere Summen problemlos über weite Entfernungen transferiert werden konnten. Zehn Kühe konnte man schlecht nach Rom schicken, zehn Dukaten, die noch dazu mithilfe von Bankwechseln überwiesen wurden, dagegen sehr leicht.

Schon Julius II. hatte den Ablassverkauf als Mittel zur Geldbeschaffung zum Ausbau des Kirchenstaates und des Petersdomes angekurbelt. Ohne ein Gefühl für die schwerwiegenden Folgen ließ Leo X. ihn in noch weit größerem Stil vorantreiben und erließ bereits am 31. März 1515 die Bulle »Sacrosancti salvatoris et redemptoris nostri«. Acht Jahre lang sollte nun der Ablass für fast alle Sünden in den Kirchenprovinzen Mainz, Magdeburg und Brandenburg vertrieben werden. Alle anderen Ablässe wurden für diesen aufgehoben, und in Konkurrenz zur Ablasspredigt durften keinen anderen Predigten stattfinden. Wer den Ablass behinderte, machte sich strafbar. Der Papst wies einen Verwaltungsfachmann, Giannangelo Arcimboldi, an, den Handel mit den Ablässen in Deutschland zu organisieren, und dieser beauftragte damit die Dominikaner. Die Aufgabe übernahm einer von ihnen, der beliebte Volksprediger Johannes Tetzel.

Im Januar 1517 jedenfalls liefen die Ablasspredigten im großen Stil an. Der sächsische Kurfürst Friedrich der Weise stand den Ablässen nicht ablehnend gegenüber, besaß er doch selbst eine gigantische Sammlung von Reliquien, deren Verehrung Ablässe gewährte, aber er sah es natürlich lieber, wenn das Geld im Lande blieb und nicht nach Rom floss und noch dazu seine Konkurrenten, die Hohenzollern, reich machte. Denn Erzbischof Albrecht war der Bruder des brandenburgischen Kurfürsten Joachim, des Gegenspielers Friedrichs des Weisen.

Giannangelo Arcimboldi koordinierte die Aktionen in den deutschen Landen und hatte das Geschäft zwischen Leo X. und Erzbischof Albrecht vermittelt. Johannes Tetzel war als Generalsubkommissar Albrechts Mann für die praktische Duchführung.

Im Januar 1517 predigte Tetzel in Eisleben, das zum Bistum Halberstadt gehörte, und erfreute sich eines großen Zulaufs. Auf der alten Heerstraße zog er über Aschersleben und Egeln weiter nach Magdeburg. Überall jagte er den Menschen einen gehörigen Schrecken vor den Höllenstrafen ein und kassierte gewaltig für die Rettung durch die gewährten Ablässe. Spötter dichteten damals: »Wenn das Geld im Kasten klingt, die Seele in den Himmel springt.« Tetzel malte im Stil der Zeit die Höllenstrafen besonders bildhaft und eindringlich aus. Hatte er die Verzweiflung geschürt, bot er die Rettung an. Der Ablass, den er gewähren konnte, enthielt vier Hauptgnaden. Die erste Gnade bestand in der vollkommenen Vergebung der Sünden, wodurch der Sünder wieder sündenfrei in der Gnade des Herrn stand und folglich alle Fegefeuerstrafen erlassen waren. Dieser eigentlich nicht zu gewährende Ablass konnte erteilt werden, wenn der Sünder aufrichtig bereute, die Beichte ablegte, bestimmte Gebete in sieben Kirchen betete – hier stand die römische Pilgertradition des Besuchs der sieben römischen Wallfahrtskirchen Modell – und natürlich kräftig dafür zahlte nach einem Tarif, der für die verschiedenen Stände abgestuft war. Während Könige fünfundzwanzig Gulden zahlen sollten, hatten Bürger und Kaufleute drei, Handwerker einen und Ärmere einen halben Gulden zu zahlen. Aber die Masse machte es. Wie viele Könige gab es denn? Fünfundzwanzig Handwerker ergaben einen König. Dass ein Gulden für einen Berghauer, wenn er ihn von den fünfundzwanzig Gulden Jahresverdienst abgeben musste, einen empfindlichen Betrag darstellte, ist evident. Die zweite Gnade bestand darin, dass man einen Beichtbrief erwerben konnte, durch den man sich zweimal und sogar noch in der Todesstunde von den Sünden lossprechen lassen konnte, auch von denen übrigens, von denen nur der Papst den Sünder absolvieren konnte. Die dritte Hauptgnade stellte wiederum ein Beichtbrief dar, der demjenigen, der ihn erstanden hatte, oder seinem verstorbenen Angehörigen die Teilhabe an den Gütern der Kirche, an allen frommen Leistungen, wie etwa Gebeten, garantierte, selbst wenn er noch nicht gebeichtet hatte. Am bekanntesten wurde die vierte Hauptgnade: Man konnte nämlich die Fürbitte des Papstes zum Erlass der Sündenstrafen erwerben für Seelen, die im Fegefeuer litten.

Im Frühjahr kam Tetzel, ein großer und kräftiger Mann, dem man die Liebe zu Speis und Trank ansah, in Jüterbog an. Er trat sehr selbstbewusst und achtunggebietend auf. Diese ungeheure Selbstsicherheit, das einschüchternde Gebaren hatte er als Inquisitor, der er zuvor war, erworben. Sein Selbstbewusstsein nährte sich aus dem Leid und den Qualen seiner Delinquenten. Sein Ruf war ihm vorausgeeilt, und nicht wenige Menschen waren aus dem benachbarten Wittenberg gekommen. Der Zeitpunkt konnte nicht besser gewählt sein, denn nach dem Wüten der Pest in der Elbestadt noch wenige Monate zuvor standen den Wittenbergern die Schrecken vor Augen. Kaum jemand, der nicht einen Angehörigen zu beklagen hatte, viele also, die sich sehnlich wünschten, ihren verstorbenen Liebsten die Zeit im Fegefeuer zu verkürzen oder für sich selbst oder die Kinder oder Eltern vorzusorgen, denn man wurde wie duch ein gewaltiges Memento mori gerade daran erinnert, wie schnell es mit dem Leben vorbei sein konnte.

Allerdings durfte Tetzel nicht in Wittenberg selbst predigen, was ihn sehr verdross, denn Wittenberg gehörte zu Kursachsen, und Friedrich der Weise hatte den Ablasshandel untersagt. Deshalb schlug er sein Ablasstheater so nahe, wie es ging, an der brandenburgischen Grenze zu Kursachsen auf und zog so die Wittenberger und ihr Geld nach Jüterbog. Tetzel machte märchenhafte Gewinne, er selbst, der eine Provision erhielt, strich im Monat die ungeheure Summe von 80 Gulden ein. Hinzu kamen ein Wagen, ein Knecht und freie Kost und Logis. Martin erlebte den Skandal hautnah, denn als Prediger der Stadtkirche wurde er immer wieder gefragt. Als Beichtvater musste er sich anhören, wie Familien sich ruinierten, um ihre Angehörigen aus dem

Fegefeuer zu erlösen, vulgo: Tetzel und die Fugger reich zu machen, Rom und den Petersdom zu finanzieren und Albrechts Schulden zu bezahlen, damit der feine Mann zugleich (Erz-)Bischof von Mainz und von Magdeburg und Halberstadt sein konnte. Die Furore, die Tetzel machte, konnte er beobachten bei seinem Barbier, bei seinen Klosterknechten, bei den Handwerkern der Stadt.

Diesen Ablass-Schabernack, diesen Volksbetrug, diesen Hohn, den man mit Christus und den Menschen trieb, die, arg und gewissenlos getäuscht, alles für eine Schimäre gaben, wollte er nicht hinnehmen. Im Februar 1517 predigte er das erste Mal und noch recht zurückhaltend gegen den Ablass. Der Papst hatte ja jede Behinderung des Ablasses unter Strafe gestellt. Was ihn seelsorgerisch und theologisch empörte, war, dass dieser die Menschen darin bestärkte, nicht mehr die Sünde, sondern die Strafe zu fürchten. Damit griff er das Geschäftsmodell des Ablasshandels frontal an, denn wenn keiner Angst vor der Strafe hätte, würde niemand mehr Ablässe erwerben. Wäre es nicht um so viel besser, die Menschen zu bewegen, in tätiger Reue die Strafe anzunehmen und sich dadurch Christus zu nähern? Ihm kam der ganze Ablasshandel verkehrt, ja pervers und obszön vor, denn er war bei Lichte besehen in seiner Wirkung eine Lizenz zum Sündigen. Mit einer Zahlung konnte man sich selbst von schweren Sünden exkulpieren. Tetzels Auftreten in Jüterbog zwang Martin, sich mit der Problematik des Ablasses auseinanderzusetzen, zumal er in seiner Theologie zu entgegengesetzten Befunden kam. In einer Predigt im März geißelte er die »Fabelredner«, die das Volk zur Sünde der Selbstliebe und des Egoismus verführten, weil sie ihm das Sündigen erlaubten – schließlich gab es ja für alles einen Ablass. Für sein neues Bußverständnis, das sich herausbildete, wurde – wieder in philologisch geschulter Weise – der griechische Begriff für die Buße – *metanoia* – entscheidend. Denn unter *metanoia* wurde die Umkehr des Menschen zu Gott verstanden, für Martin eine Umkehr, die ein Prozess war und ein Leben lang andauern sollte: »ein Wiederzurechtkommen und die Einsicht in die eigene Unvollkommenheit, nachdem man die Strafe erlitten und den Irrtum eingesehen hat. Das aber kann unmöglich ohne Änderung des Sinnes und der (Eigen-)Liebe geschehen.«[101] Gemäß seiner Gnadentheologie wurde die Umkehr den Menschen von Gott geschenkt. Bei den Menschen also die Kraft zur Buße, zur Umkehr zu Gott zu schwächen, indem man ihnen vorgaukelte, gegen Geld aller Sündenstrafen ledig zu werden, stellte für ihn eigentlich ein Verbrechen an den Menschen und einen Frevel gegen Gott dar. Nicht allein mit der Frage der Buße, die das innerste, intimste und persönlichste Feld des Verhältnisses des Menschen zu Gott darstellte, beschäftigte er sich eingehender, er beriet sich auch mit den Juristen, denn nicht nur die Theologie, auch das Kirchenrecht war betroffen. Er wusste, dass er an den vielleicht heikelsten Punkt rührte, jedoch konnte er das Problem nicht ignorieren, denn als Prediger trug er Verantwortung für die Menschen seiner Gemeinde und als Doktor der Theologie für die Reinheit der Heiligen Schrift. Und hatte Gott ihm nicht in den Zeiten der Pest bestätigt, am rechten Platz zu stehen? Wozu zu einer neuen Theologie durchstoßen, wenn man sie ignorierte, sobald es gefährlich oder unangenehm wurde? Er, der unter dem Joch seines Gewissens lief, musste sich mit dieser Frage auseinandersetzen.

Papst Leo im fernen Rom ahnte nicht, was sich in der deutschen Provinz zusammenbraute, wie heiß der Furor teutonicus, der deutsche Zorn, in Martin Luther brodelte. Der Papst schlug sich mit viel näher liegenden, existenzbedrohlichen Problemen herum. Das Herzogtum Urbino hatte er an seinen Erzrivalen Francesco Maria aus der Familie der della Rovere, aus der sein Vorgänger stammte, verloren. In den Städten der Toskana und des Kirchenstaates gärte es. Die Unruhen hatten sogar den Vatikan erreicht. Kardinal Alfonso Petrucci hegte einen tödlichen Hass gegen den Papst, weil der im Vorjahr seinem Bruder Borghese Petrucci das toskanische Siena weggenommen und ihn aus der Stadt verbannt hatte. Der Kardinal plante, den Papst zu vergiften. Im März 1517 wurde das Komplott aufgedeckt, und Leo X. ließ neben Petrucci weitere Kardinäle aus seiner nächsten Umgebung verhaften. Petrucci steckte man in das tiefste Verlies der Engelsburg, das man »marocco« nannte, bevor er am 3. Juli im Castel Sant'Angelo erdrosselt wurde. Papst Leo war zutiefst erschrocken über den Abgrund, der sich plötzlich vor ihm aufgetan hatte, und verließ die nächsten Wochen nicht mehr den Vatikan. Er begnadigte einige Kardinäle, weil er den Volkszorn fürchtete, wenn er die beliebtesten kirchlichen Würdenträger Roms hinrichten ließ. Dann gestaltete er das Kardinalskollegium um, indem er einige Kleriker zu neuen Kardinälen erhob, unter ihnen den General der Dominikaner, Tommaso de Vio, genannt Cajetan, der Mann aus Gaeta. Unter diesem Namen – Cajetan – sollte er in die Geschichte eingehen.

Gegen den Papst wollte Martin nicht revoltieren, das lag ihm fern, und eine Strafe wegen Behinderung der Ablasspredigten wollte er nicht riskieren. Da die Frage des Ablasses in seinen Augen eigentlich eine Frage der Buße betraf und mithin die kardinale Problematik, wie der Christ in dieser Welt leben sollte, entschied er sich in der Tat auch für einen grundsätzlichen und rechtlich unbedenklichen Weg, nämlich den einer Disputation, eines Meinungsaustausches unter Fachgelehrten. Seltsam widersprüchlich an der von ihm gewählten Form war allerdings, dass er ein Thema, das so sehr mit dem Alltag der Menschen zusammenhing, in der Ferne der Studierstube klären wollte. Das konnte nicht funktionieren; allerdings hatte er den realistischsten Weg gewählt, den Stein ins Rollen zu bringen, ohne selbst gleich von ihm überrollt zu werden.

Am 31. Oktober schlug Luther die Thesen über den Ablasshandel an der Tür der Wittenberger Schlosskirche an, dort, wo üblicherweise die Professoren der Universität ihre Thesen zur gelehrten Disputation anbrachten. In der Forschung wurde oft bezweifelt, dass der Thesenanschlag tatsächlich stattgefunden hat und nicht eine fromme Legende darstellt, doch zeigt dieser Zweifel eher, wie Forschung zuweilen wirklichkeitsblind wird, wenn sie sich im engen Gehäuse ihrer Wissenschaft verbirgt. Es bestand kein Grund dafür, dass Luther die Thesen nicht dort publizieren sollte, wo sie nach wissenschaftlichem Brauch publiziert wurden, denn er sah in ihnen nicht die Revolution, die sie schließlich auslösen sollten, weil er das wirtschaftliche Interesse hinter der theologischen Konstruktion nicht bedachte, sondern rein auf der Ebene der Theologie argumentierte. Wie man am Beispiel des Erasmus sieht, stand Leo X. den Humanisten aufgeschlossen gegenüber, er war beileibe kein Fanatiker und hielt es mit der Orthodoxie auch nicht allzu genau.

Martin hatte sich so tief in die Ablassfrage hineingearbeitet, die als Bußproblematik Eckpfeiler seiner Theologie wurde, dass er nicht mehr zurückkonnte. Immer stärker empfand er sich als Doktor der Theologie als Hüter der Heiligen Schrift und sein Amt im alttestamentarischen Sinne als Prophetenamt, in das er in der Folgezeit gerade durch die enormen Zwänge und Gefahren der Zeit immer stärker hineinwachsen sollte. Im Nachhinein wirkte es wie eine Vorbedeutung, dass er bereits als Knabe in Magdeburg und später noch einmal im Erfurter Kloster mit der Samuelgeschichte konfrontiert worden war. In einem Brief, der sich, bei aller Devotion im Ton, dem Inhalt nach wie eine väterliche Ermahnung liest, schickte Martin Erzbischof Albrecht die fünfundneunzig Thesen »Von der Kraft der Ablässe« und die Ankündigung der Disputation – übrigens auch ein Indiz dafür, dass er die Thesen publiziert hatte, weil das die Voraussetzung für die Disputation bildete. Drastisch führte er dem Nutznießer der Ablässe die verderbliche Wirkung[102] derselben auf die seiner Obhut anvertrauten Menschen vor Augen. »Die unseligen Leute meinen nämlich, wenn sie Ablassbriefe lösen, seien sie ihrer Seligkeit gewiss, ebenso dass die Seelen ohne Verzug aus dem Fegefeuer fahren, sobald sie ihre Zahlung in den Kasten legen.«[103] Bissig bemerkte er, dass die Leute dächten, dass die Gnadenwirkung des Ablasses von allen, auch den größten Sünden erlöse, selbst wenn sie die Jungfrau Maria geschwängert hätten. In der fünften These entzog er dem aber den Boden, indem er sagte: »Der Papst will und kann keine Strafen erlassen als solche, die er nach seiner eigenen Entscheidung oder der der kirchlichen Satzungen auferlegt hat.« Er bestritt die Rechtsgrundlage der Ablässe, indem er die Kompetenz des Papstes bestritt. Die Argumentation besaß eine juristische Note, denn sie fußte auf dem Gedanken, dass ein untergeordneter Richter nicht den Richterspruch des obersten, des letztinstanzlichen Richters aufheben konnte.

Seine Empörung, wie die armen Leute in die Irre und in eine Gefahr für ihr Seelenheil geführt wurden, ließ ihn eindringlich an den weit über ihm stehenden Kurfürsten und Erzbischof von Mainz appellieren und ihm ins Gewissen reden. Er machte Albrechts Pflichtverletzung deutlich und drohte ihm: »Ach lieber Gott, so werden die Seelen unter *Eurer* Obhut, teuerster Vater, zum Tode unterwiesen, strenge und immer größer werdende Rechenschaft wird von Euch für alle diese Seelen gefordert werden« – für die er doch verantwortlich war. Deutlicher konnte die Anklage nicht ausfallen: Du, Albrecht, machst dich vor Gott und dem Herrn schuldig. So empfand Martin es auch, und so hatte er es pflichtgemäß auch zu benennen, denn die Verfechter des Ablasses »lehrten gottlose, falsche und ketzerische Dinge«[104], vertraute er Staupitz an. Nicht Renitenz stand dahinter, die hasste Martin, und die Hierarchie achtete er zutiefst. Er war nichts weniger als ein Rebell. Im Gegenteil, er achtete die Obrigkeit so sehr, dass jene Wendung gegen die Obrigkeit aus der Wahrung der Obrigkeit kam, denn an der Spitze stand Gott, und ihm war er streng hierarchisch letztendlich verpflichtet. Seine spätere Verurteilung des Papstes und seine herbe Kritik an den aufständischen Bauern kamen aus der gleichen Haltung. Im Konflikt mit Albrecht wurde sie das erste Mal deutlich. Martin bestritt die falsche Autorität der Kirchenfürsten, denn die Seligkeit des Menschen konnte kein Bischof und kein Papst erwirken. Einzig der Mensch konnte »allzeit mit Furcht und Zittern« schaffen, dass er selig werde. Er ging so weit, zu behaupten – und er berief sich dabei immer wieder auf die Bibel, die keiner so gut kannte wie er, darin bestand sein größtes Kapital –, dass kaum die Gerechten gerettet würden. Im Grunde bestritt er, dass der Ablass selig mache, und empfahl stattdessen die Werke der Frömmigkeit und Nächstenliebe – nur dass damit eben kein Geld zu verdienen war. Die nächste herbe Kritik folgte auf dem Fuße, denn über die Werke der Frömmigkeit und Nächstenliebe, die am ehesten selig machten, musste in den Predigten geschwiegen werden, damit der Ablass gepredigt werden konnte. Der Skandal stank für ihn zum Himmel. Irrlehren würden auf Kosten der Wahrheit verkündet. Wieder machte er Albrecht dafür verantwortlich, wenn er schrieb: »... während doch das aller Bischöfe vornehmliches und einziges Amt sein sollte, dass das Volk das Evangelium und die Liebe Christi lerne.«[105] Messerscharf und ausgebildet in der Beweisführung durch die ihm verhasste Scholastik, brachte er den Untersatz in Stellung: Christus habe nirgendwo befohlen, den Ablass, aber ausdrücklich gefordert, das Evangelium zu predigen. Nach dem Satz vom ausgeschlossenen Widerspruch konnte demzufolge der Ablass nicht mit dem Evangelium harmonieren noch im Evangelium stehen: »Wie groß ist daher der Gräuel, wie groß die Gefahr für einen Bischof, der – während das Evangelium verstummt – nichts anderes als das Ablassgeschrei unter sein Volk zu bringen gestattet und sich um dieses mehr als um das Evangelium kümmert!« Dabei war doch die Predigt und Verkündigung des Evangeliums »seine einzige Aufgabe«. In diesem Brief wurde erstmalig Martins besondere rhetorische Begabung und sein einzigartiger Stil deutlich, denn er verband genial und schlafwandlerisch sicher ausbalanciert die höchste Emphase mit der kältesten und klarsten logischen Beweisführung.

In diesem Brief warf er dem mächtigen Mann vor, sein Amt als Bischof zu verletzen. Was berechtigte ihn dazu? Mit welcher Legitimation sprach er? Albrecht schäumte vor Wut, als er dies las, und hätte den kleinen Mönch am liebsten dafür in Klosterhaft getan. Allerdings beeindruckte ihn die Zielsicherheit des Schreibens. Welches Mandat konnte also Martin dafür vorweisen? Ein einziges: Nach allen konventionellen Demutsgesten schloss er den Brief mit Verweis auf sein Amt, von dem aus er tätig wurde: »berufener Doktor der heiligen Gottesgelehrtheit«.[106] Nicht er sprach, sondern sein »Prophetenamt« verpflichtete ihn dazu, ohne auf sich selbst Rücksicht zu nehmen. Mit den Juristen hatte er sich klug beraten. Da er seinen Angriff nicht als Glaubenslehre führte, sondern in der Form einer akademischen Disputation, stand er auch unter dem Schutz der akademischen Freiheit. Nicht Lehrsätze, sondern Thesen, für die ihm nach geltendem Recht kein Inquisitionsprozess gemacht werden konnte, stellte er auf. Er wusste, dass diejenigen, die mit dieser Gewalt den Ablass predigten, jeden, der sich dagegen erhob, dem »Feuertod als Ketzer«[107] und »ewiger Verfluchung«[108] anheimgeben würden. Der Brief an Albrecht mochte zwar eine gewaltige Frechheit darstellen, aber er war letztlich nur eine Meinungsäußerung. Sein Vorgehen war zwar ungewöhnlich, aber juristisch nicht anfechtbar. Hinzu kam, dass die Problematik des Ablasses in der Kirche seit dem Mittelalter kontrovers diskutiert wurde. Thomas von Aquino hatte zwar die Rechtmäßigkeit des Ablasses definiert, aber eine ganze Reihe von Theologen hatte dagegen opponiert, Männer wie John Wyclif oder Rucherat von Wesel oder Wessel Gansforth. Deshalb hatte Martin klug den Weg der Disputation gewählt, wenngleich ihm bewusst war, dass dieser Schutz nur relativ und formal sein konnte, denn er hatte »diese Geldjäger (ach, Seelenfänger hätte ich sagen sollen)«[109] beim Allerheiligsten, bei ihrem Geldbeutel getroffen. Das konnten sie nicht durchgehen lassen. Martin Luder hatte ihre absolute Autorität in Zweifel gezogen, ihre Einkünfte gefährdet und, das spürte man, ein neue Sicht auf das Christentum und die Hierarchie entworfen. Allein die Behauptung, sein einziges Amt und mithin seine Legitimation sei die Predigt des Evangeliums, verwies so manchen Kirchenfürsten auf das, womit er sich am wenigsten beschäftigte. In dieser Vorstellung war bereits im Kern die Lehre von der Freiheit eines Christenmenschen enthalten. Seine Gegner sollten es merken, bevor er es selbst begriff.

Man hat immer wieder behauptet – und Martin Luder hatte es auch vermutet –, dass die Dominikaner, die in den Ablasshandel verstrickt waren, ihn in Rom anschwärzten. Der entscheidende Brief kam aber von Erzbischof Albrecht, der die Thesen nach Rom schickte und vom Papst eine Untersuchung verlangte. Der Brief lag Anfang Januar 1518 Leo X. vor, der keinerlei Lust verspürte, sich mit der Wichtigtuerei eines kleinen deutschen Mönchs auseinanderzusetzen. Er übergab die Angelegenheit seinem Hoftheologen, dem Meister des heiligen Palastes Sylvester Prierias. Der ließ die Gelegenheit nicht verstreichen, dem kleinen Mönch eine gehörige Abreibung zu verpassen. Da die Dominikaner auf ihrem Provinzialkapitel in Frankfurt an der

Oder Martin verunglimpften und gleichzeitig das eitle, beleidigende und sachlich eher dünne Schreiben von Prierias, das dieser hatte drucken lassen, eintraf – Prierias gehörte ebenfalls dem Dominikanerorden an –, witterte Martin eine Intrige der Predigermönche hinter der unerwarteten Lawine von persönlichen Angriffen, die seine Thesen, die zur Disputation bestimmt waren, auslösten. Es machte die Sache nicht besser, dass Leo X. am 3. Februar 1518 nach Venedig dem Generalvikar seines Ordens schrieb, man solle den deutschen Bruder zum Schweigen in dieser Angelegenheit ermuntern. Leo X. glaubte, die Sache auf dem kleinen Dienstweg erledigen zu können.

Martin, der den Kampf begonnen hatte, weil er nicht anders konnte, war entschlossen, den Weg zu Ende zu gehen, fest davon überzeugt, dass Gott dies von ihm wollte und es seiner Verantwortung als Doktor der Heiligen Schrift entsprach. Er kannte auch durch die Romreise, den Unionsstreit und seine Tätigkeit im Orden die Kirche so gut, dass er sich keine Illusionen darüber machte, was über ihn hereinbrechen würde. Aber er stand fest in seiner Theologie. Wenn die erste These sein Lebensprogramm umriss: »Da unser Herr und Meister Jesus Christus sagt: ›Tut Buße‹ usw. (Mt 4,17), wollte er, dass das ganze Leben der Gläubigen Buße sein sollte.« Die letzte seiner Thesen lautete hingegen auch wie ein Kommentar zu dem Weg, den er nun vor sich sah: dass man sein Vertrauen »eher darauf setzen soll, durch viel Leid als durch sicheren Frieden in den Himmel zu kommen«.[110] Damit war ein Kampf eröffnet, den alle Beteiligten von Anfang an in seiner Dramatik und seinen Folgen unterschätzen sollten.

18. Der Weg in die Freiheit

Nachdem er die Ablassthesen angeschlagen und zur Disputation eingeladen hatte, nahm er eine kleine, aber wesentliche Veränderung vor: Er änderte seinen Namen. Am 11. November 1517, nur elf Tage nach dem Thesenanschlag, unterschrieb er den Brief an Johannes Lang, dem er die Ablassthesen beilegte, mit »Martin Eleutherius«, ebenfalls den kurz darauf abgehenden Brief an Spalatin. Eleutherius hatte er in humanistischer Tradition vom griechischen *eleutheros* (der Freie) hergeleitet. Aus dem Eleutherius wurde Martin Luther. Der Name Luther war also in seiner Entstehung ein *nom de guerre*, ein Kampfname, den er im Streit für die gerechte Sache Gottes angenommen hatte. Wie sehr er sich als Streiter, als Mahner, als Verkünder des Evangeliums empfand, zeigte, dass er diesen Begriff aus dem Paulus-Brief an die Korinther nahm, wo er an der Stelle vorkommt, an der Paulus über seine Vollmacht als Apostel, über sein Recht und seine Freiheit spricht. Hier wurde das erste Mal Martins Selbstverortung sichtbar, die sich nicht mehr verändern sollte und das Verständnis seines Wirkens als Prophet der Freiheit ausmachte. Er war jetzt auch wirklich frei. Er hatte sich von der Scholastik freigemacht und sich befreit von seinem Hass auf Gott, auf Gottes Gerechtigkeit, vom Werkezwang, von allen anderen Autoritäten bis auf Gott. Indem er Gottes Gnade, aus dem Glauben heraus und gerechtfertigt zu leben, angenommen hatte, konnte er sich in Christo befreien. Christus hatte dem Tod den Stachel genommen und den Weg in Gottes Gerechtigkeit gewiesen, man musste ihm nur folgen. Frei war er gegenüber jedermann und dennoch jeden Mannes Knecht, denn die Kehrseite der Freiheit bestand in der Verantwortung, die er wahrnehmen musste. Im Namenswechsel von Martin Luder zu Martin Luther über Eleutherius, den Freien, dokumentiert sich eine radikale Befreiung, ein Akt ungeheurer Emanzipation. In dem Brief des Paulus (1 Kor 9,19–27), auf den Luther Bezug nimmt, heißt es: »Denn obwohl ich frei bin von jedermann, habe ich doch mich selbst jedermann zum Knecht gemacht, damit ich möglichst viele gewinne. Den Juden bin ich wie ein Jude geworden, damit ich die Juden gewinne. Denen, die unter dem Gesetz sind, bin ich wie einer unter dem Gesetz geworden – obwohl ich selbst nicht unter dem Gesetz bin –, damit ich die, die unter dem Gesetz sind, gewinne. Denen, die ohne Gesetz sind, bin ich wie einer ohne Gesetz geworden – obwohl ich doch nicht ohne Gesetz bin vor Gott, sondern bin in dem Gesetz Christi –, damit ich die, die ohne Gesetz sind, gewinne. Den Schwachen bin ich ein Schwacher geworden, damit ich die Schwachen gewinne. Ich bin allen alles geworden, damit ich auf alle Weise einige rette. Alles aber tue ich um des Evangeliums willen, um an ihm teilzuhaben. Wisst ihr nicht, dass die, die in der Kampfbahn laufen, die laufen alle, aber einer empfängt den Siegespreis? Lauft so, dass ihr ihn erlangt. Jeder aber, der kämpft, enthält sich aller Dinge; jene nun, damit sie einen vergänglichen Kranz empfangen, wir aber einen unvergänglichen. Ich aber laufe nicht wie aufs Ungewisse; ich kämpfe mit der Faust, nicht wie einer, der in die Luft schlägt, sondern ich bezwinge meinen Leib und zähme ihn, damit ich nicht andern predige und selbst verwerflich werde.« Er wusste nur zu gut, der Freie, dass er vor einem großen Kampf stand, den er sich nicht ausgesucht hatte und den er annehmen musste. Mit Paulus hatte er sich befreit, um handeln zu können. Wie Staupitz sah er, dass die Kirche reformiert werden musste, damit sie ihrer Aufgabe, den Menschen das Evangelium zu bringen, wieder gerecht wurde. Nur dass Staupitz nicht Luthers Konsequenz im Denken besaß, denn was niemand in seiner ganzen Tragweite erkannte, vermutlich nicht einmal er selbst: Luther hatte Vollmacht aus der Freiheit und mithin Handlungsfreiheit gewonnen. Er hatte mühsam und quälend seinen Glauben an Gott gefunden, einen Glauben, der tief theologisch fundiert, wenn auch noch nicht ausgeführt war, und dieser Glaube machte seine Standfestigkeit aus. Von ihm bewegte er sich nicht mehr fort. Alles, was theologisch, seelsorgerisch, politisch, rechtlich, wirtschaftlich, pädagogisch und wissenschaftlich zu beurteilen war, wurde vom Standpunkt dieses Glaubens aus bewertet und entschieden. Diese Freiheit hatte er sich hart erarbeitet und erkämpft. Das würde er auch jetzt so durchkämpfen, und in der Ablassfrage stand für ihn inzwischen die Frage nach dem rechten Leben eines Christen, nach Buße und Gnade und Erlösung auf dem Spiel, die Frage, ob dem Volk das Evangelium verkündet oder ob es verhöhnt werden sollte. Der Kampf konnte in die nächste Runde gehen; er hatte sich befreit, er, der Freie, würde nicht aufgeben.

Als Antwort auf die Invektiven der Dominikaner veröffentlichte Martin zwei Entgegnungsschriften, schroffer und deutlicher in der Sprache, eine für den Papst auf Latein und eine auf Deutsch, für jedermann. Prierias hatte die Sache öffentlich gemacht, er würde nun öffentlich antworten. Sein Gefühl sagte ihm, dass sein einziger Schutz neben der

Protektion des Kurfürsten die Öffentlichkeit war – und im Unionsstreit hatte er ja beobachten können, wie das Engagement der Reichsstadt Nürnberg auch ein von Rom unterstütztes Vorhaben zu Fall bringen konnte. In Nürnberg brachte man seinem Vorgehen Sympathie entgegen. Christoph Scheurl hatte nicht wenig dazu beigetragen, dass die Thesen publik wurden. Martin hatte zwar sehr schnell die Schutzbehauptung in Umlauf gebracht, dass ihm das nicht recht gewesen sei, und sich von der Veröffentlichung außerhalb der Universität distanziert, da die Thesen nicht für die breite Öffentlichkeit, sondern für eine Disputation bestimmt gewesen seien, aber das musste er tun, um den rechtlichen Status zu erhalten. Er war kein Ketzer, der häretisches Gedankengut in Umlauf brachte, sondern ein Wissenschaftler, der über ein wissenschaftliches Problem disputierte. In Wirklichkeit suchte er durchaus die Öffentlichkeit, schon weil er öffentlich wirken wollte und er wirklich nicht erwarten konnte, diejenigen auf seine Seite zu ziehen, die er angriff.

In allen Kontroversen hielt sich Luther immer sehr geschickt an eine konsistente juristische Linie, die er anfangs mit den Juristen der Universität und später mit Spalatin und den kurfürstlichen Räten besprach. Wer also Kommentare und Meinungsäußerungen von ihm gerade zu seinen eigenen Publikationen zu Rate zieht, muss immer bedenken, dass sie Teil der auch juristischen Argumentation waren. Martin Luther musste genau darauf achten, sich nicht ins Unrecht zu setzen.

Nun ging es allerdings Schlag auf Schlag. Im April diskutierte Martin auf dem Kapitel der Augustiner-Eremiten in Heidelberg seine Thesen. Staupitz stand hinter ihm. Nicht nur, dass ihn niemand widerlegen konnte, er erntete Beifall, Sympathie und Unterstützung. Niemand konnte und viele wollten ihm auch nicht etwas Gegenteiliges beweisen. Die Thesen trafen zudem auf das weitverbreitete Gefühl in Deutschland, von der Kurie in Rom ausgebeutet und ausgepresst zu werden. Deshalb entwickelten sie eine Brisanz, die nicht abzusehen war und die Martin selbst überraschte. Warum man ganz Rom ernähren musste, verstand man in Deutschland immer weniger. Mit dem Petersablass hatte man es zu dreist getrieben und das Fass zum Überlaufen gebracht.

In der Ewigen Stadt wurde derweil der in dieser Angelegenheit eher unwillige Papst Leo X. von diversen Intriganten angetrieben, endlich gegen den Häretiker in Wittenberg vorzugehen. Man tat, was man in diesen Fällen immer tat, man zitierte den Bruder Martinus nach Rom, doch der schützte geschickt Gründe vor, nicht zu fahren. Nach einigem Hin und Her und aufgrund von Verhandlungen mit Kurfürst Friedrich dem Weisen, Martins Landesvater, und dessen Räten einigte man sich darauf, dass Luther am Rande des Reichstages zu Augsburg mit einem Legaten des Papstes zusammentreffen sollte. Der Papst beauftragte den Kardinal Thomas Cajetan, der zu allem Überfluss nicht nur dem Orden des heiligen Dominikus angehörte, sondern zuvor sogar dessen Ordensgeneral gewesen war. Einen Disput sollte es nicht geben, der Mönch sollte einfach seine Thesen widerrufen und Cajetan ihn danach väterlich vermahnen, womit die Sache dann aus der Welt sein sollte.

Den hochgebildeten Cajetan hielt der Papst auch deshalb für den rechten Mann, die Luthersache zu bereinigen, weil er, ohne von Luthers Ablassthesen zu wissen, fast gleichzeitig einen Traktat über den Ablass verfasst hatte, dessen Praxis auch Cajetan nicht ganz unkritisch sah.

Der Kardinal war ein fleißiger und gründlicher Mann. Er hatte sich sogar in Martin Luthers Schriften eingelesen. Dreimal trafen sie sich 1518 in Augsburg im Hause der Fugger, in dem Cajetan Quartier gefunden hatte. Beim ersten Mal, am 12. Dezember, einem Dienstag, sprangen sie in den Themen hin und her, weil Cajetan nicht disputieren wollte, was Martin allerdings versuchte, denn er verlangte, dass man ihn widerlege und ihm zeige, wo er irrte. Nachdem Cajetan erbost über die Respektlosigkeit des kleinen Mönchs brüllte und schrie, forderte Martin, man solle sich am nächsten Tag konzentrierter besprechen. Am nächsten Tag erschien Martin in Begleitung der kurfürstlichen Räte Johann Rühel und Philipp von Feilitzsch sowie von Johann von Staupitz.

Feilitzsch forderte im Namen des Kurfürsten Cajetan auf, ein faires Verhör durchzuführen. Martin verlas eine Erklärung. Die Bulle »Unigenitus« Papst Clemens' VI., die einige Ablassfragen regelte und auf die sich Cajetan berief, qualifizierte Martin als ein nicht in der Schrift begründetes Papstgesetz. Da sich selbst Petrus geirrt hatte, konnte sich Petri Stellvertreter, der Papst, auch irren. Zudem wurden schon viele Papstgesetze korrigiert. Eigentlich hatte Cajetan weder Auftrag noch Interesse, mit Luther zu disputieren, nur eines sollte er erwirken, Luthers Widerruf. Doch als Gelehrter, der er war, ließ er sich schließlich doch zum Disput verleiten. Luther wunderte sich im Gespräch, wie wenig Cajetan Wert auf die Bibelstellen, die er zum Beweis seiner Ansicht anführte, legte. Als Cajetan jedoch nicht weiterkam, stellte er den Disput ein und forderte als Richter Martins Widerruf. Als dies den Mönch unbeeindruckt ließ, schrie Cajetan und drohte mit dem Bann und der Exkommunikation. Dann versuchte er Martin in einer langen Rede zu widerlegen. Nachdem Martin wohl ein dutzend Mal versucht hatte, etwas zu entgegnen, riss ihm der Geduldsfaden, und er brüllte den Kardinal an: »Wenn gezeigt werden kann, dass die Bulle ›Unigenitus‹ besagt, die Verdienste Christi sind der Schatz der Ablässe, werde ich widerrufen.« Der Kardinal lächelte, endlich gab der Mönch nach. Er hatte ihn überwunden. Deutlich, so erklärte Cajetan, hieß es in »Unigenitus«, dass die Verdienste Christi und der Heiligen der Schatz der Ablässe seien, weshalb die Kirche die Ablässe frei gewähren könne. Doch bevor Cajetan weiterreden konnte, hatte ihn Luther bereits schroff unterbrochen, es heiße in »Unigenitus« nicht, dass sie der Schatz seien, sondern dass die Verdienste Christi den Schatz erwürben. Und was man erwerben wolle, könne man nicht verteilen. Cajetan, der als guter Thomist seine Argumentation zusammenbrechen sah, griff panisch zum Text der Bulle und las tatsächlich an der Stelle, an der er ein *est* vermutete, ein *acquisivit*. Nachdem Cajetan die Argumentationsbasis weggebrochen war, blieb ihm nur, Luther noch einmal väterlich zu ermahnen, seine Ansichten zu widerrufen. Staupitz war beeindruckt von seinem Schüler.

Wenn es je darum gegangen sein sollte, so ging es von dieser Stunde an nicht mehr um Recht oder Unrecht, um Lehre oder Irrlehre, sondern nur noch um Macht und Unterordnung. Martin Luther forderte, dass man ihn anhand der Heiligen Schrift widerlegen solle, während der Papst Luthers Unterordnung verlangte und jeden Disput verweigerte. Hellsichtig entband noch am Abend Johann von Staupitz Martin seiner Gehorsampflichten gegenüber dem Orden und den Ordensoberen, wohl wissend, dass ihn nun rechtlich niemand mehr aufgrund des Gelübdes nach Rom oder an einen anderen Ort befehlen konnte. Er erinnerte sich noch daran, wie sein Emissär wegen weit Geringerem eine Zeit in Klosterhaft in Rom zugebracht hatte. Gern tat es Staupitz nicht, aber es ging nicht anders. Der Konflikt ließ sich nicht lösen, er musste ausgetragen werden.

Inzwischen umgaben ihn in Wittenberg Professoren, die seine Ansicht teilten wie Karlstadt, aber ein neuer Professor sollte für ihn zur wichtigsten Stütze werden, Philipp Melanchthon, der aus Humanistenkreisen stammte, Reuchlins Neffe und eine Koryphäe im Griechischen war. Unterschiedlich im Naturell, ergänzten sie sich ideal.

Ein halbes Jahr später kam es noch einmal zu einem öffentlichen Disput an der Leipziger Universität, offiziell zwischen dem Ingolstädter Gelehrten Johannes Eck und dem Wittenberger Professor Andreas Bodenstein, genannt Karlstadt, im Grunde aber zwischen Eck und Luther. Eck konnte Luther weder besiegen noch widerlegen, vermied aber als geschickter Disputant eine Niederlage. Mit einem taktischen Spielchen, das eher in das Fach Denunziation gehörte, sollte er Luther tatsächlich in Bedrängnis bringen. Eck zwang ihn in der Disputation dazu, öffentlich zu erklären, dass das Konstanzer Konzil geirrt habe – wodurch er in eine gefährliche Nähe zu dem Ketzer Jan Hus geriet. Nichts anderes hatte Eck gewollt. Er wusste, dass Luther aufgrund seiner Theologie den Laienkelch und die Darreichung des Abendmahls in beiderlei Gestalt befürworten musste, das aber hatten die Konstanzer Konzilsväter für häretisch erklärt. Für Eck war jeder, der die Autorität eines Konzils anzweifelte und die Meinung vertrat, dass ein Konzil irren konnte, ein Ketzer. Allerdings hatte Ecks dubiose Strategie einen Nebeneffekt. Er hatte Martin dazu gebracht, seine Haltung zu Jan Hus, den er immer für einen Ketzer gehalten hatte, zu überdenken.

Dass Leipzig für den eitlen Eck kein Triumph wurde, verzieh er Martin nicht. Nach der Leipziger Disputation schrieb er an den berüchtigten Kölner Inquisitor Jakob von Hoogstraten, um ihn zu bewegen, gegen den Ketzer tätig zu werden. Sind Denunziationsbriefe schon unangenehm, so dieser ganz besonders: »Luther leugnete, dass Petrus der Oberste der Apostel gewesen sei, er leugnete, dass der kirchliche Gehorsam vom göttlichen Recht herkomme … Er leugnete, dass auf Petrus die Kirche gebaut sei: ›Auf diesem Fels usw.‹ Weil ich ihm darauf Augustin, Hieronymus, Ambrosius, Gregor, Cyprian, Chrysostomus, Leo und Bernhard zusammen mit Theophilus anführte, verwarf er sie alle, ohne rot zu werden … Deshalb bitte ich um dessentwillen, dem ich diene, dass ihr den Glauben, dessen ihr euch schon seit Langem angenommen habt, mit allem Ernst verteidigt.« Mit der Aufforderung an Hoogstraten, als Inquisitor in Sachen Luther tätig zu werden, ließ es Doktor Eck nicht bewenden, er begab sich persönlich nach Rom, um an der Bannandrohungsbulle mitzuarbeiten, die Leo X. nun gegen Luther von Kardinal Cajetan, Sylvester Prierias und anderen erarbeiten ließ.

In Wittenberg stellte sich allerdings Kurfürst Friedrich der Weise vor seinen Professor Martin Luther.

Martin machte sich nun in der Zeit, als man in Rom an der Bannandrohungs- und an der Bannbulle arbeitete und sich trefflich stritt, ob einzelne Lehren Luthers als häretisch zu brandmarken seien oder der ganze Luther *in summa*, an die Arbeit, um die Reform in drei großen Schriften, die 1520 erschienen, bündig zu formulieren. Es waren dies: »An den christlichen Adel deutscher Nation von des christlichen Standes Besserung«, in der er darstellte, dass durch die Taufe jeder Christ zum Hüter des Glaubens berufen sei und der geistliche Stand, einschließlich des Papstes, keinen Vorrang habe. »Man hats erfunden, dass Papst, Bischöfe, Priester und Klostervolk der geistliche Stand genannt wird, Fürsten, Herrn, Handwerks- und Ackerleute der weltliche Stand. Das ist eine sehr feine Erdichtung und Trug.«[111] Der Papst dürfe nicht behaupten, dass er unfehlbar sei, und auch nicht, dass nur er ein Konzil einberufen dürfe. Da der Papst nicht über dem Kaiser stehe und der geistliche nicht über dem weltlichen Stand, sei es Aufgabe der Fürsten, in ihren Ländern Sorge für den rechten Glauben zu tragen. Die Schrift »De Captivitate Babylonica Ecclesiae Praeludium« handelte von der babylonischen Gefangenschaft der Kirche, denn so wie die Juden im babylonischen Exil gefangen waren, befanden sich die Christen in der Gefangenschaft der römischen Kirche. Die römische Kirche verwaltete die Gnadengaben, die Ablässe und Sakramente, aber die Bibel kannte statt der sieben nur drei Sakramente, nämlich Taufe, Buße und Abendmahl. Die anderen, nämlich Firmung, Ehe, Priesterweihe und letzte Ölung, habe die Kirche eigenmächtig hinzugefügt, und sie seien deshalb abzuschaffen. Damit legte Luther die Axt an die Wurzel der seit Jahrhunderten gewachsenen kirchlichen Macht. In »Von der Freiheit eines Christenmenschen« definierte er, dass der Christ sein persönliches Verhältnis zu Gott aus dem Glauben und im Glauben an ihn zu gestalten hat. »Ein Christenmensch ist ein freier Herr über alle Dinge und niemand untertan.«[112] Damit nahm er den Gedanken wieder auf, den er bei seinem Namenswechsel von Paulus übernommen, verinnerlicht und weiterentwickelt hatte. Er bedurfte keiner Priester mehr, weil jeder zum Priester berufen war.

Im gleichen Moment, in dem Luther die Schriften veröffentlichte, stellte man in Rom die Bullen fertig.

Die Bulle »Exsurge Domine«, die Eck, Cajetan und andere erarbeitet hatten, wurde Papst Leo X. auf seinem Lustschloss Magliana vorgelegt, während dieser gerade der Saujagd zuschaute. Und danach klang sie auch: »Erhebe dich, Herr, und richte deine Sache! Gedenke deiner Schmähungen, die den ganzen Tag von deinen Unweisen ausgehen. Neige dein Ohr zu unserer Bitte, denn Füchse haben sich erhoben, die danach trachten, den Weinberg zu vernichten, dessen Kelter du allein getreten hast; und als du zum Vater im Himmel aufsteigen wolltest, hast du die Sorge, die Leitung und die Verwaltung deines Weinberges dem Petrus gleichsam als Haupt und deinem Stellvertreter und seinen Nachfolgern als triumphierende Kirche anvertraut; ein Wildschwein trachtet danach, ihn zu zerwühlen …«

Der päpstliche Legat Aleander reiste mit Johannes Eck im Sommer 1520 gemeinsam nach Deutschland, um die Bulle zu veröffentlichen. Doch die Publikation ging nur mühsam voran, denn in vielen Orten weigerte man sich, die Bulle öffentlich zu machen. Dort, wo sie konnten, ließen Eck und Aleander die Schriften Luthers verbrennen. Besonders gern errichteten die Theologen der Universität Löwen den Scheiterhaufen, die sich Hoogstraten seit den Tagen des Reuchlinstreits sehr verbunden fühlten.

Martin hielt die Bulle am 10. Dezember 1520 hinter dem Hospital in Wittenberg in der Hand. Für ihn stand fest, dass der Gerechte verfolgt werden würde. Er hatte jegliche Illusion über die Kirche verloren. Sie hinderte den Menschen nur am Seelenheil. In der Auseinandersetzung hatten sich seine Ansichten nur deshalb verschärft, weil er seine ganze Weltsicht auf der Grundlage seiner Theologie neu definierte. Weil alle irren konnten und geirrt hatten, blieb ihm als einzige Richtschnur die Bibel. Von anderen Autoritäten hatte er sich befreit. Immer bewusster wurde ihm – und von diesem Punkt aus gedacht bekamen Anfechtungen und die Schlachten, die er geschlagen hatte, einen Sinn –, dass er sich in der Endzeit befand, in der die Kräfte des Himmels gegen die Kräfte der Hölle antraten. Der Teufel rüstete. Sicherstes Indiz hierfür war nach den Prophezeiungen des kalabrischen Mönchs Joachim, dass der Antichrist seine Herrschaft aufgerichtet hatte, und dieser Antichrist war, das wurde ihm zaghaft erst, dann aber immer klarer, der Papst in Rom. Rom war das neue Babylon, in dem als Antichrist der Papst über die Welt herrschte, der überwunden werden musste, wenn Gottes Reich anbrechen sollte. In diesem Kampf gegen den Teufel und den Antichrist hatte er in die Schlacht zu ziehen und sein Möglichstes zu tun.

Nun hielt er also die Bannandrohungsbulle in der Hand. Martin hatte alle gebeten hierherzukommen, denn er wollte in seinem Kampf gegen den Antichrist ein deutliches Signal setzen; viel zu lange hatte er die Wahrheit übersehen, nun war sie ihm offenbar geworden, und er musste öffentlich handeln. Frieden konnte es nicht geben. Er befand sich in einem eschatologischen Endkampf.

Bürger der Stadt, Professoren und Studenten der Universität hatten sich versammelt, und die Studenten entzündeten ein Feuer. Martin sah in die Gesichter der Menschen, es gab kein Zurück für ihn, es konnte für ihn kein Zurück mehr geben, laut sprach er, auf die Bulle weisend: »Weil du den Heiligen des Herrn betrübt hast, deshalb betrübe dich das ewige Feuer.« Und warf sie ins Feuer. Er hatte die Bulle des Papstes verbrannt. Damit hatte er den gebannt, der ihn bannen wollte. Nun hatte er auch öffentlich seine Rolle gefunden, er war zum Propheten geworden, der die Menschen zu Gott hinführen wollte, zum Propheten einer neuen christlichen Freiheit, der die Glaubenden, Christi Volk, aus der babylonischen Gefangenschaft des Antichrist befreien wollte. Schon einmal, das wusste er aus dem Alten Testament, hatte ein Prophet das geknechtete Volk aus dem Exil ins Heilige Land und nach Jerusalem zurückgeführt. Nun war die Reihe an ihm. Zweifel fochten ihn nicht an, wenn er ins Feuer blickte und langsam die Bulle verglühen sah.

19. Triumph der Gewissensfreiheit

Als man in Rom von der Verbrennung der Papstbulle erfuhr, war es höchste Zeit zu handeln. Aber was sollte man tun? Ratlosigkeit war das vorherrschende Gefühl. Die Politik lähmte die Politik. Unter den Augen des mächtigsten deutschen Kurfürsten, in der Residenzstadt Friedrichs des Weisen verbrannte ein Professor seiner Universität die Bulle des Papstes unter dem Beifall der Untertanen des Mannes, dem der Papst die höchste Auszeichnung für Laien gleich nach der Heilig- und Seligsprechung verleihen wollte, die goldene Tugendrose. Der Papst saß in der Zwickmühle, er durfte Friedrich den Weisen nicht bedrängen, noch nicht einmal verärgern, denn er bedurfte seiner sehr. Da stand das immer notwendiger werdende Projekt des Türkenfeldzuges an, die Osmanen überrannten Europa und hatten eine starken christlichen Bundesgenossen, den französischen König, dem die Türken gerade recht kamen, um seinen stärksten Rivalen, den Kaiser, zu schwächen, vielleicht sogar zu vernichten. Mochten Millionen Christen unter muslimische Herrschaft geraten, um nur das Wenigste zu sagen, der französische König nahm das billigend in Kauf, um seinen Machtegoismus zu stillen. Er hätte selbst Christus dafür verkauft. Außerdem schädigten die Osmanen den Papst, der dem König der Franzosen im Wege stand, seine Macht in Norditalien zu vergrößern. So absurd es auch klingen mag, die politischen Konstellationen schützten Martin. Ein Übel war er schon, aber aus Sicht des Vatikans noch das kleinste. Denn eine zweite Sorge musste den Medici im Vatikan nicht weniger drücken – und auch dabei brauchte er den Kurfürsten Friedrich, der in unverständlicher Weise an diesem seltsamen Mönch mit seinen fixen Ideen hing. Aber so waren nun mal diese Deutschen, letztlich ein barbarisches Volk mit verqueren Ideen. Kaiser Maximilian wollte seinen Enkel zum Mitregenten und damit zu seinem Nachfolger machen. Da Karl aber gleichzeitig Regent von Neapel war, würde der neue Kaiser wirkungsvoll den Papst in die Zange nehmen und ihn schließlich erpressen können. Erinnerungen an die »staufische Zange« stiegen wieder auf. Leo X. musste Erzherzog Karl als deutschen Kaiser unbedingt verhindern. Nun war Maximilian 1519 verstorben, und eine deutsche Königswahl stand an. Und dass der deutsche König dann auch römischer Kaiser werden würde, lag im Wesen der Sache. Die fast schon feingeistige Pointe in den politischen Verstrickungen lag nun darin, dass die Medici aus Tradition nicht ghibellinisch, also nicht kaiserfreundlich waren, sondern als Guelfen den Franzosen zuneigten. Das alles stärkte, ohne dass er das wusste, Martins Position. Der stärker werdende antirömische, antizentralistische Affekt und die zunehmende Besinnung auf die deutsche Nation und die Regionalität, die auch Martin empfand, der sich nicht nur als Prophet der Freiheit, sondern auch als Prophet der Deutschen sah, das deutsche Eigenbewusstsein der Bürger und Deutschen, wie man es bei dem Reichsritter und Schriftsteller Ulrich von Hutten, bei dem Bürger Willibald Pirckheimer und auch bei Fürsten wie Philipp von Hessen und Friedrich dem Weisen fand, begünstigte Martins Kampf um die Reform des Glaubens.

Der Papst wollte den renitenten Mönch in Rom sehen,

wo er sich offiziell rechtfertigen und inoffiziell getötet werden sollte, was jeder wusste – und Friedrich wollte seinen begabten Professor retten, der seiner bis dahin unbedeutenden Universität Weltgeltung verschaffte, was man auch an steigenden Studentenzahlen sehen konnte. Was häufig im berechtigten Lob für den Kurfürsten übersehen wird, ist, dass er Martin zwar hätte fallen lassen können, aber nur um den Preis eines Ansehens- und Machtverlustes, der desaströs gewesen wäre. Staupitz, Friedrichs alter Freund, sprach für die Richtigkeit der Anschauungen Luthers, sein Privatsekretär Spalatin und die Nürnberger, zu denen er enge Beziehungen unterhielt, auch. Und der Kurfürst vereinigte in seiner Menschenscheu drei Eigenschaften: Klugheit, Machtbewusstsein und eine tiefe Religiosität. Er hätte also den Teufel getan, Luther nach Rom ziehen zu lassen. Und wie immer, wenn die Standpunkte unvereinbar waren, war die Diplomatie gefragt, denn man musste zu einer Lösung kommen. In dieser Situation erwies es sich, dass der Kurfürst außergewöhnlich klug war und zudem noch sehr fähige Räte besaß. Karl, Maximilians Enkel, keine große Leuchte, religiös in einem düsteren spanischen Katholizismus gefangen, wurde Kaiser und stand in der Luthersache auf der Seite des Papstes. Welche Lösung die Kurfürstlichen erzielten, ist durchaus beachtlich, wenn man bedenkt, dass die Wahl Karls zum König und die vielfältigen politischen Intrigen, die allein einen ganzen Band füllen würden, ihre Handlungsfreiheit sehr einschränkten. Luther sollte vor dem Reichstag zu Worms erstens auftreten und zweitens widerrufen; zu disputieren wurde ihm untersagt. Man hatte niemanden, den man siegreich gegen ihn ins Feld schicken konnte. Mehr als dies war allerdings nicht zu erreichen gewesen, zumal auch noch ausgehandelt wurde, dass der Kaiser ihm freies Geleit geben sollte.

Für Martin stellte sich nun die Frage, ob er auf dem Reichstag erscheinen sollte oder nicht. Jetzt zeigte sich Friedrichs menschliche Größe: Er stellte es seinem Professor frei, ob er der Einladung folgte oder nicht, und verband dies mit der Zusicherung, das er nicht ausgeliefert würde für den Fall, dass er in Wittenberg bliebe. Vielleicht hoffte er im Stillen sogar, sein Professor zöge nicht zum Reichstag. Freies Geleit hatte ihm der Kaiser zugesichert, doch auch Jan Hus war von König Sigismund eben jenes freie Geleit gewährt worden. Verbrannt wurde er trotzdem, und Sigismund ließ hinterher kaltschnäuzig verkünden, dass er an Versprechen, die er einem Ketzer gegeben habe, als König nicht gebunden sei. Wenn also die hohen Herren wollten, das wusste Martin nur allzu gut, galt ein Versprechen nichts, schließlich standen genügend Juristen in ihrem Dienst, den Eid- und Rechtsbruch hinterher zu rechtfertigen. Seine Freunde rieten ihm, nicht nach Worms zu gehen. Aber wenn er nicht gehen würde, was wäre dann alles, was er bisher gesagt und wofür er gekämpft hatte, noch wert? Welcher Prophet durfte seine Stimme versagen, wenn sein Reden verlangt war? Hochriskant war es, aber nichts wusste er genauer, als dass alles, was bisher erreicht worden war, bald schon bröckeln würde, wenn er jetzt den Kampf verweigerte – selbst um den Preis, Märtyrer zu werden.

Also machte er sich auf den Weg nach Worms, und der wurde zu einem Triumphzug. Menschen säumten seinen Weg, jubelten ihm zu, in Erfurt musste er predigen; ja, er war ein Prophet, und in den Augen der Menschen entdeckte er den Wunsch nach christlicher Freiheit.

Einem Teufelskessel glich die Reichsstadt Worms in den Apriltagen des Jahres 1521. Seitdem der Reichstag hier tagte, war kein Zimmer zu klein, kein Verschlag zu schäbig, keine Dachkammer zu zugig, als dass sie nicht doch einen gut zahlenden Mieter gefunden hätte. Große Herren, die in Palästen wohnten und in großen und weichen Betten schliefen, teilten sich die raren Unterkünfte. Der päpstliche Gesandte, Hieronymus Aleander, suchte händeringend nach einem Zimmer und fand schließlich nur noch eine schmutzige Dachkammer, die er fast dankbar und sein Glück preisend nehmen musste. Er fluchte auf die barbarischen Deutschen, allerdings nicht zu laut, denn er spürte allerorten, dass er in Worms nicht willkommen war. Drohungen und Flugblätter machten die Runde, die sich gegen die römische Kurie und den Papst richteten und dabei deutlich für Luther Partei nahmen. Die Deutschen fühlten sich von der römischen Kurie finanziell ausgenommen und brutal geschröpft.

Den einzigen Trost mochte der päpstliche Legat Hieronymus Aleander darin erblicken, dass er den Kaiser auf seiner Seite wusste, und das dünkte den Machtpolitiker das Entscheidende zu sein.

Der junge Kaiser Karl V. empfand die *querelle allemande*, die er so wenig wie die Sprache seiner rebellischen Untertanen verstand, als höchst überflüssig. Die Auseinandersetzungen mit Frankreich um die Vorherrschaft in Europa und die Zwistigkeiten in Spanien beschäftigten ihn weit mehr. So wollte er diesen Reichstag nur schnell hinter sich bringen und dann Deutschland so schnell wie möglich den Rücken kehren, um sich seinem Hauptgeschäft zu widmen. Vor allem sah er nicht ein, dass er sich als Kaiser – und er war leider eine der eklatantesten Fehlbesetzungen auf dem deutschen Kaiserthron – mit einem kleinen Mönch auseinanderzusetzen hatte. Im Gegensatz zu ihm, zu diesem Dilettanten der Geschichte, dem einige Historiker Größe anzudichten versuchten, wo nur geistige Langeweile dümpelte, würde der kleine Mönch wirklich Weltgeschichte schreiben, und das letztendlich gestützt allein auf das Wort und den Glauben. Dass ihn der kleine Mönch Zeit kostete, nahm der Kaiser ihm persönlich übel.

Der kleine Mönch indessen fuhr in offener Kutsche am 16. April auf Worms zu. Ihn begleiteten der Freund und Professorenkollege Nikolaus von Amsdorf sowie die Professoren Peter Swaven und Johann Petzensteiner. Vor seiner Kutsche ritt der Reichsherold Kaspar Sturm, um jedermann zu verdeutlichen, dass Martin Luther freies Geleit vom Kaiser erhalten hatte und deshalb von niemandem überfallen, verletzt, getötet oder gefangen genommen werden durfte. Dieser Kaspar Sturm aus Oppenheim, der in Nürnberg heimisch wurde und den Albrecht Dürer gezeichnet hatte, ein gutes, klares Gesicht, verlässlich, gerade in seinen Ansichten und Handlungen, war für Martin die rechte Reisebegleitung. Als Herold nannte man ihn *Germania, genand Teutschland*.

Aleander tobte, als er erfuhr, dass ausgerechnet Sturm als kaiserlicher Schutz Luther begleitete. Und Sturm? Der genoss es sichtlich, über die Reise nach Worms zu melden, dass er es leider, leider nicht verhindern konnte, dass alle Welt, Alte und Junge, Knaben und Mädchen Luther entgegenströmten. So viele Hoffnungen verbanden sich mit ihm, die Martin auch tragen musste. Aleander vermutete nicht zu Unrecht, dass diese Hoffnungen, diese Begeisterung den Ketzer stärken würden.

Unterwegs hatte Luther bei seinen Zwischenaufenthalten in Erfurt und Frankfurt am Main gepredigt. Der ein oder andere, der ihn gehört hatte, zog mit ihm mit, so dass allmählich eine ansehnliche Prozession zustande kam. Je mehr Martin Luther sich Worms näherte, umso mehr Menschen kamen ihm aus der Reichsstadt entgegen, so dass sein Einzug zu einem triumphalen Ereignis geriet.

In der Stadt selbst herrschte große Unruhe. Vertreter vieler Länder, die entweder als Gesandte gekommen waren oder als Nichtdeutsche dem Heiligen Römischen Reich deutscher Nation angehörten, tummelten sich in den Straßen und Wirtshäusern. Die Fürsten und die Vertreter der deutschen Stände nutzen die Zeit des Reichstages auch zu Vergnügungen vielfältiger Art, unter denen vor allem Duelle, Turniere, Karten- und Würfelspiele, Saufen und Huren in ihrer Gunst ganz oben standen. Schlägereien und Grobheiten gehörten bis in die höchsten Kreise hinein zum Alltag. Der Mann, der durch seine Denunziation den Häresieprozess gegen Luther erst ins Rollen gebracht hatte, der Kardinal Albrecht von Brandenburg, wäre beinahe mit seinem Erzrivalen Friedrich dem Weisen, Luthers Beschützer, vor dem Reichstag in eine Prügelei geraten. Man befand sich ja auch am notorisch gewordenen Ort, denn mit dem Streit der Königinnen Kriemhild und Brünhild vor dem Münster zu Worms hatte das ganze Nibelungendesaster einst seinen Anfang genommen. Mit anderen Worten, die Atmosphäre in der Stadt siedete, nicht allein wegen der Luthersache, aber auch und vor allem ihretwegen.

Luther fuhr nun in diesen brodelnden Kessel der Meinungen und Leidenschaften. Auch wenn ihm Sympathie entgegenschlug, auch wenn die deutschen Reichsritter verkündeten, Luther schützen zu wollen, auch wenn er das freie Geleit des Kaisers hatte, so durfte all das auch nicht überschätzt werden. Er kannte das hohe Risiko, das er einging, als er in Worms erschien, wie er auch den Wankelmut der Menschen nicht unterschätzte.

Karl hatte sich mit seinen Ordnungskräften, den spanischen Reitern, umgeben, die auf die Deutschen herabsahen, andererseits sich aber in permanenter Gefahr wussten, von rauflustigen deutschen Reichsrittern verprügelt oder erstochen zu werden. Deshalb traten die kühnen spanischen Herren nur im Pulk auf. Noch konnte der Kaiser seine Wünsche durchsetzen. Zu genau erinnerten sich alle, auch der Kaiser, auch Luther, daran, dass ein Jahrhundert zuvor sich schon einmal ein König nicht an Eid und Wort gebunden gefühlt hatte und den böhmischen Reformator Jan Hus in Konstanz hatte verbrennen lassen. Man kann es nicht oft und nicht deutlich genug sagen, Martin konnte nicht wissen, ob sein Weg nach Worms nicht am Ende doch auf dem Scheiterhaufen enden würde. Und er hatte mächtige Feinde. Hinzu kam, dass er seit dem 3. Januar 1521 kirchenrechtlich durch die Bulle »Decet Romanum Pontificem« als Häretiker gebannt und die weltliche Gerichtsbarkeit eigentlich verpflichtet war, den Mann zu ergreifen und zu verbrennen.

In Worms angekommen, begab sich der Ketzer, wie der intrigante Aleander ihn verächtlich nannte, sogleich zu seinem Landesherrn, dem Kurfürsten Friedrich dem Weisen, den Luthers Ankunft eigentlich nicht erfreute. Bis zuletzt hatte er gehofft, sein Theologieprofessor würde schließlich doch nicht erscheinen, doch Luther wollte sich nicht verstecken. Die Sache musste endlich entschieden werden. Und

Martin hatte recht. Der Zeitpunkt war so gut gewählt, dass man glauben mochte, der Heilige Geist selbst habe ihn beraten. Die Kurie hatte sich in der Luthersache zwei kapitale Fehler geleistet, und beide waren folgerichtig. Zuerst erkannte sie die Gefahr, die von Luthers Thesen ausging, zu spät, weil sie den Mann und das Wort unterschätzte. Zu weltlich dachte man inzwischen in der Zentrale der Christenheit. Als man endlich die Gefahr begriffen hatte, handelte man zu rigoros, zu übereilt. Niemals hätte die Kurie Luther nach Worms zitieren dürfen, um dadurch Streit und Widerstand noch anzufachen, anstatt der Lutherbewegung die Chance zu geben, wieder zu einer kleinen Gruppe innerhalb der Christenheit, wie es so viele gab, zu schrumpfen. Martin Luther selbst strebte die Lösung von Rom nicht an, sondern wurde immer stärker in diese Konsequenz getrieben. Aber der historische Konjunktiv setzt immer voraus, dass die Menschen andere hätten sein müssen, als sie es tatsächlich waren. Hatte man auf päpstlicher Seite die Fehler begangen, weil die Kirchenfürsten und die Renaissancepäpste sich verweltlichten und nicht in den Kategorien des Heils, sondern der Macht dachten, so lag darin im Grunde der tiefere Punkt, den Martin angriff.

Die Kirche hatte sich für ihn von der Heilsinstitution zu einer weltlichen und politischen Macht entwickelt. Dabei hatte Jesus verkündet, dass sein Reich nicht von dieser Welt sei. Für diese Welt existierte in Gottes Plan schließlich die weltliche Obrigkeit. Warum also musste die geistliche Obrigkeit weltlich werden und sich mit den Fürsten um Territorien und Besitz balgen?

Wenn also die Kirche für das Heil nicht notwendig war, stellten sich dringend zwei Fragen. Erstens: Wer oder was, wenn nicht die Kirche, brachte das Heil, die Rechtfertigung vor Gott? Und zweitens: Wenn das Heil nicht als einzige und zentrale Aufgabe in der Zuständigkeit der Kirche lag, wozu war sie dann eigentlich notwendig, wofür existierte sie dann mit ihrer ganzen Pracht, den Kardinälen und Bischöfen, den Äbten und Priestern, den Kathedralen und Klöstern? In der Ablassfrage zeigte sich das Dilemma. Besaß die Kirche das Heil, wie Bäcker das Brot und Fleischer das Fleisch zum Verkauf besaßen? Wenn es so war, dann konnte jeder sich seine Portion Heil erkaufen, seinen Ablass von den Sündenstrafen erhandeln. War das aber so, dann war Gott nichts anderes als der Gott der Händler. Davon fand Luther aber kein Wort in der Bibel. Es stand nichts davon in der Bibel, dass der Mensch durch die Werke, durch seine Taten gerecht wurde, dass er sich einen Ablass von der Strafe für seine begangenen Sünden erkaufen konnte, für die, die er begangen hatte, und für die, die er noch begehen wollte. Paulus wusste nichts davon und Petrus auch nicht, dass die Seele zum Himmel oder aus dem Fegefeuer springt, wenn das Geld im Kasten klingt, wie der Ablassprediger und -verkäufer Johann Tetzel landauf, landab verkündet hatte.

Durch den Ablasshandel hatte die Kirche sich selbst fragwürdig gemacht. Der Grund für die Blindheit, mit der die Kurie in die Katastrophe des Ablasshandels rannte, lag eindeutig darin, dass sie sich im Diesseits verortet und die Bibel nicht mehr gelesen hatte. Spätscholastische Philosophen rechtfertigten in gewundenen und zuweilen absurd erscheinenden, endlosen Konstruktionen, Distinktionen und Syllogismen alles, was die Mächtigen in der Kirche wünschten, ganz gleich ob es Konzilsväter oder Päpste waren. Die spätscholastische Theologie hatte sich von der Bibel entfernt, so weit, dass es sie nicht einmal mehr interessierte, ob die benutzte Vulgata überhaupt einen authentischen Text bot. Im Grunde kam sie im Hamsterrad ihrer Methoden und Spekulationen ohne die Bibel aus. Sie benötigte nur den zurechtgestutzten Aristoteles, das Lehrbuch des Petrus Lombardus sowie die Werke von Duns Scotus und von Thomas von Aquino.

Stärker als sein Kurfürst, der ein großer Zauderer war – was für einen Herrscher nicht immer ein Nachteil sein muss –, spürte Martin, dass man der Entscheidung nicht ausweichen durfte, wenn nicht die Sache Schaden nehmen sollte. Wenn Gott es wollte, dann würde er siegen, und wenn nicht, dann war es nicht Gottes Wille, dann würde es aber auch gerecht sein, wenn er zu Schaden käme, denn dann hätte er nicht in Gottes Sinne gehandelt. Mit diesem Zweckfatalismus gepanzert hatte er sich nach Worms begeben. Gott wusste er auf seiner Seite, aber wie sah es mit dem Kurfürsten aus? Zwar stand Friedrich III. noch auf der Seite Luthers, aber auf einen Konflikt mit dem Kaiser, dem Papst und dem Reich verspürte er verständlicherweise keine Lust. Auch wenn es hieß »viel Feind, viel Ehr«, lief dieser Konflikt doch leicht auf etwas zu viel Ehre hinaus. Friedrich liebte keine Händel, keinen Streit, genauso wenig, wie er es akzeptierte, wenn jemand in sein Land hineinregieren und seinen Untertanen Gewalt antun wollte, denn es waren *seine* Landeskinder. Friedrichs kluger Kanzler Georg Spalatin, der Förderer Luthers, zog im Hintergrund jedoch die Fäden, und als Rechtsbeistand und juristischer Berater wurde Martin der Wittenberger Jurist Hieronymus Schurff beigegeben. Dann begab Luther sich in sein Quartier.

Wenn er hoffte, hier ein wenig ausruhen zu können, irrte er, denn der Strom der Besucher, die ihm Mut zusprechen wollten oder ihn zu beschimpfen gedachten, die ihre Hilfe und Unterstützung anboten oder ihn zum Einlenken bewegen wollten, und schließlich die Schar der vielen, die den kleinen Mönch, der plötzlich in aller Munde war, als Attraktion bestaunen wollten, riss nicht ab.

Am 17. April um vier Uhr nachmittags erschien Martin Luther auf Vorladung des Kaisers zum ersten Mal vor dem Reichstag. Und nun war er doch zunächst der kleine Mönch, denn hatte er auch als Prediger und Professor Erfahrung darin, vor vielen Menschen in freier Rede zu sprechen, so stand er nun gewissermaßen vor dem ganzen Reich, ja vor der europäischen Öffentlichkeit. Das war etwas ganz anderes. Hier in diesem Saal hatten sie sich alle versammelt, die Großen und Wichtigen und Mächtigen des Heiligen Römischen Reiches deutscher Nation und die Gesandten des Papstes, des Königs von England und des Königs von Frankreich. Wer war er dagegen? Ein Kind Gottes.

Dass Martin, als er diesen Saal betrat, in dem es für ihn um alles ging, wo auch der kleinste Fehler von seinen Feinden brutal ausgenutzt werden würde und ihm zum Verhängnis gereichen konnte, sich im Zustand höchster Aufregung und wachsender Unsicherheit befand, war das Natürlichste von der Welt. Nicht nur, dass er sehr erfahrene und gewiefte Gegner vor sich hatte, er stand hier nicht auf dem sicheren Boden der Theologie, sondern auf der für ihn ungewohnten sehr glatten Fläche der Diplomatie. Wenn ihm hier ein Fehler unterliefe, würde ihm auch Friedrich nicht mehr helfen können, wenn dieser Fehler nicht sogar für das »fette Murmeltier«, wie missgünstige Kollegen den

Kurfürsten nannten, eine elegante Chance bot, sich aus der Affäre zu ziehen. Noch würde Luthers Niederlage Friedrichs Niederlage sein, und das war es, was Luther sicherte, mehr aber nicht, und das Eis, auf das er sich begab, erschien ihm so dünn, dass er durch das Eis unter seinen Füßen hindurch das schwarze Wasser sah, das ihn zu verschlingen drohte. Das alles wusste er nur zu gut. Ist es da ein Wunder, wenn den Theologen, den Professor, diesen in den Augen der Mächtigen kleinen Mönch, diesen Niemand das Fracksausen befiel?

Der Kaiser saß auf einem Thron, rechts und links von ihm befanden sich einige Steinbänke, auf denen Fürsten und Gesandte sich niedergelassen hatten. Die große Mehrheit der Anwesenden stand. Nachdem der Kaiser ihn aufgefordert hatte, eröffnete der Offizial des Erzbischofs von Trier, Johann von der Ecken, der gelegentlich mit Luthers Gegner in der Leipziger Disputation von 1520, Johannes Eck, verwechselt wird, die Verhandlung. Ecken fragte den »Bruder Martinus«, ob die Schriften, die auf einem Tisch lagen, alle von ihm seien. Bevor Luther antworten konnte, verlangte der zu Recht vorsichtige Jurist Schurff, dass man die Titel verlesen solle, was dann auch geschah. Martin bestätigte, dass er diese Schriften verfasst hatte. Weiter verlangte von der Ecken, dass Martin Luther diese Schriften widerrufen solle. Mit belegter Stimme, halblaut, fast stammelnd, bat er um Bedenkzeit. Diese wurde ihm gewährt, allerdings nur einen Tag lang, denn jeder Theologe und jeder Christ, so hieß es, sollte in jedem Augenblick zu Fragen des Glaubens Stellung nehmen können. Martin verließ den Saal und hatte bei seinem ersten Auftritt vor dem Reichstag einen doch eher kläglichen Eindruck hinterlassen. Doch kein Prophet. Doch kein Kämpfer. Doch nur ein kleiner Professor. Seine Gegner triumphierten innerlich. Man hatte das Mönchlein überschätzt und würde leichtes Spiel mit ihm haben. Und auch Kaiser Karl zeigte sich erleichtert: »Das Mönchlein wird aus mir keinen Häretiker machen.« Und der erste große deutsche Söldnerführer, Georg von Frundsberg, brummte ihm zu: »Mönchlein, du gehst einen schweren Weg.«

Die Sache schien für die Kirche gewonnen, am nächsten Tag würde man die ärgerliche Episode Luther ad acta legen können. Fast rieb man sich schon die Augen und mochte nicht verstehen, wie wichtig man diese Lokalposse genommen hatte.

Wer hätte es Martin, der gegen die Macht der Welt stand, verdenken können, wenn er eingelenkt, vielleicht nach einem einigermaßen ehrenvollen Kompromiss gesucht hätte? Das hatten viele vor ihm und würden noch sehr viele nach ihm tun. Manche wollten in dem schwachen Auftritt eine List, eine gespielte Demut sehen, doch fehlt denjenigen die Vorstellung davon, was es heißt, letztlich als Einzelner gegen die Macht der Welt, gegen Papst, Kaiser, Fürsten und Reichsstände anzutreten, die Martin in diesem Saal versammelt sah. Oftmals wird die breite Unterstützung erwähnt, die er genoss, doch wie sicher konnte er ihrer im schlimmsten Fall der Fälle sein? Im Saal des Reichstages musste ihm, emotional wie intellektuell, deutlich geworden sein, dass er, Martin Luther, Sohn einfacher Eltern, gegen Papst und Kaiser, gegen die gesamte mediale Macht der alleinseligmachenden Kirche mit ihren abertausend Theologen sich erhoben hatte. Aber das stellte nur die äußere Seite des Konflikts dar, denn in seinem Innern regte sich noch ein ganz anderer Zweifel. Er behauptete, dass sie alle – Papst, Kardinäle und Theologen – sich irrten! Selbst der Fürst der Humanisten, Erasmus von Rotterdam, ging auf Distanz. Welche Garantie besaß er dafür, dass nicht er selbst sich in falschen Schlüssen und abwegigen Lehrmeinungen verfangen hatte? Immer wieder rang er mit dem Teufel, der Zweifel hieß, bohrender Zweifel. Ob er wirklich Gottes Wahrheit erkannte oder nicht am Ende nur den Einflüsterungen des Teufels erlegen war? In dieser Zeit hatte man den Teufel noch nicht wegphilosophiert, man glaubte an seine reale Existenz, wie man an Gott glaubte. Der Teufel und seine Anschläge auf den Menschen gehörten zum täglichen Leben. Er hatte viele Gesichter und lebte von den Sünden der Menschen. Wen er nicht durch Völlerei und Wollust verführte, den bekam er durch Eitelkeit; seine stärkste Waffe aber, die selbst den Heiligen gefährlich werden konnte, schmiedete er aus der Eitelkeit der Bescheidenheit, aus dem Hochmut des Verzichts und der Anmaßung, die Anmaßung zu bekämpfen. Er war der unbestrittene Meister der Parallelen, die sich im Unendlichen treffen.

Warum sollten die vielen, die nicht weniger gut ausgebildet und erfahren waren als Martin Luther, sich irren und er als Einzelner Recht behalten? Hingegen hatten Demagogen schon immer die sogenannte Mehrheitsmeinung benutzt, um sie gegen die Ideen des Einzelnen zu richten. Konnte er im Recht sein und die immense Autorität, die ihm gegenüberstand, im Unrecht?

Es gehörte zum tausendmal bestätigten Konsens, dass man sich der Autorität der geheiligten Mutter Kirche zu unterwerfen, ihre Weisheit anzuerkennen hatte. Das galt im Übrigen nicht als ehrenrührig, es war gang und gäbe. Selbst der Kirchenlehrer Thomas von Aquino, der schließlich den Ehrennamen *doctor angelicus* – der engelsgleiche Lehrer – erhielt, fand einige seiner Lehrsätze als häretisch und als irrig gebannt wieder. Inquisitionsprozesse gegen Theologen gehörten der Normalität an. Einige Bücher wurden wegen der inkriminierten Aussagen verbrannt, der Betroffene widerrief oder wiederholte sie einfach nicht mehr, und die Sache war ausgestanden. Mit der Inquisition verhielt es sich wie mit der politischen Korrektheit unserer Tage: Was nicht Konsens und Dogma war, wurde verteufelt, aber eine entsprechende Entschuldigung des Übeltäters brachte die Sache aus der Welt, zum Ruhme des Dogmas, des Konsenses.

Bei Martin Luther lagen die Dinge inzwischen anders. Es ging längst nicht mehr um die Zurücknahme einiger Lehrsätze: Papst Leo X. hatte den deutschen Augustiner-Eremiten in der Bulle »Exsurge Domini« zum Widerruf innerhalb von sechzig Tagen aufgefordert und ihm im Weigerungsfall angedroht, dass er gebannt würde. Die Bannbulle war bereits ausgestellt und in Kraft getreten. Sollte er nicht widerrufen, würde man ihn als verstockten Ketzer – als *haereticus relapsus* – betrachten und der weltlichen Gerichtsbarkeit übergeben. In diesem Fall konnte die weltliche Gerichtsbarkeit ihn nach geltendem Recht nur zum Tod auf dem Scheiterhaufen verurteilen, wie es Marguerite Porète und Jan Hus erlitten hatten und wie es knapp achtzig Jahre später Giordano Bruno widerfahren sollte.

Martin, der den Schutz seines Landesherren genoss, konnte zwar auf ihn zählen, doch existierten keine Garantien dafür, wie lange der christliche Fürst die Machtprobe mit dem Papst durchhalten wollte, ob er dem Druck des versammelten Reichstages würde standhalten können, wenn der Reichstag Luther verurteilen und für vogelfrei erklären würde. Der Papst hatte – diplomatisch zwar, aber doch sehr deutlich – dem Kurfürsten Friedrich dem Weisen übermitteln lassen, dass jemand, der einen Gebannten schützte, selbst dem Bann verfallen konnte. Inzwischen eskalierte die Auseinandersetzung in einer Art und Weise, die für Friedrich persönlich existenziell bedrohlich wurde. Wie lange würde also Friedrich Luther schützen können und schützen wollen? Auch diese Frage musste sich Martin stellen.

So verbrachte er eine unruhige Nacht und einen noch unruhigeren Vormittag damit, seine Verteidigungsrede zu schreiben, Briefe zu verfassen, mit Spalatin die formalen Seiten seines erneuten Auftritts und mit Schurff dessen juristische Aspekte zu besprechen. Und er musste den Zweifel in seiner Brust bekämpfen. Denn im Grunde hatte er eine komplette Welt in Frage gestellt. Er stand vor der großen Entscheidung seines Lebens: Sollte er vor dem Reichstag widerrufen oder in verwegenstem Wagemut Papst und Kaiser die Stirn bieten, was immer auch folgen sollte? Und er besaß mehr als einen guten Grund, sehr deutlich Jan Hus vor Augen zu haben; aber zugleich bestand auch ein Grund, der nicht minder zu veranschlagen war, dafür, dass er vor dem Reichstag stand und bekennen musste, nämlich die Summe seines Lebens. War es das aber wert, sein Leben zu verlieren, weil man sich nicht untreu werden wollte, oder anders gefragt: Wäre es nicht besser, von seinen hohen Gedanken zu lassen, um sein Leben zu retten?

20. Das Duell

Nun stand er inmitten der vielen Menschen, den Großen des Reiches, zwischen all denen, die Rang und Namen hatten, die Tonsur sauber geschnitten, kurz das übrige Haar, hager, die Kutte von einem Ledergürtel geschnürt, so wie einst Jan Hus in Konstanz vor dem König stand. Ob er ruhig war, ob das Herz schneller schlug? Die Stunde der Entscheidung war gekommen, es ging um Leben und Tod, aber auch um Leben und Tod in der Ewigkeit, um den Glauben. Ganz anders als am Vortage begann Martin, nachdem man ihm das Wort erteilt hatte, mit einer festen, klingenden Stimme eine längere Rede, die er sowohl auf Deutsch als auch auf Lateinisch hielt. Er entschuldigte sich bei den Anwesenden vorsorglich, dass, wenn er sich gegen die »höfischen Sitten und Gebärden vergehen sollte«, man ihm zugutehalten möge, dass er »nicht am Hofe, sondern in den Winkeln der Klöster« verkehre. Dann erklärte er, dass seine Schriften nicht alle von der gleichen Art seien. Es befänden sich Bücher darunter, die nach guter evangelischer Tradition von Glauben und Frömmigkeit handelten und die nicht vom Papst beanstandet worden seien. Diese könne er nicht widerrufen, weil er damit das Bekenntnis aller, die damit übereinstimmten, in Frage stellen würde. Eine zweite Art von Büchern kritisiere das Papsttum und die schlechten Lehren und Beispiele. »Aber es ist doch ganz offenbar, dass die Gewissen der Gläubigen durch die päpstlichen Gesetze und die menschlichen Lehren ganz jämmerlich verstrickt, geplagt und gemartert werden, auch der

Besitz und das Vermögen, zumal in dieser großartigen deutschen Nation, durch eine unglaubliche Tyrannei verschlungen werden. Wenn aber ich die Schriften, die das anprangern, widerrufen würde, dann würde ich, Martin Luther, nichts anderes tun als eine Stütze für die Tyrannei aufrichten und dieser großen Gottlosigkeit nicht nur die Fenster, sondern auch die Tore auftun, so dass sie viel weiter und freier als bisher loslegen würde, und so würde durch das Zeugnis meines Widerrufes ihre Herrschaft dem armen Volk ganz unerträglich und dennoch gestützt und gefestigt werden. Ein wie großer Schanddeckel, lieber Gott, der Leichtfertigkeit und der Tyrannei würde ich dann werden!«

Schließlich existiere noch eine dritte Gruppe von Schriften, Polemiken, die er gegen einzelne Personen verfasst habe. Wenn Martin hier anmerkte, dass sie hin und wieder »härter« gewesen seien, als es sich für seinen Beruf gebühre, so entbehrte dieses ironische Eingeständnis einer gewissen Komik nicht, denn er verfügte in so reichem Maße über die Ausdrucksmöglichkeiten der deutschen Sprache, dass seine Polemiken gelegentlich furios gerieten. Luthers Polemiken klingen für unsere Ohren zuweilen schrill. Aber auch diese Polemiken könne er nicht widerrufen, denn er habe in ihnen nicht für seine Person, sondern für Christus gestritten, und da habe er »keine freie Hand« zu widerrufen, denn es gehe ja nicht um ihn, sondern um Gott. Da aber Martin Luther nur ein sterblicher Mensch sei und irren könne, forderte er seine Gegner auf, anhand der Heiligen Schrift ihn zu widerlegen. Würde er anhand des Neuen Testaments des Irrtums überführt, werde er als Erster seine Schriften ins Feuer werfen.

Obwohl er klar und deutlich sprach, verstanden manche Luthers Subtilitäten nicht, und Kaiser Karl, dem gedolmetscht wurde, bekam nur einen ungefähren Eindruck von Luthers Rede. Dann wandte sich Martin direkt an den Kaiser und fühlte sich dabei doch wie Jesus vor Pilatus. »Eure Majestät, Christus, der HERR, sagt im Evangelium: ›Ihr sollt nicht meinen, dass ich gekommen bin, Frieden zu bringen auf die Erde. Ich bin nicht gekommen, Frieden zu bringen, sondern das Schwert.‹ Deshalb bitte ich Euch, den wahren Glauben zu schützen und als wahrer Fürst die Gläubigen aus der babylonischen Gefangenschaft zu erretten, denn der HERR sagt schließlich: ›Wer sein Leben findet, der wird's verlieren; und wer sein Leben verliert um meinetwillen, der wird's finden.‹« Damit warnte er den Kaiser unmissverständlich, die falsche Partei zu ergreifen und damit zum Pharao oder zum König von Babylon zu werden, auf dass er keinen Schaden nähme. In der Sache kannte er wieder keine Zurückhaltung: So wie er damals Erzbischof Albrecht nicht geschont hatte, so auch jetzt den Kaiser nicht.

Obwohl die Rede klar war, wollte man den Widerruf um jeden Preis. Auf den Disput ließ man sich nicht ein, die Rede ignorierte man geflissentlich. Luther habe nicht zur Sache gesprochen, behauptete von der Ecken. Allerdings konnte es nicht zur Sache sein, wenn es die Herren nicht hören mochten. Von der Ecken befahl ihm herrisch: »Martin, lass dein Gewissen fahren, wie du verpflichtet bist. Antworte jetzt klar und deutlich: Widerrufst du jetzt? Oder widerrufst du nicht. Ja oder nein? Dazwischen gibt es nichts. Ja oder nein?«

Nun war der Punkt erreicht, alles lag auf dem Tisch, kein Inhalt und keine Gründe zählten mehr, nur die kalte Forderung der Macht, die sich ihrer Macht allzu bewusst war, stand im Raum. Wie hatte ihm der große Söldnerführer Frundsberg, ein durch und durch furchtloser Mann, beim Hereingehen voller Bewunderung zugeraunt: »Mönchlein, du gehst einen schweren Gang.«

Jetzt war es also so weit. Frieden und Ruhe senkten sich in ihn, er meinte Gott zu spüren. Martin wusste, was er zu sagen hatte; was dann geschehen würde, wusste er hingegen nicht.

»Da Ihr Antwort verlangt, werde ich sie Euch ohne Zähne und Hörner geben! Wenn ich nicht überwunden werde durch die Zeugnisse der Schrift oder durch die evidenten Vernunftgründe – denn ich glaube weder dem Papst noch den Konzilien allein, weil feststeht, dass sie sich oft geirrt und selbst widersprochen haben –, bin ich durch die von mir herangezogenen Schriftstellen besiegt, und das Gewissen ist im Wort Gottes gefangen, und ich kann und will nicht irgendetwas widerrufen, weil es weder gefahrlos noch heilsam ist, gegen das Gewissen zu handeln. Hier stehe ich, ich kann nicht anders, Gott helfe mir, Amen.«

Das war unerhört. Der kleine Mönch hatte doch allen getrotzt. Luther verließ den Reichstag, Karls spanische Reiter riefen auf Spanisch hinterher: »Ins Feuer mit dem Ketzer!« Doch sie hatten nicht die Macht dazu, die Reichsritter bürgten für seine Sicherheit. Als Martin seine Unterkunft betrat, sagte er froh und erleichtert: »Ich bin hindurch. Ich bin hindurch.« Eine Bürde war von ihm gefallen, mochte nun geschehen, was wollte.

In den nächsten Tagen wurde viel diskutiert, viel verhandelt. Ganz war Martin Luther eben noch nicht hindurch, doch für sich hatte er die Entscheidung getroffen, jeden Zweifel überwunden. In seiner Rede ohne Zähne und Hörner hatte er seinen Weg unwiderruflich beschritten. Eine Umkehr gab es nimmermehr. Er hatte den Bruch mit Rom vollzogen, die letzten Skrupel überwunden. Der Christenmensch hatte sich befreit, er war hindurch, und die Christenheit Europas war zerbrochen und zerfiel in viele Christentümer.

Der Kaiser verhängte über den Erzketzer die Reichsacht, hielt aber sein Wort, dass Martin Luther mit kaiserlichem Geleit Worms Ende April frei verlassen konnte. Historiker nannten es ritterlich und priesen Karl dafür, dass er sein Wort hielt. Und auch Karl hasste sich in seinen letzten Jahren, weil er den Ketzer laufen ließ und nicht verbrannte. Das sei seine schwerste Sünde gewesen: Er hätte den Abfall verhindern können, wenn er ihn damals verbrannt hätte! Erstens hielt dieser Edelmut nicht lange vor, und zweitens wird geflissentlich übersehen, dass man nicht mehr das Jahr 1415 schrieb. Diejenigen, die diese These vertreten, müssen zunächst die Frage glaubhaft beantworten, ob der Kaiser in Worms überhaupt die Macht gehabt hätte, Luther auf den Scheiterhaufen zu schicken. Möglicherweise steckte hinter dem Edelmut auch ein ganz klein wenig Machtlosigkeit, vielleicht auch Feigheit, Worms glich einem Pulverfass. Schließlich konnte Karl es sich erlauben, Luther gehen zu lassen, er hatte ihn ja in die Reichsacht getan, und der Papst hatte ihn gebannt. Jeder, sei er groß oder klein, sei er ein Bauer oder ein Fürst, ein Abt oder ein Kaufmann, hatte den Ketzer den weltlichen Behörden zu übergeben, wollte er nicht selbst der Acht verfallen. Martin war jetzt vogelfrei: Jeder durfte ihn schlagen, foltern, töten. Karl war sich sicher, dass der Mann brennen würde, wenn nicht heute, so morgen, und er stand vor der Geschichte als der Mann da, der Wort gehalten hatte. Karls Ritterlichkeit war also auf Nutzen berechnet.

Mit Martin reisten der Theologe Nikolaus von Amsdorff und Martins Ordensbruder Johann Petzensteiner. Martin hatte es eilig, er wollte sehr schnell nach Kursachsen zurück, denn nur dort konnte er sich einigermaßen sicher fühlen. Als er in sein altes, gutes Eisenach kam, überwältigten ihn Erinnerungen, und er beschloss zu predigen. Doch ein Jurist setzte den Pfarrer der Georgenkirche unter Druck, die Predigt des Geächteten und Gebannten zu verhindern, denn dem Ketzer war das Predigen verboten. Die Gemeinde aber kümmerte sich nicht um ihren verunsicherten Pfarrer und setzte es durch, dass er am 3. Mai 1521 seine Stimme in der Kirche erhob. Trotz und Gewissheit und Zuversicht sprachen aus seiner Auslegung des Psalms 16:

»Denn du wirst mich nicht dem Tode überlassen und nicht zugeben, dass dein Heiliger die Grube sehe.

Du tust mir kund den Weg zum Leben: Vor dir ist Freude die Fülle und Wonne zu deiner Rechten ewiglich.«

Von Eisenach reiste er nach Möhra weiter, denn endlich wollte er den Ort kennenlernen, aus dem die Luders stammten, und war erstaunt, dass die Luders in der Gegend so zahlreich vertreten waren. Auch hier predigte er, bevor er weiterreiste.

In einem Hohlweg nahe der Burg Altenstein wurde die Gesellschaft von Reitern überfallen. Petzensteiner sprang vom Wagen und gab Fersengeld. Einer der Wegelagerer zielte mit der Armbrust auf den Fuhrmann. »Wenn dir dein Leben lieb ist, dann sage nur recht geschwind, wen du da auf deinem Wagen hast.«

»Den Doktor Luther, bei meiner Treu«, brachte der Kutscher unter Stottern hervor. Kaum gesagt packten die Spießgesellen des Armbrustschützen Martin grob an der Kutte und zerrten ihn unter lautem und martialisch klingendem Fluchen vom Wagen. Amsdorff protestierte, doch es nützte nichts, die Reiter nahmen Martin Luther mit, der neben den Pferden herlaufen musste. Die Kunde von der Entführung verbreitete sich wie ein Lauffeuer. Mancher freute sich, doch viele fühlten Wut oder Trauer. Der Nürnberger Albrecht Dürer, der sich gerade auf einer Reise in den Niederlanden befand, notierte in sein Tagebuch: »Am Freitag vor Pfingsten (17. Mai) im Jahre 1521 kam die Mähr nach Antwerpen, dass man Martin Luther so verrätherisch gefangen genommen hätte. Denn da ihm der Herold des Kaisers Karl mit dem kaiserlichen Geleite beigegeben war, so ward dem vertraut. Nachdem ihn aber der Herold bei Eisenach an einen unfreundlichen Ort gebracht hatte, sagte er, er bedürfe seiner nun nicht mehr und ritt von ihm fort. Alsbald waren zehn Reiter da; die führten verrätherisch den verkauften, frommen, mit dem Heiligen Geiste erleuchteten Mann hinweg, der da war ein Bekenner des wahren christlichen Glaubens. Und lebt er noch? Oder haben sie ihn gemordet – was ich nicht weiß – dann hatte er das erlitten um der christlichen Wahrheit willen, weil er gezüchtigt hat das unchristliche Papstthum ... Oh Gott! Ist Luther tot, wer wird uns hinfort das heilige Evangelium so klar vortragen?«[113] Einige hofften, und sehr wenige – Spalatin, Melanchthon, Amsdorff – wussten, dass eine List Friedrichs vorlag.

Der Kurfürst nahm den Geächteten erst einmal aus der Schusslinie, um Zeit zu gewinnen, und versteckte ihn als

Junker Jörg auf der Wartburg. Dort begann Martin mit der Übersetzung des Neuen Testaments ins Deutsche. Denn die Schrift, auf die er sich berief, sollte allen Menschen auch zugänglich sein. Thesenanschlag, theologische Schriften, Widerstand in Worms und Übersetzung der Bibel gehören zusammen. Es ging ihm um die »Freiheit eines Christenmenschen«, um die Freiheit des Menschen in Christus, um die Freiheit des Menschen im Glauben.

Ein paar Monate später kehrte Martin zu Spalatins Entsetzen eilig nach Wittenberg zurück. Die Lage spitzte sich in der Stadt und im Land dramatisch zu, die Freiheit eines Christenmenschen brachte jedem seine eigene Freiheit. Karlstadt hatte in Luthers Abwesenheit in Wittenberg die Führung übernommen und schwelgte in einem schwärmerisch-fundamentalistischen Christentum. Bildersturm und Schaffung einer Sozialkasse, Buchverkauf und Vertreibung der Studenten, weil der einzig wahre Stand der des Ackersmannes war, trieb Karlstadt mit blind-romantischer Entschlossenheit voran. Die Zustände wurden immer chaotischer. Gegen den Willen seines Fürsten kehrte Luther 1522 nach Wittenberg zurück, um Ordnung, um eine neue Ordnung zu schaffen. Schwarmgeister zogen durch das Land, von denen jeder eine neue christliche Lehre vertrat: Manche gründeten völlig unpolitisch eine neue Gemeinschaft und wichen der Gewalt aus, wie die Anhänger des Kaspar Schwenckfeld, andere predigten eine soziale Revolution wie Nikolaus Storch und Thomas Müntzer. So hatte Storch verkündet, dass er »die rote Blutfahne führen« wolle »wider alle Obrigkeit, geistliche und weltliche, und das glühende Szepter in der Faust haben und tragen« wolle, vor dem man »die Knie beugen, sich neigen und die Filze abziehen«

müsse. Und Müntzer rief: »Lasst eure Schwerter nicht kalt werden.« Einst war Müntzer in Wittenberg sein Schüler gewesen, nun war er ein Aufrührer, ein »Rottengeist«. Martin war nie gegen die Obrigkeit, am wenigsten gegen die weltliche. Wenn er wegen der Predigt des Evangeliums, wegen seiner Theologie mit der Obrigkeit, weltlich oder kirchlich, in Konflikt geriet, so musste er das um Christi willen auf sich nehmen, aber beabsichtigt war das niemals. Es verletzte ihn, dass Müntzer nun wider ihn hetzte, »wider das geistlose, sanftlebende Fleisch zu Wittenberg, welches mit verkehrter Weise die durch den Diebstahl der Heiligen Schrift erbärmliche Christenheit also ganz jämmerlich besudelt hat«. Dass er ihn einen Doktor Lügner und Erzbuben nannte und ihn des Verrats bezichtigte, verletzte ihn tief. Er hatte den Kampf angefangen, hatte alles gewagt, sein Leben nicht geschont. Wo wären sie denn alle, wenn er es nicht begonnen hätte? Aber da war noch etwas außer dem Zorn: die Angst, die Sorge. Hatte er das nicht hervorgebracht? War das nicht auch eine Frucht seines Wirkens? Waren die Rottengeister nicht seine Bastarde? Sicher hatten die Bauern Grund zur Klage. Oft genug redete er den Herren ins Gewissen. Aber die Obrigkeit war nun einmal von Gott, wie man bei Paulus nachlesen konnte. Es ging doch nicht an, dass er dem Paulus nur dort folgte, wo es ihm passte. Nein, bei allem Übel, das ihnen widerfuhr, die Bauern besaßen dennoch kein Recht zum Aufruhr. Wenn sie sich gegen Gottes Ordnung erhoben, dann rebellierten sie gegen Gott, dann waren sie des Teufels. Drei schlimme Sünden luden sie auf sich und hörten doch nicht auf ihn. Sie erhoben sich zum Ersten gegen ihre gottgewollte Obrigkeit. Zum Zweiten plünderten sie die Schlösser und Klöster, wobei seitens der Aufständischen schlimme Gräueltaten geschahen. Und zum Dritten versuchten sie, wie es Müntzer ihnen vorsprach, ihre Sünden mit dem Evangelium zu begründen. Das war weder seine Lehre noch das, was er gewollt hatte. Das Evangelium so zu verkehren, so wider ihn zu benutzen, machte ihn unsagbar wütend. Bisher hatte er mit dem Evangelium gegen seine Gegner argumentiert und insofern leichtes Spiel gehabt, weil sie sich zwar sehr gut in der Scholastik auskannten, aber nicht so gut in der Bibel. Das war seine Domäne. Zum ersten Mal benutzte jetzt jemand die Bibel gegen ihn und rechtfertigte damit noch Taten, die er für Sünden, ja für Todsünden hielt. Das konnte er nicht zulassen. Wer »Raub, Mord, Blutvergießen« verursachte und dann auch noch mit der Bibel zu rechtfertigen versuchte, war ein »Erzteufel« und seine Anhänger, die »rauben und toben«, nichts anderes als »rasende Hunde«. Für diese »Sünden wider Gott und Menschen« hatten die Bauern »den Tod verdient« an »Leib und Seele mannigfältiglich«. Und er rief die Obrigkeit geradezu auf, mit dem Schwert dreinzufahren und die Bauern zu töten. In seinem Zorn sprach er die Obrigkeit hierbei von jeder Barmherzigkeit frei, denn die Bauern waren des Teufels.[114] Der Schrecken des verheerenden Aufruhrs saß tief. Der Hass, der Zorn, der geistige Gewaltausbruch seiner theologisch und logisch schwächsten Schrift kam aus der Panik. Einerseits stand er hilflos dem Gewaltausbruch gegenüber, den mit veranlasst zu haben er fürchtete, und andererseits machte ihn das Maß an Sünde, das noch dazu mit der Heiligen Schrift gerechtfertigt wurde, fassungslos. Will man einen völlig hilflosen, geradezu kopflosen Luther studieren, muss man diese Schrift lesen, die doch sein Gewissen beschwerte, denn die Bauernaufstände wurden grausam und mit unsagbarer Brutalität niedergeschlagen. Thomas Müntzer richteten die Sieger in Frankenhausen mit ausgesuchten Torturen hin. Es war ein langsames Abschlachten, ein Zerfasern des Körpers, ein Brechen der Knochen und Zerquetschen des Fleisches. Diese Erbarmungslosigkeit entsetzte ihn, auch wenn er sie doch gefordert hatte. Müntzers vorwurfsvolles Gesicht begleitete ihn von nun an. Er würde es nicht mehr loswerden, bis zu seinem letzten Atemzug. Auch wenn er es nicht einmal sich selbst gegenüber zugab, er hatte mit der Schrift Schuld auf sich geladen, die Schuld, Öl ins Feuer gegossen, anstatt Barmherzigkeit gepredigt zu haben. Er hatte Müntzer mit hingerichtet. Damit musste er nun leben.

Er begriff immer mehr, auch aus der Erfahrung in der Auseinandersetzung mit den »Rottengeistern« und »Schwärmern«, die nicht die Wahrheit in der Bibel suchten, sondern sich ihr eigenes Christentum zurechtschneiderten, dass der neue Glaube auch feste Formen benötigte, er sah die Notwendigkeit, der Reformation eine kirchliche Form zu geben, und begann mit der praktischen Arbeit im Kreis seiner Mitarbeiter.

Und noch etwas geschah. Im Jahr 1525 kamen in Wittenberg ein paar Nonnen aus einem aufgelösten Kloster an, die bei ihm Schutz suchten, denn sie wussten nicht wohin. Er sorgte sich um sie, brachte sie in Stellung oder verehelichte sie. Ursprünglich wollte er auch Katharina von Bora verheiraten, doch als das misslang, ging er den Bund der Ehe mit ihr ein. Er war 42, sie 28 Jahre alt. War es auch keine Liebesheirat, alle Zeugnisse sprechen dafür, dass Luther seine »Käthe«, wie er sie nannte, von Herzen lieb gewann. Sechs

Kinder gingen aus der Ehe hervor, und aus dem ehemaligen Augustinerkloster wurde Luthers beachtliches Anwesen, ein kleines Gut mit einer Herberge und einem kleinen Brauhaus, in dem bis zu dreißig Personen – Verwandte, Gäste und Gesinde – lebten. Katharina von Bora organisierte die Wirtschaft und das gesellige Leben, das Luther als eloquenter Gastgeber, wie die »Tischgespräche« zeigen, beseelte.

Mit Freunden und Fachleuten, einem exzellenten Mitarbeiterkreis, wurde zwischen 1522 und 1534 die gesamte Bibel, Altes wie Neues Testament, übersetzt. Am 21. September 1522 erschien in Wittenberg das auf der Wartburg übersetzte und in Wittenberg mit den Freunden korrigierte Neue Testament. Im Jahr 1534 veröffentlichte er dann die vollständige Bibel, die Lutherbibel. Dazwischen lagen Jahre, in denen übersetzt und die Übersetzungen immer wieder kritisch überprüft und überarbeitet wurden. Unermüdlich hatten sie nach der genauesten und klangvollsten Variante gesucht. Neben der Genauigkeit ging es ihm darum, dass die Bibel verständlich und von hohem Gebrauchswert für das ganze Volk sein sollte. Das stellte hohe Anforderungen an die sprachliche Qualität. Die Texte sollten eingängig sein, klangvoll und gut merkbar. Um das an einem Beispiel zu zeigen: Die wörtliche Übersetzung des Psalms 23 lautet: »Der Herr lenkt mich, und nichts wird mir fehlen. Auf einer Weide dort hat er mich angesiedelt. Über einer Quelle der Erquickung hat er mich aufgerichtet.« Doch das gefiel Martin nicht; auch meinte er, dass der Text verlor und die Übersetzung ihn auch verfälschte, so übertrug er den Vers 1524 so: »Der Herr ist mein Hirte, mir wird nichts mangeln. Er lässt mich weiden, da viel Gras steht, und führet zum Wasser, das mich erkühlet.« Bereits 1531 verdichtete er den Vers zu hoher Eindringlichkeit: »Der Herr ist mein Hirte. Mir wird nichts mangeln. Er weidet mich auf einer grünen Aue und führet mich zum frischen Wasser.«

21. Magdalene

Sie saßen in der Kammer, Justus Jonas, Michael Coelius, Aurifaber, sein Diener Ambrosius Rudtfeld und Martin Luthers Söhne Paul und Martin. Etwas ließ sie nicht zur Ruhe kommen; beherrscht von dem Gefühl, Wache halten zu müssen, verharrten sie schweigend. Die Turmuhr hatte gerade ein Uhr geschlagen, da drang aus der Schlafstube ein Schrei und darauf noch ein zweiter. Jonas und Aurifaber waren die Ersten, die bei ihm waren. Luther saß im Bett mit zerquältem Gesicht und wirren Haaren. »Ein Schmerz hatte mich gepackt. Helft, ihr Herren, helft mir, ich will ins andere Zimmer.« Jonas und Aurifaber halfen Luther, vom Bett aufzustehen, und wollten ihn in die Kammer führen. Er benötigte aber ihre Hilfe nicht, auch wenn er sehr langsam ging. Dort legte er sich sogleich auf das Ruhebett. »Ach, ihr Herrn, und ihr, meine lieben Söhne, die Stunde ist gekommen, ich bin in Eisleben geboren und getauft worden, ich werde wohl in Eisleben sterben.« Paul und Martin wurden bleich. Sie kannten die Krankheitsanfälle ihres Vaters, doch diesmal war es anders. Ernster.

Aurifaber benachrichtigte Luthers Gastgeber Johannes Albrecht, dessen Frau, den Grafen Albrecht, die Gräfin Anna und die beiden Stadtärzte. Martin Luther begann zu beten, dankte Gott für die Heilige Schrift, die ihn sein Leben lang begleitet hatte und eine so gute Führerin in allen Gefährdungen gewesen war. Er dachte an die Kämpfe, daran, wie er in Coburg festgesessen hatte, weil er doch, vom Papst gebannt, wie er war, nicht am Reichstag zu

Augsburg teilnehmen konnte, und deshalb Philipp Melanchthon das Glaubensbekenntnis der neuen Kirche, die im Entstehen war, ausgehandelt hatte, während er fast verging im Warten auf Nachrichten über den Fortgang der Gespräche, die er mit gutem Rat unterstützen wollte. Auf der Veste Coburg erreichte ihn auch die Nachricht vom Tod seines Vaters. Er weinte sehr lange. Dieser Tod hatte ihn zutiefst erschüttert, wiewohl er doch erwartbar war. Ach, dachte er, wir gehen alle heim.

Nun betete er: »In deine Hände befehle ich meinen Geist; du hast mich erlöst, HERR, du treuer Gott.« Dass er sich mit seinem Vater ausgesöhnt hatte und sein Vater schließlich stolz auf ihn gewesen war, das freute ihn.

Und dann dachte er an den Streit im protestantischen Lager um das Abendmahl, nur weil Zwingli Christi Präsenz rein symbolisch verstand. Aber sie war doch nicht symbolisch. Christus war doch wirklich da, nicht weil eine Wesensumwandlung stattfand, sondern weil er kraft der Einsetzungsworte inmitten seiner Gemeinde war. Martin hatte nie aufgehört, das zu empfinden, bei keiner Messe, bei keinem Abendmahl, und er wollte es auch nicht missen. Man darf doch nicht anfangen, Christus symbolisch zu verstehen oder des Teufels Existenz symbolisch zu begreifen, da käme doch nur ein ganz und gar symbolischer Glaube heraus. Er stöhnte auf. Schweiß strömte aus seinem ganzen Körper, als wollte er zerfließen, und er sank in sich zusammen. Er spürte, dass man ihn kräftig abrieb, mit Rosenöl und Aquavit. Als er die Augen aufschlug, sah er, dass es die Gräfin war, die das ihm zuliebe tat. Aus großen, müden Augen blickte er zu Jonas, wie um ihn zu ermuntern. Der stöhnte, fasste sich aber ein Herz.

»Herr Doktor Martinus Luther, wollt Ihr auf Christi Namen sterben und bekennt Ihr Euch zur Lehre unseres Heilands?«

»Ja!«, sagte Luther mit fester Stimme, aber es kostete ihn viele Mühe.

Jonas fragte abermals: »Herr Doktor Martinus Luther, wollt Ihr auf Christi Namen sterben und bekennt Ihr Euch zur Lehre unseres Heilands?«

Und wieder antwortete er: »Ja!«

Dem Brauche entsprechend und um den Papisten keine Möglichkeit zu bieten, Luthers Tod für ihre Propaganda zu missbrauchen, fragte Justus Jonas noch einmal, und das Herz schmerzte ihn sehr dabei: »Herr Doktor Martinus Luther, wollt Ihr auf Christi Namen sterben und bekennt Ihr Euch zur Lehre unseres Heilands?«

Die Kraft wich, doch Martin bemühte sich und brachte noch ein »Ja« heraus, dann schlief er ein.

Die Ärzte stritten ein wenig darüber, ob es ratsam sei, Luther ein Klistier zu verabreichen, doch die Gräfin Anna sprach sich dagegen aus. Martin hörte ihre Stimmen schon nicht mehr. Er war jetzt ganz bei ihr, sah, wie sie laufen lernte und wie stolz er war, dass sie von Anfang an in ganzen Sätzen sprach. Er liebte ihren Humor, ihre Scherze, ihre Fröhlichkeit, ihr helles Stimmchen. Mit ihr zu singen war für ihn ein Stück vom Himmel. Seine Söhne gab er auf das Internat. Mit ihnen ging er härter um, um sie nicht zu verzärteln, aber seine Tochter Magdalene war so recht sein Herzenskind. Wann immer er konnte, ging er mit ihr spazieren und entdeckte mit ihr die Welt neu. Und er sah wieder den Tag, an dem sie sich schwach fühlte, den Tag, an dem das Fieber stieg und sie im Bett blieb und sie es trotz

Wadenwickeln nicht zu senken vermochten. Die Ärzte, oh diese verdammten Ärzte, setzten gewichtige Mienen auf, um ihrer Ratlosigkeit Würde zu verleihen. Aber seine geliebte Tochter, sein Herzenskind verglühte. Er betete die Nächte durch, bat Gott immer und immer wieder. Er war in Gefahr, an Gott zu verzweifeln.

»Vater«, sagte sie zu ihm, »ich weiß, dass unser Herrgott mich zu sich nimmt.« Käthe, die in der Ecke des Zimmers stand, biss in ihre Faust, um nicht schreien zu müssen. Und er? Er nahm alle Kraft, über die er verfügte, zusammen. »Ja, mein Kind, das kann wohl sein. Aber du würdest dann zu unser aller *Vater* ins Paradies und ins ewige Leben kommen.«

»Das weiß ich doch.« Er nahm ihre Hand. »Und dass ich dort über grüne Wiesen laufe und alles recht hübsch ist. Deshalb habe ich auch keine Angst. Es ist nur ...«

»Ja?«

»Lasst mich nicht so lange allein dort, du weißt doch, wie ich es hasse, wenn du auf Reisen bist.« Um seine Tränen zu verbergen, nahm er sie in seine Arme, drückte sie sanft an sich. Er wollte sie um keinen Preis hergeben. »Nein, das verspreche ich dir, wie kann ich dich denn allein lassen? Glaubst du das etwa?«

Aber sie antwortete nicht mehr. Er fühlte, dass ihr Atem nicht mehr sein Ohr berührte, dass er stehen geblieben war wie ihr kleines Herz.

»Ich bin fröhlich im Geist, aber dem Fleisch nach bin ich sehr traurig«, sagte er stumpf. Dann schwieg er. Und rang tagelang mit der Grabinschrift. Als man bei der Beerdigung den Sarg über seiner Tochter zuschlug, sagte er bitter, obwohl er doch wusste, dass sie in einer besseren Welt war:

»Schlag zu! Am Jüngsten Tag wird sie wiederum auferstehen.«

Das war im Jahr 1542. Er arbeitete weiter, er betete zu Gott, er liebte seine Frau, schonte sich nicht, aber der Tod hatte in seinem Herzen Quartier genommen und wollte auch nicht mehr gehen. Martin hatte seiner Tochter ja etwas versprochen, und was man versprach, das musste man auch halten.

Vor ihm stieg sanft eine Wiese an. Er musste blinzeln, um gegen die Sonne zu schauen. Erst allmählich erkannte er, dass ihm ein Mädchen entgegenkam. Er hörte ihre helle Stimme. Sie reichte ihm die Hand. Er ergriff sie. »Ein wenig Zeit gelassen hast du dir schon«, sagte sie mit gespieltem Vorwurf und lächelte ihn mit ihrem bezaubernden Magdalenenlächeln an. Da machte sein Herz einen Sprung.

Nachbemerkung

Über Martin Luther zu schreiben bedeutet immer eine Herausforderung. Da er unser Denken und den Glauben verändert und die Persönlichkeit entdeckt, weil er kräftig die Tür zur Moderne aufgestoßen hat, irritiert das Fremde und erstaunt zugleich seine Nähe. Vor allem entzieht er sich vollständig unserem Wertekanon. Er fordert Demut und gibt dem Leiden als Weg zu Gott den Vorzug, aber im gleichen Atemzug verteidigt er die Freiheit des Menschen, gemäß seinem Gewissen zu handeln, ja er hält es für überhaupt nicht ratsam, einer Macht zuliebe gegen sein Gewissen zu handeln. Opportunismus ist ihm fremd, das lässt ihn bisweilen schroff erscheinen. Er fordert die Juden auf, sich taufen zu lassen, andernfalls möchte er sie vertrieben sehen. Dieser brüske Antijudaismus verstört und erschreckt uns. Wie man ihn nicht aus der Person Luthers entfernen kann, darf man genauso wenig die Person Luther aus diesem Antijudaismus heraus erklären – es wäre eine reduzierte Sichtweise.

Die meisten Luther-Biografien sagen fast mehr über die Zeit, in der sie verfasst worden sind, aus als über den Reformator selbst. Noch ein jeder hat *seinen* Luther gefunden. Oft beginnen die Rekonstruktionen von Person und Zeit, indem man von der Zeit ausgeht. Da jeder ein Kind seiner Zeit ist, ist Martin Luther so, weil die Zeit so ist. Aber natürlich ist die Zeit auch so, weil er so ist. Diese veränderte Perspektive hat mich interessiert. Ich wollte den Versuch wagen, aus Luther heraus auf die Zeit zu schauen, seine Zeit mit seinen Augen zu sehen, nicht über ihn zu schreiben, sondern ihn zu erzählen, ich wollte zu erfahren suchen, was ihn bewegt, was ihn antreibt, was ihn freut, was ihn ärgert, was ihn verändert, was ihn verunsichert und was ihn bestätigt.

Da selbst zwei Zeitzeugen einen Vorgang unterschiedlich schildern, scheint ein solches Unterfangen von vornherein zum Scheitern verurteilt zu sein, und auch mit so einem, freilich unerwünschten Ergebnis musste ich rechnen, als ich mich auf den Weg zu Luther begab. Er schien mir jedoch der einzig begehbare zu sein. Luther weder als Objekt einer historischen Darstellung noch als Held eines Romans oder Films zu betrachten, sondern den Menschen zu entdecken, setzte ich mir als Ziel. Würde das gelingen angesichts der vielen Luther-Biografien und der vielen Romane und Filme über ihn?

Als Historiker und Autor historischer Sachbücher bin ich der Recherche verpflichtet und der nachprüfbaren Faktizität des Dargestellten, als Schriftsteller, der historische Romane verfasst, der Entdeckung von Geschichten in der Geschichte, von Figuren, die sich in konfliktreichen Situationen bewähren müssen. Kann man, wenn man sich einem Giganten wie Luther nähern will, von beiden Arbeitsweisen profitieren? Die Erfahrung im Umgang mit der Figurenpsychologie einerseits und mit der historischen Recherche andererseits sollte mir, seriös ausbalanciert, den Weg zu Martin Luther öffnen, wenn ich nur mein schriftstellerisches Prinzip – Erfinden durch Finden – wesentlich stärker als im Roman auf das Finden konzentrieren würde. Doch manchmal findet man erst etwas durch das Erfinden. Also verband ich das Erfinden durch Finden mit dem Finden durch Erfinden, wobei oberster Grundsatz war, dass selbst das Fiktionale durch Fakten belegt werden muss, anders ausgedrückt: dass Erzählung zu einem anderen Wort für Wirklichkeit wird.

Die normale historische Arbeit, die Suche in Archiven und in Bibliotheken, die philologische Überprüfung von Übersetzungen, die Analyse von zwar bekannten, aber vielleicht doch nicht gründlich genug untersuchten oder ausgehorchten Texten, die Beschäftigung mit scheinbar sekundären Themen – wie der Geschichte der Montanindustrie in Mitteldeutschland oder der konkreten Art und Weise, wie die Messe im Mittelalter gefeiert wurde –, die Berücksichtigung jüngster archäologischer Befunde, verbunden mit der bohrenden Frage: Wie und was hat Martin Luther erlebt? ließen mich verblüfft erkennen, wie wenig wir von der »auserzählten« Figur Luther wissen.

Luther wurde mir nun immer fremder, immer weniger wusste ich über ihn. Ich musste seine Kindheit und Jugend für mich neu entdecken. Verändern sich aber die Kindheit und die frühen Erfahrungen, hat das große Auswirkungen. Ob ein Kind aus bitterarmen Verhältnissen kommt und die Eltern sich in einem etwas märchenhaften Aufstieg zum wirtschaftlichen Erfolg durchhungern und durchzittern oder ob sie aus gut situierten Verhältnissen stammen und es darum geht, nicht abzusteigen, das macht einen enormen Unterschied aus. Martins Vater stieg nicht auf, er tat etwas ganz anderes und für die Entwicklung des Sohnes ausgesprochen Entscheidendes: Er verließ den ständischen Zusammenhalt der sozialen Struktur, in der er auch als reicher Bauer war, und wurde freier Unternehmer, er wählte einen Berufsstand, der gerade im Entstehen begriffen war.

Diese frühe Erfahrung, die Martin als Kind eines freien Unternehmers machte, prägte aber untergründig seine Vorstellung von Freiheit, Selbstständigkeit und Autonomie mit. Wundert es da noch, dass seine große Leistung darin bestand, im Glauben die Persönlichkeit zu finden? War sie aber erst einmal im Glauben etabliert, so sollte sie auch in der Welt Fuß fassen.

Plötzlich stellten sich ganz andere Fragen. Die Romreise bekam für die Reformation eine völlig neue, wesentliche Bedeutung, und schließlich wurde deutlich, warum Luther eher unbewusst den Mythos vom Turmerlebnis initiierte: nämlich weil die nachfolgenden Ereignisse das eigentliche »Turmerlebnis« verdeckten. Plötzlich lernte ich einen anderen Luther kennen. Darin bestand für mich die große Überraschung in der Arbeit.

Im Übrigen steckt doch eine bemerkenswerte Klugheit in unserer Sprache, wenn Geschichte und Geschichten, aber auch Finden und Erfinden den gleichen Wortstamm besitzen. Gegen die Sprache aber wird jedes Argument hinfällig.

Anmerkungen

1 Heute Kölme.
2 Heute Unterrißdorf.
3 Das Jahr 1483 als Geburtsjahr von Martin Luther ist umstritten, alternativ werden 1482 und 1484 angeboten. Da ein letzter Beweis wohl niemals erbracht werden wird und für das Jahr 1483 die meisten Argumente sprechen – übrigens auch die chronologische Logik – gehe ich vom Jahr 1483 aus.
4 Dante Alighieri: Die göttliche Komödie, übersetzt von Friedrich Freiherr von Falkenhausen, Frankfurt a. M. 1974, S. 39 (Siebenter Gesang, V. 58).
5 Ebd. (V. 52).
6 Ebd., S. 38 (V. 26–30).
7 Meister Eckhart: Werke, Bd. 1, S. 75.
8 Luther: Werke, Weimarer Ausgabe, Bd. 30/II, 576, S. 12ff.
9 Scheel, Bd. 1, S. 102.
10 Was ist Gott? Das Buch der 24 Philosophen, S. 67.
11 Meister Eckhart: Deutsche Predigten und Traktate, S. 273.
12 Aurelius Augustinus: Bekenntnisse 10,8,15.
13 Ders.: De vera religione (Über die wahre Religion), 72.
14 Es wird wohl immer zweifelhaft bleiben, ob Luther in der Georgenburse oder im Amplonianischen Kolleg wohnte und lebte. Stichhaltige Argumente sprechen sowohl für die eine als auch für die andere Annahme. Bedenkt man aber, dass Luthers Freund Crotus Rubeanus in der Amploniana lebte, und erinnert man sich daran, dass Luthers akademischer Lehrer Jodokus Trutfetter, der zudem aus Eisenach stammte, zu dieser Zeit der Amploniana vorstand, die übrigens mit großem Abstand über die beste Bibliothek verfügte, so ist es für mich wahrscheinlicher, dass Luther in der Amploniana lebte. Aber letztlich entschieden und auch zu entscheiden ist es nicht.
15 Zitiert nach Märker, S. 88.
16 »Gott, der barmherzige Vater, hat durch den Tod und die Aufer-

stehung seines Sohnes die Welt mit sich versöhnt und den Heiligen Geist gesandt zur Vergebung der Sünden. Durch den Dienst der Kirche schenke er dir Verzeihung und Frieden. So spreche ich dich los von deinen Sünden im Namen des + Vaters und des + Sohnes und des + Heiligen Geistes.«

17 Zitiert nach Pilvousek, Trutfetter, S. 113.
18 Märker, S. 86.
19 Ebd., S. 88.
20 Holstein, Hugo: Johannes Reuchlins Komödien, Halle (Saale) 1888, S. 123.
21 »Fürwahr, mit Schmerz tun Wir kund, daß in dieser Zeit einer aus deutschen Landen, Eckhart mit Namen, und, wie es heißt, Doktor und Professor der Heiligen Schrift, aus dem Orden der Predigerbrüder, mehr wissen wollte als nötig war ...« (Wortlaut der Bulle).
22 Luther hat Mansfeld zu »Viropolis« latinisiert und nach dem Wortbildungsmuster wie in Neapolis – Neapolitanus die Einwohnerbezeichnung mit dem lat. Zugehörigkeitssuffix -anus gebildet. Dass er »-feld« nicht mit *ager* oder *campus* wiedergibt, liegt daran, dass es als zweites Element von Städtenamen seine ursprüngliche Bedeutung abgelegt hatte und praktisch gleichbedeutend mit »-stadt« geworden war.
23 Der Jurist Dietrich Emme hat in seinem Buch »Martin Luthers Weg ins Kloster« die Annahme vorgeschlagen, Luther habe in Stotternheim keinen Blitz gesehen, sondern im Duell einen Kommilitonen getötet und sei deshalb, verkürzt gesagt, zu Klosterhaft verurteilt worden. Um diese These zu belegen, führt er Luthers spätere Reminiszenzen an diese abrupte Wende in seinem Leben an, in denen sehr viel von Leben, Tod und Zwang die Rede ist. Luthers Sprachgebrauch ist jedoch absolut zeittypisch, und eine dramatische Wendung muss deshalb keine konkret-faktischen Bezüge haben, mehr noch: Glaubenstatsachen standen über der Prosa des Lebens. Der Jurist verkennt das Drama im Menschen. Ganz davon abgesehen hätte Luther, wenn es zu diesem »Duellunfall« tatsächlich gekommen wäre, ja einfach nur die Universität wechseln können, er hätte nach Leipzig oder nach Köln gehen können. Der Vater, der ja un-

bedingt wollte, dass sein Sohn Jurist wurde, hätte ihn hierin sicher unterstützt, zumal er das Luder'sche Temperament ja bestens kannte. Hilfreich ist Emmes Einwand aber dennoch, weil er davor warnt, Luthers Wendung zur Theologie zu theologisieren.

24 Dante Alighieri: Die göttliche Komödie (wie Anm. 4), S. 72 (Fünfzehnter Gesang, V. 109–110).
25 Euricius Cordus, S. 61.
26 Boethius: Trost der Philosophie, S. 64.
27 Vgl. zur Problematik des Sol invictus, zu Kaiser Konstantin und Christus und der Gleichheit der Datierung von Christi Geburt und der Geburt des Sol invictus: Mai, Klaus-Rüdiger: Die geheimen Religionen, Köln 2012.
28 Boethius: Trost der Philosophie, S. 11.
29 Vgl. Boethius: Trost der Philosophie, S. 10.
30 Ebd., S. 235.
31 Ebd., S. 273ff.
32 Vgl. Sen. XV, 1.
33 Aurelius Augustinus: Bekenntnisse 8, 12, 28.
34 Ebd.
35 Chronik des Wigand Gerstenberg von Frankenberg. Bearbeitet von Hermann Diemar, Veröffentlichung der Historischen Kommission für Hessen und Waldeck, Marburg 1909, S. 473.
36 Bonaventura: De triplici via (Über den dreifachen Weg) 1, 18.
37 Balthasar (Hrsg.): Ordensregeln, S. 161.
38 Aegidius Romanus, zitiert nach: Bultmann u. a. (Hrsg.): Luther und das monastische Erbe, S. 31.
39 Die Frage, inwieweit der freie Wille des Menschen oder eine wie auch immer geartete Prädestination (Gott, Gene, Kindheitsprägungen, biochemische Vorgänge als eigentliche Gehirntätigkeit) überwiegen, bestimmt auch heute die aktuelle wissenschaftliche und ethische Diskussion, wenn man beispielsweise nur auf den Komplex der Schuldfähigkeit des Menschen schaut. Am Kern der Debatte hat sich seit knapp zweitausend Jahren nichts geändert.
40 Balthasar (Hrsg.): Ordensregeln, S. 171.
41 Vgl. auch Pilvousek, Josef: Askese, Brüderlichkeit und Wissen-

schaft. Die Ideale der Erfurter Augustiner-Eremiten und ihre Bemühungen um eine innovative Umsetzung, in: Bultmann u. a. (Hrsg.): Luther und das monastische Erbe, S. 39f.
42 Jordanus von Quedlinburg: Liber vitasfratrum 2,14 (S. 178, Z. 369–371).
43 Bernhard: Sermo ad clericos de conversione 17,30, in: Sämtliche Werke, Bd. 4, S. 223.
44 Joachim von Fiore begründete auf mystischem Weg die Lehre von den drei Weltzeiten: die Zeit des Vaters, die von Abraham bis Christi Geburt reichte und das Reich der Gottesfurcht und des Gesetzes war, das Reich des Sohnes, das von Jesu Geburt bis zu Joachims Tagen währte und als Reich des Glaubens und der Gnade gesehen wurde, und schließlich das dritte Reich, das Joachim erwartete und schaute, das er als Reich des Heiligen Geistes, als Reich der Liebe und der Freiheit bezeichnete und das sinnigerweise das Zeitalter der Mönche war.
45 Joachim: Enchiridion, S. 48.
46 Dionysius Areopagita: De caelesti hierarchia, Kapitel 3, § 1.
47 Bernhard: In laudibus Virginis Matris, Homilia 2,17, In: Sämtliche Werke, Bd. 4, S. 13ff.
48 Dionysius Areopagita: De ecclesiastica hierarchia, Kapitel 1, 1 § 1.
49 Hugo von Sankt Viktor: Didascalion 6,3.
50 Wilhelm von Saint-Thierry: Ep. Frat., zitiert nach Mc Ginn, Die Mystik, Bd. 2, S. 541.
51 Tauler, H 221.
52 Luther: Operationes in psalmos, Weimarer Ausgabe Bd. 5, 163, 26–29, zitiert nach Mc Ginn, Die Mystik, Bd. 4, S. 468.
53 Biels Werk, das sei hier nur angemerkt, weil es ein weiteres Licht auf den Nominalismus der Erfurter Universität wirft, fußte auf der Messerklärung des Magisters Egeling Becker, auch Egeling von Braunschweig, der ein enger Freund von Biel war und auf den er sich auch beruft und den er rühmt. Beide hatten in Erfurt studiert.
54 Vgl. hierzu Angenendt: Religiosität, S. 503ff.; Franz: Die Messe, S. 619–637.
55 Tertullian: De oratione (Über das Gebet), 28.

56 Aurelius Augustinus: Gottesstaat 10,6.
57 Mt 27,25: »Da antwortete das ganze Volk und sprach: Sein Blut komme über uns und unsere Kinder.«
58 Luther: Briefe, S. 9f.
59 Der Brief vom 22. April an Braun spricht unmissverständlich davon, dass er »kürzlich« bei ihm in Eisenach war.
60 Paschasius Radbertus: Vom Leib und Blut des Herrn, S. 82.
61 Wilhelm von Saint-Thierry: Goldener Brief, S. 57.
62 »Ehre sei Gott in der Höhe
und Friede auf Erden den Menschen seiner Gnade.
Wir loben Dich,
wir preisen Dich,
wir beten Dich an,
wir rühmen Dich und danken Dir …«
63 Wilhelm von Saint-Thierry: Meditationen, S. 198.
64 Frühe deutsche Literatur, S. 64-71.
65 Biel, zitiert nach Junghans, Der Junge Luther, S. 107.
66 Legrand, Betrachtungen, zitiert nach Panofsky, S. 339.
67 Der Fehler von Psychoanalytikern, die versuchen, Martin Luther zu »analysieren« (vgl. Erik H. Erikson, Der junge Luther), liegt darin, dass sie ein von Freud entwickeltes Instrumentarium benutzen, das in Abhängigkeit von der psychosozialen Situation der Zeit entwickelt wurde. Auch die »Krankheiten des Kopfes« haben ihre Geschichte, und bestimmte Befunde finden sich besonders ausgeprägt in bestimmten Epochen. Deshalb hilft es eher weiter, die Menschen der Lutherzeit mit den medizinischen und vor allem psychologischen und psychopathologischen Vorstellungen dieser Zeit zu konfrontieren, die ja eine Art Spiegel der Zeit darstellen.
68 Zitiert nach Panofsky, S. 188.
69 Ebd., S. 341.
70 Aristoteles: Schriften, Bd. 2, S. 1 (100a).
71 Ders.: Physik, S. 5 (184a).
72 Aurelius Augustinus: De trinitate 5,5,6.
73 Aristoteles: Nikomachische Ethik 1100b – 1101a.
74 Luther: Briefe, S. 11.
75 Vgl. Junghans: Der junge Luther, S. 98.

76 Ich folge im Weiteren der Darstellung von Hans Schneider über Luthers Reise nach Rom.
77 Possidius: Vita Augustini 2,2.
78 Staupitz, Johann von: Sämtliche Schriften, Abhandlungen, Predigten, Zeugnisse, Bd. 5: Gutachten und Satzungen, Berlin/New York 2001.
79 Aristoteles: Metaphysik 1005b.
80 Boccaccio: Decameron, S. 65.
81 Ebd., S. 68.
82 Hans Schneider hat in seiner Untersuchung von Luthers Romreise eindrucksvolle Belege für diese hypothetische Reiseroute vorgebracht und sie wahrscheinlich gemacht. Vgl. Schneider, Romreise, S. 124–127.
83 Vgl. ebd., S. 124.
84 http://www.eckhart.de/.
85 Luther: Briefe, S. 12f.
86 Ebd., S. 13.
87 Luther Deutsch, Bd. 10, S. 18.
88 Luther Deutsch, Bd. 1, S. 157.
89 Mechthild von Magdeburg: Das Fließende Licht der Gottheit. Frankfurt a. M. 2003, S. 45.
90 Ebd., S. 25.
91 Ebd.
92 Luther Deutsch, Bd. 1, S. 254–255.
93 Vgl. Luther Deutsch, Bd. 10, S. 17.
94 Ebd.
95 Ebd., S. 25.
96 Ebd., S. 15.
97 Luther Deutsch, Bd. 1, S. 355–362.
98 Aurelius Augustinus: Geist und Buchstabe 3,5.
99 Ebd., 4,6.
100 Ebd., 32,56.
101 Luther Deutsch, Bd. 2, S. 29.
102 Ebd., S. 33.
103 Luther Deutsch, Bd. 10, S. 27.
104 Luther Deutsch, Bd. 2, S. 30.
105 Luther Deutsch, Bd. 10, S. 28.

106 Ebd., S. 29.
107 Luther Deutsch, Bd. 2, S. 30.
108 Ebd.
109 Ebd.
110 Ebd., S. 82.
111 Luther Deutsch, Bd. 2, S. 159.
112 Ebd.
113 Dürers Briefe, Tagebücher und Reime, hrsg. v. Moritz Thausing, Wien 1872, S. 1119–1120.
114 Hutten. Müntzer. Luther: Werke in zwei Bänden, Bd. 2, Berlin u. Weimar 1982, S. 256–262.

Verzeichnis der benutzten Literatur

Angenendt, Arnold: Geschichte der Religiosität im Mittelalter, Darmstadt 2009.

Angenendt, Arnold: Grundformen der Frömmigkeit im Mittelalter, München 2004.

Angenendt, Arnold: Heilige und Reliquien. Die Geschichte ihres Kultes vom frühen Christentum bis zur Gegenwart, Hamburg 2007.

Aristoteles: Metaphysik, Berlin 2003.

Aristoteles: Nikomachische Ethik, in: Ders: Werke, Bd. 6, Berlin 1983.

Aristoteles: Philosophische Schriften, 5 Bde., Hamburg 1995.

Aristoteles: Physikvorlesung, in: Ders.: Werke, Bd. 11, Berlin 1983.

Aurelius Augustinus: Bekenntnisse, Confessiones, Frankfurt a. M. u. Leipzig 2007.

Aurelius Augustinus: De trinitate, Hamburg 2001.

Aurelius Augustinus: Geist und Buchstabe, Paderborn 1968.

Aurelius Augustinus: Vom Gottesstaat, 2 Bde., München 1991.

Baeck, Leo: Der Glaube des Paulus, in: Ders.: Werke, Bd. 5, Gütersloh 2006, S. 420–446.

Balthasar, Hans Urs von: Die großen Ordensregeln, Einsiedeln 1974.

Bangen, Johann Heinrich: Die römische Curie, Münster 1854.

Bäumer, Remigius, Erwin Iserloh u. Hermann Tüchle (Hrsg.): Lutherprozess und Lutherbann. Vorgeschichte, Ergebnis, Nachwirkung, Münster 1972.

Bäumer, Remigius: Martin Luther und der Papst, Münster 1970.

Ben-Chorin, Schalom: Paulus. Der Völkerapostel in jüdischer Sicht, in: Ders: Werke, Bd. 5, Gütersloh 2006.

Bentzinger, Rudolf (Hrsg.): Die Wahrheit muss ans Licht. Dialoge aus der Zeit der Reformation, Leipzig 1982.

Bernhard von Clairvaux: Sämtliche Werke, Bd. 4, Innsbruck 1993.

Bernhard von Clairvaux: Sämtliche Werke, lat./dt., hrsg. v. G. B. Winkler u. a., Innsbruck 1990.

Bibliothek der Kirchenväter: http://www.unifr.ch/bkv/.

Birkenmeier, Jochen: Luthers letzter Weg. Ein Rundgang durch Lu-

thers Sterbehaus, Stiftung Luthergedenkstätten Sachsen-Anhalt 2013.
Bloch, Ernst: Thomas Müntzer als Theologe der Revolution, Berlin 1960.
Boccaccio, Giovanni: Das Decameron, Stuttgart 2012.
Boehmer, Heinrich: Der junge Luther, Stuttgart 1939.
Boethius: Trost der Philosophie, Düsseldorf u. Zürich 2002.
Bonaventura: De triplici via. Über den dreifachen Weg, Freiburg i. Br. 1993.
Brandmüller, Walter: Papst und Konzil im großen Schisma. Studien und Quellen, Paderborn u. a. 1990.
Brecht, Martin: Martin Luther, 3 Bde., Stuttgart 1981–1987.
Bredekamp, Horst u. Volker Reinhardt (Hrsg): Totenkult und Wille zur Macht. Die unruhigen Ruhestätten der Päpste in St. Peter, Darmstadt 2004.
Bredekamp, Horst: Sankt Peter in Rom und das Prinzip der produktiven Zerstörung. Bau und Abbau von Bramante bis Bernini, Berlin 2000.
Buchholz, Ingelore u. Wolf Hobohm (Hrsg.): Martin Luther in Magdeburg, Oschersleben 1996.
Bultmann, Christoph, Volker Leppin u. Andreas Lindner (Hrsg.): Luther und das monastische Erbe, Tübingen 2007.
Burgdorf, Martin: Der Einfluss der Erfurter Humanisten auf Luthers Entwicklung bis 1510, Leipzig o. J.
Camerarius, Joachim: Das Leben Philipp Melanchthons, Leipzig 2010.
Caspar, Erich: Geschichte des Papsttums von den Anfängen bis zur Höhe der Weltherrschaft, 2 Bde., Tübingen 1930–1933.
Cristiani, Léon: Luther, wie er wirklich war, Stuttgart 1955.
Damerau, Rudolf: Die Abendmahlslehre des Nominalismus, insbesondere die des Gabriel Biel, Gießen 1963.
Dante: Die göttliche Komödie, übers. v. Friedrich Freiherr von Falkenhausen, Frankfurt a. M. 1974.
Dapper, Alexandra: Zu Tisch bei Martin Luther, Halle (Saale) 2008.
Die Geschichte des Christentums. Mittelalter. Religion – Politik – Kultur. Sonderausgabe, 3 Bde., Freiburg i. Br. 2007.
Dieter, Theodor: Der junge Luther und Aristoteles. Eine historisch-

systematische Untersuchung zum Verhältnis von Theologie und Philosophie, Berlin u. New York 2001.

Dionysius Areopagita: De caelesti hierarchia. Bibliothek der Kirchenväter, zitiert mach http://www.unifr.ch/bkv/kapitel3682.htm.

Dionysius Areopagita: De ecclesiastica hierarchia. Bibliothek der Kirchenväter, zitiert nach http://www.unifr.ch/bkv/kapitel3704.htm.

Ducellier, Alain: Byzanz. Das Reich und die Stadt, Frankfurt a. M., New York u. Paris 1990.

Dürers Briefe, Tagebücher und Reime, hrsg. v. Moritz Thausing, Wien 1872.

Ebeling, Gerhard: Luther, Tübingen 1981.

Ebeling, Gerhard: Martin Luthers Weg und Wort, Frankfurt a. M. 1983.

Emme, Dietrich: Martin Luthers Weg ins Kloster. Eine wissenschaftliche Untersuchung in Aufsätzen, Regensburg 1991.

Ernst, Wilhelm: Gott und Mensch am Vorabend der Reformation, Leipzig 1972.

Fontes Christiani. Zweisprachige Neuausgabe christlicher Quellentexte aus Altertum und Mittelalter. Freiburg i. Br. – diverse Bde.

Franz, Adolph: Die Messe im deutschen Mittelalter, Bonn 2003.

Franzen, August u. Remigius Bäumer: Papstgeschichte, Freiburg i. Br. 1988.

Gilson, Stefan: Die Mystik des heiligen Bernhard von Clairvaux, Wittlich 1936.

Greschat, Martin: Gestalten der Kirchengeschichte, 14 Bde., 2. Aufl. Stuttgart u. a. 1994.

Grundmann, Herbert: Ketzergeschichte des Mittelalters, 3. Aufl., Göttingen 1978.

Grundmann, Herbert: Religiöse Bewegungen, in: Ders.: Ausgewählte Aufsätze, 2 Bde., Stuttgart 1976.

Gui, Bernard: Das Buch der Inquisition, hrsg. v. Petra Seifert, übers. v. Manfred Pawlik, Augsburg 1999.

Gülpen, Ilonka van: Der deutsche Humanismus und die frühe Reformations-Propaganda 1520–1526, Hildesheim 2002.

Haas, Alois M.: Der Kampf um den Heiligen Geist – Luther und die Schwärmer, Freiburg (Schweiz) 1997.

Hacke, Daniela u. Bernd Roeck (Hrsg.): Die Welt im Augenspiegel. Johannes Reuchlin und seine Zeit, Stuttgart 2002.

Hacker, Paul: Das Ich im Glauben bei Martin Luther. Der Ursprung der anthropozentrischen Religion, Bonn 2002.

Hartmann, Karl-Heinz: Helius Eobanus Hessus. Dichterkönig, Haupt des Erfurter Humanistenkreises und Sohn des Frankenberger Landes, Frankenberger Hefte Nr. 12, Kassel 2013.

Haug, Walter (Hrsg.): Frühe deutsche Literatur und lateinische Literatur in Deutschland 800–1150, Frankfurt a. M. 1991.

Hengel, Martin u. Anna Maria Schwemer: Paulus zwischen Damaskus und Antiochien, Tübingen 1998.

Hengel, Martin: Der unterschätzte Petrus. Zwei Studien, Tübingen 2006.

Hengel, Martin: Paulus und Jakobus. Kleine Schriften, Bd. 3, Tübingen 2002.

Hölscher, Lucian: Geschichte der protestantischen Frömmigkeit in Deutschland, München 2005.

Hugo von St. Victor: Didascalion, de studio legendi: Studienbuch, Freiburg i. Br. 1997

Huizinga, Johan: Herbst des Mittelalters, Stuttgart 1987.

Hutten. Müntzer. Luther. Werke in zwei Bänden, Bd. 2, Berlin u. Weimar 1982.

Iserloh, Erwin: Johannes Eck (1486–1543). Scholastiker, Humanist, Kontroverstheologe. Münster 1981.

Jedin, Hubert: Die Autobiographie des Kardinals Giulio Antonio Santorio, Mainz 1969.

Jedin, Hubert: Geschichte des Konzils von Trient, 4 Bde., Freiburg i. Br. 1971–1975.

Jedin, Hubert: Handbuch der Kirchengeschichte, 10 Bde., Freiburg i. Br. 1999.

Jedin, Hubert: Kirche des Glaubens – Kirche der Geschichte. Ausgewählte Aufsätze und Vorträge, 2 Bde., Freiburg i. Br., Basel u. Wien 1966.

Jedin, Hubert: Kleine Konziliengeschichte. Freiburg i. Br. 1962.

Jung, Martin H.: Philipp Melanchthon und seine Zeit, Göttingen 2010.

Junghans, Helmar (Hrsg.): Die Reformation in Augenzeugenberichten, 2. Aufl. München 1980.

Junghans, Helmar: Der junge Luther und die Humanisten, Weimar 1984.

Junghans, Helmar: Der mitteldeutsche Renaissancehumanismus. Nährboden der frühen Neuzeit, Leipzig 2004.

Kalkof, Paul: Briefe, Depeschen und Berichte über Luther vom Wormser Reichstage 1521, Halle (Saale) 1898.

Kautzsch, Emil: Die Apokryphen und Pseudoepigraphen des Alten Testaments, Hildesheim, Zürich u. New York 2002.

Knape, Rosemarie (Hrsg.): Martin Luther und der Bergbau im Mansfelder Land, Eisleben 2000.

Knape, Rosemarie (Hrsg.): Martin Luther und Eisleben, Leipzig 2007.

Köpf, Ulrich u. Sönke Lorenz (Hrsg.): Gabriel Biel und die Brüder vom gemeinsamen Leben, Stuttgart 1998.

Kühlmann, Wilhelm, Robert Seidel u. Hermann Wiegand (Hrsg.): Humanistische Lyrik des 16. Jahrhunderts, Frankfurt a. M. 1997.

Kunzelmann, Adalbero: Geschichte der deutschen Augustiner-Eremiten, Würzburg 1969.

Landino, Cristoforo: Camaldolensische Gespräche, Jena 1927.

Landois, Antonia: Gelehrtentum und Patrizierstand. Wirkungskreise des Nürnberger Humanisten Sixtus Tucher (1459–1507), Tübingen 2014.

Lenk, Werner (Hrsg.): Dokumente aus dem deutschen Bauernkrieg, Leipzig 1983.

Leppin, Volker: Martin Luther, Darmstadt 2010.

Leppin, Volker: Wilhelm von Ockham: Gelehrter, Streiter, Bettelmönch, Darmstadt 2012.

Ludolphy, Ingetraut: Friedrich der Weise. Kurfürst von Sachsen, 1463–1525, Leipzig 2006.

Luther Deutsch. Die Werke Martin Luthers in neuer Auswahl für die Gegenwart, hrsg. v. Kurt Aland, 10 Bde., Stuttgart und Göttingen, versch. Jahre.

Luther, Martin: D. Martin Luthers Werke. Kritische Gesamtausgabe, Bd. 1–58, Weimar 1883ff. (W).

Luther, Martin: D. Martin Luthers Werke. Kritische Gesamtausgabe, Briefwechsel, Bd 1–15, Weimar 1930–1978 (B).

Luther, Martin: D. Martin Luthers Werke. Kritische Gesamtausgabe, Tischreden, Bd. 1–6, Weimar 1912–1921 (T).

Märker, Almuth: Amplonius Rating de Bercka (ca. 1365–1435) und die Anfänge der Erfurter Universität, in: Dietmar von der Pfordten (Hrsg.): Große Denker Erfurts und der Erfurter Universität, Göttingen 2002, S. 73–95.

Magnum Bullarium Romanum, hrsg. v. Hieronimus Mainardi und Carolus Cocquelinus, 18 Bde., Rom 1732–1762 (Bullen und Dokumente von Leo I. bis Papst Benedikt XIV.). Fortges. v. Andrea Barbieri [u. a.], 19 Bde. (bis Pius IX.), Rom 1835–1857.

Manns, Peter (Hrsg.): Die Heiligen in ihrer Zeit, 2 Bde., 3. Aufl., Mainz 1967.

Manns, Peter: Vater im Glauben. Studien zur Theologie Martin Luthers, Stuttgart 1988.

Martin Luther in der Kulturgeschichte. Der soziale Raum von Martin Luthers Wirken, Halle (Saale) 1997.

Martin Luther, Calwer Luther-Ausgabe, hrsg. v. Wolfgang Metzger, 9 Bde., Stuttgart 1996.

Matsuura, Jun: Erfurter Annotationen 1509–1510/11, Köln 2009.

Mc Ginn, Bernard: Die Mystik im Abendland, 4 Bde., Freiburg i. Br. 1994ff.

Meinhardi, Andreas: Über die hochberühmte und herrliche Stadt Wittenberg, Leipzig 1986.

Meinicke, Klaus P., Klaus Krug u. Uwe G. Müller (Hrsg.): Industrie- und Umweltgeschichte der Region Sachsen-Anhalt, Halle (Saale) 2001.

Meller, Harald (Hrsg.): Luther in Mansfeld. Forschungen am Elternhaus des Reformators, Halle (Saale) 2007.

Meller, Harald, Stefan Rhein u. Hans-Georg Stephan (Hrsg.): Luthers Lebenswelten, Halle (Saale) 2008.

Metz, Detlev: Gabriel Biel und die Mystik, Stuttgart 2001.

MGH (Monumenta Germaniae Historica). Constitutiones et acta publica imperatorium et regum, Bd. 1, hrsg. v. Ludwig Weiland, 1893 (Nachdruck 2003).

Mittelalterliche Gesundheitsregeln aus Salerno in neue Reime gebracht von Konrad Goehl, Baden-Baden 2009.

Myconius, Friedrich: Geschichte der Reformation, Leipzig 1914.

Mystische Texte des Mittelalters, ausgewählt und hrsg. v. Johanna Lanczkowski, Stuttgart 1988.

Neser, Anne-Marie: Luthers Wohnhaus in Wittenberg. Denkmalpolitik im Spiegel der Quellen, Leipzig 2005.

Panofsky, Erwin, Raymond Klibansky u. Fritz Saxl: Saturn und Melancholie. Studien zur Geschichte der Naturphilosophie und Medizin, der Religion und der Kunst, Frankfurt a. M. 1992.

Paschasius Radbertus: Vom Leib und Blut des Herrn, nach der krit. Ausgabe v. P. Beda Paulus OSB und nach seinem Übersetzungsentwurf übertr. v. Hans Urs von Balthasar, Einsiedeln 1988.

Pastor, Ludwig Freiherr von: Geschichte der Päpste, 16 Bde., Freiburg i. Br. 1925–1933.

Pastor, Ludwig von: Geschichte der Päpste seit dem Ausgang des Mittelalters. Neuaufl., 16 Bde., Freiburg i. Br. 1955–1961 (zuerst 1886–1933).

Paulus, Nikolaus: Geschichte des Ablasses im Mittelalter, 3 Bde., Darmstadt 2000.

Peterse, Hans: Jacobus Hoogstraeten gegen Johannes Reuchlin. Ein Beitrag zur Geschichte des Antijudaismus im 16. Jahrhundert, Mainz 1995.

Petrarca, Francesco: Die Besteigung des Mont Ventoux, Stuttgart 1995.

Pfordten, Dietmar von der (Hrsg.): Große Denker Erfurts und der Erfurter Universität, Göttingen 2002.

Pilvousek, Josef: Jodocus Trutfetter (1460–1519) und der Erfurter Nominalismus, in: Pfordten, Dietmar von der (Hrsg.): Große Denker Erfurts und der Erfurter Universität, Göttingen 2002, S. 96–117.

Possidius: Vita Augustini, Paderborn 2005.

Pradel, Elvira (Hrsg.): Scherz und Ernst. Deutsche Schwänke des 16. Jahrhunderts, Leipzig 1983.

Ranke, Leopold von: Die römischen Päpste, Berlin o. J.

Rengstorf, Karl Heinrich u. Siegfried von Kortzfleisch (Hrsg.): Handbuch zur Geschichte von Christen und Juden, 2 Bde., Stuttgart 1968.

Reuchlin, Johannes, Deutschlands erster Humanist. Ein biographisches Lesebuch, hrsg. v. Hans-Rüdiger Schwab, München 1998.

Reuchlin, Johannes: Briefwechsel, 4 Bde, Stuttgart 2000.

Ruh, Kurt: Geschichte der abendländischen Mystik, 4 Bde., München 1990.

Scheel, Otto: Dokumente zu Luthers Entwicklung bis 1519, Tübingen 1929.

Scheel, Otto: Martin Luther. Vom Katholizismus zur Reformation, 2 Bde., 1916–1930.

Schneidemüller, Bernd u. Stefan Weinfurter (Hrsg.): Die deutschen Herrscher des Mittelalters, München 2003.

Schneider, Hans: Martin Luthers Reise nach Rom – neu datiert und neu gedeutet. Studien zur Wissenschafts- und Religionsgeschichte, Bd. 10, S. 1–157, Berlin u. New York 2011.

Schnur, Harry C. u. Rainer Kössling (Hrsg.): Galle und Honig. Humanistenepigramme, Leipzig 1984.

Schulze, Manfred: Fürsten und Reformation. Geistliche Reformpolitik weltlicher Fürsten vor der Reformation, Tübingen 1991.

Seppelt, Franz Xaver u. Georg Schwaiger: Geschichte der Päpste. Von den Anfängen bis zur Gegenwart, München 1964.

Steimer, Bruno (Red.): Lexikon der Päpste und des Papsttums. Freiburg i. Br. 2001.

Thomas von Kempen: Das Buch von der Nachfolge Christi, Freiburg i. Br. 1999.

Thomke, Hellmut (Hrsg.): Deutsche Spiele und Dramen des 15. und 16. Jahrhunderts, Frankfurt a. M. 1996.

Treu, Martin (Hrsg.): »Von daher bin ich«. Martin Luther und der Bergbau im Mansfelder Land, Eisleben 2000.

Trillitzsch, Winfried (Hrsg.): Der deutsche Renaissancehumanismus, Leipzig 1981.

Volz, Hans: Martin Luthers deutsche Bibel, Hamburg 1978.

Vom Christlichen abschied aus diesem tödlichen leben des Ehrwirdigen Herrn D. Martini Lutheri. Drei zeitgenössische Texte zum Tode D. Martin Luthers, Stuttgart 1996.

Vorgrimmler, Herbert: Geschichte der Hölle, München 1994.

Wicks, Jared: Cajetan und die Anfänge der Reformation, Münster 1983.

Wilhelm von Saint-Thierry: Goldener Brief. Brief an die Brüder vom Berge Gottes, übers. v. B. Kohout-Berghammer, Eschenbach 1992.

Wind, Edgar: Heidnische Mysterien in der Renaissance, Frankfurt a. M. 1981.

Wriedt, Markus: Gnade und Erwählung. Eine Untersuchung zu Johann von Staupitz und Martin Luther, Mainz 1991.

Zumkeller, Adolar: Johannes von Staupitz und seine christliche Lehre, Würzburg 1994.

Keine Zukunft ohne Gott

Klaus-Rüdiger Mai
Lob der Religion
Warum es nicht egal ist, was Sie und Ihr Nachbar glauben
176 Seiten | Gebunden mit Schutzumschlag
ISBN 978-3-451-61231-2

Ohne den Glauben an Gott hat Europa keine Zukunft. Und: Der Glaube an die vermeintliche Objektivität der Naturwissenschaft ist der Irrglauben unserer Zeit. Davon ist der Historiker Klaus-Rüdiger Mai überzeugt. Ein fulminanter Essay zum Lob der (christlichen) Religion.

In allen Buchhandlungen oder unter
www.kreuz-verlag.de
Was Menschen bewegt